Ursula Summ

Meine
Trennkost
Rezepte

DIE 500 BESTEN REZEPTE AUS 10 JAHREN

URSULA SUMM

MEINE TRENNKOST REZEPTE

Im FALKEN Verlag sind zahlreiche Titel zum Thema
Trennkost erschienen. Bitte fragen Sie überall dort,
wo es Bücher gibt.

Sie finden uns im Internet: **www.falken.de**

Weitere Informationen zu Trennkost finden Sie im Internet: **www.trennkost.de**

ISBN 3 8068 7453 0

© 1999/2001 by FALKEN Verlag, 65527 Niedernhausen/Ts.,
einem Unternehmen der Verlagsgruppe Random House GmbH
Die Verwertung der Texte und Bilder, auch auszugsweise,
ist ohne Zustimmung des Verlags urheberrechtswidrig
und strafbar. Dies gilt auch für Vervielfältigungen,
Übersetzungen, Mikroverfilmung und für die
Verarbeitung mit elektronischen Systemen.

Umschlaggestaltung: Peter Udo Pinzer
Gestaltung: Buchhaus Robert Gigler GmbH, München
Redaktion: Marlein Auge
Redaktion dieser Auflage: Elly Lämmlen
Herstellung: Petra Becker

Die Ratschläge in diesem Buch sind von der Autorin
und vom Verlag sorgfältig erwogen und geprüft,
dennoch kann eine Garantie nicht übernommen werden.
Eine Haftung der Autorin bzw. des Verlags und seiner
Beauftragten für Personen-, Sach- und Vermögens-
schäden ist ausgeschlossen.

Produktion: Dr. Reitter & Partner GmbH, Vaterstetten
Satz: Dr. Reitter & Partner GmbH, Vaterstetten
Druck: Westermann Druck Zwickau GmbH

817 2635 4453

Inhaltsverzeichnis

Die Haysche Trennkost

Bei der original Hayschen Trennkost stehen das körperliche Wohlbefinden und die seelische Harmonie im Vordergrund. Das Zusammenspiel zwischen Körper, Geist und Seele schließt die gesamte Lebensführung mit ein. Der Körper muss Tag für Tag einiges verkraften: falsche Ernährung, unzureichende Bewegung, geringe Sauerstoffzufuhr, Stress und Hektik wirken ebenso belastend wie Alkohol, Nikotin oder andere Stimmungsmacher. Um gesund und leistungsfähig zu sein, will der Körper gepflegt und verwöhnt werden. Versorgen Sie daher Ihre Zellen durch Trennkost mit allen lebensnotwendigen Stoffen, damit Sie fit und gesund durchs Leben gehen können. Es ist erwiesen, dass Gesundheit und Wohlbefinden in erheblichem Maße von der richtigen Ernährung und von der damit verbundenen ausreichenden Versorgung mit Nährstoffen, Vitaminen, Mineral- und Ballaststoffen abhängig sind.

Die Philosophie der Hayschen Trennkost

Die Trennung von Eiweiß und Kohlenhydraten

Dr. Hay trennte die überwiegend eiweißhaltigen Nahrungsmittel von den überwiegend kohlenhydrathaltigen, um die Ordnung und die Harmonie im Verdauungssystem aufrechtzuerhalten.

„Zurück zur Natur, zum Einfachen; nur auf diesem Wege können wir die verloren gegangene Gesundheit wiederfinden." So ähnlich dachte wohl Dr. Hay, als er in den Dreißigerjahren die Haysche Trennkost entwickelte.
Der menschliche Körper grenzt in seiner unendlichen Perfektion fast an ein Wunder. Damit er richtig funktioniert, braucht er unter anderem eine optimale Ernährung, die zusätzlich die biochemischen Gesetze der Verdauungsorgane berücksichtigt. Für die Verdauung von Eiweiß und Kohlenhydraten sind unterschiedliche Enzyme verantwortlich. Außerdem benötigt der Körper für die Eiweißverdauung ein saures und für die Kohlenhydratverdauung ein leicht basisches Milieu. Darum trennte Dr. Hay die überwiegend eiweißhaltigen Nahrungsmittel von den überwiegend kohlenhydrathaltigen, um so diese Ordnung und Harmonie im Verdauungssystem aufrechtzuerhalten. Hierbei strebte er keine hundertprozentige Trennung an, sondern nur eine Trennung der Extreme.

Die Verdauungsvorgänge in unserem Körper

Eiweiß kommt in größeren Mengen in Fleisch, Fisch, Milch, Milchprodukten, Käse und Eiern vor. Im Magen wird es mit Hilfe von Salzsäure und dem Verdauungsenzym Pepsin in die sogenannten Peptide zerlegt.

Kohlenhydrate kommen reichlich in Getreide, Brot, Nudeln, Kartoffeln und Reis vor. Ihre Verdauung ist vom Enzym Amylase abhängig und beginnt bereits im Mund mit Hilfe des Speichels, der Amylase enthält. Um diese Vorverdauung durch die Amylase zu gewährleisten, ist gründliches Kauen von größter Wichtigkeit. Kaut man zum Beispiel längere Zeit ein Stück Brot, das sehr viel Stärke (also Kohlenhydrate) enthält, so nimmt man deutlich einen zunehmend süßlichen Geschmack wahr. Und das lässt sich folgendermaßen erklären:

Beim Kauen wird die neutral schmeckende Stärke des Brotes in kleinere Teile zerlegt, also vorverdaut. Die dabei entstehenden sogenannten Dextrine schmecken süß.

Isst man während einer Mahlzeit gleichzeitig reichlich Eiweiß und Kohlenhydrate, so bricht man laut Dr. Hay die Verdauungsgesetze. Beim Verzehr von Eiweiß wird nämlich im Magen die Produktion von Salzsäure und Pepsin in Gang gesetzt. Diese Säfte behindern die Wirkung der Amylase aus dem Speichel, und die Kohlenhydrate können nicht ausreichend aufgespalten werden. Isst man nur Kohlenhydrate, dann entstehen nur wenige saure Säfte im Magen, und die Wirkung der Amylase bleibt besser erhalten. Die Kohlenhydrate können so besser verdaut werden.

Eine sehr wichtige Rolle im Verdauungsprozess spielt die Bauchspeicheldrüse (Pankreas). Dieses Organ erfüllt mehrere lebensnotwendige Aufgaben und ist daher unersetzlich. Es besteht aus zwei Teilen: In dem einen Teil werden die Hormone Insulin und Glukagon produziert, die bei Bedarf ins Blut abgegeben werden, um dort den Blutzuckerspiegel zu regulieren. Im anderen Teil erfolgt die Bildung von Verdauungsenzymen, zum Beispiel von Trypsin und Chymotrypsin (eiweißspaltende Enzyme), Amylase (kohlenhydratspaltendes Enzym) sowie Lipase (fettspaltendes Enzym). Diese werden in den Dünndarm abgegeben und zerlegen dort die bereits in Mund und Magen vorverdauten Nährstoffe vollständig.

Damit die komplizierten und vielfältigen Verdauungsvorgänge reibungslos ablaufen können, sollte man die Bauchspeicheldrüse keinesfalls überfordern. Werden Nahrungsmittel stets falsch kombiniert und in zu großen Mengen verzehrt, dann kann es durch die Überlastung der Bauchspeicheldrüse zu einer verzögerten und nicht ausreichenden Verdauung kommen. Liegen die unvollständig verdauten Nahrungsbestandteile dann zu lange im Darm, kommt es durch Wärme und Feuchtigkeit zu Gärung und Fäulnis. Dabei entstehen unangenehme blähende Gase.

Die Oberfläche der Dünndarmschleimhaut ist von Millionen kleinster Zotten übersät. Diese haben die Aufgabe, die zerlegten Nahrungsbestandteile sowie Vitamine, Mineralstoffe, Enzyme und Spurenelemente aufzunehmen und zur Leber zu transportieren, die all diese Stoffe dann umbaut, abbaut, speichert oder bestimmten Organen oder Zellen zukommen lässt. Die Leber ist also das zentrale Organ unseres Körpers. Ungünstig zusammengestellte Nahrung belastet demnach nicht nur das Verdauungssystem, sondern unter anderem auch so wichtige Organe wie die Leber.

Laut Dr. Hay stützt sich die Trennkost auf drei Säulen:

✔ *Die Trennung von Eiweiß und Kohlenhydraten*
✔ *Die Natürlichkeit und Vollwertigkeit der Lebensmittel*
✔ *Die Erhaltung des Säure-Basen-Gleichgewichts*

Die drei Lebensmittelgruppen in der Trennkost

Sind Sie ein fortgeschrittener Trennköstler, oder stecken Sie noch in den Anfangsschuhen? Aus Erfahrung durch meine früheren Trennkostseminare weiß ich, dass einem erfahrenen Trennköstler eine getrennte Mahlzeit keinerlei Probleme bereitet. Er schätzt das angenehme, leichte Gefühl der richtig kombinierten Speisen. Der Anfänger hingegen benötigt manchmal etwas Zeit zur Umgewöhnung. Haben Sie Geduld mit sich und Ihren Familienmitgliedern. Begreifen Sie, dass mit Gewalt nichts zu erreichen ist. Aus diesem Grund bekommen Sie von mir auch keinen verbindlichen Speiseplan. Der Wochenplan auf den Seiten 20 und 21 des Buches soll Ihnen nur die erste Zeit mit der Trennkost erleichtern und Ihnen helfen, das System der Trennkost zu verstehen. Ihre persönliche Freiheit liegt mir sehr am Herzen, und mit meinen Vorschlägen können Sie im Laufe der Zeit Ihr eigenes Trennkostprogramm entwickeln.

Um die Lebensmittel richtig trennen zu können, müssen Sie natürlich wissen, welche in die Eiweiß-, welche in die Kohlenhydrat- und welche in die neutrale Gruppe gehören. Der Trennungsplan auf den Seiten 15 bis 17 macht Ihnen dies leicht. „Neutral" im Sinne der Trennkost heißt, dass diese neutralen Lebensmittel weder die Eiweißverdauung noch die Kohlenhydratverdauung stören. Sie harmonieren mit allen Lebensmitteln und dürfen daher sowohl mit eiweißreichen als auch mit kohlenhydratreichen zusammen verzehrt werden. Möglicherweise empfinden Sie diese Zuordnung als widersprüchlich, sie beruht aber auf langjährigen Erfahrungen. So sind z. B. gesäuerte Milchprodukte eiweißreich, gelten aber dennoch als neutral, da das Eiweiß durch die Säuerung verändert wurde und so leichter verdaulich ist. Rohes Fleisch und roher Fisch sind ebenfalls eiweißreiche Lebensmittel. Sie gelten in der Trennkost aber als neutral, weil ihre Zellstrukturen noch so sind, wie die Natur sie gebildet hat. Durch ein Erhitzen werden die Zellstrukturen verändert, und das Eiweiß ist dann laut Dr. Hay schwerer verdaulich. Dennoch sollen rohes Fleisch und roher Fisch nur in Maßen verzehrt werden, da sie nicht zu den empfehlenswerten Lebensmitteln zählen (siehe auch den Kasten „Diese Lebensmittel sollten Sie meiden" auf Seite 17).

Zu den neutralen Lebensmitteln gehören nach dem Verständnis der Trennkostlehre alle Fette, naturbelassenen Öle und Butter sowie alle sehr fettreichen Lebensmittel wie Sahne, vollfetter Käse (ab 60% Fett i.Tr.), geräucherter Fisch und rohe Wurstwaren. Und das hat folgenden Grund: Fett wird nicht im Magen, sondern erst im oberen Teil des Dünndarms verdaut. Somit stört es den vorangegangenen Verdauungsprozess nicht. Obwohl diese Fette und fettreichen Lebensmittel unsere Verdauung nicht ungünstig beeinflussen, sollten Sie sie nicht zu häufig und auch nicht in sehr großen Mengen verzehren.

Mit einigen Lebensmitteln, auch mit einigen neutralen, sollten Sie vorsichtiger umgehen und sie nicht zu häufig verzehren. Zu diesen zählen Fleisch, Wurst und Schinken, aber auch Geräuchertes und Gepökeltes. Auch wenn Sie solche Nahrungsmittel im Trennungsplan finden, dürfen Sie dies kei-

---

Die richtige Trennung der Lebensmittel in

✔ *Eiweißgerichte*
✔ *Kohlenhydratgerichte*
✔ *neutrale Gerichte*

---

nesfalls als Aufforderung zu reichlichem Verzehr verstehen. Dies soll nur zeigen, zu welcher Gruppe bestimmte Nahrungsmittel gehören. Schließlich können Sie selbst entscheiden, was Sie essen möchten.

Tipps für die Nahrungsmittelzusammenstellung
Die Trennkost ist deshalb so beliebt, weil jeder nach eigenem Geschmack seine Mahlzeit zusammenstellen und unter sehr vielen Nahrungsmitteln frei auswählen kann. Bei dieser Fülle an Kombinationsmöglichkeiten wird sich Ihr Gaumen bestimmt nicht langweilen, und Gefühle des Verzichts kommen erst gar nicht auf.
Nachfolgend finden Sie verschiedene allgemeine Vorschläge, wie Trennkostmahlzeiten zusammengestellt werden und welche Mengen empfehlenswert sind.

Vorschläge für Eiweißmahlzeiten:
1 Teil Fleisch, Fisch, Eier, Käse oder gegarte Wurstsorten
(zum Beispiel 1 Teil = 100 g);
dazu 3–4 Teile Gemüse und Salat, gegart oder als Rohkost
(entsprechend 300–400 g).

Beispiele: ■ 100–150 g Fleisch;
  dazu ca. 400 g Gemüse, Salat und/oder Rohkost
■ 200 g gedünsteter Fisch;
  dazu ca. 400 g Gemüse, Salat und/oder Rohkost
■ 2 Eier; dazu ca. 400 g Gemüse, Salat und/oder Rohkost
■ 60-80 g Käse (bis 50% Fett i.Tr.);
  dazu ca. 300 g Gemüse, Salat und/oder Rohkost
■ 80 g gekochte Wurstsorten;
  dazu ca. 300 g Gemüse, Salat und/oder Rohkost

Falls ein Mitglied Ihrer Familie nicht nach Trennkost essen möchte, können Sie die einzelnen Eiweißmahlzeiten mit Getreide, Kartoffeln, Reis, Nudeln oder Brot ergänzen.

Vorschläge für Kohlenhydratmahlzeiten:
1 Teil Getreide, Kartoffeln, Naturreis oder Vollkornnudeln
(zum Beispiel 1 Teil = 100 g; dieses Gewicht bezieht sich auf das gegarte Lebensmittel);
dazu 3–4 Teile Gemüse und Salat, gegart oder als Rohkost
(entsprechend 300–400 g).

Beispiele: ■ 50 g Getreide (Rohgewicht) oder 100 g Vollkornbrot;
  dazu ca. 400 g Gemüse, Salat und/oder Rohkost
■ 200 g Kartoffeln;
  dazu ca. 400 g Gemüse, Salat und/oder Rohkost
■ 60 g Naturreis (Rohgewicht);
  dazu ca. 400 g Gemüse, Salat und/oder Rohkost
■ 60 g Vollkornnudeln (Rohgewicht);
  dazu ca. 400 g Gemüse, Salat und/oder Rohkost

Auch hier können Sie die einzelnen Kohlenhydratmahlzeiten für „Nicht-Trennköstler" in Ihrer Familie mit Fleisch, Geflügel, Fisch, Meeresfrüchten, Käse, Eiern oder Wurst ergänzen.

Der Weg zur Ernährungsumstellung

Der erste Schritt, dem Darm eine natürliche Hilfe zu bieten, ist die Ernährungsumstellung, zum Beispiel der Verzehr von verstärkt ballaststoffreichen Lebensmitteln.

Es ist nicht immer leicht, den Einstieg in den Umstieg zu finden. Meist hängt man zu sehr an seinen alten Ernährungsgewohnheiten. Lassen Sie sich Zeit, stellen Sie Ihre Ernährung langsam um. Wenn Sie einen empfindlichen Magen oder Darm haben, sollten Sie zunächst testen, welche Gemüsesorten Sie auch roh essen können. Beschränken Sie den Frischkostanteil am Anfang eventuell auf Salate, und dünsten Sie Ihr Gemüse schonend. Auch Menschen mit einem Enzymmangel sollten Schritt für Schritt auf Vollwertkost umstellen und alles sehr sorgfältig kauen. Bedenken Sie, dass der Darm erst wieder trainiert werden muss, natürliche Lebensmittel zu verdauen.

Um Ihnen den Anfang einer Ernährungsumstellung etwas zu erleichtern, habe ich eine kleine Liste von Nahrungsmitteln zusammengestellt, die Ihnen zeigt, was Sie besser meiden und was Sie stattdessen essen sollten. Probieren Sie in kleinen Schritten aus, ob Sie nicht Freude an den natürlichen Produkten entwickeln können.

Alternativen zu industriell hergestellten Lebensmitteln

Bitte meiden	Stattdessen essen
Brot und Gebäck aus Weißmehl	Vollkornprodukte
Polierten Reis	Naturreis
Schweinefleisch	Geflügel-, Rind- oder Lammfleisch
Schweineschmalz	Holstener Liesl (schmalzähnlicher pflanzlicher Brotaufstrich aus dem Reformhaus)
Fette Wurst aus Schweinefleisch	Magere Geflügelwurst, Sülzen, vegetarische Brotaufstriche
Joghurt mit zuckerhaltigen Fruchtzubereitungen	Naturjoghurt (evtl. frisches Obst darunter mischen)
Zucker oder Süßstoff	Frutilose (Obstdicksaft) oder Honig
Dosengemüse	Frisches Gemüse oder notfalls Tiefkühlgemüse
Fertiggerichte	Frisch zubereitete Speisen oder eingefrorene selbst gekochte Gerichte
Fruchtsäfte	Frisches Obst
Limonaden	Verschiedene Teesorten, Mineralwasser
Süßigkeiten	Rosinen, Kerne und Nüsse

Die Natürlichkeit und Vollwertigkeit der Lebensmittel

Mit einer natürlichen, vollwertigen Kost erhält unser Körper alle Nährstoffe, die er benötigt. Und so sollte die Lebensmittelauswahl in der Vollwertkost aussehen: viel Gemüse, Salat, Rohkost, Obst, Fisch, Kartoffeln und Vollkornerzeugnisse. Zusätzlich zum Verfeinern in kleinen Mengen Milch und Milchprodukte, Samen, Kerne, Nüsse und kaltgepresste Öle. Fleisch steht nur sehr selten auf dem Speiseplan. Außerdem sollten Sie Produkte der Saison aus regionaler Herkunft bevorzugen.

Ballaststoffe – unnötiger Ballast?

Aus meiner Erfahrung als Leiterin zahlreicher Trennkostseminare weiß ich, dass viele Menschen Verdauungsprobleme haben. Die Verkaufszahlen und der Gebrauch von diversen Abführmitteln beweisen dies zusätzlich.

Die Anwendung von Abführmitteln – egal ob sie nun als pflanzlich oder als nicht gefährlich angepriesen werden – führt bei einer Einnahme über einen längeren Zeitraum hinweg zu schweren Nebenwirkungen. Es werden zu viele Mineralstoffe aus dem Körper ausgeschieden. Außerdem lässt die natürliche Muskelbewegung des Darms im Laufe der Zeit nach, und bald arbeitet er nicht mehr selbstständig. Als Folge verstopft er erst recht. Es kommt zwangsläufig zu einer Selbstvergiftung im Körper. Unreine Haut, Allergien, Müdigkeit oder Infektionen können die anfänglichen Folgen sein. Was machen so viele Menschen falsch, dass der „natürliche Säuberungsprozess" nicht mehr so richtig funktioniert?

Der erste Schritt, dem Darm eine natürliche Hilfe zu bieten, ist die Ernährungsumstellung, zum Beispiel der Verzehr von verstärkt ballaststoffreichen Lebensmitteln (zum Beispiel Müsli, Kleie, Gemüse, Obst und Vollkornprodukte).

Ballaststoffe sind keineswegs unnötiger Ballast, sondern das genaue Gegenteil. Die unverdaulichen Pflanzenfasern können enorm viel Wasser binden; dadurch quellen sie auf und vergrößern das Darmvolumen. Dies führt zu einer Dehnung der Darmwand, was die Darmmuskulatur anregt und den Stuhl zügig in Richtung Darmausgang schiebt. Durch die Dehnung der Darmwand werden auf natürliche Weise der oft über längere Zeit angesammelte Stuhl sowie entstandene Fäulnisstoffe wirksam entfernt.

Bei einer ballaststoffreichen Kost sollte man zusätzlich ausreichend Flüssigkeit aufnehmen, zum Beispiel in Form von Kräutertee oder Mineralwasser. Gehen Sie bei Ihrer Ernährungsumstellung schrittweise vor, und steigen Sie langsam auf frisches Gemüse, Salat, Obst und Vollkornprodukte um. Eine radikale Veränderung ist nicht sinnvoll, da der Darm darauf mit starken Blähungen reagieren kann.

Die Erhaltung des Säure-Basen-Gleichgewichts

Früher bestanden die Gefangenenmahlzeiten in Venedig nur aus Fleisch. Diese mit Absicht einseitig gewählte Kost bedeutete jedoch für die Inhaftierten den sicheren Tod. Nach einigen Wochen starben sie qualvoll an den

Verschiedene Dinge können für Verstopfung die Ursache sein:

✔ falsche Ernährung
✔ Bewegungsarmut und Trägheit
✔ zu geringe Flüssigkeitsaufnahme
✔ stressreiche Lebensweise
✔ Umweltbelastungen, Pilzbefall oder Medikamentenmissbrauch

Folgen einer Übersäuerung und Fehlernährung. Die einseitige Fleischkost vergiftete langsam den Organismus; im Gewebe sammelten sich so viele Säuren an, dass der gesamte Stoffwechsel der Gefangenen zum Erliegen kam.

Dr. Howard Hay waren die Zusammenhänge zwischen Übersäuerung und Krankheit bekannt. Er wusste, dass sich bei einer übermäßigen „Fleischmast" außerordentlich viele Säuren im Körper bilden und so die Entstehung verschiedener Krankheiten, wie Gicht, Rheuma, Arterienverkalkung, Herzinfarkt, Schlaganfall und Nierenerkrankungen, begünstigt wird. Zu den Säurebildnern zählte er nicht nur das eiweißreiche Fleisch, sondern auch Eier, Fisch und Käse sowie verschiedene kohlenhydratreiche Lebensmittel, wie zum Beispiel den Zucker, polierten Reis und auch geschältes Getreide.

Die Gegenspieler der Säuren sind die Basen. Zu den Basenbildnern unter den Lebensmitteln gehören in der Regel alle pflanzlichen Nahrungsmittel (zum Beispiel Gemüse, Salat und Obst).

Laut Dr. Hay besteht der menschliche Körper zu 20% aus sauren und zu 80% aus basischen Elementen. Dementsprechend empfiehlt es sich, dass auch die täglichen Mahlzeiten zu 20% aus säurebildenden und zu 80% aus basenbildenden Nahrungsmitteln zusammengesetzt sind, damit das natürliche Gleichgewicht nicht gestört wird. Das bedeutet, dass die Gerichte zu einem Großteil aus pflanzlichen Lebensmitteln (Basenbildnern) bestehen sollten. Werden zu wenig Gemüse, Salat, Rohkost und Obst gegessen, kann es zu einem Mangel an wertvollen basischen Mineralstoffen kommen. Der Organismus muss dann auf die eigenen Mineralstoffdepots zurückgreifen. Er nimmt sich die Mineralstoffe dort, wo sie am Reichlichsten vorhanden sind, nämlich aus den Gelenken und Kapseln, Knochen, Knorpeln, Sehnen, Bändern und Muskeln. Der Körper kann nämlich nur überleben, wenn zwischen Blut und Gewebe ein Gleichgewicht besteht. Ist dies nicht der Fall, so entmineralisiert er ganz langsam und fast unmerklich. Die ersten Folgen können Muskelsteifheit, Schmerzen in den Gelenken und im Gewebe oder sogar Osteoporose (Knochenentkalkung) sein.

Bei der Entstehung von Säuren in unserem Körper kann neben der Art der Nahrung auch eine dauerhafte seelische Belastung, hervorgerufen durch familiären oder beruflichen Stress, Lärm, Schock, Angst oder übermäßigen Sport, eine Rolle spielen.

Bei der Entstehung von Säuren in unserem Körper kann neben der Art der Nahrung auch eine dauerhafte seelische Belastung, hervorgerufen durch familiären oder beruflichen Stress, Lärm, Schock, Angst oder übermäßigen Sport, eine Rolle spielen. Weitere Säuren entstehen bei den verschiedenen biochemischen Reaktionen im Körper.

Ein gesunder Organismus ist sicher in der Lage, alle belastenden Substanzen in der Leber abzubauen und über Nieren, Darm, Lunge und Haut wieder auszuscheiden. Langfristig kann jedoch selbst der gesundeste Körper eine unaufhörliche Flut von sauren Rückständen nicht verkraften.

Neben einer harmonischen Lebensweise können wir ein dauerhaftes Säure-Basen-Gleichgewicht nur erreichen, wenn wir unseren Körper mit allen lebensnotwendigen Stoffen versorgen und ihn nicht unnötig durch falsche Ernährung und stressreiche Konflikte belasten.

Die Trennkost in der Praxis

Umschalttage

Bevor Sie Ihre Ernährung auf Trennkost umstellen, sollten Sie einen oder mehrere sogenannte Umschalttage einlegen. Diese dienen der Anregung des Stoffwechsels und der Entgiftung.

Neben dem Verzehr der bei den einzelnen Tagen beschriebenen Lebensmittel ist es unbedingt nötig, dass Sie an den Umschalttagen ausreichend Flüssigkeit zu sich nehmen. Geeignet sind dafür natriumarmes stilles Mineralwasser sowie Tee (Früchte- und Kräutertee).

Nachfolgend finden Sie verschiedene Vorschläge für Umschalttage. Wählen Sie nach Belieben aus.

Gemüse-Salat-Tag

Essen Sie an diesem Tag ausschließlich Salat und/oder Gemüse der Saison in roher oder leicht gedünsteter Form. Die Menge dieser Lebensmittel richtet sich dabei ganz nach Ihrem persönlichen Appetit. Verzichten Sie beim Dünsten auf Fett und Salz. Nach Belieben können Sie zum Würzen aber etwas vegetarische Gemüsebrühe (hergestellt aus Instantpulver, das Sie im Reformhaus erhalten) verwenden.

Umschalttage dienen der Anregung des Stoffwechsels und der Entgiftung des Körpers.

Obsttag

Bis 15 Uhr können Sie am Umschalttag frisches Obst der Saison (bitte aber keine Bananen, frischen Feigen und Datteln) essen. Die Menge richtet sich auch hier nach Ihrem Appetit. Ab 17 Uhr stehen dann noch 2 mitte große Bananen oder 2 mittelgroße Pellkartoffeln auf Ihrem Speiseplan.

Kartoffel-Trink-Tag

Diesen Entschlackungstag empfehle ich besonders denjenigen, die einen empfindlichen Magen-Darm-Trakt haben. Und so wird der Kartoffeltrunk zubereitet:

Garen Sie 500 g gut gewaschene, ungeschälte Kartoffeln in etwa 2 Litern Wasser (ohne Salz). Bei neuen Kartoffeln können Sie die Schale später mitverzehren; ältere Kartoffeln sollten Sie nach dem Garen schälen. Nach dem Kochen werden die Kartoffeln dann zusammen mit der Kochflüssigkeit püriert. Der Kartoffeltrunk wird über den Tag verteilt getrunken.

Kartoffel-Gemüse-Suppen-Tag

An diesem Tag gibt es eine Suppe aus 3 Kartoffeln, 3 Zwiebeln, 3 Stangen Lauch, 1 Stück Knollensellerie und (nach Geschmack) 3 Möhren. Das exakte Gewicht der Zutaten spielt hier keine Rolle. Und so wird die Suppe zubereitet:

Putzen Sie das Gemüse, waschen und zerkleinern Sie es. Dann geben Sie es in einen großen Topf, füllen mit Wasser auf und fügen nach Belieben frische gehackte Kräuter und Gewürze (zum Beispiel Petersilie, Majoran, Liebstöckel, Kümmel und Knoblauch) hinzu. Anschließend wird alles zugedeckt bei mittlerer Temperatur gegart, bis das Gemüse weich ist. Zum Schluss können sie die Suppe mit etwas vegetarischer Gemüsebrühe (hergestellt aus Instantpulver, das Sie im Reformhaus erhalten) abschmecken. Die Suppe wird über den Tag verteilt gegessen.

Hayscher Trennungsplan

Der Trennungsplan gibt Ihnen einen genauen Überblick darüber, welche Lebensmittel in die Eiweißgruppe, welche in die neutrale Gruppe und welche in die Kohlenhydratgruppe gehören. Außerdem finden Sie dort eine Aufzählung von Lebensmitteln, deren Verzehr in der Trennkost nicht empfohlen wird. Ich habe diese zu meidenden Lebensmittel trotzdem im Plan in der zugehörigen Gruppe aufgelistet, damit Sie wissen, in welche sie gehören. Dennoch sollten Sie stets selbst entscheiden, ob Sie ein solches Lebensmittel lieber meiden möchten oder nicht. Ihre persönliche Freiheit liegt mir hier sehr am Herzen.

Sie sollten stets selbst entscheiden, ob Sie ein Lebensmittel meiden möchten oder nicht.

Innerhalb einer Mahlzeit dürfen zur Eiweiß- und zur Kohlenhydratgruppe gehörende Lebensmittel nicht zusammen gegessen werden, da sonst die Verdauungsvorgänge gestört werden.

Folgende Kombinationen sind aber möglich:

- Lebensmittel aus der Eiweißgruppe kombiniert mit solchen aus der neutralen Gruppe
- Lebensmittel aus der Kohlenhydratgruppe kombiniert mit solchen aus der neutralen Gruppe

Sie werden schon nach wenigen Tagen mit Trennkost feststellen, dass es sehr einfach ist, trennkostgerechte Mahlzeiten zusammenzustellen, und dass Sie viel Freiheit bei Ihren Lebensmittelkombinationen haben.

Eiweißgruppe

Gegarte Fleischsorten
Vom Rind z. B. Bratenfleisch,
Rouladen, Gulaschfleisch, Steaks,
Hackfleisch und Geschnetzeltes;
vom Kalb z. B. Schnitzel und
Bratenfleisch;
vom Lamm z. B. Koteletts, Keule
und Rücken.
Schweinefleisch zählt auch zur
Eiweißgruppe. Sein Verzehr wird
aber nicht empfohlen

Gegarte Geflügelsorten
Putenrollbraten, Putenschnitzel und
-brust, Putengeschnetzeltes, Gans,
Ente, Hähnchen und Poularde

Gegarte Wurstsorten
Gebratene Bratwurst, Fleischwurst,
Leberkäse, Rindswurst, Knacker,
Cornedbeef, gekochter Schinken und
Geflügelwurst.
Gegarte Wurstwaren aus Schweine-
fleisch sind nicht empfehlenswert
und sollten durch solche aus Rind-
oder Geflügelfleisch ersetzt werden

Ungeräucherte
gegarte Fischsorten
Seelachs, Kabeljau, Lachs, Rotbarsch,
Heilbutt, Thunfisch, Makrele, Hering,
Forelle, Hecht und Scholle

Gegarte Schalen- und
Krustentiere
Meeresfrüchte, z. B. Muscheln,
Garnelen, Krebse und Hummer

Sojaprodukte
Sojasauce, Tofu und mit Soja
hergestellte Brotaufstriche

Eier und Milch

Käsesorten
mit höchstens 50% Fett i.Tr.,
z. B. Parmesan, Harzer Käse, Edamer,
Gouda und Tilsiter

Gekochte Tomaten

Getränke
Früchtetee, Apfelwein,
herber Weiß- und Rotwein,
herber Rosé, trockener Sekt,
Obstsäfte und mit Wasser
verdünnte Obstsäfte

Beerenfrüchte
(außer Heidelbeeren), Erdbeeren,
Himbeeren und Preiselbeeren

Kernobstsorten
(außer mürben süßen Äpfeln),
säuerliche Äpfel, Birnen und
Kirschen

Steinobstsorten
Pfirsiche, Aprikosen und Kirschen

Weintrauben

Zitrusfrüchte
Orangen, Zitronen und Grapefruits

Exotische Obstsorten
(außer Bananen, frischen Feigen
und Datteln), Mangos, Maracujas,
Papayas und Ananas

TIPP
Obwohl Obst selbst
keine Säuren im
Körper bildet (es
wirkt basenbil-
dend), wird es zur
Eiweißgruppe ge-
zählt. Ein Verzehr
von Obst, welches ja
viel Fruchtsäure ent-
hält, kann nämlich
die Verdauung von
kohlenhydratrei-
chen Lebensmitteln
behindern. Zählt
man Obst zur
Eiweißgruppe, dann
darf man es nicht
zusammen mit
Lebensmitteln aus
der Kohlenhydrat-
gruppe essen.

*Verwenden Sie zum
Panieren von Lebens-
mitteln aus der
Eiweißgruppe keine
Semmelbrösel (sie ge-
hören in die Kohlen-
hydratgruppe), son-
dern Sesamsamen,
gemahlene Mandeln
oder gemahlene
Nüsse (alles neutrale
Lebensmittel).*

 # Neutrale Gruppe

TIPP
Die in dieser Gruppe aufgelisteten Lebensmittel dürfen innerhalb einer Mahlzeit sowohl mit Lebensmitteln aus der Eiweiß- als auch mit solchen aus der Kohlenhydratgruppe gemischt werden.

TIPP
Als Geliermittel dienen: Gelatine (tierisches Produkt), Agar-Agar (eine pulverisierte Meeresalge – das Pulver wird in kalter Flüssigkeit aufgelöst, dann erhitzt man das Ganze auf 60 bis 80 °C und lässt es erkalten), pflanzliche Bindemittel aus Johannisbrotkernmehl, so z. B. Nestargel (gibt es in Reformhäusern)

Fette
(außer gehärteten Fetten) kaltgepresste Öle, ungehärtete Margarinesorten (mehrfach ungesättigte Fettsäuren), Butter, pflanzlicher Brotaufstrich (im Reformhaus erhältlich)

Gesäuerte Milchprodukte
Joghurt, saure Sahne, Quark, Buttermilch, Dickmilch und Kefir; außerdem: vergorenes Molkekonzentrat (Molkosan)

Süße Sahne und Kaffeesahne

Käsesorten
(mindestens 60% Fett i.Tr.,) Doppelrahmfrischkäse, Butterkäse, Camembert, Rahm- und Butterkäsesorten

Weißkäsesorten
Schafs- und Ziegenkäse, Mozzarella, körniger Frischkäse

Rohe geräucherte Wurst
Bündener Fleisch, roher Schinken, Salami und Debrecziner. Hier sollten Sie auf Sorten aus Schweinefleisch verzichten und auf solche aus Rind- oder Putenfleisch ausweichen

Rohes Fleisch
Tatar (rohes Fleisch sollte aber gemieden werden)

Roher marinierter oder geräucherter Fisch
Schillerlocken, geräucherter Bückling, geräucherter Aal, geräucherte Makrele oder Forelle, Räucherlachs, Matjeshering und Bismarckhering

Gemüsesorten
Artischocken, Auberginen, Avocados, Blumenkohl, Brokkoli, grüne Bohnen, Chicorée, Chinakohl, grüne Erbsen, Fenchel, Gurken, Knoblauch, Kohlrabi, Lauch, Mais, Mangold, Möhren, Paprikaschoten, Peperoni, Radieschen, Rettich, Rosenkohl, rote Beten, Rotkohl, Sauerkraut, Sellerie, Spargel, Spinat, Tomaten, Weißkohl, Wirsing, Zwiebeln, Zucchini

Blattsalate

Pilze
Champignons, Austernpilze, Pfifferlinge und Steinpilze

Sprossen und Keime

Kräuter, Gewürze, Zitrusschalen

Nüsse und Samen
(außer Erdnüssen) Haselnüsse, Walnüsse, Kokosnussraspel, Mandeln, Sesam, Mohn

Heidelbeeren

Ungeschwefelte Rosinen

Oliven · Eigelb

Hefe

Gemüsebrühe

Kräutertees

Geliermittel

Kohlenhydratgruppe

Vollkorngetreide
Weizen, Roggen, Dinkel, Hafer,
Gerste, Hirse, Grünkern, getrock-
neter Mais und Naturreis

Buchweizen

Vollkorngetreideerzeugnisse
Vollkornbrot und -brötchen,
Kuchen aus Vollkornmehl, Voll-
kornnudeln und Vollkorngrieß

Kartoffeln

Gemüsesorten
Topinambur, Grünkohl und
Schwarzwurzeln

Obstsorten
Bananen, mürbe süße Äpfel, frische Feigen und frische Datteln

Ungeschwefeltes Trockenobst
(außer Rosinen)

Süßungsmittel
Frutilose, Honig, Ahornsirup,
Birnen- und Apfeldicksaft

Kartoffelstärke

Weinsteinbackpulver

Puddingpulver
(ohne Farbstoff)

Carobe
(gemahlene Frucht des Johannis-
brotbaums – das Pulver wird wie
Kakao verwendet und ist im Natur-
kostladen erhältlich)

Bier

TIPP
Getreidebratlinge
werden vor dem
Panieren nicht in Ei
gewendet und nur
mit Vollkornsem-
melbröseln, gemah-
lenen Nüssen oder
Sesamkörnern
paniert.

Diese Lebensmittel sollten Sie meiden

Weißes Mehl und daraus hergestellte
Produkte, z. B. süße und pikante Backwaren
sowie Nudeln; polierten Reis

Zucker, Süßstoffe und daraus hergestellte
Produkte, z. B. Süßwaren, Marmeladen und
Gelees

Fertiggerichte und Konserven

Getrocknete Hülsenfrüchte, z. B. Bohnen,
Erbsen und Linsen

Erdnüsse

Preiselbeeren

Schweinefleisch und rohes Fleisch

Wurstwaren

Rohes Eiweiß von Eiern

Fertige Mayonnaise

Essig

Gehärtete Fette, z. B. normale Margarinesorten und feste weiße Fritier- und Bratfette
(Plattenfette)

Schwarzer Tee, Bohnenkaffee, Kakao und
hochprozentige Spirituosen

Mengenplan

*Durch diesen Plan erfahren Sie, wie ein Tag mit Trennkost ausse-
hen sollte. Sie sehen, was und wieviel Sie beispielsweise zum Früh-
stück oder am Mittag essen können und in welchen ungefähren
zeitlichen Abständen die verschiedenen Mahlzeiten eingenommen
werden sollten.*

**Die Gewichtsangaben und die Uhrzeiten auf dem
Mengenplan sind nur Richtwerte.**

1 Glas (etwa 200 ml) natriumarmes stilles Mineralwasser

Frühstück

Hier haben Sie die Wahl zwischen einer Kohlenhydrat-,
einer Eiweiß- und einer Obst-
mahlzeit.

Kohlenhydratmahlzeit:
1 Scheibe Vollkornbrot (50 g)
oder 1 Vollkornbrötchen oder
3 Scheiben Vollkornknäckebrot.
Die jeweilige Brotsorte dünn
mit Butter oder Margarine
bestreichen und mit folgendem
belegen beziehungsweise
bestreichen:
30 g rohe Wurst (ca. 3 dünne
Scheiben)

oder 30 g Käse ab 60%
Fett i.Tr. (ca. 1 Scheibe)
oder 50 g Quark (ca. 2 EL)
oder 2 TL Honig.
Alternativ dazu können Sie
auch ein Müsli oder einen
Getreidebrei essen.

Eiweißmahlzeit:
2 Eier (als Spiegeleier oder
Rührei zubereitet oder
gekocht. Achtung: Nicht mehr
als 3 Eier pro Woche).
Dazu können Sie Folgendes
essen: Tomaten, Gurken, Paprikaschoten, Radieschen oder
andere neutrale Gemüsesorten.
Brot ist nicht erlaubt.

Obstmahlzeit:
In beliebiger Menge frisches
Obst der Saison (außer
Bananen, frischen Feigen
und Datteln).

Wenn Sie auf Ihren Kaffee oder
schwarzen Tee nicht verzichten
möchten, sollten Sie ihn mit
etwas Sahne oder eventuell
auch mit Honig verfeinern.

1 Glas (etwa 200 ml) Früchte-
oder Kräutertee

1 Glas (etwa 200 ml) Früchte-
oder Kräutertee

1. Zwischenmahlzeit

200 g frisches Obst der Saison
(aber keine Bananen, frischen
Feigen oder Datteln)
oder 250 ml Frischmilch
oder 250 g angesäuerte Milchprodukte (z. B. Joghurt, Quark,
Dickmilch oder Buttermilch)
oder 100 g frisches Obst (aber
keine Bananen, frischen Feigen
oder Datteln) und dazu 125 ml
Frischmilch oder 125 g angesäuerte Milchprodukte

1 Glas (etwa 200 ml) Früchte-
oder Kräutertee
oder stilles Mineralwasser

Mittagessen

Mittags haben Sie die Auswahl
zwischen einer Eiweiß- und
einer Kohlenhydratmahlzeit.

Eiweißmahlzeit:
100-150 g Fleisch
oder 200 g Fisch
oder 2 Eier oder
60-80 g Käse bis 50% Fett i.Tr.
oder 80 g gegarte Wurstsorten.
Dazu gibt es ca. 400 g neutrales Gemüse und Salat.

Kohlenhydratmahlzeit:
50 g Getreide (Rohgewicht)
oder 60 g Naturreis (Rohgewicht) oder 60 g Vollkornnudeln (Rohgewicht)
oder 100 g Vollkornbrot
oder 200 g Kartoffeln.
Zusätzlich zu den Zutaten für
die Eiweiß- oder Kohlenhydratmahlzeit können Sie kleine
Mengen Butter, Margarine, Öl
oder Sahne verwenden. Die
genannten Lebensmittel sind
neutral und passen immer
dazu. Außerdem dürfen Sie zu
jeder Mittagsmahlzeit 30–50 g
neutrale Lebensmittel essen
(siehe Trennungsplan Seite 16).

1 Glas (etwa 200 ml) Früchte-
oder Kräutertee

1 Glas (etwa 200 ml) Früchte-
oder Kräutertee

1 Glas (etwa 200 ml) Früchte-
oder Kräutertee

2. Zwischenmahlzeit

1 Banane
oder 1 Müsliriegel ohne Zucker
oder 1 Stück Kuchen
oder 2–3 Plätzchen
oder 1 Scheibe Knäckebrot
mit Honig
oder 2 EL Quark mit 1 TL Honig

oder 1 EL Vollkornhaferflocken
und 1 Becher Joghurt
oder 200 g angesäuerte Milchprodukte (z. B. Joghurt, Dickmilch, Quark oder Buttermilch).

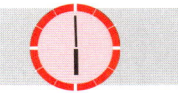

1 Glas (etwa 200 ml) Früchte-
oder Kräutertee
oder stilles Mineralwasser

Abendessen

Abends haben Sie die Auswahl
bei den Kohlenhydratgerichten
(ab und an können Sie abends
auch einmal ein neutrales oder
ein Eiweißgericht essen).

50 g Getreide (Rohgewicht)
oder 100 g Vollkornbrot
oder 60 g Naturreis
(Rohgewicht)
oder 200 g Kartoffeln.

Dazu gibt es ca. 400 g Gemüse
und Salat sowie 30–50 g neutrale Lebensmittel (siehe Trennungsplan Seite 16) und kleine
Mengen Butter, Margarine, Öl
oder Sahne.

Wochenplan

	Frühstück	1. Zwischen-mahlzeit
1. Tag (Montag)	**K** Kerniges Nussmüsli (S. 28)	**E** 1 großer säuerlicher Apfel (ca. 200 g)
2. Tag (Dienstag)	**K** Quarkbrötchen mit Schnittlauch (S. 45)	**N** 250 g Buttermilch
3. Tag (Mittwoch)	**E** Birnenjoghurt (S. 35)	**E** 1 große oder 2 mittelgroße Birnen (ca. 200 g)
4. Tag (Donnerstag)	**E** Frisches Obst der Saison (außer Bananen, frischen Feigen und Datteln) in beliebiger Menge	**E** Erdbeershake (S. 267)
5. Tag (Freitag)	**K** Apfelbrei mit Joghurt (S. 33)	**N** 4 große Möhren (ca. 200 g)
6. Tag (Samstag)	**E** Eier in knackiger Quarksauce (S. 51)	**E** 1 große Orange (ca. 200 g)
7. Tag (Sonntag)	**E** Kefir-Beeren-Speise (S. 37)	**E** 1 kleiner säuerlicher Apfel (ca. 100 g) und 125 g Kefir

Mittagessen	2. Zwischen-mahlzeit	Abendessen
N Brokkoli-Tomaten-Salat (S. 32), einige Oliven und **K** 1 Vollkornbrötchen	**N** 1 Becher Naturjoghurt (200 g)	**K** Vollkornbrötchen mit Olivenfrischkäse und Tomaten (S. 41)
K Indisches Reisgericht (S. 192)	**K** 1 große Banane (ca. 200 g)	**K** Spaghetti mit getrockneten Tomaten (S. 206)
E Möhren-Roquefort-Suppe (S. 57)	**K** 3–5 Mandelecken (S. 252)	**K** Smörrebröd mit Dillbutter (S. 43)
E Feldsalat mit Sellerie und Tofu (S. 80)	**K** 1 großer süßer Apfel (ca. 200 g)	**K** Pellkartoffeln mit Lachscreme (S. 226)
E Pikante Fischsuppe (S. 62)	**K** 1 Scheibe Knäckebrot mit 1 TL Honig	**K** Vollkorn-Gemüse-Pizza (S. 169)
K Böhmische Käsespätzle (S. 285), dazu **N** Variable Möhrenfrischkost (S. 85)	**K** 3–5 Müslihaufen (S. 252)	**K** Mischgemüse mit Käsesauce (S. 177) und 1 Scheibe Vollkorntoastbrot
E Lammkoteletts mit jungem Gemüse (S. 127)	**K** 1 Stück Marlenes Rosettenkuchen (S. 256)	**K** Quarkbrot mit Bündner Fleisch (S. 40)

Anmerkung

Dieser Wochenplan ist so angelegt, dass Sie mittags Ihre Hauptmahlzeit zu sich nehmen. Falls es Ihrem persönlichen Essensrhythmus eher entspricht, wenn Sie die Hauptmahlzeit abends essen, dann können Sie die Spalten „Mittagessen" und „Abendessen" tauschen. Denken Sie aber daran, dass abends in der Regel eine Kohlenhydratmahlzeit auf Ihrem Speiseplan stehen sollte. Daher müssen Sie getauschte Eiweißgerichte gegen Kohlenhydratgerichte auswechseln.

Wichtige Hinweise

Hinweise zu den Rezepten

Einteilung der Gerichte
Damit Sie auf den ersten Blick erkennen, zu welcher der drei Gruppen ein jeweiliges Gericht zählt, haben wir zu den Rezeptnamen verschiedene Symbole gestellt:

K = Kohlenhydratgericht
E = Eiweißgericht
N = neutrales Gericht

Zubereitungszeit und Extrazeiten
Die Zubereitungszeit beinhaltet sowohl die Vorbereitungszeit als auch die Gar- bzw. Backzeit. Alle Extrazeiten (zum Beispiel Zeit zum Quellen, Gehen oder Kühlen) sind immer in einer besonderen Zeile angegeben und müssen zur Zubereitungszeit hinzugerechnet werden.

Kalorienangaben
Die Kalorienangaben (kcal.) beziehen sich immer auf 1 Portion bzw. auf 1 Stück (z. B. bei Kuchen und Gebäck).

Zutatenmengen
Die Zutatenmengen beziehen sich auf die ungeputzte Rohware. Bei Stückangaben (z. B. 1 Apfel oder 1 Karotte) wird von einem Stück mittlerer Größe ausgegangen.

Esslöffel- und Teelöffelmengen
Bei diesen beiden Angaben sind immer gestrichene Maße gemeint.

Gerichte kombinieren
Wenn Sie verschiedene Gerichte zu einem Menü zusammenstellen möchten, beachten Sie bitte ihre jeweilige Gruppenzugehörigkeit. Kohlenhydratgerichte **K** sind untereinander nach Belieben zu kombinieren. Eiweißgerichte **E** ebenso. Neutrale Gerichte **N** können entweder zusammen mit Kohlenhydrat- oder mit Eiweißgerichten gegessen werden.

Rezepte variieren oder selbst kreieren
Möchten Sie Rezepte verändern oder eigene Kreationen entwickeln, beachten Sie bitte die Gruppenzugehörigkeit der zu verwendenden Lebensmittel. Ziehen Sie den Trennungsplan (S. 15–17) zu Rate.

Gerichte ergänzen
Für Partner oder Familienmitglieder, die sich nicht der Trennkosternährung anschließen wollen, brauchen Sie nicht extra zu kochen. Ergänzen Sie Kohlenhydrat- oder neutrale Gerichte einfach mit Fisch oder Fleisch (ca. 150 g je Portion). Eiweiß- oder neutrale Gerichte lassen sich mit Kartoffeln, Naturreis oder Vollkornnudeln entsprechend erweitern.

Hinweise in den TIPPs
Bei vielen Rezepten finden Sie bereits Ideen zum Austausch einiger Zutaten. Unter der Rubrik „TIPP" finden Sie darüber hinaus viele nützliche Anmerkungen, z. B. zu Warenkunde oder Küchentechnik, zu Kombinationsmöglichkeiten verschiedener Gerichte oder zur Gästeküche.

Empfehlung zum Backen mit Vollkornmehl
Wenn Sie keine Getreidemühle besitzen, lassen Sie das Getreide im Reformhaus oder Bioladen stets frisch mahlen. Das Mehl sollte möglichst innerhalb der nächsten 3 Stunden nach dem Mahlen verarbeitet werden, damit wertvolle Vitamine nicht verloren gehen.

Hinweise zu einigen Lebensmitteln

Frutilose
Es handelt sich hierbei um einen schonend eingedickten Obstdicksaft aus dem Reformhaus. Er zählt zur Gruppe der Kohlenhydrate, kann allerdings in kleinen Mengen auch zum Süßen von Eiweiß- oder von neutralen Gerichten verwendet werden.

Molkosan
Das vergorene Molkekonzentrat wird mit Wasser verdünnt im Speziellen als Essigersatz und im Allgemeinen zum säuerlichen Abschmecken von Speisen verwendet.

Pflanzliche Bindemittel
Bindemittel (z. B. Nestargel und Bicbin), die meist aus Johannisbrotkernmehl hergestellt werden, sind geschmacksneutral und haben wenig Kalorien. Sie erhalten sie im Reformhaus. Beachten Sie unbedingt die Dosierungs- und Handhabungsangaben der Hersteller.

Weinsteinbackpulver
Es enthält im Gegensatz zu herkömmlichem Backpulver kein Phosphat. Was seine Verwendung und Triebfähigkeit betrifft, ist es im Vergleich zu herkömmlichem Backpulver als gleichwertig anzusehen.

Meer- und Kräutersalz
Beide sind herkömmlichem Haushaltssalz vorzuziehen. Meersalz enthält wertvolle Vitamine und Mineralstoffe. Kräutersalz hat nur einen reinen Kochsalzgehalt von 84%.

Reine Gemüsebrühe (aus Instantpulver)
Das Instantpulver bietet sich als Streuwürze bestens an. Außerdem können Sie daraus eine prima Suppen- oder Saucengrundlage herstellen. Reine Gemüsebrühe wird nur aus pflanzlichen Zutaten hergestellt, ist cholesterin- und glutenfrei und enthält keine gehärteten Fette.

Öle
Empfehlenswert sind naturbelassene, unraffinierte Produkte, die reichlich mehrfach ungesättigte Fettsäuren enthalten. Verwenden Sie zum Kochen möglichst Oliven- oder Sonnenblumenöl. Auf raffinierte Öle, wie z. B. ganz normales Salatöl, sollten Sie verzichten.

Fette
Butter, ungehärtetes Kokosfett oder andere ungehärtete Pflanzenfette, wie z. B. Margarine aus dem Reformhaus mit einem hohen Anteil an ungesättigten Fettsäuren, sind empfehlenswert. Ihrer Kalorien wegen sollten sie jedoch nur sparsam eingesetzt werden. Die oben aufgezählten Margarinesorten dürfen nicht zu stark erhitzt werden. Bitte bei deren Verwendung unbedingt die Herstellerangaben beachten. Auf gehärtete Fette, wie auf herkömmliche Margarinesorten, feste weiße Brat- oder Fritierfette, sollten Sie unbedingt verzichten.

Frische Kräuter
Sie spielen in den Rezepten eine ganz wesentliche geschmacksgebende Rolle. So kann meist auf Salz und immer auf Pfeffer verzichtet werden. Greifen Sie außerhalb der Saison auf das Tiefkühlangebot zurück.

Naturreis
Ungeschälter Reis enthält im Gegensatz zu poliertem Reis mehr Ballaststoffe, Vitamine und Mineralstoffe. Sie können ihn auch ohne Einweichen als Koch- oder Quellreis zubereiten.

Eier
Verwenden Sie nur Eier von freilaufenden Legehennen. Sie sollten stets frisch verarbeitet werden, um eine mögliche Salmonellenbelastung auszuschließen.

Abkürzungen

TL	Teelöffel
EL	Esslöffel
g	Gramm (1000 g = 1 kg)
kg	Kilogramm
ml	Milliliter
l	Liter
Msp.	Messerspitze
kcal	Kilokalorien
cm	Zentimeter
max.	Maximal
mind.	Mindestens
°C	Grad Celsius
TK-...	Tiefkühl-...
Fett i. Tr.	Fett in der Trockenmasse

Frühstücksideen und Zwischenmahlzeiten

 Grünkernmüsli mit Apfelscheiben

Für 1 Person

4 EL grobes
Grünkernschrot
1 süßer mürber Apfel
100 g Joghurt
(3,5 % Fett)
50 g süße Sahne
2 EL Ahornsirup
1 EL gehackte
Walnusskerne

Zubereitungszeit: ca. 10 Minuten
Quellzeit: mind. 6 Stunden

ca. 490 kcal je Portion

1 Das Grünkernschrot in etwas Wasser einweichen und zugedeckt, mindestens 6 Stunden, am besten über Nacht, im Kühlschrank quellen lassen.

2 Am Morgen den Apfel waschen, evtl. schälen, vierteln, das Kerngehäuse herausschneiden und die Viertel quer in Scheiben schneiden. Sie auf dem gequollenen Schrot verteilen.

3 Den Joghurt mit der Sahne und dem Ahornsirup verrühren und über das Müsli geben. Alles mit den Walnusskernen bestreuen.

 Flockenmüsli mit frischer Feige

Für 1 Person

4 EL Getreideflocken
(z. B. Dinkel- oder
Haferflocken)
1 EL Rosinen
1 EL Haselnusskerne
1/2 Banane
1 frische Feige
100 g Dickmilch
1 EL Wasser

Zubereitungszeit: ca. 10 Minuten

ca. 430 kcal je Portion

1 Die Getreideflocken mit den gewaschenen Rosinen und den Nüssen mischen. In eine Schale geben.

2 Die Banane schälen und in Scheiben schneiden. Die Feige waschen und achteln. Die Dick-milch dann mit 1 Esslöffel Wasser gut verrühren.

3 Die Bananenscheiben auf den Getreideflocken verteilen; die Dickmilch darüber geben. Die Feigenachtel kreisförmig darauf anordnen.

Haferflockenbrei mit Apfel und Banane `K`

Zubereitungszeit: ca. 10 Minuten

ca. 360 kcal je Portion

1 Den Apfel heiß abwaschen und trocken reiben. Ihn vierteln, das Kerngehäuse entfernen und das Fruchtfleisch fein würfeln.

2 Die Banane schälen, in 1/2 cm dicke Scheiben schneiden und diese zusammen mit den Apfelwürfeln und der Zitronenschale mischen.

3 Die Haferflocken in zwei tiefe Teller geben. Den Zimt darauf verteilen. Die Fruchtstücke auf das Getreide legen. Den Joghurt und die Buttermilch in einer Schüssel verrühren und darauf gießen. Die Flocken kurz quellen lassen.

4 In der Zwischenzeit die Melisse waschen, trockentupfen und die Blätter von den Stielen zupfen. Danach in feine Streifen schneiden. Das Müsli mit dem Honig süßen und zum Schluss mit den Melissestreifen garnieren.

Für 2 Personen

1 kleiner mürber Apfel
1 Banane
1 TL abgeriebene Zitronenschale
8 EL Vollkornhaferflocken
1 TL Zimtpulver
125 g Joghurt (3,5% Fett)
100 g Buttermilch
2 Zweige Zitronenmelisse
2 EL flüssiger Honig

Frischkornmüsli mit Apfel und Mandeln `K`

Zubereitungszeit: ca. 10 Minuten
Quellzeit: 6–8 Stunden

ca. 450 kcal je Portion

1 Das Schrot in eine kleine Schüssel geben. Die Rosinen hinzufügen und 150 ml Wasser angießen, sodass alles gerade bedeckt ist. Das Ganze zugedeck 6 bis 8 Stunden im Kühlschrank quellen lassen.

2 Den Apfel waschen, trockenreiben, vierteln. Den Stiel und das Kerngehäuse entfernen. Dann das Fruchtfleisch mit einer Reibe grob raspeln.

3 Das Schrot und die Rosinen mit Quark, Apfel, Joghurt und Kardamom vermischen und dann auf zwei Müslischälchen verteilen. Die Mandelstifte und den Ahornsirup darüber geben.

TIPP
Statt dem Apfel können Sie auch 1 große Banane (ca. 150 g) nehmen. Pro Portion sind dann 35 kcal mehr enthalten.

Für 2 Personen

8 EL grobes Weizenschrot
1 EL ungeschwefelte Rosinen
1 mürber süßer Apfel
200 g Quark (20% Fett i. Tr.)
100 g Joghurt (3,5% Fett)
1 Prise Kardamompulver
2 EL Mandelstifte
2 EL Ahornsirup

K Hafergrütze mit Dickmilch und Birnen

Für 2 Personen

6 ungeschwefelte Trockenbirnenhälften
8 EL Hafergrütze (Reformhaus)
1 Prise Meersalz
1/2 TL Zimtpulver
200 g Dickmilch
2 EL Ahornsirup

Zubereitungszeit: ca. 20 Minuten
Quellzeit: ca. 6 Stunden

ca. 360 kcal je Portion

1 Die Trockenbirnen in eine kleine Schüssel geben und mit 100 ml Wasser übergießen. Zugedeckt im Kühlschrank etwa 6 Stunden quellen lassen.

2 Die Hafergrütze in einen kleinen Topf geben, eine Prise Salz, den Zimt und 300 ml Wasser hinzufügen. Das Ganze einmal aufkochen und danach bei schwacher Hitze unter gelegentlichem Rühren etwa 10 Minuten ausquellen lassen.

3 In der Zwischenzeit die Birnen aus der Quellflüssigkeit nehmen und dann in 1/2 cm große Würfel schneiden.

4 Die Grütze in zwei flache Schälchen geben. Die Fruchtwürfel darauf verteilen und die Dickmilch um das Ganze herum gießen. Alles mit dem Ahornsirup beträufeln.

K Porridge mit Banane

Für 2 Personen

8 EL zarte Haferflocken
1 Prise Salz
1 Msp. Ingwerpulver
1 EL Sesamsamen
150 g Dickmilch
1 TL abgeriebene Schale einer unbehandelten Zitrone
1 reife Banane
2 EL flüssiger Honig

Zubereitungszeit: ca. 10 Minuten

ca. 310 kcal je Portion

1 Die Haferflocken zusammen mit 300 ml Wasser, dem Salz und dem Ingwerpulver in einen Topf geben und einmal aufkochen. Anschließend etwa 5 Minuten bei schwacher Hitze quellen lassen.

2 In der Zwischenzeit die Sesamsamen ohne Fett in einer beschichteten Pfanne kurz anrösten. Sie danach sofort auf einen Teller geben und auskühlen lassen.

3 Die Banane kurz vor dem Servieren schälen und in Scheiben schneiden.

4 Die gequollenen Haferflocken in zwei Müslischalen verteilen, die Dickmilch mit der Zitronenschale verrühren und daneben geben. Die Bananenscheiben auf dem Getreidebrei anrichten und mit dem Sesam bestreuen. Alles mit dem Honig süßen.

Sprossenmüsli mit Sahnedickmilch K

Zubereitungszeit: ca. 15 Minuten

ca. 510 kcal je Portion

1 Alle Sprossen gut abspülen und in eine Müslischale geben.

2 Die Banane schälen und in Scheiben schneiden. Den Apfel waschen, vierteln, entkernen, in dünne Spalten schneiden und zu den Sprossen geben.

3 Die Mandeln zusammen mit den Sonnenblumenkernen in einer beschichteten Pfanne ohne Fettzugabe kurz anrösten.

4 In der Zwischenzeit die Sahnedickmilch mit dem Schneebesen cremig verrühren, mit dem Ahornsirup süßen und über die Sprossen gießen. Abschließend alles mit den gerösteten Kernen und den gewaschenen Rosinen bestreuen.

TIPP
Sojabohnensprossen müssen kurz blanchiert werden, da sie in rohem Zustand einen Stoff enthalten, der Verdauungsbeschwerden verursachen kann.

Für 1 Person

4 EL Sprossen (z. B. Mungobohnenkeimlinge, Linsen- oder Sojabohnensprossen)
1/2 Banane
1/2 mürber Apfel (z. B. Cox Orange)
1 EL gehackte Mandeln
2 EL Sonnenblumenkerne
125 g Sahnedickmilch
2 TL Ahornsirup
1 EL Rosinen

Hafervollkornmüsli mit Aprikosen K

Zubereitungszeit: ca. 10 Minuten
Quellzeit: über Nacht

ca. 490 kcal je Portion

1 Die Aprikosen in wenig Wasser über Nacht quellen lassen, danach aus dem Wasser nehmen und beiseite stellen. Das Quellwasser aufheben.

2 Falls Sie ganze Haferkörner nehmen, sie in einem Flocker zu Flocken quetschen. Die Haferflocken in eine kleine Schüssel geben und mit der Buttermilch und dem Quellwasser der Aprikosen verrühren.

3 Die eingeweichten Aprikosen in kleine Würfel schneiden, in das Müsli geben und alles mit dem Honig süßen.

4 Abschließend die Sonnenblumenkerne in einer beschichteten Pfanne ohne Fettzugabe kurz anrösten und dekorativ über das Müsli streuen.

Für 1 Person

3 ungeschwefelte Trockenaprikosen
5 EL Haferkörner
125 g Buttermilch
2 TL flüssiger Honig
2 EL Sonnenblumenkerne

K Nussmüsli mit Joghurtsauce

Für 1 Person

2 EL gehackte Mandeln
7 Haselnusskerne
1 EL Sonnenblumen-
kerne
1 EL Sesamsamen
4 EL Haferflocken
150 g Joghurt
(3,5% Fett)
1 EL Ahornsirup
1 kleiner mürber Apfel
(z. B. Cox Orange)
1 EL Rosinen

Zubereitungszeit: ca. 15 Minuten

ca. 670 kcal je Portion

1 Die Mandeln und Haselnüsse zusammen mit den Sonnenblumenkernen und den Sesamsamen in einer beschichteten Pfanne ohne eine Fettzugabe kurz rösten und dann mit den Haferflocken gut vermischen.

2 Den Joghurt zusammen mit dem Ahornsirup cremig verrühren. Den gewaschenen Apfel auf einer Rohkostreibe direkt in die Sauce raspeln und unterrühren.

3 Die Sauce über das Nussmüsli gießen und es abschließend mit den Rosinen, die vorher gewaschen werden, bestreuen.

TIPP
Man kann noch Cornflakes unter das Müsli mischen. Statt Joghurt eignen sich auch Dickmilch oder Kefir.

K Kerniges Nussmüsli

Für 1 Person

10 Cashewkerne
3 EL kernige
Haferflocken
1 EL Sesamsamen
1 EL Sonnenblumen-
kerne
1 TL kaltgepresstes
Sonnenblumenöl
2 EL Ahornsirup
200 g Kefir
1 EL ungeschwefelte
Rosinen

Zubereitungszeit: ca. 15 Minuten

ca. 700 kcal je Portion

1 Die Cashewkerne grob hacken. Die Haferflocken, Sesamsamen, Sonnenblumenkerne und Cashewkerne in einer Pfanne mit dem Öl mischen. Bei nicht zu starker Hitze in etwa 5 Minuten goldgelb rösten.

2 Die Nussmischung in eine kleine Schüssel füllen und mit dem Ahornsirup und dem Kefir verrühren.

3 Die Rosinen in einem Sieb mit kaltem Wasser abspülen, trockentupfen und auf das Müsli streuen.

TIPP
Zum Süßen eignen sich Honig, Apfel- oder Birnendicksaft sowie Frutilose (flüssige Fruchtsüße aus dem Reformhaus).

Buttermilchkaltschale mit Pfirsich E

Zubereitungszeit: ca. 10 Minuten

ca. 340 kcal je Portion

1 Die Buttermilch zusammen mit dem Ahornsirup verrühren. Die Mandeln und Sonnenblumenkerne hacken und in einer beschichteten Pfanne leicht rösten.

2 Den Pfirsich waschen, halbieren, den Stein entfernen und das Fruchtfleisch in kleine Stücke schneiden.

3 Die Pfirsichstücke mit der Buttermilch verrühren und zum Schluss diese mit den gerösteten Mandeln und Sonnenblumenkernen bestreuen.

Für 1 Person

*150 g Joghurt
(3,5% Fett)*
1 EL Ahornsirup
2 EL Rosinen
1 EL Haferflocken
*je 1 EL Kürbis- und
Sonnenblumenkerne*
2 EL gehackte Mandeln

Süßer Hirsebrei mit Rosinen K

Zubereitungszeit: ca. 10 Minuten

ca. 410 kcal je Portion

1 Zusammen mit der süßen Sahne 250 ml Wasser in einem kleinen Topf vorsichtig erwärmen.

2 Das Hirsemehl unter Rühren hineinstreuen, die Rosinen hinzufügen und alles kurz aufkochen lassen, bis ein Brei entsteht. Das Ganze mit dem Ahornsirup süßen.

Für 1 Person

60 g süße Sahne
*5 EL fein gemahlene
Hirse*
2 EL Rosinen
1 EL Ahornsirup

Hirtenmüsli mit Joghurt K

Zubereitungszeit: ca. 5 Minuten

ca. 540 kcal je Portion

1 Den Joghurt zusammen mit dem Ahornsirup gut verrühren.

2 Die Rosinen heiß waschen, gut abtropfen lassen und danach zusammen mit den Haferflocken, den Kürbis- und Sonnenblumenkernen sowie den fein gehackten Mandeln sorgfältig unter den Joghurt mengen.

Für 1 Person

200 g kalte Buttermilch
1 EL Ahornsirup
*30 g Mandeln und
Sonnenblumenkerne*
1 saftiger Pfirsich

Pikanter Knusperjoghurt

Für 1 Person

*2 Scheiben Vollkorn-
knäckebrot*
150 g Sahnejoghurt
etwas Kräutersalz
*3 EL fein gehackte,
gemischte Kräuter
(z. B. Sauerampfer,
Pimpinelle, Kerbel)*
*2 EL geschälte
Kürbiskerne*
*2 EL Schnittlauch-
röllchen*

Zubereitungszeit: ca. 10 Minuten

ca. 360 kcal je Portion

1 Das Vollkornknäckebrot mehrmals durchbrechen. In eine Plastiktüte geben, diese verschließen und das Brot mit dem Nudelholz mittelfein zerdrücken.

2 Den Joghurt mit dem Kräutersalz verrühren und die gehackten Kräuter darunter mischen.

3 Die Knäckebrotbrösel in ein Schälchen geben und den Joghurt darauf gießen. Mit den Kürbiskernen und den Schnittlauchröllchen bestreuen.

TIPP
Den pikanten Joghurt sollten Sie frisch verzehren, dann ist er besonders knusprig.

Dinkelmüsli mit Obstvariationen

Für 2 Personen

100 g Dinkelkörner
300 g Sahnejoghurt
ca. 3 EL Ahornsirup
1 Banane
*2 EL ungeschwefelte
Rosinen*

**Zubereitungszeit: ca. 35 Minuten
Quellzeit: ca. 8 Stunden**

ca. 510 kcal je Portion

1 Den Dinkel in einen Topf geben, knapp mit Wasser bedecken und für etwa 8 Stunden (am besten über Nacht) quellen lassen.

2 Am nächsten Morgen den Dinkel bei geringer Hitze im geschlossenen Topf in etwa 25 Minuten garen, in ein Sieb geben und abkühlen lassen.

3 Den Joghurt cremig rühren, mit dem Ahornsirup nach Belieben süßen und den gegarten Dinkel darunter rühren.

4 Die Banane schälen, in Scheiben schneiden, unter das Müsli geben und zuletzt alles mit den Rosinen bestreuen.

TIPP
Statt der Rosinen können auch andere Trockenobstsorten wie Feigen, Äpfel, Aprikosen oder Birnen genommen werden. Das jeweilige Obst in kleine Würfel schneiden.

Hirsejoghurt mit Heidelbeeren K

Zubereitungszeit: ca. 35 Minuten

ca. 350 kcal je Portion

1 Hirse heiß abspülen, in 200 ml Wasser zum Kochen bringen und zugedeckt, unter gelegentlichem Umrühren, bei geringer Hitze etwa 30 Minuten ausquellen lassen; anschließend gut auskühlen lassen.

2 In der Zwischenzeit die Beeren waschen und verlesen. Sie dann in eine Schüssel geben, mit einer Gabel zerdrücken und mit dem Joghurt vermischen.

3 Die abgekühlte Hirse untermischen und alles mit dem Ahornsirup süßen.

TIPP
Wenn es morgens schnell gehen muss, dann nehmen Sie statt Hirse Hartweizengrieß. Der Grießbrei ist in 3 Minuten fertig! Geben Sie in den Brei 1 EL Sahne oder 1 Msp. Butter.

Für 1 Person

4 EL Hirse
100 g Heidelbeeren
150 g Joghurt
(3,5 % Fett)
1 EL Ahornsirup

Haferflocken-Bananen-Becher K

Zubereitungszeit: ca. 15 Minuten

ca. 560 kcal je Portion

1 Die Haferflocken zusammen mit den Sonnenblumenkernen in einer beschichteten Pfanne ohne Fettzugabe goldgelb rösten. Zum Abkühlen beiseite stellen.

2 Inzwischen den Quark mit dem Mineralwasser cremig rühren. Das Ganze mit dem Honig süßen.

3 Die Banane schälen und in dünne Scheiben schneiden.

4 Abwechselnd Quark, Haferflockenmischung und Bananenscheiben in ein Dessertglas geben. Mit den gehackten Mandeln bestreuen.

TIPP
Das Gericht eignet sich auch gut nach einem neutralen oder Kohlenhydratgericht als Dessert für 2 Personen.

Für 1 Person

4 EL kernige
Haferflocken
1 EL Sonnenblumen-
kerne
125 g Quark
(20 % Fett i. Tr.)
40 ml Mineralwasser
2 TL flüssiger Honig
1 Banane
2 TL gehackte Mandeln

Mandarinenquark
mit Gewürzen und Mandeln

Für 2 Personen

*350 g Quark
(20 % Fett i. Tr.)
1/2 TL Zimtpulver
1 Prise Nelkenpulver
1 Prise Ingwerpulver
1 Msp. Kardamom-
pulver
2 EL flüssiger Honig
2 –3 Mandarinen
oder 1 Orange
2 EL Kokosraspel
2 EL Mandelblättchen*

Zubereitungszeit: ca. 45 Minuten

ca. 430 kcal je Portion

1 Den Quark in eine Schüssel geben. Sollte er nicht cremig genug sein, kann man ihn mit etwas Mineralwasser glatt rühren. Danach die Gewürze und den Honig hinzufügen und alles gründlich verquirlen.

2 Die Mandarinen bzw. die Orange schälen, die weiße Schicht dabei vollständig entfernen. Die Fruchtstücke grob zerkleinern und unter den Quark mischen.

3 Den Mandarinen- bzw. Orangenquark in zwei Schälchen geben und schließlich die Kokosraspel sowie die Mandelblättchen darauf streuen.

TIPP
Diese Quarkspeise eignet sich gut als Dessert. Als Eiweißgericht passt es gut nach einem neutralen Gericht.

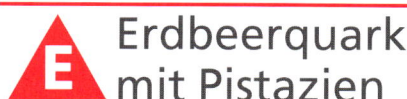

Erdbeerquark
mit Pistazien

Für 1 Person

*200 g Erdbeeren
150 g Quark
(20 % Fett i. Tr.)
1 EL süße Sahne
1 EL Frutilose
(Obstdicksaft aus dem
Reformhaus)
1 EL gehackte, ungesalzene Pistazienkerne*

Zubereitungszeit: 10 Minuten

ca. 400 kcal je Portion

1 Die Erdbeeren waschen und putzen. Die Hälfte im Mixer pürieren.

2 Den Quark mit der Sahne, dem Erdbeerpüree und der Frutilose glatt rühren.

3 Die restlichen Erdbeeren in Scheiben schneiden und auf dem Quark anrichten. Mit den Pistazien bestreuen.

TIPP
Statt Erdbeeren können Sie auch andere Beeren (Himbeeren, Brombeeren) verwenden. Wenn Sie Heidelbeeren nehmen, ist das Gericht neutral.

Apfelbrei mit Joghurt **K**

Zubereitungszeit: ca. 25 Minuten

ca. 290 kcal je Portion

1 Die Äpfel schälen, vierteln und die Kerngehäuse entfernen.

2 Die Apfelstücke zusammen mit etwa 150 ml Wasser in einen Topf geben. Die Zimtstange hinzufügen, alles aufkochen und etwa 10 Minuten köcheln lassen. Die Zimtstange herausnehmen.

3 Dann die Äpfel fein zerstampfen und mit dem Schneebesen locker aufschlagen. Das Kompott etwas abkühlen lassen und mit der Frutilose süßen.

4 Den Joghurt cremig rühren, in zwei Schüsselchen verteilen, den Apfelbrei darauf geben und sodann alles mit den Sonnenblumenkernen bestreuen.

TIPP
Das Apfelkompott passt solo sehr gut zu Pfannkuchen oder als Dessert nach einer Kohlenhydratmahlzeit.

Für 2 Personen

4–5 mürbe Äpfel
(z.B. Cox Orange)
1 kleine Stange Zimt
2 EL Frutilose
(Obstdicksaft aus dem
Reformhaus)
200 g milder Joghurt
(3,5% Fett)
1 EL Sonnenblumen
kerne

Kokos-Nuss-Joghurt mit Birne **E**

Zubereitungszeit: ca. 10 Minuten

ca. 290 kcal je Portion

1 Den Joghurt cremig rühren und auf zwei Schälchen verteilen.

2 Die Birne waschen, halbieren und das Kerngehäuse herausschneiden. Das Fruchtfleisch in etwa 1,5 cm große Würfel schneiden. Dann auf dem Joghurt gut verteilen.

3 Sesamsamen, Mandelblättchen und Kokosraspel in einer Pfanne ohne Fett kurz anrösten. Die Mischung noch warm auf die Birnenwürfel geben.

TIPP
Statt der Birne können Sie auch Orangen- oder Mandarinenfilets verwenden. Auch mit Pfirsich- oder Aprikosenspalten schmeckt diese Mahlzeit sehr gut.

Für 2 Personen

250 g Sahnejoghurt
1 große reife Birne
1 TL Sesamsamen
1 EL Mandelblättchen
1 EL Kokosraspel

⚠️ **E** Grapefruitmüsli mit Joghurt

Für 1 Person

2 EL gehackte Mandeln
1 Grapefruit
150 g Joghurt
(3,5% Fett)
1 EL Frutilose
(Obstdicksaft aus dem
Reformhaus)

Zubereitungszeit: ca. 10 Minuten

ca. 340 kcal je Portion

1 Die Mandeln kurz in einer beschichteten Pfanne ohne eine Fettzugabe anrösten und abkühlen lassen.

2 Inzwischen die Grapefruit schälen, in Spalten teilen und diese gegebenenfalls von zu starken Trennhäuten sorgfältig befreien. Die Grapefruitfilets in eine kleine Schüssel geben.

3 Den Joghurt mit der Frutilose cremig verrühren und alles über die Grapefruitfilets geben. Das Müsli mit gerösteten Mandeln bestreut servieren.

TIPP
Statt Grapefruit können Sie auch andere Zitrusfrüchte und jede Frucht aus der Eiweißgruppe verwenden.

⚠️ **E** Erdbeeren mit Sahnedickmilch

Für 1 Person

200 g Erdbeeren
1–2 EL Ahornsirup
100 g Sahnedickmilch

Zubereitungszeit: ca. 10 Minuten

ca. 250 kcal je Portion

1 Die Erdbeeren waschen, putzen, klein schneiden und dann in ein Schälchen geben. Mit dem Ahornsirup beträufeln und etwas ziehen lassen.

2 Die Sahnedickmilch mit dem Schneebesen cremig schlagen und schließlich unter die Erdbeeren rühren.

TIPP
Statt Erdbeeren können Sie auch andere Beeren verwenden. Wenn Sie Heidelbeeren nehmen, ist das Gericht neutral. Es eignet sich dann als Dessert nach allen Hauptgerichten.

Birnenjoghurt

Zubereitungszeit: ca. 5 Minuten

ca. 430 kcal je Portion

1 Den Joghurt zusammen mit dem Quark, dem Ahornsirup und den Haselnüssen verrühren.

2 Die Birne waschen, achteln und das Kerngehäuse entfernen. Die Achtel in kleine Stücke schneiden.

3 Die Birnenstücke unter den Joghurt rühren und in einer Schale servieren.

TIPP
Statt Birnen können Sie auch Zitrusfrüchte (Orangen, Mandarinen, Grapefruits) oder Beerenfrüchte verwenden. Auch Pfirsich, Nektarine und Zwetschge sind geeignet.

Für 1 Person

100 g Joghurt
(3,5 % Fett)
100 g Quark
(20% Fett i.Tr.)
2 EL Ahornsirup
1 EL gemahlene
Haselnüsse
1 weiche Birne

Bunter Obstsalat mit Frischkäsesauce

Zubereitungszeit: ca. 10 Minuten

ca. 210 kcal je Portion

1 Die Melonenspalte schälen, die Kerne entfernen, und das Fruchtfleisch würfeln. Die Birne schälen, das Kerngehäuse entfernen und die Stücke in kleine, Scheben schneiden.

2 Die Erdbeeren waschen und verlesen. Sie dann halbieren oder vierteln. Das Obst mischen.

3 Den Frischkäse zusammen mit dem Joghurt, der Orangenschale und dem Ahornsirup glatt rühren und als Klecks auf den Obstsalat geben.

TIPP
Reife Zuckermelonen erkennen Sie am fein-aromatischen Duft und an der Druckstelle an der Unterseite der Frucht; sie muß nachgeben.

Für 1 Person

1/8 Netzmelone
1/2 Birne
100 g Erdbeeren
1 EL Doppelrahm-
frischkäse (60 oder
70% F.i.Tr.)
1 EL Joghurt (3,5% Fett)
etwas abgeriebene
Schale einer unbehandelten Orange
1 TL Ahornsirup

▲E Orangen mit Joghurtcreme

Für 2 Personen

3 süße Orangen
3 EL ungeschwefelte Rosinen
300 g milder Joghurt (3,5% Fett)
2 EL Sonnenblumenkerne
2–3 EL Ahornsirup
4 Zitronenmelisseblättchen

Zubereitungszeit: ca. 15 Minuten

ca. 420 kcal je Portion

1 Die Orangen schälen, von den weißen Häutchen befreien und quer in runde Scheiben schneiden.

2 Die Rosinen heiß abspülen und gut abtropfen lassen. Den Joghurt cremig rühren und Rosinen sowie Sonnenblumenkerne darunter rühren. Das Ganze mit dem Sirup süßen.

3 Die Orangenscheiben auf zwei Tellern anrichten, die Joghurtcreme darüber gießen und zum Schluss mit den Zitronemelisseblättchen hübsch garnieren.

TIPP
Anstelle der Orangen können Sie andere exotische Obstsorten, wie z. B. 1 reife Mango, etwa 4 Kiwis, Honigmelone oder 1 Pomelo (Zitrusfrucht: Kreuzung aus Pampelmuse und Grapefruit), verwenden. Das Obst entsprechend schälen und in Scheiben oder Spalten schneiden. Geben Sie den Joghurt kurz vor dem Verzehren auf die Früchte, da das Ganze (z.B. bei Kiwis) sonst bitter wird.

▲E Orangenquark mit Kokosraspeln

Für 1 Person

2 Orangen
125 g Quark (20% Fett i. Tr.)
1 EL ungeschwefelte Rosinen
1–2 EL Ahornsirup
1 Msp. Zimtpulver
2 TL Kokosraspel

Zubereitungszeit: ca. 15 Minuten

ca. 450 kcal je Portion

1 Eine Orange auspressen und den Saft mit dem Quark glatt rühren.

2 Die zweite Orange sorgfältig schälen und dabei die weiße Haut vollständig entfernen. Die Filets aus den Zwischenhäuten herausschneiden und quer halbieren.

3 Die Rosinen kalt abspülen und gut trocken tupfen. Orangenfilets und Rosinen locker unter den Quark heben.

4 Den Quark mit dem Ahornsirup süßen, in ein Schälchen geben und mit dem Zimt bestäuben. Die Kokosraspel darauf streuen.

Apfelquark mit gerösteten Mandeln △E

Zubereitungszeit: ca. 15 Minuten

ca. 410 kcal je Portion

1 Die Mandelblättchen ohne Fettzugabe in einer beschichteten Pfanne goldgelb rösten. Dann beiseite stellen.

2 Den Apfel waschen und auf der Rohkostreibe soweit reiben, dass nur noch das Kerngehäuse übrig bleibt. Sofort mit dem Zitronensaft beträufeln.

3 Den Quark mit dem Mineralwasser cremig rühren und mit der Frutilose süßen. Mit dem geriebenen Apfel mischen und mit den Mandelblättchen bestreuen.

TIPP
Der Quark schmeckt auch gut mit einer geriebenen Birne.

Für 1 Person

3 EL Mandelblättchen
1 großer säuerlicher Apfel
2 EL Zitronensaft
125 g Quark (20 % Fett i. Tr.)
40 ml Mineralwasser
1–2 EL Frutilose (Obstdicksaft aus dem Reformhaus) oder Ahornsirup

Kefir-Beeren-Speise △E

Zubereitungszeit: ca. 20 Minuten

ca. 460 kcal je Portion

1 Die Beeren verlesen, putzen, waschen, gut abtropfen lassen und in 2 Dessertschüsselchen geben. Die Erdbeeren zuvor halbieren oder vierteln.

2 Den Kefir mit der Frutilose süßen. Über die Beeren gießen.

3 Die Kefirspeise mit den Sonnenblumenkernen, den gehackten Mandeln sowie mit der Melisse bestreuen.

TIPPS
■ Nehmen Sie statt Kefir mal die gleiche Menge Vollmilchjoghurt, Sahnedickmilch oder eine Buttermilch mit Butterflocken (maximal 1 % Fett).

■ Je nach Saison bietet sich auch anderes Beerenobst, wie z. B. Stachelbeeren, Brombeeren oder Heidelbeeren, an.

Für 2 Personen

250 g frische Erdbeeren
je 125 g frische Himbeeren und rote Johannisbeeren
300 g Kefir (3,5 % Fett)
3 EL Frutilose (Obstdicksaft aus dem Reformhaus)
3 EL Sonnenblumenkerne
2 EL gehackte Mandeln
1 EL frisch gehackte Zitronenmelisse

N Joghurt mit Radieschen

Für 2 Personen

300 g Radieschen
350 g Joghurt
(3,5% Fett)
etwas Meersalz
2 Petersilienzweige

Zubereitungszeit: ca. 10 Minuten

ca. 140 kcal je Portion

1 Die Radieschen putzen, waschen, trockenreiben, fein ras-peln und zusammen mit dem Joghurt mischen.

2 Das Ganze mit Salz abschmecken und zum Schluss mit der Petersilie garnieren.

N Champignon-Radieschen-Quark

Für 2 Personen

300 g Quark
(20 % Fett i. Tr.)
80 g Joghurt (3,5% Fett)
etwas Meersalz
1 Msp. Rosenpaprika-pulver
5 Champignons
150 g Radieschen
1 Kästchen Kresse
200 g Cocktailtomaten

Zubereitungszeit: ca. 15 Minuten

ca. 310 kcal je Portion

1 Den Quark zusammen mit dem Joghurt in eine Schüssel geben und glatt rühren. Mit Meersalz und Rosenpaprika kräftig würzen.

2 Die Champignons trocken abreiben und putzen. Die Radies-chen waschen und putzen. Beides in dünne Scheiben schneiden und unter den angerührten Quark geben.

3 Die Kresse kurz abspülen und abschneiden. Den Quark auf 2 kleine Teller geben und die Kresse dekorativ daneben anrichten. Am Schluss die Tomaten waschen, halbieren und neben der Kresse verteilen.

E Orangenjoghurt mit Cashewkernen

Für 1 Person

1 große saftige Orange
150 g Sahnejoghurt
2 EL Cashewkerne

Zubereitungszeit: ca. 10 Minuten

ca. 350 kcal je Portion

1 Die Orange sorgfältig schälen. Dabei auch die weiße Haut voll-ständig abschneiden. Die Filets aus den Zwischenhäuten herausschneiden und klein würfeln.

2 Fruchtwürfel mit dem Joghurt mischen. Die Cashewkerne grob hacken und darüberstreuen.

Marinierter Schafskäse mit Tomaten Ⓝ

Zubereitungszeit: ca. 10 Minuten
Zeit zum Durchziehen:
mind. 8 Stunden

ca. 300 kcal je Portion

1 Am Vorabend den Käse abtropfen lassen und in kleine Würfel schneiden. Sie mit dem Öl beträufeln und mit Thymian und Rosmarin mischen. Den Käse in einem verschließbaren Gefäß im Kühlschrank über Nacht durchziehen lassen.

2 Morgens die Tomaten waschen und quer zum Stielansatz in Scheiben schneiden. Die Oliven ebenfalls in Scheiben schneiden. Beides zusammen in ein verschließbares Gefäß füllen.

3 Kurz vor dem Verzehr die Tomatenscheiben mit den Oliven und den Schafskäsewürfeln anrichten.

TIPP
Wenn Sie zu diesem neutralen Gericht Brot essen möchten, gehört es in die Kohlenhydratgruppe.

Für 1 Person

60 g Schafskäse
(in Lake eingelegt)
1 EL kaltgepresstes
Olivenöl
1/2 TL gehackter
Thymian
1/2 TL gehackter
Rosmarin
2 große Tomaten
5 entsteinte
grüne Oliven

Kräuterquark mit Radieschen Ⓝ

Zubereitungszeit: ca. 20 Minuten

ca. 210 kcal je Portion

1 Den Quark zusammen mit dem Mineralwasser cremig rühren. Dill und Schnittlauch waschen, trockenschütteln und fein hacken. Die Kräuter unter den Quark mischen und alles mit Kräutersalz und Paprikapulver abschmecken.

2 Die Gurke schälen, fein raspeln und unter den Quark mischen.

3 Die Radieschen waschen, putzen und in feine Stifte schneiden. Zusammen mit den Sonnenblumenkernen auf den Quark streuen.

TIPP
Statt Radieschen können Sie auch Rettich (grob geraspelt) nehmen.

Für 1 Person

125 g Quark
(20 % Fett i. Tr.)
40 ml Mineralwasser
4 Dillzweige
1/2 Bund Schnittlauch
1 TL Kräutersalz
1 TL edelsüßes
Paprikapulver
100 g Salatgurke
3 Radieschen
1 EL Sonnenblumenkerne

K Tomatenknäckebrot mit Bündner Fleisch

Für 2 Personen

4 Stangen Stauden-
sellerie
1/2 Bund Schnittlauch
2 kleine Tomaten
4 Scheiben Roggen-
vollkornknäckebrot
40 g Doppelrahm-
frischkäse
etwas Kräutersalz
8 Scheiben Bündner
Fleisch

Zubereitungszeit: ca. 10 Minuten

ca. 390 kcal je Portion

1 Den Staudensellerie waschen, putzen und in etwa 6 cm lange Stücke schneiden. Den Schnittlauch waschen, trockenschütteln und in feine Röllchen schneiden.

2 Die Tomaten waschen, dann die Stielansätze keilförmig herausschneiden und das Fruchtfleisch in 1/2 cm dicke Scheiben schneiden.

3 Die Knäckebrote dünn mit dem Frischkäse bestreichen. Die Tomatenscheiben sich überlappend darauf legen und salzen. Den Schnittlauch darüber streuen.

4 Die Brote auf 2 Teller setzen und jeweils 4 Scheiben Bündner Fleisch daneben anrichten. Die Staudenselleriestücke dazulegen und alles sofort servieren, da das Knäckebrot sonst durchweicht.

K Quarkbrot mit Bündner Fleisch

Für 1 Person

6–7 Basilikumblättchen
40 g Speisequark
(20% Fett i. Tr.)
1 EL süße Sahne
etwas Kräutersalz
2 Scheiben Vollkornbrot
1 Salatblatt
2 Tomatenscheiben
4 Scheiben Bündner
Fleisch

Zubereitungszeit: ca. 10 Minuten

ca. 420 kcal je Portion

1 Die Basilikumblättchen waschen, trockentupfen und in Streifen schneiden. Quark mit Sahne und Kräutersalz verrühren und das Basilikum dazugeben.

2 Beide Brotscheiben mit dem Quark bestreichen. Eine Scheibe mit dem gewaschenen Salatblatt, den Tomatenscheiben und dem Bündner Fleisch belegen. Zum Schluss mit der anderen Brotscheibe zudecken.

3 Falls Sie das Brot mitnehmen möchten, dieses in Butterbrotpapier oder Frischhaltefolie einpacken.

TIPPS

■ Bündner Fleisch ist geräuchertes luftgetrocknetes, mageres Rindfleisch.

■ Wer gerne Schinken (vom Schwein) ißt, kann auch ganz gut rohen Schinken verwenden.

Vollkornbrötchen mit Olivenfrischkäse und Tomaten

Zubereitungszeit: ca. 15 Minuten

ca. 410 kcal je Portion

1 Die Oliven und die Tomaten hacken. Beides mit dem Frischkäse mischen und mit Salz und Cayennepfeffer würzen.

2 Die Salatblätter waschen und trockenschleudern. Die Sprossen in ein Sieb geben, abspülen und darin gut abtropfen lassen.

3 Die Tomate waschen, den Stielansatz keilförmig herausschneiden. Anschließend das Fruchtfleisch in etwa 1/2 cm dicke Scheiben schneiden.

4 Die Brötchen halbieren. Auf die beiden Unterseiten jeweils ein Salatblatt legen. Darauf die Tomatenscheiben und die Radieschensprossen verteilen. Die Brötchendeckel mit dem Frischkäse bestreichen und auf die belegten Unterseiten setzen.

Für 2 Personen

15 schwarze Oliven (ohne Stein)
2 getrocknete Tomaten (in Öl eingelegt)
75 g Doppelrahmfrischkäse
etwas Meersalz
1 Msp. Cayennepfeffer
2 kleine Salatblätter
2 EL Radieschensprossen
1 Tomate
2 Vollkornbrötchen

Schlemmerknäcke

Zubereitungszeit: ca. 10 Minuten

ca. 170 kcal je Portion

1 Die Salatblätter waschen und trockentupfen. Die Tomaten waschen und halbieren.

2 Die Knäckebrotscheiben dünn mit etwas Frischkäse bestreichen und mit den Salatblättern belegen. Darauf je 1 Salamischeibe legen und den restlichen Frischkäse als Klecks darauf geben.

3 Die Brote mit den Tomatenhälften garnieren und servieren.

TIPP
Statt Rindersalami können Sie auch 2 Scheiben Bündner Fleisch oder rohen Schweineschinken verwenden. Sehr gut schmeckt auch Tatar (Rinderhack), den Sie mit Pfeffer und Zwiebelringen würzen.

Für 1 Person

2 Blätter Kopfsalat
3 Kirschtomaten
2 Scheiben Vollkornknäckebrot
1 EL Doppelrahmfrischkäse mit Kräutern
2 dünne Scheiben Rindersalami

Paprika-Quark-Brot mit Kräutern

Für 1 Person

*je 1 Spalte rote,
gelbe und grüne
Paprikaschote*
*1 EL Speisequark
(20 % Fett i. Tr.)*
1 EL süße Sahne
*1 EL gehackte Kräuter
(Petersilie, Schnittlauch
und Kerbel)*
etwas Kräutersalz
*etwas edelsüßes
Paprikapulver*
1 Scheibe Vollkornbrot

Zubereitungszeit: ca. 10 Minuten

ca. 220 kcal je Portion

1 Die Paprikaspalten waschen. Die rote Paprika würfeln, die gelbe und die grüne in feine Streifen schneiden.

2 Den Quark mit der Sahne glattrühren. Die roten Paprikawürfel und die Kräuter dazugeben und alles mit Kräutersalz und Paprikapulver würzen.

3 Das Brot mit dem Quark bestreichen. Die gelben und grünen Paprikastreifen darauf anrichten.

TIPP
Das Brot eignet sich gut zum Mitnehmen an den Arbeitsplatz oder für unterwegs.

Vollkornbrötchen mit Avocadocreme

Für 1 Person

1/2 reife Avocado
*etwas abgeriebene
Schale einer
unbehandelten Zitrone*
*2 TL feingehackter
frischer Koriander*
etwas Kräutersalz
1 Vollkornbrötchen
*2 Salatblätter
(z. B. Kopfsalat)*
2 EL frische Sprossen

Zubereitungszeit: 10 Minuten

ca. 450 kcal je Portion

1 Die Avocadohälfte schälen und mit einer Gabel zerdrücken. Das Püree mit der Zitronenschale und dem Koriander verrühren und mit dem Kräutersalz abschmecken.

2 Das Brötchen aufschneiden. Beide Hälften mit etwas Avocadocreme bestreichen und mit jeweils 1 gewaschenen Salatblatt belegen. Die restliche Avocadocreme darauf geben.

3 Die Sprossen mit heißem Wasser abspülen, abtropfen lassen und auf der Creme verteilen.

TIPPS
■ Avocados sind reif, wenn sie auf Fingerdruck leicht nachgeben.

■ Falls Sie kein Koriandergrün bekommen, nehmen Sie stattdessen Petersilie oder Kerbel.

Smörrebröd mit Dillbutter K

Zubereitungszeit: ca. 10 Minuten

ca. 370 kcal je Portion

1 Die Butter zusammen mit dem Dill und der Zitronenschale verrühren. Die Brotscheiben mit der Dillbutter bestreichen und halbieren. Die Salatblätter waschen und trockentupfen.

2 Auf die eine halbe Brotscheibe ein Salatblatt, den Lachs und die Spargelstangen legen und mit der anderen Hälfte abdecken.

3 Das zweite Brot mit dem anderen Salatblatt sowie mit den Tomaten- und Gurkenscheiben belegen und die zweite Hälfte darauf legen. Die Brote zum Mitnehmen in Butterbrotpapier oder Frischhaltefolie einpacken.

TIPP
Statt Räucherlachs können Sie auch ein geräuchertes Forellenfilet nehmen.

Für 1 Person

1 EL sehr weiche Butter
1 EL fein geschnittener Dill
1/2 TL abgeriebene Zitronenschale
2 große Scheiben Weizenvollkornbrot
2 Salatblätter
1 Scheibe Räucherlachs
3 gedünstete Spargelstangen
je einige Tomaten- und Gurkenscheiben

Brot mit Kerbel-Käse-Creme K

Zubereitungszeit: ca. 10 Minuten

ca. 400 kcal je Portion

1 Den Brie mit einer Gabel zerdrücken. Den Quark und den Kerbel dazugeben und alles glattrühren. Die Creme mit Cayennepfeffer würzen.

2 Die Brotscheiben mit der Käsecreme bestreichen. Das Salatblatt waschen und trockentupfen. Den Salat und die Gurkenscheiben auf 1 Brotscheibe geben und die andere Brotscheibe darauf legen.

Die Brote zum Mitnehmen in Butterbrotpapier oder Frischhaltefolie einpacken.

TIPPS
■ Zu dem Brot passen frische Tomaten oder ein neutraler Salat sehr gut.

■ Als Getränk eignet sich Tomatensaft, Mineralwasser oder auch ein kleines Glas alkoholfreies Bier.

Für 1 Person

50 g Briekäse
(mind. 60 % Fett i. Tr.)
1 EL Speisequark
(20 % Fett i. Tr.)
1 EL gehackter Kerbel
etwas Cayennepfeffer
2 mittelgroße Scheiben Vollkornbrot
1 Salatblatt
3 Gurkenscheiben

Würziger Champignontoast

Für 1 Person

6–8 Champignons
1 kleine Zwiebel
1 TL Butter
etwas Kräutersalz
etwas Pizzagewürz
1 Scheibe Vollkornbrot
1 EL gehackte Petersilie

Zubereitungszeit: ca. 15 Minuten

ca. 190 kcal je Portion

1 Champignons waschen, putzen und in Scheiben schneiden. Zwiebel schälen und anschließend in Würfel schneiden.

2 Die Butter schmelzen lassen, Pilze und Zwiebel darin braten, mit Kräutersalz und Pizzagewürz pikant würzen.

3 Inzwischen das Brot im Toaster rösten und dann die Pilze darauf verteilen. Mit der gehackten Petersilie bestreut servieren.

Frischkäsebrot mit Apfelspalten

Für 1 Person

1 Scheibe Vollkornbrot
1 EL Butter
1 großes Salatblatt
40 g körniger Frisch-
käse (20 % Fett i. Tr.)
1/2 kleiner mürber
Apfel

Zubereitungszeit: ca. 10 Minuten

ca. 290 kcal je Portion

1 Das Brot dünn mit der Butter bestreichen und mit dem Salatblatt belegen.

2 Frischkäse auf das Salatblatt geben, Apfel in Spalten schneiden und dann darauf verteilen.

TIPP
Wer es lieber pikant mag, nimmt statt dem Apfel etwas Kresse oder Schnittlauch.

Schlemmerbrot mit Räucherlachs

Für 1 Person

1 Scheibe Vollkornbrot
1 EL Butter
50 g geräucherter Lachs
1 kleine Zwiebel
2 Dillzweige

Zubereitungszeit: ca. 5 Minuten

ca. 370 kcal je Portion

1 Das Brot mit Butter bestreichen und den Lachs darauf verteilen.

2 Die Zwiebel in Ringe schneiden, diese auf den Lachs geben und das Schlemmerbrot mit den Dillzweigen garnieren.

Käsebrot mit Radieschen K

Zubereitungszeit: ca. 15 Minuten

ca. 360 kcal je Portion

1 Die Radieschen waschen, putzen und in dünne Scheiben schneiden.

2 Das Brot mit der Butter bestreichen und mit den Radieschen belegen.

3 Das Brot zum Schluß mit den Schnittlauchröllchen garnieren.

TIPPS

■ Das Brot eignet sich gut zum Mitnehmen an den Arbeitsplatz oder für unterwegs.

■ Statt Radieschen können Sie auch Rettich- oder Gurkenscheiben verwenden.

Für 1 Person

3 Radieschen
1 Scheibe Vollkornbrot
1 EL Butter
40 g Camembert
(60 % Fett i. Tr.)
2 EL Schnittlauch-
röllchen

Quarkbrötchen mit Schnittlauch K

Zubereitungszeit: ca. 10 Minuten

ca. 250 kcal je Portion

1 Den Quark mit dem Mineralwasser verrühren und mit dem Salz würzen.

2 Schnittlauch waschen, kleinschneiden und unter den Quark mischen.

3 Das Brötchen halbieren, die Hälften toasten, anschließend den Quark darauf verteilen. Mit dem Paprikapulver bestäuben.

TIPPS

■ Statt Quark können Sie auch körnigen Frischkäse oder Doppelrahmfrischkäse verwenden. Pikant schmeckt das Brötchen, wenn Sie noch etwas Kresse darauf streuen.

■ Das Brötchen lässt sich sehr gut mitnehmen. Rühren Sie den Quark an und packen Sie ihn separat in eine Frischhaltebox.

Für 1 Person

100 g Quark
(20 % Fett i. Tr.)
30 ml Mineralwasser
etwas Meersalz
1 kleiner Bund
Schnittlauch
1 Vollkornbrötchen
1/2 TL edelsüßes
Paprikapulver

K Vegetarischer Toast

Für 1 Person

1 kleine Zwiebel
1 mittelgroße
Stange Lauch
1 EL kaltgepresstes
Sonnenblumenöl
1 TL Gemüsebrühe
(Instantpulver)
1 große Möhre
2 Scheiben Toast
2 EL gehackte Walnüsse
oder Mandeln
40 g Camembert
(60 % Fett i. Tr.)

Zubereitungszeit: ca. 25 Minuten

ca. 580 kcal je Portion

1 Die Zwiebel schälen, den Lauch putzen und waschen und beide Zutaten in dünne Ringe schneiden. Die Zwiebel- und Lauchringe im Öl andünsten und dann mit der Brühe würzen.

2 In der Zwischenzeit die Möhre schälen, waschen und in feine Stifte hobeln. Den Backofen auf 180 °C vorheizen.

3 Die Brotscheiben toasten, mit dem Gemüse und den Möhrenraspeln belegen und mit den gehackten Nüssen bestreuen.

4 Den Käse in Streifen schneiden, auf den Broten verteilen und alles etwa 8 Minuten lang im Ofen überbacken.

> **TIPP**
> Essen Sie dazu einen kleinen neutralen Salat.

K Vollkorntoast mit Kräuterbutter

Für 1 Person

2 TL Kräuterbutter
(Fertigprodukt oder
selbst gemacht)
2 Scheiben Vollkorn-
toastbrot

Zubereitungszeit: ca. 5 Minuten

ca. 180 kcal je Portion

1 Die Butter etwa 30 Minuten vor Verwendung aus dem Kühlschrank nehmen, damit sie streichfähig ist.

2 Die Toastscheiben goldgelb toasten, mit der Butter bestreichen.

> **TIPP**
> So ein Toast passt zu jedem Gemüsegericht (neutral oder Kohlenhydrate) und zum Salat (neutral) oder zu Carpacchio (neutral). Das gesamte Gericht ist dann ein Kohlenhydratgericht.

Vollkornbrot mit Gemüsefrischkäse **K**

Zubereitungszeit: ca. 15 Minuten

ca. 250 kcal je Portion

1 Die Radieschen und die Paprikaschote putzen, waschen, trockenreiben und klein würfeln.

2 Die Gemüsewürfel unter den Frischkäse mischen und die Brote damit bestreichen.

3 Die Tomaten waschen, trockenreiben und halbieren, die Stengelansätze entfernen und dann die

Früchte in Spalten schneiden. Diese zusammen mit den Broten anrichten und alles mit dem Basilikum garnieren.

TIPP
Wenn Sie mögen, können Sie eine der Gemüsesorten gegen 1 Möhre, 1 Stück Salatgurke oder Rettich austauschen und zusätzlich 1 Esslöffel blanchierte Sprossen oder Keime unter den Frischkäse rühren.

Für 1 Person

6 Radieschen
1 kleine, grüne Paprikaschote
200 g körniger Frischkäse
2 Scheiben Vollkornbrot
2 vollreife Tomaten
6 Blättchen Basilikum

Saftiges Käsebrot mit Apfelspalten **K**

Zubereitungszeit: ca. 15 Minuten

ca. 350 kcal je Portion

1 Den Apfel waschen, trockenreiben, vierteln, das Kerngehäuse herausschneiden und die Apfelviertel in dünne Spalten schneiden.

2 Die Salatblätter putzen, von festen Blattrippen befreien, waschen und trockenschleudern.

3 Die Brote mit der Sahne bestreichen und zuerst mit den Salatblättern, dann mit den Apfelspal-

ten und mit dem Blauschimmelkäse belegen.

4 Die Brote schließlich mit den Nusshälften und dem Schnittlauch garnieren.

TIPP
Statt Blauschimmelkäse können Sie auch Rahmcamembert oder Rahmkäse (mindestens 60% Fett i. Tr.) verwenden.

Für 2 Personen

1 kleiner mürber Apfel (z. B. Cox Orange)
4 Blätter Lollo Rosso
2 Scheiben Vollkornbrot
80 g saure Sahne
80 g Blauschimmelkäse (mind. 60 % Fett i. Tr.)
4 Walnusshälften
2 EL Schnittlauch-röllchen

Griechisches Vesperbrot

Für 2 Personen

*100 g Schafskäse
(in Lake eingelegt)
1 reife Avocado
1 durchgepresste
Knoblauchzehe
nach Belieben
4 Scheiben Vollkornbrot
1–2 TL edelsüßes
Paprikapulver
8 entkernte
schwarze Oliven
2 EL frisch gehackter
Oregano*

Zubereitungszeit: ca. 15 Minuten

ca. 570 kcal je Portion

1 Den Käse mit einer Gabel fein zerbröseln. Die Avocado halbieren, den Kern herauslösen und das Fruchtfleisch mit einem Löffel herauslösen.

2 Das Avocadofleisch mit einer Gabel fein zerdrücken und den Schafskäse darunter rühren. Wenn gewünscht, mit dem Knoblauch abschmecken.

3 Das Avocado-Käse-Püree auf den Broten verstreichen und alles mit dem Paprikapulver bestreuen.

4 Die Oliven in kleine Würfel schneiden, auf den Broten verteilen und das Ganze mit dem Oregano garnieren.

TIPP
Wenn Sie dazu einen neutralen Salat wählen, erhalten Sie eine kohlenhydratreiche Hauptmahlzeit.

Quarkbrötchen mit Heidelbeeren

Für 1 Person

*50 g Heidelbeeren
(frisch oder TK-Ware)
40 g Speisequark
(20 % Fett i. Tr.)
etwas abgeriebene
Schale einer unbehandelten Zitrone
etwas Zimtpulver
2 TL Frutilose
(Obstdicksaft aus dem
Reformhaus)
1 Vollkornbrötchen*

Zubereitungszeit: ca. 5 Minuten

ca. 280 kcal je Portion

1 Die Heidelbeeren waschen und abtropfen lassen. Den Quark mit der Zitronenschale, dem Zimt und der Frutilose verrühren.

2 Das Brötchen aufschneiden, beide Hälften mit dem Quark bestreichen und die Heidelbeeren darauf verteilen.

TIPPS
■ Statt der Heidlebeeren können Sie auch 1/2 Banane (ca. 50 g) verwenden.

■ Besonders lecker schmeckt das Ganze, wenn Sie das Brötchen vorher toasten.

Toast mit Banane und Haselnüssen K

Zubereitungszeit: ca. 5 Minuten

ca. 340 kcal je Portion

1 Das Brot toasten. Die Banane schälen und das Fruchtfleisch in Scheiben schneiden.

2 Das Toastbrot mit der Butter bestreichen und mit Karobpulver bestreuen, solange es noch warm ist. Die Bananenscheiben darauf verteilen und mit den Haselnüssen bestreuen.

Für 1 Person

2 Scheiben Toastbrot
1 kleine Banane
1 EL Butter
1 TL Karobpulver
1 EL gehackte Haselnusskerne

Honigbrötchen mit Frischkäse K

Zubereitungszeit: ca. 5 Minuten

ca. 330 kcal je Portion

1 Das Brötchen in der Mitte durchschneiden und beide Hälften toasten.

2 Den Frischkäse auf beiden Hälften gleichmäßig verteilen und mit dem Honig bestreichen.

Für 1 Person

1 Vollkornbrötchen
50 g Frischkäse
2 TL streichfähiger Honig

Bananentoast mit Frischkäse K

Zubereitungszeit: ca. 10 Minuten

Ca. 290 kcal je Portion

1 Das Brot im Toaster kurz anrösten und dünn mit der Butter bestreichen.

2 Den Frischkäse gleichmäßig darauf verteilen und mit der geschälten und in Scheiben geschnittenen Banane belegen.

Für 1 Person

1 Scheibe Vollkornbrot
1 TL Butter
80 g körniger Frischkäse (20 % Fett i. Tr.)
1/2 Banane

K Quarkbrot mit Kürbiskern

Für 1 Person

100 g Quark
(20 % Fett i. Tr.)
30 ml Mineralwasser
etwas Meersalz
3 EL fein gehackte
Kräuter (Sauerampfer,
Pimpernelle, Kerbel,
Petersilie)
1 Scheibe Vollkornbrot
1 TL Butter
1 EL Kürbiskerne

Zubereitungszeit: ca. 10 Minuten

ca. 330 kcal je Portion

1 Den Quark mit dem Mineralwasser glatt rühren und salzen, dann die Kräuter untermischen.

2 Das Brot mit der Butter bestreichen. Den Quark auf dem Brot verteilen und zum Schluss mit den Kürbiskernen bestreuen.

TIPP
Statt Quark können Sie auch Doppelrahmfrischkäse (60 oder 70 % Fett i.Tr.) nehmen. Und statt Kürbiskerne passen Sonnenblumenkerne und Sesamsamen.

K Frischkäsesandwich mit Apfel

Für 1 Person

1 große Scheibe
Vollkornbrot
50 g Doppelrahm
frischkäse
etwas Meersalz
2 TL Sonnenblumen-
kerne
2–3 Blättchen
Friséesalat
1 kleiner mürber Apfel

Zubereitungszeit: ca. 10 Minuten

ca. 370 kcal je Portion

1 Die Brotscheibe mit dem Frischkäse bestreichen und leicht salzen. Die Sonnenblumenkerne darauf streuen. Dann die Brotscheibe halbieren.

2 Nun die Salatblätter waschen, trockenschleudern und auf beide Brothälften legen.

3 Den Apfel waschen, vierteln und das Kerngehäuse herausschneiden. Die Apfelviertel in dünne Scheiben schneiden und die Hälfte davon auf eine Brothälfte legen.

4 Die zweite Brothälfte auf die Apfelschicht legen und dann andrücken. Das Brot zusammen mit den übrig gebliebenen Apfelscheiben essen.

TIPP
Der Snack eignet sich gut zum Mitnehmen. Dann sollten Sie aber eine Apfelhälfte ganz weglassen und diese in Frischhaltefolie einpacken.

Gefüllte Fleischtomaten **N**

Zubereitungszeit: ca. 15 Minuten

ca. 280 kcal je Portion

1 Die Tomaten waschen, jeweils einen Deckel abschneiden und die Früchte aushöhlen. Die Kerne entfernen, das feste Fruchtfleisch in Würfel schneiden. Den Rettich schälen, der Länge nach vierteln und die Viertel in kleine Stücke schneiden oder grob hobeln. Den Frischkäse mit dem Joghurt verrühren.

2 Das Makrelenfilet enthäuten und in Würfel schneiden. Es mit Tomatenwürfeln, Erbsen, Rettich und Frischkäse mischen.

3 Diese Mischung in die Tomaten füllen und die Deckel darauf setzen.

TIPP
Wenn Sie zu den Tomaten Brot essen, gehört das Ger cht in die Kohlenhydratgruppe.

Für 1 Person

2 Fleischtomaten
1 Stück Rettich
(ca. 5 cm lang)
1 EL Doppelrahmfrisch-käse mit Kräutern
1 EL Joghurt
(3,5 % Fett)
1/2 geräuchertes Makrelenfilet
3 EL aufgetaute TK-Erbsen

Eier in knackiger Quarksauce **E**

Zubereitungszeit: ca. 15 Minuten

ca. 390 kcal je Portion

1 Die Eier hart kochen und dann abkühlen lassen. Währenddessen die Kresse abspülen und abschneiden. Den Kohlrabi schälen und grob raspeln. Die Zwiebel schälen und fein hacken.

2 Den Quark zusammen mit dem Joghurt und der Sahne glatt rühren. Kohlrabi, Zwiebel und Kresse dazugeben und die Sauce mit Kräutersalz abschmecken.

3 Die Sauce über die Eier geben und alles in ein verschließbares Gefäß füllen.

TIPP
Die Quarksauce (sie ist neutral) eignet sich auch gut als Dipp zu Pellkartoffeln.

Für 1 Person

2 frische Eier
1/2 Kästchen Kresse
1/2 Kohlrabiknolle
1 kleine Zwiebel
75 g Speisequark
(20 % Fett i. Tr.)
2 EL Joghurt
(3,5 % Fett)
40 g süße Sahne
1/2 TL Kräutersalz

Suppen und Eintöpfe

Klare Brühe mit Einlage

Für 1 Person

1 Bund Suppengrün
1 Tomate
1 kleine Zwiebel
1 TL Butter
1 Knoblauchzehe
400 ml Gemüsebrühe
(aus Instantpulver)
1 frisches Eigelb
1 TL fein gehackter
Liebstöckel

Zubereitungszeit: ca. 30 Minuten

ca. 230 kcal je Portion

1 Das Suppengrün putzen, waschen und in Würfel schneiden. Die Tomate waschen, halbieren und den Stielansatz entfernen.

2 Die Zwiebel schälen, klein würfeln und in der Butter leicht braun anrösten. Die Gemüsewürfel und die Tomatenhälften sowie die geschälte Knoblauchzehe hinzufügen und dann mit der Brühe vorsichtig auffüllen.

3 Die Suppe etwa 20 Minuten köcheln lassen. Dann alles durch ein Passiersieb geben.

4 Diese klare Brühe nochmals kurz erhitzen, von der Kochstelle nehmen und das Eigelb hineingleiten lassen. Vor dem Servieren die Suppe mit dem fein gehackten Liebstöckel bestreuen.

Bouillon mit Eierwölkchen

Für 1 Person

1 TL Gemüsebrühe
(aus Instantpulver)
1 kleines Ei
1 TL fein gehackte
Petersilie
1 TL geschnittener
Schnittlauch

Zubereitungszeit: ca. 15 Minuten

ca. 90 kcal je Portion

1 Zuerst 200 ml Wasser mit der Gemüsebrühe aufkochen lassen.

2 In der Zwischenzeit das Ei zusammen mit den Kräutern verquirlen und das Ganze unter ständigem Rühren langsam in die Brühe einlaufen lassen. Die Bouillon in einer Suppentasse servieren.

TIPP
Diese Suppe eignet sich auch für zwischendurch.

Klare Gemüsesuppe **N**

Zubereitungszeit: ca. 25 Minuten

ca. 110 kcal je Portion

1 Das Suppengrün putzen, waschen und klein würfeln.

2 Das Öl in einem Topf nicht zu stark erhitzen und die Gemüsewürfel darin unter Rühren einige Minuten schmoren lassen.

3 Das Ganze mit der Gemüsebrühe auffüllen, die Suppe etwa 15 Minuten köcheln lassen. Mit der Petersilie bestreuen.

TIPP
Sie können auch andere Gemüsesorten (z. B. Brokkoli, Blumenkohl oder Erbsen) in der Brühe garen. Beachten Sie, dass einige Gemüse (z. B. Kartoffeln und Schwarzwurzeln) zur Kohlenhydratgruppe zählen.

Für 2 Personen

1 Bund Suppengrün
1 EL kaltgepresstes Sonnenblumenöl
1/2 l Gemüsebrühe (aus Instantpulver)
2 EL fein gehackte glatte Petersilie

Bunte Gemüsesuppe **K**

Zubereitungszeit: ca. 15 Minuten

ca. 260 kcal je Portion

1 Die Möhren, waschen, putzen, schälen, in dünne Scheiben schneiden. Lauch putzen, waschen, in feine Ringe schneiden.

2 Die Kartoffeln schälen, waschen und fein würfeln. Die Paprikaschote waschen, trockenreiben, halbieren, entkernen und ebenfalls fein würfeln.

3 Den Zucchino putzen, waschen, trockenreiben, der Länge nach vierteln und quer in Scheiben schneiden.

4 Die Butter in einem Topf erwärmen und die Möhren bei milder Hitze darin einige Minuten anbraten. Das vorbereitete Gemüse dazugeben und unter Rühren langsam die Brühe hinzugießen.

5 Nach Belieben den Knoblauch dazugeben und alles einmal aufkochen lassen. Den Topf schließen und das Ganze bei geringer Hitze etwa 20 Minuten garen. Die fertige Suppe mit Salz und Cayennepfeffer abschmecken. Mit Petersilie bestreut servieren.

Für 2 Personen

3 Möhren
1 mittelgroße Stange Lauch
300 g Kartoffeln
1 rote Paprikaschote
150 g Zucchini
1 EL Butter
1/2 l Gemüsebrühe (aus Instantpulver)
2–3 geschälte Knoblauchzehen
etwas Kräutersalz
1 Msp. Cayennepfeffer
3 EL gehackte glatte Petersilie

K Gemüsecremesuppe mit Muskat

Für 1 Person

1 große Stange Lauch
1 EL Butter
1 Möhre
1 kleines Stück Sellerie
200 g Kartoffeln
1/2 l Gemüsebrühe
(aus Instantpulver)
1/2 TL geriebene
Muskatnuss
40 g süße Sahne

Zubereitungszeit: ca. 30 Minuten

ca. 380 kcal je Portion

1 Den Lauch putzen, waschen, in feine Ringe schneiden und in der Butter glasig dünsten.

2 Die Möhre, den Sellerie und die Kartoffeln schälen, jeweils in kleine Würfel schneiden und zum Lauch geben.

3 Nun die Gemüsebrühe unter Rühren dazugießen, alles bei geringer Hitzezufuhr 15 bis 18 Minuten köcheln lassen.

4 Anschließend die Suppe mit dem Schneidstab pürieren, mit der Muskatnuß würzen und mit der Sahne verfeinern.

E Gemüseeintopf mit Rindfleisch

Für 2 Personen

350 g Rindfleisch
1 1/2 EL ungehärtetes
Pflanzenfett (aus dem
Reformhaus)
1 EL edelsüßes
Paprikapulver
1 Msp. Cayennepfeffer
1 Lorbeerblatt
1 TL Kümmel
1 TL Kräutersalz
1/2 l Gemüsebrühe
(aus Instantpulver)
1–2 Stangen Lauch
1 Zwiebel
350 g Möhren
200 g Knollensellerie
2 EL gehackte Petersilie

**Zubereitungszeit:
ca. 1 Stunde 30 Minuten**

ca. 480 kcal je Portion

1 Das Fleisch würfeln. Das Pflanzenfett erhitzen und das Fleisch darin anbraten. Paprikapulver, Cayennepfeffer, Lorbeerblatt, Kümmel und Kräutersalz dazugeben. Das Fleisch mit der Gemüsebrühe ablöschen und zugedeckt etwa 70 Minuten bei schwacher Hitze köcheln lassen.

2 In der Zwischenzeit den Lauch putzen, waschen und in Ringe schneiden. Zwiebel, Möhren und Sellerie schälen und klein würfeln.

3 Das Gemüse nach Ende der Garzeit zum Fleisch geben und den Eintopf zugedeckt 20 Minuten köcheln lassen.

4 Vor dem Servieren das Lorbeerblatt entfernen und den Eintopf mit Petersilie bestreuen.

TIPP
Wenn Sie nur 1 Portion dieses Gerichts benötigen, kochen Sie den Eintopf dennoch mit den hier angegebenen Zutenmengen. Fleisch und Gemüse entfalten so besser ihren Geschmack. Den Rest können Sie einfrieren.

Verfeinerte Blumenkohlsuppe

Zubereitungszeit: ca. 25 Minuten

ca. 150 kcal je Portion

1 Den Blumenkohl putzen, waschen und in kleine Röschen teilen.

2 Das Gemüse zusammen mit etwa 1/2 Liter Wasser in einen Topf geben, mit der Gemüsebrühe würzen und 15 bis 18 Minuten köcheln lassen.

3 Das Ganze mit dem Schneidstab pürieren und mit der Sahne verfeinern. Dann die fein gehackte Petersilie darüber streuen.

TIPP
Kochen Sie einen ganzen Blumenkohl, und bereiten Sie aus der anderen Hälfte einen Blumenkohlsalat.

Für 1 Person

1/2 Blumenkohl
(ca. 200 g küchenfertig)
2 TL Gemüsebrühe
(aus Instantpulver)
40 g süße Sahne
2 EL gehackte Petersilie

Kohlrabisuppe mit Lachs

Zubereitungszeit: ca. 30 Minuten

ca. 320 kcal je Portion

1 Die Kohlrabi waschen, schälen und vierteln. Ein Kohlrabiviertel beiseite legen, die übrigen in Würfel schneiden. Die Zwiebel schälen und würfeln. Den Knoblauch schälen und durchpressen.

2 Das Öl in einer Pfanne erhitzen. Die Zwiebel und den Knoblauch darin glasig andünsten. Dann die Kohlrabiwürfel hinzufügen und mit andünsten. Die Brühe dazugießen, das Gemüse aufkochen und zugedeckt 15 Minuten köcheln lassen.

3 Inzwischen das zurückbehaltene Kohlrabiviertel grob raspeln. Die Suppe mit dem Schneidstab pürieren. Die Sahne, die Petersilie und den Dill hinzufügen und die Suppe mit Kräutersalz und Muskatnuss abschmecken.

4 Den Lachs in kleine Quadrate schneiden und auf zwei Teller verteilen. Die Suppe darüber geben und mit den Kohlrabiraspeln und dem Schnittlauch bestreuen.

Für 2 Personen

2 Kohlrabi
1 Zwiebel
1 Knoblauchzehe
1 EL Olivenöl
1/2 l Gemüsebrühe
(aus Instantpulver)
60 g süße Sahne
2 EL gehackte Petersilie
1 EL geschnittener Dill
etwas Kräutersalz
1 Msp. geriebene
Muskatnuß
2 Scheiben
Räucherlachs
1 EL Schnittlauch-
röllchen

Brokkolicremesuppe

Für 2 Personen

450 g Brokkoli
3/4 l Gemüsebrühe
(aus Instantpulver)
50 g süße Sahne

Zubereitungszeit: ca. 25 Minuten

ca. 80 kcal je Portion

1 Die Brokkoli putzen, waschen und dann in kleine Röschen zerteilen. Die Stiele abschneiden, schälen und in Stücke schneiden.

2 Das Gemüse in einen Topf geben und die Gemüsebrühe angießen. Alles bei nicht zu starker Hitze 15 bis 18 Minuten köcheln lassen.

3 Anschließend die Suppe mit dem Schneidstab fein pürieren und mit der Sahne verfeinern.

TIPP
Nach diesem Rezept können Sie auch andere Gemüsecremesuppen zubereiten, z. B. aus Blumenkohl oder Möhren. Aus der Cremesuppe wird eine Kohlenhydrathauptmahlzeit, wenn Sie ein Vollkornbrötchen dazu essen.

 # Brokkoli-Möhren-Suppe

Für 2 Personen

400 g Brokkoli
1 Möhre
1 Zwiebel
1/2 l Gemüsebrühe
(aus Instantpulver)
1 EL kaltgepresstes
Olivenöl
1 EL Grünkernschrot
60 g süße Sahne
etwas Kräutersalz
1/2 TL Cayennepfeffer
1/2 TL geriebene
Muskatnuss
2 EL gehackte Petersilie

Zubereitungszeit: ca. 30 Minuten

ca. 140 kcal je Portion

1 Die Brokkoli waschen, putzen und die Röschen abschneiden. Die Stiele schälen und in Scheiben schneiden. Die Möhre waschen, putzen, schaben und in kleine Würfel schneiden. Die Zwiebel schälen und würfeln.

2 Die Gemüsebrühe erhitzen. Das Öl in einem Topf erhitzen und die Zwiebelwürfel darin goldgelb andünsten. Sie mit dem Grünkernschrot bestreuen und dieses kurz mitdünsten. Die heiße Brühe unter Rühren dazugießen und alles einmal aufkochen lassen.

3 Die Brokkolistiele, die Hälfte der Röschen und die Möhren hinzufügen und alles zugedeckt bei kleiner Hitze etwa 10 Minuten köcheln, bis das Gemüse weich ist.

4 Das Gemüse in der Brühe mit dem Schneidstab pürieren. Die Sahne und die restlichen Brokkoliröschen hinzufügen. Die Suppe mit Kräutersalz, Cayennepfeffer und Muskat würzen und noch etwa 5 Minuten köcheln. Mit der Petersilie bestreuen.

Möhrensuppe **N**

Zubereitungszeit: ca. 35 Minuten

ca. 90 kcal je Portion

1 Die Zwiebel schälen und fein hacken. Die Möhren putzen, waschen, schälen und in dünne Scheiben schneiden.

2 Die Zwiebel in der Butter glasig dünsten. Im Anschluss daran die Möhrenscheiben dazugeben und mitdünsten.

3 Die Gemüsebrühe angießen und alles 15 bis 20 Minuten köcheln lassen. Die Suppe mit der Petersilie bestreuen.

Für 2 Personen

1 kleine Zwiebel
250 g Möhren
1 EL Butter
1/2 l Gemüsebrühe
(aus Instantpulver)
2 EL gehackte Petersilie

Möhren-Roquefort-Suppe **E**

Zubereitungszeit: ca. 35 Minuten

ca. 320 kcal je Portion

1 Die Möhren waschen, putzen, schälen und in dünne Scheiben schneiden. Das Öl in einem Topf erhitzen und das Gemüse darin anbraten. Den Honig nach 2 Minuten dazugeben und die Möhrenscheiben unter ständigem Rühren etwa 2 Minuten glasieren.

2 Das Gemüse mit der Brühe ablöschen und alles einmal aufkochen. Das Ganze 15 Minuten bei schwacher Hitze köcheln lassen.

3 In der Zwischenzeit den Roquefort in einer kleinen Schüssel mit der Gabel zerdrücken. Die Crème fraîche dazugeben und alles zu einer glatten Masse verrühren.

4 Die Kumquats heiss waschen, mit einem Küchenhandtuch trockenreiben und ungeschält in dünne Scheiben schneiden. Diese beiseite stellen. Den Kerbel waschen, die Blätter von den Stielen zupfen und ebenfalls zur Seite stellen.

5 Die Suppe im Topf mit einem Schneidstab pürieren. Die Käse-Sahne-Mischung mit 4 Esslöffeln heißer Suppe verrühren und anschließend zum Möhrenpüree geben. Das Ganze mit Cayennepfeffer würzen und eventuell noch etwas salzen.

6 Die Suppe in zwei tiefe Teller geben und mit den Kumquatscheiben und dem Kerbel hübsch garnieren.

Für 2 Personen

250 g Möhren
1 EL Nussöl
1 TL flüssiger Honig
300 ml Gemüsebrühe
(aus Instantpulver)
60 g Roquefort
60 g Crème fraîche
5 Kumquats (Zwerg-
orangen)
3 Zweige Kerbel
etwas Cayennepfeffer
etwas Meersalz

Gebundene Möhrensuppe

Für 2 Personen

300 g Möhren
1 Zwiebel
1 EL Butter
2 EL feines Weizenschrot
1/2 l Gemüsebrühe (aus Instantpulver)
60 g süße Sahne
4 EL gehackte Petersilie

Zubereitungszeit: ca. 35 Minuten

ca. 210 kcal je Portion

1 Die Möhren waschen, putzen, schälen und in kleine Würfel schneiden. Die Zwiebel schälen und fein würfeln.

2 Die Butter in einem Topf schmelzen lassen. Dann Möhren- und Zwiebelwürfel darin leicht andünsten.

3 Das Schrot darüber stäuben und kurz ausschwitzen lassen. Alles mit der Gemüsebrühe unter Rühren ablöschen und mit der Sahne verfeinern. Die Suppe zugedeckt 12 bis 15 Minuten köcheln.

4 Zuletzt die Suppe mit dem Schneidstab fein pürieren. Mit der gehackten Petersilie bestreuen.

TIPP
Die Suppe schmeckt auch gut, wenn sie nicht püriert wird.

Möhren-Lauch-Suppe

Für 2 Personen

50 g Naturreis (Rohgewicht)
250 g Möhren
1 Stange Lauch
1 Zwiebel
1 TL Butter
1 EL Gemüsebrühe (aus Instantpulver)
1 EL Sahnedickmilch
1 EL fein gehackte Petersilie

Zubereitungszeit: ca. 50 Minuten
Quellzeit: über Nacht

ca. 230 kcal je Portion

1 Den Reis über Nacht einweichen und am nächsten Tag bei milder Hitze 20 bis 25 Minuten ausquellen lassen. Währenddessen die Möhren und den Lauch putzen, waschen, in Scheiben schneiden.

2 Die Zwiebel fein hacken und in der zerlassenen Butter glasig dünsten.

3 Die Möhren und den Lauch hinzufügen, mit 1/2 Liter Wasser auffüllen und mit der Gemüsebrühe würzen. Etwa 20 Minuten auf kleiner Flamme köcheln lassen.

4 Anschließend die Suppe pürieren und mit der Sahnedickmilch verrühren. Den fertig gegarten Reis in zwei Teller geben und mit der Suppe auffüllen. Mit der gehackten Petersilie bestreuen.

Lauchsuppe mit Kartoffeln **K**

Zubereitungszeit: ca. 1 Stunde

ca. 250 kcal je Portion

1 Den Lauch putzen, waschen, die Stangen der Länge nach halbieren und in feine Scheiben schneiden.

2 Anschließend die Kartoffeln waschen, schälen und in kleine Würfel schneiden.

3 Die Zwiebel schälen, würfeln, in dem Fett glasig dünsten, mit Wasser auffüllen und mit der Gemüsebrühe würzen.

4 Den Lauch, die Kartoffeln und das Lorbeerblatt hinzufügen und bei milder Hitze zugedeckt 20 bis 25 Minuten garen.

5 Die saure Sahne mit dem Eigelb verquirlen und unter die Suppe rühren. Mit der frisch geriebenen Muskatnuss abschmecken, das Lorbeerblatt entfernen und mit den gehackten Kräutern bestreut servieren.

Für 2 Personen

400 g Lauch
200 g Kartoffeln
1 Zwiebel
1 TL ungehärtetes Pflanzenfett
1 1/2 l Wasser
1 TL Gemüsebrühe (Instantpulver)
1 Lorbeerblatt
60 g saure Sahne
1 Eigelb
1 Msp. geriebene Muskatnuss
2 EL gehackte Kräuter (Petersilie, Thymian)

Erbsen-Lauch-Suppe **N**

Zubereitungszeit: ca. 35 Minuten

ca. 230 kcal je Portion

1 Den Lauch putzen, der Länge nach aufschneiden und sorgfältig waschen. Dann in dünne Scheiben schneiden.

2 Die Butter in einem Topf schmelzen lassen und den Lauch darin bei mittlerer Hitze unter Rühren leicht anbraten.

3 Die Gemüsebrühe angießen und die Suppe zugedeckt etwa 10 Minuten leicht köcheln lassen.

4 Die Suppe mit dem Schneidstab fein pürieren. Die Erbsen hinzufügen und dann die Suppe etwa weitere 10 Minuten leicht köcheln lassen.

5 Die Suppe mit der Sahne verfeinern und mit den gewaschenen, gehackten Liebstöckelblättchen bestreuen.

Für 2 Personen

1 große Stange Lauch
1 EL Butter
1/2 l Gemüsebrühe (aus Instantpulver)
100 g Erbsen (TK-Ware)
80 g süße Sahne
2-3 Blättchen Liebstöckel

Dinkel-Lauch-Suppe

Für 4 Personen

100 g Dinkelkörner
4 große Stangen Lauch
(geputzt ca. 800 g)
40 g Butter
2 EL fein gemahlenes
Dinkelvollkornmehl
1 1/2 EL Gemüsebrühe
(aus Instantpulver)
1 TL Kümmelpulver
40 g saure Sahne
1–2 TL Currypulver
3 EL gehackte
Petersilie

Zubereitungszeit: ca. 45 Minuten
Quellzeit: ca. 8 Stunden

ca. 120 kcal je Portion

1 Den Dinkel mit Wasser bedecken und etwa 8 Stunden (oder über Nacht) quellen lassen.

2 Am nächsten Tag den Dinkel im Einweichwasser bei geringer Hitze im geschlossenen Topf etwa 25 Minuten kochen.

3 In der Zwischenzeit den Lauch putzen, der Länge nach halbieren, gründlich waschen und in schmale Streifen schneiden.

4 Die Butter in einem Topf zerlassen und das Gemüse darin andünsten. Mit dem Mehl bestäuben und unter Rühren 3/4 Liter Wasser angießen.

5 Den Lauch mit der Gemüsebrühe und dem Kümmelpulver würzen und dann die Suppe zugedeckt 12 bis 15 Minuten leicht köcheln lassen.

6 Anschließend die gegarten Dinkelkörner in die Suppe geben. Zum Schluss die saure Sahne zusammen mit dem Curry verrühren und unter die heiße, nicht mehr kochende Suppe ziehen. Mit der Petersilie bestreuen.

Pikante Zucchinisuppe

Für 2 Personen

400 g Zucchini
1 Zwiebel
1 TL Butter
1 EL Gemüsebrühe
(Instantpulver)
1 Knoblauchzehe
je 1 Msp. Muskatnuss
und Curry
50 g süße Sahne

Zubereitungszeit: 30 Minuten

ca. 100 kcal je Portion

1 Die Zucchini waschen, trockenreiben und fein raspeln.

2 Die Zwiebel schälen, würfeln und in der zerlassenen Butter glasig dünsten.

3 Die Zucchini dazugeben, mit 1 1/2 Liter Wasser auffüllen und mit der Brühe würzen. Bei leichter Hitze 15 Minuten köcheln lassen.

4 Mit der durchgepressten Knoblauchzehe, Muskat und Curry würzen sowie mit der süßen Sahne verfeinern.

TIPP
Lecker schmeckt die Suppe, wenn Sie sie mit Kürbis zubereiten. Würzen Sie sie kräftig.

Spinat-Sauerampfer-Suppe N

Zubereitungszeit: ca. 30 Minuten

ca. 190 kcal je Portion

1 Die Spinatblätter und den Sauerampfer putzen, waschen, verlesen und grob hacken.

2 Die Zwiebel und den Knoblauch schälen und in grobe Würfel schneiden.

3 Die Butter in einem Topf zerlassen und die Zwiebel- sowie die Knoblauchwürfel darin glasig dünsten. Die gehackten Gemüseblätter hinzufügen, sie kurz zusammenfallen lassen und das Ganze mit 300 ml Wasser auffüllen.

4 Die Suppe mit der Gemüsebrühe sowie dem Cayennepfeffer würzen und sie bei mäßiger Hitze im geschlossenen Topf etwa 8 Minuten köcheln lassen.

5 Die Suppe zum Schluss mit dem Schneidstab pürieren und die Sahne darunter ziehen. Zum Schluss die Suppe nicht mehr kochen lassen.

Für 2 Personen

150 g frische Spinatblätter
1 Tasse frische Sauerampferblätter
1 Zwiebel
1 Knoblauchzehe
1 EL Butter
2 TL Gemüsebrühe (Instantpulver)
1 Msp. Cayennepfeffer
80 g süße Sahne

Spinatcremesuppe mit Schafskäse N

Zubereitungszeit: ca. 30 Minuten

ca. 310 kcal je Portion

1 Den Spinat sorgfältig putzen und waschen.

2 Die Zwiebel und die Knoblauchzehe schälen und fein hacken. Das Öl in einem Topf erhitzen und beides darin 2 Minuten anschwitzen. Danach die Sahne und die Brühe angießen.

3 Den Spinat auf einem Brett grob hacken und zu den restlichen Zutaten in den Topf geben. Alles einmal aufkochen und anschließend mit dem Schneidstab pürieren.

4 Die Suppe mit Kräutersalz und Muskat würzen. Den Rosmarin waschen und trockentupfen. Die Blätter vom Stiel zupfen, fein hacken und in die Spinatcremesuppe geben.

5 Den Schafskäse fein zerbröseln. Die Suppe in zwei Teller geben und den Käse darauf verteilen.

Für 2 Personen

300 g frischer Spinat
1 Zwiebel
1 Knoblauchzehe
1 EL kaltgepresstes Olivenöl
50 g süße Sahne
350 ml Gemüsebrühe (aus Instantpulver)
etwas Kräutersalz
1 Prise frisch geriebene Muskatnuss
1 kleiner Zweig Rosmarin
100 g Schafskäse

Zucchini-Fisch-Suppe

Für 4 Personen

600 g kleine feste
Zucchini
400 g Goldbarschfilet
(Rotbarsch)
1/2 l Gemüsebrühe
(aus Instantpulver)
1/2 l trockener
Weißwein
1 Knoblauchzehe
1 kleines Bund Dill
120 g süße Sahne

Zubereitungszeit: ca. 30 Minuten

ca. 270 kcal je Portion

1 Die Zucchini putzen, waschen, trockenreiben und auf einer Rohkostreibe grob raspeln. Das Fischfilet kalt abspülen, trockentupfen und in Portionsstücke schneiden.

2 Beides zusammen in einen Topf geben und die Brühe sowie den trockenen Weisswein dazugießen. Den Knoblauch durchpressen und dazugeben. Den Topf schließen und das Ganze etwa 1/2 Stunde leicht köcheln lassen.

3 Den Dill waschen, trockenschwenken, von festen Stielen befreien und fein hacken. Die Sahne unter die Suppe rühren und diese mit dem Dill bestreut servieren.

Pikante Fischsuppe

Für 2 Personen

1 großes Bund
Suppengrün
200 g geputzte
Brokkoli
1 EL kaltgepresstes
Sonnenblumenöl
1 Msp. Kurkuma
1 TL edelsüßes
Paprikapulver
1 Msp. Cayennepfeffer
400 ml Gemüsebrühe
(aus Instantpulver)
100 ml trockener
Weißwein
200 g Fischfilet
1 EL Zitronensaft
40 g süße Sahne

Zubereitungszeit: ca. 30 Minuten

ca. 280 kcal je Portion

1 Vom Suppengrün den Lauch in feine Ringe schneiden. Die Möhre schälen und in dünne Scheiben schneiden. Den Sellerie schälen und klein würfeln.

2 Brokkoli in Röschen teilen und beiseite stellen. Stiele der Brokkoliköpfe schälen, der Länge nach vierteln und in Stücke schneiden.

3 Das Öl in einem Topf erhitzen und das zerkleinerte Suppengrün und die Brokkoliwürfel unter Rühren anbraten.

4 Mit Kurkuma, Paprikapulver und Cayennepfeffer bestäuben und die Brühe und den Wein dazugießen. Den Topf schließen und alles etwa 5 Minuten dünsten.

5 Inzwischen den Fisch waschen, trockentupfen, in mundgerechte Stücke schneiden und zusammen mit den Brokkoliröschen zum Gemüse geben. Die Suppe danach etwa 10 Minuten köcheln lassen. Zum Schluss mit dem Zitronensaft abschmecken und mit der Sahne verfeinern.

Provenzalische Bouillabaisse **E**

Zubereitungszeit: ca. 1 Stunde

ca. 230 kcal je Portion

1 Die Zwiebel schälen und in sehr feine Streifen schneiden. Die Tomate über Kreuz einritzen und für etwa 10 Sekunden in kochendes Wasser geben. Sie danach abschrecken und enthäuten. Den Stielansatz keilförmig herausschneiden. Nun das Fruchtfleisch vierteln, entkernen und etwa 1 cm groß würfeln.

2 Den Fenchel waschen und putzen. Anschließend in sehr feine Streifen schneiden. Den Fisch waschen, trockentupfen und die Filets in etwa 3 cm große Stücke schneiden.

3 Die Brühe in einen Topf geben, den Safran hinzufügen und alles erhitzen. Die Zwiebel- und die Fenchelstreifen hineingeben, einmal darin aufkochen und danach etwa 3 Minuten zugedeckt köcheln lassen.

4 Die Fischstücke in den Fond geben und das Ganze einmal aufkochen. Die Suppe noch etwa 5 Minuten zugedeckt bei schwacher Hitze köcheln lassen. Mit Salz und Cayennepfeffer abschmecken und danach sofort servieren.

Für 2 Personen

1 kleine Zwiebel oder Schalotte
1 feste Fleischtomate
1 kleine Fenchelknolle (ca. 150 g)
300 g gemischtes Fischfilet (am besten Mittelmeerfische wie Seewolf, Seeteufel etc.)
1/2 l Gemüsebrühe (aus Instantpulver)
1 Döschen (0,2 g) Safranpulver
etwas Kräutersalz
1 Msp. Cayennepfeffer

Feine Fenchelsuppe **N**

Zubereitungszeit: ca. 30 Minuten

ca. 170 kcal je Portion

1 Die Zwiebel schälen, fein würfeln und in der Butter glasig dünsten.

2 Den Fenchel waschen, putzen und in grobe Würfel schneiden. Etwas Fenchelgrün für die Garnitur beiseite legen.

3 Die Fenchelwürfel zu den Zwiebeln geben und kurz mitdünsten. Nun 350 ml Wasser hinzufügen, alles mit der Gemüsebrühe würzen und alles zugedeckt etwa 18 bis 20 Minuten leicht köcheln lassen.

4 Anschließend die Suppe mit dem Schneidstab pürieren und mit der Sahne verfeinern. Sie zum Schluss mit gehackter Petersilie und Fenchelgrün bestreuen.

Für 2 Personen

1 kleine Zwiebel
1 EL Butter
1 Fenchelknolle
1 EL Gemüsebrühe (Instantpulver)
60 g saure Sahne
2 EL gehackte Petersilie

Verfeinerte Gurkensuppe

Für 2 Personen

1 kleine Salatgurke
1 kleine Zwiebel
1 EL Butter
300 ml Gemüsebrühe
(aus Instantpulver)
1 durchgepresste
Knoblauchzehe
80 g süße Sahne
1 kleines Bund
gehackter Dill

Zubereitungszeit: ca. 30 Minuten

ca. 170 kcal je Portion

1 Die Gurke schälen, der Länge nach vierteln und die Kerne mit einem Löffel sorgfältig herausschaben. Dann die Gurkenviertel in grobe Stücke schneiden.

2 Die Zwiebel schälen und fein würfeln. Die Butter erhitzen und dann die Zwiebel darin glasig dünsten.

3 Die Gurkenwürfel hinzufügen, kurz mit anschmoren und alles mit der Brühe ablöschen. Das Ganze zugedeckt etwa 1/2 Stunde köcheln lassen.

4 Den Knoblauch dazugeben. Die Suppe mit einem Schneidstab pürieren, mit der Sahne verfeinern und mit dem Dill bestreuen.

TIPP
Wenn Sie die Suppe mit Croûtons (gerösteten Vollkorntoastwürfelchen) servieren, erhalten Sie ein Kohlenhydratgericht.

Pikante Tomatensuppe

Für 2 Personen

400 g reife Tomaten
1 Gemüsezwiebel
1 EL kaltgepresstes
Sonnenblumenöl
1 Msp. Cayennepfeffer
1–2 TL Gemüsebrühe
(Instantpulver)
1 TL Frutilose
(Reformhaus)
40 g süße Sahne
3 gehackte
Basilikumblättchen

Zubereitungszeit: ca. 15 Minuten

ca. 200 kcal je Portion

1 Die Tomaten waschen, halbieren, vom Stielansatz befreien und zusammen mit wenig Wasser etwa 5 Minuten kochen. In der Zwischenzeit die Zwiebel schälen, grob hacken und in dem Öl glasig dünsten.

2 Die gekochten Tomaten durch ein Sieb streichen, das Tomatenpüree zu den Zwiebeln geben, 200 ml Wasser angießen und das Ganze kurz aufkochen lassen.

3 Danach alles mit dem Schneidstab pürieren. Anschließend die Tomatensuppe mit Cayennepfeffer, Gemüsebrühe und mit der Frutilose (Obstdicksaft aus dem Reformhaus) pikant abschmecken und mit der Sahne verfeinern. Zum Schluss die Tomatensuppe mit den gehackten Basilikumblättchen garnieren.

Rote-Bete-Suppe **N**

Zubereitungszeit: ca. 25 Minuten

ca. 140 kcal je Portion

1 Die roten Beten waschen, schälen und würfeln. Die Zwiebel schälen und ebenfalls würfeln.

2 Das Öl in einem Topf erhitzen und die Zwiebel darin glasig dünsten. Dann die Gemüsebrühe angießen. Die roten Beten dazugeben und alles aufkochen. Die Suppe zugedeckt etwa 15 Minuten bei kleiner Hitze köcheln lassen.

3 Inzwischen die Frühlingszwiebel waschen, putzen und in feine Röllchen schneiden.

4 Die Suppe mit dem Schneidstab pürieren. Die Frühlingszwiebelröllchen, die Petersilie und den Zitronensaft dazugeben und die Suppe nochmals erhitzen.

5 Die Suppe mit Kräutersalz abschmecken, auf 2 Teller verteilen und mit je 1 Esslöffel glatt gerührter saurer Sahne garnieren.

Für 2 Personen

2 rote Beten (ca. 300 g)
1 Zwiebel
1 EL kaltgepresstes Olivenöl
300 ml Gemüsebrühe (aus Instantpulver)
1 Frühlingszwiebel
2 EL gehackte Petersilie
Saft von 1/2 Zitrone
etwas Kräutersalz
40 g saure Sahne

Kürbiscremesuppe **N**

Zubereitungszeit: ca. 35 Minuten

ca. 150 kcal je Portion

1 Den Kürbis schälen, entkernen und in Würfel schneiden. Die Möhre und den Sellerie waschen, schälen und in kleine Würfel schneiden. Die Zwiebel schälen und würfeln.

2 Das Öl erhitzen und die Zwiebel darin glasig dünsten. Die Kürbis-, Möhren- und Selleriewürfel dazugeben und alles einige Minuten andünsten. Die Brühe dazugießen, alles aufkochen lassen und etwa 15 Minuten zugedeckt bei kleiner Hitze kochen.

3 Die Supppe pürieren, mit Zitronensaft, Cayennepfeffer, Zimt und Kräutersalz abschmecken. Sie dann auf zwei Teller verteilen.

4 Jeweils 1 Esslöffel glatt gerührte saure Sahne auf die Suppe geben und sie mit Schnittlauch und Kürbiskernen bestreuen.

Für 3 Personen

700 g Kürbis · 1 Möhre
1/4 Sellerieknolle
1 Zwiebel
1 EL Olivenöl
1/2 l Gemüsebrühe (aus Instantpulver)
2–3 EL Zitronensaft
1/2 TL Cayennepfeffer
1/2 TL Zimtpulver
etwas Kräutersalz
60 g saure Sahne
1 EL Schnittlauchröllchen
1 EL Kürbiskerne

N Süßsaure Kürbissuppe

Für 2 Personen

250 g frischer Kürbis
1 EL Kürbiskernöl
1 1/2 EL flüssiger Honig
300 ml Gemüsebrühe
(aus Instantpulver)
3 Zweige
Koriandergrün
60 g Crème fraîche
2 EL Molkosan
(Reformhaus)
etwas Meersalz
1 Msp.geriebene
Muskatnuss
2 Msp. Pimentpulver
20 g geschälte
Kürbiskerne

Zubereitungszeit: ca. 25 Minuten

ca. 310 kcal je Portion

1 Den Kürbis schälen, entkernen und in etwa 2 cm große Stücke schneiden. Das Öl in einem Topf erhitzen und die Kürbisstücke darin anschwitzen. Nach etwa 2 Minuten den Honig dazugeben und alles mit der Brühe ablöschen.

2 Das Ganze einmal aufkochen und das Gemüse anschließend etwa 15 Minuten zugedeckt in der Flüssigkeit garen. Den Koriander waschen, trockentupfen und die Blätter von den Stielen abzupfen.

3 Von der Crème fraîche 1 Esslöffel abnehmen, beiseite stellen und den Rest in einer Schüssel zusammen mit dem Molkosan verrühren. Den Kürbis mit dem Schneidstab in der Brühe pürieren, 5 Esslöffel davon zu der angerührten Crème fraîche geben und alles verrühren.

4 Dieses anschließend in die Suppe einrühren und mit Meersalz, Muskatnuss und Piment pikant abschmecken.

5 Die Kürbissuppe in 2 tiefe Teller geben und jeweils mit 1 Teelöffel Crème fraîche verfeinern. Die Kürbiskerne darauf streuen.

K Feine Kartoffelsuppe

Für 2 Personen

2 mittelgroße
Kartoffeln
1 Bund Suppengrün
1 Zwiebel
1 EL Butter
1/2 l Gemüsebrühe
(aus Instantpulver)
1 Lorbeerblatt
80 g süße Sahne
2 Majoranzweige

Zubereitungszeit: ca. 35 Minuten

ca. 280 kcal je Portion

1 Die Kartoffeln schälen, waschen und in kleine Würfel schneiden. Das Suppengrün putzen, waschen und ebenfalls würfeln. Die Zwiebel schälen, fein würfeln und in der Butter glasig dünsten. Die Kartoffelstücke und das Suppengrün unter ständigem Rühren leicht mitdünsten.

2 Die Gemüsebrühe angießen. Das Lorbeerblatt hinzufügen und die Suppe zugedeckt 15 Minuten leise köcheln lassen.

3 Dann das Lorbeerblatt entfernen. Die Suppe mit dem Schneidstab fein pürieren und mit der Sahne verfeinern.

4 Die Majoranzweige waschen und trockenschütteln. Die Blättchen abzupfen, grob hacken und auf die Suppe streuen.

Französische Kartoffelsuppe K

Zubereitungszeit: ca. 1 Std.

ca. 170 kcal je Portion

1 Die Kartoffeln und die Möhren waschen, schälen und in Würfel schneiden. Die Zwiebel fein hacken. Die Zucchini und die Champignons putzen, waschen und in Scheiben schneiden.

2 Alles in einen Topf geben, mit 375 ml Wasser auffüllen und mit der Gemüsebrühe (hergestellt aus Instantpulver) würzen.

3 Mit dem Lorbeerblatt, dem Knoblauch, dem Oregano, den Kräutern (am besten Kräuter der Provence), der Muskatnuss und dem Cayennepfeffer leicht würzen und 15 bis 20 Minuten garen.

4 Anschließend die Suppe im Mixer pürieren, mit der Sahne legieren und mit geschnittenem Schnittlauch bestreuen.

Für 2 Personen

250 g Kartoffeln
150 g Möhren
1 Zwiebel,
150 g Zucchini
100 g Champignons
1 TL Gemüsebrühe
1 Lorbeerblatt
1 Knoblauchzehe
je 1 Msp. Oregano,
Kräuter, Muskat
1 Prise Cayennepfeffer
40 g süße Sahne
2 EL Schnittlauch

Kartoffel-Steinpilz-Suppe K

Zubereitungszeit: ca. 40 Minuten
Einweichzeit: ca. 15 Minuten

ca. 290 kcal je Portion

1 Pilze kurz abspülen und in einer halben Tasse Wasser etwa 15 Minuten einweichen. Inzwischen Kartoffeln schälen, waschen und in gleich große Würfel schneiden.

2 Die Zwiebel schälen, grob hacken und in der Butter glasig dünsten. Die Kartoffelwürfel hinzufügen und unter Rühren leicht bräunen lassen.

3 Das Ganze mit der Brühe auffüllen und die Pilze zusammen mit dem Einweichwasser sowie dem Liebstöckel dazugeben. Alles 15 bis 18 Minuten köcheln lassen.

4 Dann das Ganze mit dem Schneidstab pürieren, mit der Sahne verfeinern und mit dem Schnittlauch bestreuen.

TIPP
Zur Pilzsaison sollten Sie die Suppe mal mit frischen Steinpilzen zubereiten.

Für 2 Personen

ca. 10 g getrocknete Steinpilze
300 g Kartoffeln
1 Zwiebel
1 1/2 EL Butter
400 ml Gemüsebrühe (aus Instantpulver)
1 TL fein gehackter Liebstöckel
60 g süße Sahne
4 EL geschnittener Schnittlauch

K Kartoffel-Wirsing-Eintopf

Für 1 Person

200 g Kartoffeln
200 g Wirsing
1 große Möhre
1 Zwiebel
1 EL Olivenöl
1/4 l Gemüsebrühe
(aus Instantpulver)
etwas Kümmel
1 EL süße Sahne
1 EL gehackte
Petersilie
1 EL Schnittlauch-
röllchen
etwas Kräutersalz
1 Msp. Muskat
1 Msp. Cayennepfeffer

Zubereitungszeit: ca. 35 Min.

ca. 400 kcal je Portion

1 Die Kartoffeln schälen und in Würfel schneiden. Den Wirsing putzen, waschen und den Strunk herausschneiden. Den Wirsing in Streifen schneiden.

2 Die Möhre schälen und in dünne Scheiben schneiden. Die Zwiebel schälen und würfeln.

3 Öl im Topf erhitzen, die Zwiebelwürfel darin glasig dünsten. Kartoffeln, Möhren und Wirsing einige Minuten mitdünsten.

4 Die Brühe dazugießen, den Kümmel hinzufügen, alles umrühren und die Suppe aufkochen lassen. Sie dann zugedeckt etwa 20 Minuten köcheln lassen.

5 Die Sahne zusammen mit den Kräutern dazugeben und die Suppe mit Kräutersalz, Muskat sowie zum Schluss Cayennepfeffer abschmecken.

TIPP
Kochen Sie gleich die doppelte Menge Eintopf, den Rest können Sie am nächsten Tag sehr gut aufwärmen.

K Einfache Grünkernsuppe

Für 2 Personen

1 TL Gemüsebrühe
(Instantpulver)
3 EL fein geschroteter
Grünkern
1 Eigelb
40 g Sahnejoghurt
1 EL fein gehackte
Kräuter

Zubereitungszeit: ca. 30 Minuten

ca. 100 kcal je Portion

1 500 ml Wasser zusammen mit der Gemüsebrühe kochen.

2 Mit dem Schneebesen das feine Grünkernschrot einrühren, aufkochen und etwa 15 Minuten auf der ausgeschalteten Platte quellen lassen. Gelegentlich umrühren.

3 Das Eigelb mit dem Sahnejoghurt verquirlen und in die Suppe rühren. Mit den gehackten Kräutern bestreut servieren.

TIPP
Besonders schnell geht es, wenn Sie statt Grünkernschrot Haferflocken einrühren. Die Suppe nur kurz aufkochen lassen, dann legieren.

Leichte Reissuppe **K**

Zubereitungszeit: ca. 15 Minuten

ca. 180 kcal je Portion

1 Die Zwiebel schälen, fein würfeln und in der Butter glasig dünsten.

2 Die Gemüsebrühe dazugießen. Den gekochten Reis hineingeben und in der Brühe erwärmen.

3 Eigelb in einer kleinen Schüssel kräftig verschlagen. Etwas von der heißen Brühe darunter rühren.

4 Die Reissuppe vom Herd nehmen und das verschlagene Eigelb unter ständigem Rühren hineingeben. Die Suppe noch etwas ziehen, aber nicht mehr kochen lassen, damit das Eigelb nicht gerinnt. Zuletzt mit der gehackten Petersilie bestreuen.

TIPP
Wenn Sie keinen gekochten Reis zur Hand haben, verwenden Sie 5 Esslöffel Haferflocken.

Für 2 Personen

1 kleine Zwiebel
1 EL Butter
1/2 l Gemüsebrühe
(aus Instantpulver)
100 g gekochter
Naturreis (ca. 30 g
Rohgewicht)
1 Eigelb
2 EL fein gehackte
Petersilie

Grünkernsuppe mit Gemüse **K**

Zubereitungszeit: ca. 45 Minuten

ca. 220 kcal je Portion

1 Die Möhren, den Lauch und den Sellerie putzen, waschen und in kleine, aber gleichmäßige Würfel schneiden.

2 Die Zwiebel schälen, klein hacken und in der Butter glasig dünsten. Mit dem Grünkernschrot bestäuben, kurz mitrösten lassen, mit Wasser auffüllen und mit der Gemüsebrühe würzen.

3 Das geputzte Gemüse hinzufügen und zugedeckt etwa 20 bis 25 Minuten garen.

4 Mit der abgeriebenen Muskatnuss würzen und mit der Sahne verfeinern. Zum Schluss die gehackte Petersilie darüber streuen.

TIPP
Statt dem angegebenen Gemüse eignen sich auch Blumenkohl, Brokkoli und Kohlrabi.

Für 2 Personen

150 g Möhren
150 g Lauch
100 g Sellerie
1 Zwiebel
1 TL Butter
5 EL Grünkernschrot
1 EL Gemüsebrühe
(Instantpulver)
1 Msp. geriebene
Muskatnuss
1 EL süße Sahne
1 EL gehackte Petersilie

Grünkernsuppe „Förster Art"

Für 2 Personen

1 Zwiebel
100 g frische Waldpilze
oder Champignons
1 EL Butter
5 EL feines
Grünkernschrot
1/2 l Gemüsebrühe
(aus Instantpulver)
1 TL Currypulver
1 Msp. Cayennepfeffer
40 g süße Sahne
2 EL fein gehackte
Kräuter

Zubereitungszeit: ca. 50 Minuten

ca. 210 kcal je Portion

1 Die Zwiebel schälen, in feine Würfel schneiden. Die Pilze putzen, waschen, trockenreiben und in dünne Scheiben oder kleine Würfel schneiden.

2 Die Butter erhitzen, die Zwiebelwürfel darin glasig dünsten, dann die Pilze dazugeben und kurz mitdünsten. Den Grünkern dazugeben und kurz mitschmoren.

3 Die Brühe dazugießen, das Ganze umrühren und im geschlossenen Topf etwa 30 Minuten köcheln lassen.

4 Die Suppe mit Curry und Cayennepfeffer fein abschmecken, mit der Sahne verfeinern und mit den Kräutern bestreuen.

TIPP
Versuchen Sie die Suppe mal mit Steinpilzen, wenn diese Saison haben.

Champignon-Reis-Suppe

Für 2 Personen

50 g Naturreis
(Rohgewicht)
2 rote Paprikaschoten
1 Stange Lauch (125 g)
100 g Champignons
1 Zwiebel
1 TL Pflanzenfett
1 Knoblauchzehe
1 TL Gemüsebrühe
(Instantpulver)
je 1/2 TL Majoran,
Paprika, Curry
1 TL frisches Basilikum
1 Eigelb
40 g süße Sahne

Zubereitungszeit: ca. 30 Minuten
Quellzeit: über Nacht

ca. 250 kcal je Portion

1 Den Reis waschen, über Nacht einweichen. Am nächsten Tag bei geringer Hitze im Einweichwasser 25 Minuten ausquellen.

2 In der Zwischenzeit die Paprikaschoten putzen und in feine Streifen schneiden.

3 Den Lauch und die Champignons putzen und zerkleinern.

Die Zwiebel schälen, fein würfeln und in dem heissen Fett glasig dünsten.

4 Den Knoblauch durchpressen und dem Gemüse hinzufügen, mit 400 ml Wasser auffüllen und mit Brühe würzen. Im geschlossenen Topf etwa 15 Minuten garen.

5 Anschließend den fertigen, abgetropften Reis zur Suppe geben und mit den Gewürzen und Kräutern abschmecken.

6 Eigelb mit der Sahne verschlagen, unter die Suppe rühren.

Champignon-cremesuppe ⓝ

Zubereitungszeit: 30 Minuten

ca. 130 kcal je Portion

1 Die Schalotte putzen, fein hacken und in der Butter leicht dünsten.

2 Die Champignons unter fließendem Wasser säubern und feinblättrig aufschneiden.

3 Zu den Schalotten geben, mit wenig Wasser auffüllen und mit der Gemüsebrühe (hergestellt aus Instantpulver) würzen.

4 Nach Belieben mit dem Knoblauch und dem Thymian würzen. Bei geringer Hitze zugedeckt etwa 15 Minuten köcheln lassen.

5 Anschließend im Mixer oder mit dem Schneidstab pürieren, die saure Sahne unterrühren und mit Nestargel binden.

6 Mit der gehackten Petersilie bestreuen und servieren

Für 1 Person

1 Schalotte
1 TL Butter
200 g Champignons
1 TL Gemüsebrühe
(Instantpulver)
1/2 durchgepresste
Knoblauchzehe
1 Msp. Thymian
1 EL saure Sahne
1/2 Dosierlöffel Nestargel (Reformhaus)
1 EL fein gehackte Petersilie

Pfifferlingcremesuppe mit Kalbfleischstreifen ⚠E

Zubereitungszeit: ca. 45 Minuten

ca. 380 kcal je Portion

1 Die Pfifferlinge putzen. Die Zwiebel schälen und fein würfeln. Das Fleisch in 1/2 cm dünne, 4 cm lange Streifen schneiden.

2 Das Öl in einem Topf erhitzen. Das Kalbfleisch darin von allen Seiten kräftig anbraten. Wenn es gleichmäßig gebräunt ist, herausnehmen, auf einen Teller geben. Zwiebelwürfel mit den Pilzen in den Topf geben. Im darin verbliebenen Fett anschwitzen lassen.

3 Nach etwa 10 Minuten 2 Esslöffel von den Pfifferlinger aus dem Topf nehmen und zu den Fleischstreifen geben. Den Rest mit Sahne und Brühe ablöschen, alles einmal aufkochen und danach mit dem Schneidstab im Topf pürieren.

4 Die Suppe mit Kräutersalz würzen, noch einmal aufkochen und zugedeckt warm halten. Den Kerbel waschen, trockentupfen und die Blätter abzupfen.

5 Die beiseite gestellten Fleisch- und Pilzstücke in zwei vorgewärmte Teller verteilen, die Suppe darauf geben. Mit Kerbel garnieren.

Für 2 Personen

250 g frische Pfifferlinge oder Champignons
1 kleine Zwiebel
2 Kalbsschnitzel à 150 g
2 EL Sonnenblumenöl
80 g süße Sahne
350 ml Gemüsebrühe (aus Instantpulver)
etwas Kräutersalz
3 Zweige Kerbel

K Würziger Graupeneintopf

Für 2 Personen

3 EL Graupen
etwas Meersalz
1 großes Bund
Suppengrün
1 EL Butter
400 ml Gemüsebrühe
(aus Instantpulver)
1/2 TL Kräutersalz
1 Msp. Cayennepfeffer
1 Msp. geriebene
Muskatnuss
1 EL gehackte Petersilie

Zubereitungszeit: ca. 30 Minuten

ca. 160 kcal je Portion

1 Die gewaschenen Graupen in kochendes, leicht gesalzenes Wasser geben und bei geringer Hitzezufuhr etwa 30 Minuten garen lassen.

2 In der Zwischenzeit das Suppengrün putzen, waschen und in kleine Würfel schneiden.

3 Die Butter in einem Topf schmelzen lassen und die Gemüsewürfel darin bei geringer Hitzezufuhr andünsten. Die Gemüsebrühe dazugießen und das Ganze etwa 15 Minuten leicht köcheln lassen.

4 Wenn die Graupen fertig gegart sind, diese abgießen und in die Suppe geben. Alles mit Kräutersalz, Cayennepfeffer und Muskatnuss würzen und mit Petersilie bestreuen.

K Pikante Nudelsuppe

Für 2 Personen

50 g Vollkornnudeln
(Rohgewicht)
1/2 TL Meersalz
je 150 g Möhren
und Lauch
100 g Sellerie
1 TL Butter
1 EL Gemüsebrühe
(Instantpulver)
1 Msp. Cayennepfeffer
40 g saure Sahne
1 EL Blauschimmelkäse
2 EL gehackte Kräuter

Zubereitungszeit: ca. 40 Min.

ca. 230 kcal je Portion

1 Die Vollkornnudeln in 300 ml leicht gesalzenem Wasser 12 bis 15 Minuten bissfest garen.

2 In der Zwischenzeit das Gemüse waschen und putzen. Die Möhren in dünne Scheiben, den Lauch in Ringe schneiden und den Sellerie fein stifteln.

3 Die Butter in einem Topf schmelzen und das Gemüse zart andünsten. Mit 400 ml Wasser auffüllen und mit der Gemüse-

brühe würzen. Bei schwacher Hitze 15 bis 20 Minuten garen.

4 Die gegarten Nudeln hinzufügen und nach Belieben mit dem Cayennepfeffer würzen. Danach die saure Sahne unterrühren.

5 Die Suppe anrichten, den Käse zerkrümeln und zum Schluss zusammen mit den Kräutern darüber streuen.

TIPP
Als Suppeneinlage können Sie auch gekochten Reis verwenden.

Geflügelsuppe „Gärtner Art" **E**

Zubereitungszeit: ca. 1 Stunde

ca. 230 kcal je Portion

1 Gemüse putzen und waschen bzw. schälen. Blumenkohl in kleine Röschen teilen. Lauch, den Bleichsellerie und die Möhren in 1 cm breite Scheiben schneiden. Kohlrabi stifteln und von den Erbsenschoten die Enden abknipsen.

2 Anschließend die Zwiebel fein hacken und in der Butter glasig dünsten.

3 Die Hähnchenbrust in feine Würfel schneiden und zur Zwiebel geben. Das vorbereitete Gemüse hinzufügen, alles mit 1,2 Liter Wasser auffüllen und mit der Brühe würzen.

4 Die Suppe 20 bis 25 Minuten köcheln lassen. Zum Schluss mit Muskat abschmecken und mit den gehackten Kräutern bestreuen.

TIPP
Über diese Suppe freut sich die ganze Familie. Kochen Sie davon einen großen Topf. Je nach Größe ihrer Familie können Sie die Zutaten vervielfachen und je nach Geschmack die Gemüsesorten variieren.

Für 2 Personen

80 g Blumenkohl
100 g Lauch
50 g Bleichsellerie
100 g Möhren
150 g Kohlrabi
6 Erbsenschoten
1 kleine Zwiebel
1 TL Butter
150 g Hähnchenbrust
1 EL Gemüsebrühe
(Instantpulver)
1 Msp. Muskat
2 EL gehackte Kräuter

Bohneneintopf mit Kartoffeln **K**

Zubereitungszeit: ca. 30 Minuten

ca. 400 kcal je Portion

1 Die Bohnen putzen, waschen und in 3 cm lange Stücke schneiden. Die Kartoffeln waschen, schälen und in mundgerechte Würfel schneiden. Im Anschluss daran die Zwiebel schälen und grob würfeln.

2 Das Öl in einem Topf erhitzen und alle 3 Zutaten unter Rühren anbraten. Etwa 125 ml Wasser hinzufügen und alles mit der Brühe und dem Bohnenkraut würzen.

3 Den Topf schließen und das Gemüse etwa 18 Minuten bei geringer Hitze garen. Zum Schluß den Brotaufstrich im Bohneneintopf schmelzen lassen und sofort servieren.

Für 1 Person

300 g grüne Bohnen
150 g Kartoffeln
1 Zwiebel
1 EL Sonnenblumenöl
1 TL Gemüsebrühe
1 Stengel Bohnenkraut
1 EL vegetarischer Brotaufstrich

Hähnchen-Kokos-Suppe mit Mango

Für 2 Personen

1 Knoblauchzehe
1/2 Zwiebel
1/2 rote Chilischote
1/2 Mango
2 Frühlingszwiebeln
150 g Hähnchenbrust
1 EL Olivenöl
400 ml Gemüsebrühe
(aus Instantpulver)
100 ml Kokosmilch
etwas Kräutersalz
1/2 TL Currypulver
3 Zweige Koriandergrün

Zubereitungszeit: ca. 30 Minuten

ca. 270 kcal je Portion

1 Den Knoblauch und die Zwiebel schälen und sehr fein würfeln. Die Chilischote waschen, der Länge nach aufschlitzen und die Kerne herausschaben. Das Fruchtfleisch in feine Streifen schneiden.

2 Die Mango schälen, das Fruchtfleisch vom Stein abschneiden und in dünne Streifen schneiden. Die Frühlingszwiebeln waschen, putzen und in 3 cm große Stücke schneiden.

3 Das Hähnchenfleisch waschen, trockentupfen und etwa 2 cm groß würfeln. Das Öl in einem Topf erhitzen und die Fleischstücke darin von allen Seiten anbraten.

4 Die Knoblauch-, Chili- und Zwiebelstücke zu dem Hähnchenfleisch geben und kurz anbraten. Anschließend die Mangostreifen hinzufügen und die Gemüsebrühe angießen. Die Kokosmilch darunter rühren und alles einmal aufkochen.

5 Die Suppe mit Kräutersalz und Currypulver würzen und im geschlossenen Topf noch etwa 5 Minuten köcheln lassen. In der Zwischenzeit den Koriander waschen, trockentupfen und die Blätter von den Stielen zupfen. Die Suppe mit den Blättern garnieren.

Kalte Gurkensuppe

Für 1 Person

125 g Salatgurke
1/2 TL Meersalz
250 g Joghurt
1 Knoblauchzehe
1/2 Bund Dill

Zubereitungszeit: ca. 15 Minuten

ca. 200 kcal je Portion

1 Die Gurke grob raspeln und mit dem Salz leicht würzen. Den Joghurt mit dem Schneebesen glatt rühren und die Gurkenraspel hinzufügen. Nach Belieben die Knoblauchzehe durch eine Presse dazudrücken.

2 Den Dill waschen, fein hacken und abschließend zur Gurkensuppe geben.

Bohnensuppe mit Schwemmklößchen | K

Zubereitungszeit: ca. 45 Minuten

ca. 270 kcal je Portion

1 Die Bohnen waschen, putzen und die Fäden abziehen. Die Bohnen schräg in 3 cm lange Stücke schneiden. Das Bohnenkraut gründlich waschen, trockentupfen und die Blättchen von den Stielen streifen.

2 Die Butter in einem Topf schmelzen lassen und die Bohnen darin bei milder Hitze einige Minuten dünsten. Dann langsam und unter Rühren 1 Liter Wasser dazugeben. Das Gemüse mit dem Bohnenkraut und der Gemüsebrühe würzen.

3 Den Topf mit einem Deckel schließen und die Bohnen 15 bis 18 Minuten bei geringer Hitze garen.

4 In der Zwischenzeit für die Klösschen die Kräuter waschen, trockentupfen und fein hacken. In einem Topf 6 Esslöffel Wasser mit der Sahne und der Gemüsebrühe mischen. Das Mehl hinzufügen und alles unter Rühren langsam so lange erhitzen, bis ein dicker, fester Teig entstanden ist.

5 Den Topf anschließend vom Herd nehmen und die Masse kurz abkühlen lassen. Dann die Kräuter sowie das Eigelb mit einer Gabel darunter kneten. Aus der Masse mit Hilfe von 2 Teelöffeln Klößchen abstechen.

6 Die Klößchen in die Bohnensuppe geben und im offenen Topf noch ungefähr 5 Minuten gar ziehen lassen

TIPP
Schwemmklößchen können Sie in größerer Menge auf Vorrat zubereiten. Sie lassen sich gut einfrieren. Frosten Sie sie auf einem Backblech oder Tablett vor, und füllen Sie sie dann in Gefrierboxen oder -beutel. Sie lassen sich einzeln entnehmen.

Für 4 Personen

700 g grüne Bohnen
1–2 Stengel Bohnenkraut
40 g Butter
1 1/2 EL Gemüsebrühe (Instantpulver)
1 kleines Bund Petersilie
einige Blättchen Liebstöckel
40 g süße Sahne
1 TL Gemüsebrühe (Instantpulver)
100 g feines Dinkelvollkornmehl
1 Eigelb

K Andalusisches Gazpacho

Für 1 Person

1 Stück Salatgurke
je 1/4 kleine rote und
grüne Paprikaschote
1 enthäutete Tomate
1/2 kleine Zwiebel
1/2 Scheibe Toastbrot
1 EL Olivenöl
1 TL Molkosan
(Reformhaus)
1/2 TL Kräutersalz
1 Msp. Cayennepfeffer

**Zubereitungszeit: ca. 15 Minuten
Kühlzeit: mind. 2 Stunden**

ca. 170 kcal je Portion

1 Die Gurke schälen und in Würfel schneiden. Die Paprika-Viertel waschen und entkernen. Die Tomate in Würfel schneiden. Die Zwiebel schälen und würfeln. Zum Schluss das Brot ebenfalls würfeln.

2 Das vorbereitete Gemüse bis auf 2 Esslöffel der Paprikawürfel zusammen mit Brot, Öl, Molkosan, Kräutersalz und Cayennepfeffer pürieren. Das Ganze mit 50 ml Wasser auffüllen und mindestens 2 Stunden gut durchkühlen lassen.

3 Die Suppe vor dem Verzehr umrühren, eventuell noch einmal fein abschmecken und mit den restlichen Paprikawürfeln als Garnitur bestreuen.

E Kalte Sommerschale

Für 2 Personen

500 g enthäutete
Tomaten
1 grüne Paprikaschote
125 g Knollensellerie
2 Möhren
1 Zwiebel
1 EL Olivenöl
1 Schuss Weißwein
2 TL Gemüsebrühe
(Instantpulver)
1 Msp. Cayennepfeffer
1 TL Pizzagewürz
250 g Buttermilch
6 Basilikumblättchen

**Zubereitungszeit: ca. 30 Minuten
Kühlzeit: mind. 1 Stunde**

ca. 250 kcal je Portion

1 Die Tomaten in große Stücke schneiden und pürieren. Das Püree durch ein Sieb streichen. Die Paprika waschen, putzen, halbieren, entkernen und den Stielansatz herausschneiden. Das Fruchtfleisch klein würfeln, Sellerie und Möhren putzen und ebenfalls in kleine Würfel schneiden. Die Zwiebel schälen und fein würfeln.

2 Das Olivenöl in einem Topf erhitzen und die Gemüsewürfel darin andünsten. Das Gemüse mit dem Weisswein ablöschen und mit dem Wasser sowie mit dem Tomatenpüree auffüllen. Alles zum Kochen bringen.

3 Das Ganze mit Gemüsebrühe, dem Cayennepfeffer und dem Pizzagewürz abschmecken und bei geringer Hitzezufuhr zugedeckt etwa 15 Minuten köcheln lassen.

4 Die Suppe abkühlen und etwa 1 Stunde in den Kühlschrank stellen. Die Basilikumblättchen waschen und trockentupfen. Die Buttermilch zu der kalten Suppe gießen und verrühren. Mit dem Basilikumblättchen garnieren.

Würzige Gulaschsuppe ◣E

Zubereitungszeit: ca. 2 Stunden

ca. 220 kcal je Portion

1 Das Fleisch in kleine Würfel schneiden. Die Zwiebel schälen und in Ringe schneiden.

2 Das Fett in einem Topf erhitzen und das Fleisch darin anbraten. Die Zwiebel dazugeben und glasig dünsten. Alles mit Paprikapulver bestäuben und mit 375 ml Wasser auffüllen.

3 Die Tomate über Kreuz einritzen, für etwa 15 Sekunden in kochendes Wasser tauchen, abschrecken und enthäuten. Anschließend in kleine Würfel schneiden. Die Paprikaschote waschen, putzen und entkernen, dann in Streifen schneiden. Beides zur Suppe geben.

4 Die geschälten Knoblauchzehen dazupressen und dann die Gewürze sowie die Brühe dazugeben.

5 Die Champignons putzen, waschen oder vorsichtig abreiben und in Scheiben schneiden. Sie dann ebenfalls in die Suppe geben und alles zugedeckt bis zu 1 Stunde 30 Minuten köcheln.

6 Vor dem Servieren das Lorbeerblatt aus der Suppe entfernen und die Sahne unterrühren.

TIPP
Bereiten Sie die doppelte Menge zu, und frieren Sie die nicht benötigte Portion ein. Bitte beachten, dass die Suppe vor dem Einfrieren völlig abgekühlt ist.

Für 2 Personen

125 g Rinderbraten
100 g Gemüsezwiebel
1 TL ungehärtetes Pflanzenfett
1 TL süße Paprika
150 g Fleischtomate
1 grüne Paprikaschote
1–2 Knoblauchzehen
1 Lorbeerblatt
1/2 TL Kümmel
1 Msp. Cayennepfeffer
je 1/2 EL Thymian und Oregano
1/2 TL Gemüsebrühe (Instantpulver)
100 g Champignons
40 g süße Sahne

Salate und kleine Gerichte

Grüner Salat mit pikanter Sauce

Für 1 Person

1 Kopfsalat (ca. 400 g)
1 Zwiebel
3 EL frische Kräuter
3 EL Brottrunk
1 EL Sonnenblumenöl
1 EL Sahnedickmilch
1 TL Apfeldicksaft
1/2 TL Kräutersalz

Zubereitungszeit: ca. 15 Minuten

170 kcal je Portion

1 Den Salat putzen, waschen und in Stücke teilen.

2 Die Zwiebel und die Kräuter fein hacken und mit dem Brottrunk, dem Sonnenblumenöl, der Sahnedickmilch, dem Apfeldicksaft und dem Kräutersalz zu einer Sauce verrühren.

3 Die Sauce über den Salat geben und vorsichtig damit vermischen. Diesen Salat sollten Sie mit einer Kohlenhydrat- oder Eiweißmahlzeit ergänzen.

Blattsalat mit Kräuterdressing

Für 1 Person

1/2 Kopfsalat (ca. 150 g)
(z. B. Eisbergsalat)
1 kleine Zwiebel
2 TL Molkosan
(Reformhaus)
etwas Kräutersalz
1 EL Olivenöl
je 1 TL fein
geschnittener Dill,
fein gehackte Petersilie,
Schnittlauchröllchen

Zubereitungszeit: ca. 15 Minuten

ca. 110 kcal je Portion

1 Den Salat waschen, verlesen und trockenschleudern. Zwiebel schälen und fein hacken.

2 Das Molkosan mit 1 Esslöffel Wasser und dem Kräutersalz verrühren. Öl, Zwiebel, Dill und Petersilie dazugeben und alles gut miteinander verrühren.

3 Den Salat zerpflücken oder in Streifen schneiden und mit dem Dressing mischen. Schnittlauchröllchen darüber geben.

TIPP
Das Dressing wird noch pikanter, wenn Sie etwas Knoblauch hinzufügen.

Feldsalat mit fruchtiger Sauce **E**

Zubereitungszeit: ca. 30 Minuten

ca. 350 kcal je Portion

1 Salat verlesen, putzen, gründlich waschen, trockenschwenken. Dabei sollten die Salatpflänzchen möglichst ganz bleiben.

2 Die Rosinen heiß abspülen und gut abtropfen lassen. Möhren putzen, schaben, fein raspeln und zusammen mit den Rosinen zum Salat geben.

3 Für die Sauce Apfel schälen, vierteln, das Kerngehäuse herausschneiden und die Apfelstücke sehr fein raspeln. Sofort mit Zitronensaft beträufeln, damit sich die Äpfel nicht bräunlich verfärben.

4 Den Orangensaft zusammen mit der Dickmilch gut verrühren. Den geriebenen Apfel hinzufügen und alles mit der Frutilose, dem Salz und dem Cayennepfeffer abschmecken. Die Sauce über den Salat gießen. Das Ganze mit den Sonnenblumenkernen bestreuen.

TIPP
Der Feldsalat kann gegen die gleiche Menge jungen Blattspinat ausgetauscht werden.

Für 2 Personen

125 g junger Feldsalat
2 EL ungeschwefelte Rosinen
3 Möhren
1 säuerlicher Apfel
1 EL Zitronensaft
Saft von 1 Orange
175 g Sahnedickmilch
1 EL Frutilose (Reformhaus)
1 TL Kräutersalz
1 Msp. Cayennepfeffer
2 EL Sonnenblumenkerne

Knackiger Sommersalat **N**

Zubereitungszeit: ca. 25 Minuten

ca. 370 kcal je Portion

1 Die Paprikaschote halbieren, das Kerngehäuse entfernen, waschen und in feine Streifen schneiden.

2 Die Tomaten waschen, halbieren, von den Stielansätzen befreien und in Würfel schneiden. Den Fenchel putzen und in sehr dünne Streifen schneiden. Die Zwiebel schälen und fein würfeln.

4 Aus Molkekonzentrat, Öl, Salz und 100 ml Wasser eine Sauce rühren. Diese nach Belieben mit der Sahne verfeinern und die fein gehackten Kräuter untermischen. Zum Schluß die Sauce über den Salat geben.

Für 1 Person

1 grüne Paprikaschote
2 Tomaten
1/2 kleine Fenchelknolle
1 Zwiebel
1 EL Molkosan (Reformhaus)
1 EL kaltgepresstes Sonnenblumenöl
etwas Kräutersalz
60 g süße Sahne
3 EL fein gehackte Kräuter

Knackiger Salat mit Roastbeef

Für 2 Personen

1 kleiner Eisbergsalat
10 Radieschen
1 gelbe Paprikaschote
3 reife Tomaten
1 Bund Rucolasalat
1 EL Olivenöl
1 1/2 EL Molkosan
(Reformhaus)
80 g süße Sahne
5 EL frisch gehackte
Petersilie
etwas Kräutersalz
100 g Roastbeef in
Scheiben
1 hartgekochtes Ei

Zubereitungszeit: ca. 30 Minuten

ca. 370 kcal je Portion

1 Den Eisbergsalat putzen, waschen, trockentupfen und die Blätter in Stücke zupfen. Die Radieschen putzen, waschen und in dünne Scheiben schneiden.

2 Die Paprikaschote waschen, trockenreiben, halbieren, entkernen und in kleine Würfel schneiden. Die Tomaten waschen, trockenreiben, von den Stielansätzen befreien und fein würfeln.

3 Den Rucolasalat putzen, waschen, trockenschwenken und die Blätter quer in Streifen schneiden.

4 Öl, Molkekonzentrat, 130 ml Wasser und Sahne miteinander verrühren. Die Petersilie dazugeben und alles mit dem Salz abschmecken. Alle Salatzutaten in eine Schüssel geben und zusammen mit der Marinade mischen.

5 Das Roastbeef in feine Streifen schneiden, das Ei pellen, achteln und dann den Salat mit beidem garnieren.

Feldsalat mit Sellerie und Tofu

Für 2 Personen

1 Sellerieknolle
(ca. 400 g)
125 g Feldsalat
50 g geräucherter Tofu
1 EL kaltgepresstes
Sonnenblumenöl
1 TL Gemüsebrühe
(Instantpulver)
1 TL Molkosan
(Reformhaus)
2 EL Schnittlauch-
röllchen

Zubereitungszeit: ca. 1 Stunde

ca. 130 kcal je Portion

1 Die Sellerieknolle waschen und in reichlich Wasser 20 bis 25 Minuten garen. Anschließend abkühlen lassen, schälen, grob raspeln. Dann auf zwei Teller verteilen. Den Feldsalat putzen, gut waschen, abtropfen lassen und auf dem Sellerie anrichten.

2 Den Tofu in kleine Würfel schneiden und in dem nicht zu

heißen Öl goldgelb braten. Herausnehmen und beiseite stellen.

3 100 ml Wasser in die Pfanne geben, kurz aufkochen lassen, mit der Gemüsebrühe würzen und dem Molkekonzentrat leicht säuerlich abschmecken.

4 Die Sauce etwas abkühlen lassen und noch warm über den Salat geben. Ihn mit den Tofustückchen und den Schnittlauchröllchen bestreut servieren.

Bunter Gemüsesalat **N**

Zubereitungszeit: ca. 30 Minuten

ca. 210 kcal je Portion

1 Blumenkohl, die Prinzessbohnen und Möhren putzen, waschen und in passende Stücke schneiden. Alles ins kochende, leicht gesalzene Wasser geben und etwa 10 Minuten garen.

2 Inzwischen die Gurke schälen, der Länge nach vierteln und in 1 bis 2 cm lange Stücke schneiden. Den Sellerie ebenfalls putzen, waschen und in 1 cm lange Streifen schneiden.

4 Für die Salatsauce den Brottrunk, das Sonnenblumenöl, das Kräutersalz und den gepressten Knoblauch miteinander verrühren. Mit dem Schneebesen die Sahnedickmilch unterschlagen.

5 Das noch bissfeste Gemüse gut abtropfen lassen und in eine Schüssel geben. Im Anschluss alles mit den Gurken- und Selleriestückchen mischen.

6 Die Salatsauce über das noch warme Gemüse geben und vorsichtig mischen. Mit den Schnittlauchröllchen und der Petersilie bestreut servieren.

Für 1 Person

100 g Blumenkohl
75 g Prinzessbohnen
100 g Möhren
1/2 TL Meersalz
100 g Salatgurke
2 Stangen Staudensellerie
100 ml Brottrunk
1 TL Sonnenblumenöl
1/2 TL Kräutersalz
1 Knoblauchzehe
40 g Sahnedickmilch
1 EL fein geschnittener Schnittlauch
1 EL fein gehackte Petersilie

Römersalat mit Tomate und Paprika **N**

Zubereitungszeit: ca. 20 Minuten

ca. 180 kcal je Portion

1 Den römischen Salat, die Fleischtomate und die gelbe Paprikaschote putzen, waschen und in Streifen schneiden. Alles mischen.

2 Den Brottrunk, das Olivenöl, das Kräutersalz, die Kräuter der Provence und den Oregano zu einer Sauce rühren.

3 Die Zwiebel in feine Ringe schneiden, den durch die Presse gedrückten Knoblauch hinzufügen und die Sauce über den gemischten Salat gießen.

4 Mit den frisch gehackten Kräutern bestreuen, alles miteinander mischen und kurze Zeit ziehen lassen.

Für 1 Person

1/2 Kopf römischer Salat (Romana)
1 Fleischtomate
1 gelbe Paprikaschote
100 ml Brottrunk
1 TL Olivenöl
etwas Kräutersalz
1/2 TL Kräuter der Provence
1/2 TL Oregano
1 rote Zwiebel
1 Knoblauchzehe
3 EL frische Kräuter

Blumenkohl- salat

Für 1 Person

300 g Blumenkohl
1/2 TL Meersalz
1 kleine Zwiebel
1 EL kaltgepresstes
Sonnenblumenöl
1 EL Molkosan
(Reformhaus)
etwas Kräutersalz
40 g saure Sahne
1 TL edelsüßes
Paprikapulver

Zubereitungszeit: ca. 25 Minuten

ca. 200 kcal je Portion

1 Den Blumenkohl putzen, waschen und in kleine Röschen teilen. Das Gemüse in leicht gesalzenem Wasser in 15-18 Minuten garen. Die Röschen aus dem Wasser nehmen und abkühlen lassen.

2 Inzwischen für die Sauce die Zwiebel schälen, sehr fein würfeln und mit dem Sonnenblumenöl dem Molkekonzentrat und 80 ml Wasser verrühren. Das Kräutersalz unter die Sauce rühren und alles mit der sauren Sahne verfeinern.

3 Die Sauce über den Blumenkohl gießen und zum Schluss mit dem Paprikapulver bestäuben.

Brokkoli- Tomaten-Salat

Für 1 Person

150 g Brokkoli
1 Tomate
1 EL Mandelblättchen
2 TL Molkosan
(Reformhaus)
1 Msp. Kräutersalz
2 EL kaltgepresstes
Sonnenblumenöl

Zubereitungszeit: ca. 25 Minuten

ca. 290 kcal je Portion

1 Die Brokkoli waschen, putzen und die Röschen abschneiden. Die Stiele schälen und in Scheiben schneiden. Die Brokkoli in etwa 5 Minuten bissfest dünsten, dann abtropfen und abkühlen lassen.

2 Die Tomate über Kreuz einritzen, kurz überbrühen, abschrecken und enthäuten. Sie dann halbieren, entkernen und den Stielansatz herausschneiden. Das Fruchtfleisch in kleine Würfel schneiden.

3 Die Mandelblättchen in einer beschichteten Pfanne ohne Fettzugabe anrösten (das macht sie aromatischer).

4 Molkekonzentrat mit 1 Esslöffel Wasser und dem Kräutersalz verrühren und das Öl darunterschlagen. Die Brokkoli und Tomaten mit der Sauce mischen. Kurz vor dem Servieren mit den Mandelblättchen bestreuen.

TIPP
Für diesen Salat können Sie Brokkolireste vom Vortag verwenden.

Selleriesalat mit pikanter Sauce **N**

Zubereitungszeit: ca. 40 Minuten

ca. 230 kcal je Portion

1 Die Sellerieknolle waschen und ir reichlich kochendem Wasser 20 bis 25 Minuten garen. Nach dem Abkühlen schälen und grob raspeln.

2 Aus dem Brottrunk, der Sahnedickmilch, dem Sonnenblumenöl, dem Apfeldicksaft und dem Kräutersalz eine pikarte Salatsauce rühren.

3 Die Zwiebel schälen, in feine Würfel schneiden und zu der Sauce geben. Alles miteinander gut verrühren und über den geraspelten Sellerie gießen, mischen und zum Schluss mit der gehackten Petersilie bestreuen. Gut durchziehen lassen. Diesen Salat sollten Sie unbedingt mit einer Eiweiß- oder Kohlenhydratmahlzeit ergänzen.

Für 1 Person

1 Sellerieknolle (400 g)
50 ml Brottrunk
40 g Sahnedickmilch
1 TL Sonnenblumenöl
1 TL Apfeldicksaft
etwas Kräutersalz
1 Zwiebel
2 EL fein gehackte Petersilie

Artischocken mit Knoblauchdip **N**

Zubereitungszeit: ca. 40 Minuten

ca. 160 kcal je Portion

1 Die Stiele der Artischocken abschneiden. Dann von den Artischocken oben etwa ein Drittel wegschneiden. Die Schnittstellen mit der Zitrone einreiben. Die Artischocken in kochendem Salzwasser zugedeckt 25 bis 30 Minuten garen. Sie sind weich, wenn sich die einzelnen Blätter leicht herausziehen lassen.

2 In der Zwischenzeit die Dickmilch mit der sauren Sahne cremig aufschlagen. Den Knoblauch schälen, dazupressen und alles glatt rühren. Den Dip mit Kräutersalz abschmecken.

3 Die Artischocken aus der Garflüssigkeit nehmen und kopfüber gut abtropfen lassen.

4 Nun zum Essen die Blätter abzupfen, in den Dip tauchen und die fleischigen Teile „auslutschen". Zuletzt das Heu im Inneren entfernen, sodass der Artischockenboden freiliegt, und diesen essen.

Für 2 Personen

2 große fleischige Artischocken
1/2 Zitrone
1 TL Meersalz
125 g Sahnedickmilch
75 g saure Sahne
1–2 Knoblauchzehen
etwas Kräutersalz

Fenchel-Orangen-Salat

Für 2 Personen

2 kleine Fenchelknollen
1 kleine Salatgurke
2 süße Orangen
Saft von 2 süßen
Orangen
150 g Sahnedickmilch
etwas Kräutersalz
1 TL Frutilose
(Reformhaus)
je 2 EL gehackte
Mandeln und unge-
schwefelte Rosinen

Zubereitungszeit: ca. 25 Minuten

ca. 450 kcal je Portion

1 Die Fenchelknollen putzen, waschen, trockenreiben, halbieren und quer in hauchdünne Streifen schneiden. Die Gurke schälen und grob raspeln.

2 Die Orangen sorgfältig schälen, dabei auch die weiße Haut entfernen. Die Fruchtfilets mit einem scharfen Messer aus den feinen Trennhäutchen herausschneiden.

3 Für die Sauce den Orangensaft zusammen mit der Dickmilch

verrühren und alles mit Salz und Frutilose abschmecken.

4 Die Sauce mit den vorbereiteten Salatzutaten mischen. Den Salat mit den Mandeln und den Rosinen bestreuen.

TIPP
Heben Sie einige geviertelte Cocktailtomaten unter den Salat. Diese geben ihm optisch und geschmacklich eine besondere Note.

Fenchel-Tomaten-Frischkost

Für 1 Person

150 g Fenchelknolle
150 g Fleischtomaten
1 gelbe Paprikaschote
1–2 EL Zitronensaft
100 g Joghurt
(3,5% Fett)
1 TL Apfeldicksaft
1/2 TL gemahlener
Koriander
2 EL Keimlinge
(Getreide, Mungo-
bohnen, Kresse)

Zubereitungszeit: ca. 20 Minuten

ca. 260 kcal je Portion

1 Den Fenchel putzen, halbieren, mit der Schnittfläche auf ein Brettchen legen und in sehr feine Streifen schneiden.

2 Die Tomaten waschen, vom Stielansatz befreien und achteln. Die Paprikaschote vom Samengehäuse befreien und in kleine

Streifen schneiden. Alles miteinander mischen.

3 Den Zitronensaft mit dem Joghurt cremig aufschlagen und mit dem Apfeldicksaft süßen. Mit dem Koriander würzen, über das Gemüse gießen und mit den Keimlingen bestreut servieren. Essen Sie dazu 100 bis 150 g Hähnchenfleisch (nicht in der Kalorienangabe enthalten).

Variable Möhrenfrischkost **N**

Zubereitungszeit: ca. 30 Minuten

ca. 200 kcal je Portion

1 Die Möhren waschen, putzen, abbürsten, trockentupfen und ganz fein raspeln.

2 Alle übrigen Zutaten zusammen mit etwa 100 ml Wasser verrühren und die Möhren damit anmachen.

TIPPS
■ Statt Molkosan können Sie auch die gleiche Menge Magermilchjoghurt verwenden. Die Frischkost bleibt dann neutral.

■ Das Öl macht das Vitamin A aus den Möhren dem Körper gut verfügbar.

Für 2 Personen

500 g Möhren
2 TL Molkosan
(aus dem Reformhaus)
1 EL kaltgepresstes
Sonnenblumenöl
50 g süße Sahne
etwas Kräutersalz
4 EL fein gehackte
Blattpetersilie

Möhren-Kohlrabi-Rohkost **E**

Zubereitungszeit: ca. 15 Minuten

ca. 140 kcal je Portion

1 Aus Zitronensaft, Salz, Frutilose und Öl eine Marinade rühren und diese mit 30 ml Wasser verdünnen.

2 Dann die Möhren und den Kohlrabi schälen, waschen und jeweils grob raspeln.

3 Die Rohkost mit der Marinade verrühren und mit den Basilikumblättchen abschließend garnieren.

TIPP
Statt Kohlrabi passen Sellerie und 1/2 säuerlicher Apfel (geraspelt) in den Salat. Die Rohkost eignet sich auch gut zum Mitnehmen.

Für 1 Person

2 EL Zitronensaft
etwas Meersalz
1 TL Frutilose
(Reformhaus)
1 TL kaltgepresstes
Sonnenblumenöl
150 g Möhren
1 kleiner junger
Kohlrabi
2 Stängel Basilikum
zum Garnieren

Apfel-Möhren-Sellerie-Rohkost

Für 2 Personen

2 säuerliche Äpfel
2 EL Zitronensaft
3 Möhren
*2 Stangen Stauden-
sellerie*
*2 EL Frutilose
(Reformhaus)*
*150 g Joghurt
(3,5% Fett)*
40 g süße Sahne
*1/2 TL frisch geriebener
Ingwer*
2 EL Frutilose
*je 2 EL Sonnenblumen-
kerne und Kokosraspel*

Zubereitungszeit: ca. 30 Minuten

ca. 450 kcal je Portion

1 Die Äpfel waschen, trockenreiben, vierteln, das Kerngehäuse herausschneiden, das Fruchtfleisch grob raspeln und sofort mit dem Zitronensaft beträufeln.

2 Die Möhren putzen, schaben, waschen und ebenfalls grob raspeln. Vom Sellerie die Fäden abziehen, die Stangen waschen, trockenreiben und in hauchdünne Scheiben schneiden.

3 Die vorbereiteten Zutaten mischen und mit Frutilose leicht süßen.

4 Für die Sauce Joghurt, Sahne, Ingwer und Frutilose verrühren, alles auf die Rohkost geben und das Ganze mit den Sonnenblumenkernen und den Kokosraspeln bestreuen.

TIPP
Zur Rohkost passt gut ein frisch gepresster Orangensaft.

Rote Bete-Apfel-Rohkost

Für 2 Personen

*1 kleiner Kopf
grüner Salat*
*3 Rote-Bete-Knollen
(ca. 400 g)*
3 säuerliche Äpfel
1 EL Zitronensaft
*2 EL Frutilose
(Reformhaus)*
150 g Sahnedickmilch
2 TL gehackte Mandeln

Zubereitungszeit: ca. 20 Minuten

ca. 310 kcal je Portion

1 Den Salat putzen, in Blätter zerpflücken, waschen und abtropfen lassen. Zwei Teller auslegen.

2 Die roten Beten gründlich waschen, putzen, schälen und in feine Stifte schneiden.

3 Äpfel waschen, vierteln, entkernen und grob raspeln. Mit dem Zitronensaft beträufeln.

4 Die roten Beten mit den Äpfeln mischen und mit der Frutilose leicht süßen. Zum Schluss die Sahnedickmilch darunter rühren.

5 Die Rohkost auf dem Salat anrichten und mit den Mandeln bestreuen.

TIPP
Wenn Sie Kalorien sparen wollen, dann verwenden Sie Vollmilchjoghurt statt Sahnejoghurt.

Möhren-Apfel-Rohkost **E**

Zubereitungszeit: ca. 15 Minuten

ca. 270 kcal je Portion

1 Den Apfel waschen, trockenreiben und auf einer Rohkostreibe bis zum Kerngehäuse abraspeln. Die Apfelraspel sofort mit dem Zitronensaft beträufeln.

2 Die Möhren putzen, schaben, waschen und ebenfalls grob raspeln.

3 Den geraspelten Apfel zusammen mit den Möhren und der Sahne vermischen und mit den gehackten Mandeln bestreuen.

Für 1 Person

1 säuerlicher Apfel
1 EL Zitronensaft
3 mittelgroße Möhren
40 g süße Sahne
5 gehackte Mandeln

Möhren-Rettich-Rohkost **N**

Zubereitungszeit: ca. 20 Minuten

ca. 130 kcal je Portion

1 Die Möhren und den Rettich schälen, waschen und getrennt fein raspeln.

2 Die Champignons putzen, kurz waschen und in dünne Scheiben schneiden. Die Gurke schälen und in dünne Scheiben hobeln.

3 Die Paprikaschote waschen, putzen und in kleine Streifen oder Würfel schneiden.

4 Jeweils in die Mitte von zwei Tellern ein Häufchen geraspelter Möhren geben. Die anderen Rohkostzutaten einzeln rundherum anrichten.

5 Alle Saucenzutaten miteinander verrühren, die Sauce über die Rohkost geben und diese mit der gewaschenen Petersilie garnieren.

TIPP
Statt Rettich können Sie auch Kohlrabi oder Sellerie verwenden. Auch Weißkohl oder Rotkohl ergibt einen leckeren Rohkostsalat. Kneten Sie den geraspelten Kohl mit etwas Salz gut durch.

Für 2 Personen

3 Möhren
1 kleiner Rettich
100 g Champignons
1 kleine Salatgurke
1 rote Paprikaschote
1 EL kaltgepresstes Sonnenblumenöl
etwas Meersalz
1 TL Molkosan (Reformhaus)
ca. 60 ml Wasser
Petersilie zum Garnieren

 Sauerkraut-Ananas-Salat

Für 1 Person

1 Fleischtomate
1 Zwiebel · 1 Scheibe
Ananas · 1 Apfel
200 g Sauerkraut
1 EL Rosinen
1 TL Sonnenblumenöl
1 TL Apfeldicksaft
1 EL gehackte Petersilie

**Zubereitungszeit: ca. 20 Minuten
Kühlzeit: ca. 2 Stunden**

ca. 340 kcal je Portion

1 Tomate, Zwiebel, Ananasscheibe und den vom Kerngehäuse befreiten Apfel säubern und dann in kleine Würfel schneiden.

2 Das Sauerkraut (am besten frisches), die ungeschwefelten Rosinen und das Sonnenblumenöl hinzufügen und alles miteinander mischen.

3 Mit dem Apfeldicksaft süßen und mit der gehackten Petersilie bestreuen. Im Kühlschrank etwa 2 Stunden ziehen lassen.

Bunte Salat- und Gemüseplatte

Für 1 Person

400 g Rohkost
(Radicchio, Eisbergsalat,
Salatgurke, Paprika-
schote, Tomaten,
frische Champignons
und Blumenkohl)
100 g Sahnedickmilch
1 TL Zitronensaft
1 TL Apfeldicksaft
1 Zwiebel
1 EL ungeschwefelte
Rosinen
50 g frische Ananas
1 Msp.Curry und
etwas Kräutersalz
1/2 TL Kardamom
2 EL fein gehackte
Petersilie

Zubereitungszeit: ca. 40 Minuten

ca. 340 kcal je Portion

1 Den Radicchio und den Eisbergsalat putzen, waschen und zerteilen.

2 Die Gurke schälen, längs vierteln und in etwa 1 cm breite Würfel schneiden.

3 Die Paprikaschote vom Samengehäuse befreien und in feine Streifen schneiden.

4 Anschließend die gewaschenen Tomaten und die geputzten Champignons zerkleinern. Den Blumenkohl säubern und auf einem Gemüsehobel grob raspeln.

5 Den Salat dekorativ auf einer Platte anrichten.

6 Die Sahnedickmilch mit dem Zitronensaft und dem Apfeldicksaft cremig verrühren. Die Zwiebel würfeln und mit den Rosinen hinzufügen. Die Ananas klein schneiden und unter die Sauce rühren. Mit dem Curry, dem Kräutersalz und dem Kardamom abschmecken und über den Salat gießen. Mit der Petersilie bestreut servieren.

TIPP
Dazu passt Puten- oder Hähnchenschnitzel. Dann haben Sie eine komplette Eiweißmahlzeit.

Zucchinirohkost

Zubereitungszeit: ca. 10 Minuten

ca. 190 kcal je Portion

1 Den Zucchini waschen, putzen und in feine Stifte schneiden.

2 Das Öl mit dem Joghurt, der Zitronenschale und dem Dill verrühren und mit Kräutersalz abschmecken.

3 Die Zucchinistifte erst kurz vor dem Verzehr mit der Sauce mischen.

TIPP
Für den kleinen Hunger ist die Rohkost bestens geeignet. Verpacken Sie Zucchini und Sauce getrennt, und mischen Sie beides erst vor dem Essen.

Für 1 Person

150 g Zucchini
1 EL Distelöl
50 g Joghurt
(3,5% Fett)
1/2 TL abgeriebene Zitronenschale
1 EL fein geschnittener Dill
etwas Kräutersalz

Karibischer Rohkostsalat

Zubereitungszeit: ca. 30 Minuten

ca. 380 kcal je Portion

1 Den Chicorée putzen, waschen, trockenreiben, längs halbieren und den bitteren Strunk keilförmig herausschneiden. Ein paar schöne Blätter beiseite legen, die restlichen quer in Streifen schneiden.

2 Den Fenchel putzen, waschen, trockenreiben, halbieren und quer in sehr feine Streifen schneiden. Die Möhren putzen, waschen und fein raspeln.

3 Den Radicchio putzen, waschen, trockentupfen und in mundgerechte Stücke zupfen. Die Ananas schälen, der Länge nach achteln und das Fruchtfleisch quer in kleine Stücke schneiden.

4 Die Chicoréeblätter auf zwei Teller legen, das vorbereitete Gemüse darauf anrichten und die Ananasstücke darauf geben.

5 Das Öl zusammen mit etwa 100 ml Wasser und dem Zitronensaft verrühren. Alles mit Salz abschmecken und mit Sahne sowie Frutilose verfeinern.

6 Die Rosinen kurz abspülen, abtropfen lassen, hinzufügen und alles über die Rohkost geben. Die Kokosnussraspel darüber streuen.

Für 2 Personen

1 Kolben Chicorée
1 kleine Fenchelknolle
2 Möhren
100 g Radicchioblätter
1/2 frische Ananas
1 EL kaltgepresstes Sonnenblumenöl
2 EL Zitronensaft
etwas Meersalz
80 g süße Sahne
1 TL Frutilose (Reformhaus)
2 EL ungeschwefelte Rosinen
2 EL frisch geriebenes Kokosnussfleisch

Sauerkrautsalat mit Grapefruit

Für 1 Person

1 rosa Grapefruit
100 g rohes Sauerkraut
40 g Joghurt
(3,5% Fett)
2 EL Frutilose
(Reformhaus)
1 Msp. gemahlene
Fenchelsamen

Zubereitungszeit: ca. 10 Minuten

ca. 230 kcal je Portion

1 Die Grapefruit filetieren. Dazu die Schale mitsamt der weißen Haut mit einem scharfen Messer abschneiden. Die Grapefruitfilets aus den Trennhäuten, dann in mundgerechte Stücke schneiden.

2 Sauerkraut zerpflücken. Joghurt mit Frutilose und Fenchel verrühren und mit dem Sauerkraut und den Grapefruitfilets mischen.

TIPP
Statt Grapefruit können Sie auch Mandarinen- oder Orangenspalten verwenden.

Fruchtiger Römersalat mit Shrimps

Für 1 Person

6 Blätter römischer
Salat (Romana)
7 Kirschtomaten
1 gelbe Paprikaschote
4 EL Maiskörner
100 g Joghurt
(3,5% Fett)
80 ml frisch gepresster
Orangensaft
1 TL eingelegte grüne
Pfefferkörner
etwas Kräutersalz
1 Msp. Cayennepfeffer
1 Msp. Paprikapulver
1 TL Frutilose
(Reformhaus)
1 Kiwi
100 g Cocktailshrimps
Kresse zum Garnieren

Zubereitungszeit: ca. 20 Minuten

ca. 410 kcal je Portion

1 Die Salatblätter putzen, waschen und in schmale Streifen schneiden. Die Tomaten waschen und halbieren.

2 Die Paprikaschote halbieren, das Kerngehäuse entfernen, waschen und die Frucht in schmale Streifen schneiden. Alle vorbereiteten Zutaten, auch den Mais, miteinander vermischen.

3 Für die Sauce den Joghurt mit dem Schneebesen cremig rühren. Den Orangensaft und die Pfefferkörner unterrühren. Dann mit Salz, Cayennepfeffer, Paprika-

pulver und der Frutilose nach Belieben scharf abschmecken und die Sauce über den Salat gießen.

4 Die Kiwi schälen, in Scheiben schneiden und zusammen mit den Krabben auf dem Salat verteilen. Dann das Ganze mit der Kresse verzieren.

TIPP
Den restlichen römischen Salat können Sie in Frischhaltefolie eingewickelt kühl aufbewahren und am nächsten Tag verbrauchen.

Rote-Bete-Salat mit Joghurtsauce **E**

Zubereitungszeit: ca. 15 Minuten

ca. 170 kcal je Portion

1 Die rote Bete schälen und fein reiben. Den Apfel waschen, vierteln, entkernen und ebenfalls reiben. Die Schalotte schälen und fein würfeln.

2 Den Joghurt mit Zitronensaft, Salz und Petersilie verrühren. Die Sauce mit dem Salat mischen.

TIPP
Mischen Sie etwas Anispulver oder etwas Kümmel unter den Salat.

Für 1 Person

1 Rote-Bete-Knolle
1/2 saurer Apfel
1 kleine Schalotte
75 g Joghurt
(3,5% Fett)
Saft von 1/2 Zitrone
etwas Meersalz
2 EL gehackte Petersilie

Bohnensalat mit Grünkernklößchen **K**

Zubereitungszeit: ca. 25 Minuten
Zeit zum Durchziehen:
mindestens 1 Stunde

ca. 470 kcal je Portion

1 Die Brühe in einem Topf aufkochen und das Schrot hinein rühren. Das Schrot auf der ausgeschalteten Platte zugedeckt in etwa 15 Minuten ausquellen lassen. Dabei ab und zu umrühren.

2 Inzwischen die Bohnen waschen, putzen und die Fäden abziehen. Die Bohnen in 3 cm lange Stücke schneiden. Sie in etwas leicht gesalzenem Wasser etwa 12 Minuten bissfest dünsten, abtropfen lassen.

3 Die Zwiebel schälen und fein würfeln. Das Molkosan mit dem Kräutersalz verrühren und das Öl darunter schlagen. Die Zwiebeln auf die noch warmen Bohnen geben und die Sauce darüber verteilen. Den Salat mindestens 1 Stunde oder über Nacht im Kühlschrank durchziehen lassen.

4 Den Schafskäse mit einer Gabel zerdrücken und mit dem Schrot und der Petersilie mischen. Aus der Masse Klößchen formen und sie mindestens 30 Minuten trocknen lassen. Den Bohnensalat mit den Estragonblättchen bestreuen und die Klößchen darauf geben.

Für 1 Person

100 ml Gemüsebrühe
(Instantpulver)
30 g Grünkernschrot
300 g grüne Bohnen
etwas Meersalz
1/2 kleine Zwiebel
1 EL Molkosan
(Reformhaus)
etwas Kräutersalz
2 EL kaltgepresstes
Sonnenblumenöl
30 g Schafskäse
(in Lake eingelegt)
1 EL gehackte Petersilie
einige Estragon-
blättchen

Salat aus Busch- oder Stangenbohnen

Für 1 Person

400 g Busch- oder Stangenbohnen
1 Stengel Bohnenkraut
1/2 TL Meersalz
1 Zwiebel
3 EL Brottrunk
1 TL Sonnenblumenöl
etwas Kräutersalz
1 TL saure Sahne

Zubereitungszeit: ca. 30 Minuten

ca. 200 kcal je Portion

1 Die Bohnen von Fäden befreien, in Stücke schneiden und zusammen mit dem Bohnenkraut in 1/2 Liter kochendem Wasser, leicht gesalzenen Wasser etwa 20 Minuten garen.

2 Aus dem Wasser herausnehmen, abtropfen und auskühlen lassen.

3 Die Zwiebel schälen, in kleine Würfel schneiden und zu den Bohnen geben.

4 Den Brottrunk zusammen mit dem Sonnenblumenöl und dem Kräutersalz verrühren. Danach die Sauce über die Bohnen gießen und alles mischen.

5 Zum Schluss die saure Sahne darüber geben und kurz ziehen lassen. Diesen Salat sollten Sie mit einer Eiweiß- oder Kohlenhydratmahlzeit ergänzen.

Endivien-Orangen-Salat

Für 2 Personen

1 kleiner Kopf Endiviensalat
1 große rote Paprikaschote
2 Fleischtomaten
4 Orangen
150 g Sahnedickmilch
etwas Kräutersalz
1 TL Frutilose (Reformhaus)
3 EL gehackte Kräuter (Schnittlauch, Petersilie, Dill)

Zubereitungszeit: ca. 30 Minuten

ca. 260 kcal je Portion

1 Den Endiviensalat waschen, putzen, abtropfen lassen, klein schneiden und in eine Schüssel geben.

2 Die Paprikaschote putzen, waschen und in feine Streifen schneiden. Die Tomaten waschen, die Stielansätze herausschneiden und die Früchte ebenfalls in Streifen schneiden.

3 Für den Salat 2 Orangen sorgfältig schälen, dabei auch die weiße Haut entfernen. Die Filets aus den Trennhäuten herausschneiden. Alle vorbereiteten Zutaten mischen.

4 Die beiden übrigen Orangen für die Sauce auspressen, den Saft mit der Sahnedickmilch verrühren und alles mit Kräutersalz und Frutilose abschmecken.

5 Die Sauce zusammen mit dem Salat mischen und ihn mit den gehackten Kräutern bestreuen.

Tomaten-Radieschen-Salat mit Krabben **E**

Zubereitungszeit: ca. 20 Minuten

ca. 250 kcal je Portion

1 Den Kopfsalat waschen und in mundgerechte Stücke zupfen. Die Radieschen und die Tomaten waschen und vierteln.

2 Die Avocado schälen, entkernen und das Fruchtfleisch in schmale Spalten schneiden. Sofort mit dem Zitronensaft beträufeln. Alle Zutaten dekorativ auf Tellern anrichten.

3 Für die Sauce die Zwiebel schälen und hacken. Das Öl mit Molkosan, der Sahne sowie Salz und 40 ml Wasser verschlagen und über den Salat gießen.

4 Die gewaschenen und gut abgetropften Krabben auf den Salat geben und ihn mit dem Dill hübsch garnieren.

TIPP
Geben Sie zur Dekoration 1 gekochtes Ei auf den Salat.

Für 2 Personen

1/2 kleiner Kopfsalat
1/2 Bund Radieschen
10 Kirschtomaten
1/2 reife Avocado
1 EL Zitronensaft
1 kleine Zwiebel
1 EL Sonnenblumenöl
1 EL Molkosan
(Reformhaus)
1 EL saure Sahne
1 TL Kräutersalz
100 g ausgelöste Krabben
2 Stengel Dill

Paprika-Kraut-Salat mit Käse **E**

Zubereitungszeit: ca. 20 Minuten
Zeit zum Durchziehen:
mindestens 1 Stunde

ca. 270 kcal je Portion

1 Den Kohl waschen, putzen, halbieren und den Strunk herausschneiden. Den Kohl in sehr dünne Streifen schneiden. Die Brühe aufkochen und den Kohl darin zusammen mit dem Kümmel etwa 3 Minuten garen. Den Zitronensaft dazugeben und den Kohl zugedeckt mindestens 1 Stunde im Kühlschrank durchziehen lassen.

2 Inzwischen die Paprikaschote waschen, vierteln, putzen, entkernen und in Streifen schneiden. Den Käse ebenfalls in Streifen schneiden.

3 Den Joghurt mit der sauren Sahne und der Petersilie verrühren.

4 Abschließend den Kohl mit den Paprikastreifen, dem Käse und der Joghurtsauce mischen.

Für 1 Person

150 g Weißkohl
50 ml Gemüsebrühe
(aus Instantpulver)
1/2 TL Kümmelpulver
2 EL Zitronensaft
1 kleine grüne
Paprikaschote
60 g Leerdamer der
Dreiviertelfettstufe
(30% Fett i.Tr.)
100 g Joghurt
(3,5% Fett)
1 EL saure Sahne
1 EL gehackte Petersilie

⚠ E Krabbencocktail auf Salat

Für 1 Person

1 kleiner Kopfsalat
50 g Feldsalat
1/2 Salatgurke
100 g frische
Champignons
1 Orange
1 Schalotte
1 EL Zitronensaft
1 EL Sonnenblumenöl
3 EL Brottrunk
40 g Sahnedickmilch
1 Bund gehackter Dill
1 Knoblauchzehe
etwas Kräutersalz
1 Msp. Cayennepfeffer
200 g Krabben

Zubereitungszeit: ca. 45 Minuten

ca. 400 kcal je Portion

1 Kopfsalat putzen, waschen, sorgfältig trocknen und eine Salatschüssel damit auslegen.

2 Feldsalat waschen und verlesen, die Salatgurke schälen und in kleine Würfel schneiden. Beides in eine zweite Salatschüssel geben.

3 Die Champignons waschen und in dünne Scheiben schneiden. Die Orange mit einem scharfen Messer schälen, die weiße Haut entfernen. Anschließend in kleine Stücke teilen.

4 Die Schalotte putzen, in feine Ringe schneiden, mit den Orangenstückchen und den Champignons zu dem Feldsalat und der Salatgurke geben.

5 Aus Zitronensaft, dem Sonnenblumenöl, dem Brottrunk und der Sahnedickmilch eine Sauce rühren. Mit dem gehackten Dill, der durchgepressten Knoblauchzehe, dem Kräutersalz und dem Cayennepfeffer abschmecken.

6 Diese Sauce über den gemischten Salat gießen, alles zusammen vorsichtig mischen, in der mit Salatblättern ausgelegten Schüssel anrichten. Die Krabben auf den Salat geben.

N Chinakohlsalat mit Zwiebelsauce

Für 1 Person

200 g Chinakohl
80 ml Brottrunk
1 TL Sonnenblumenöl
40 g Sahnedickmilch
1 TL Apfeldicksaft
etwas Kräutersalz
1 Zwiebel

Zubereitungszeit: ca. 20 Minuten

ca. 150 kcal je Portion

1 Den Chinakohl putzen, waschen und in 1 bis 2 cm breite Streifen schneiden.

2 Aus dem Brottrunk, dem Öl, der Dickmilch, dem Dicksaft und dem Salz eine Sauce rühren.

3 Die Zwiebel würfeln und zusammen mit dem Chinakohl und der Sauce mischen. Diesen Salat sollten Sie mit einer Eiweiß- oder Kohlenhydratmahlzeit ergänzen.

TIPP
Statt Chinakohl können Sie auch Weißkohl nehmen.

Krabbensalat
mit Orangen und Avocado ▲E

Zubereitungszeit: ca. 25 Minuten

ca. 450 kcal je Portion

1 Den Salatkopf putzen, verlesen, waschen und gut abtropfen lassen. Die größeren Blätter in mundgerechte Stücke schneiden. Die kleineren Blätter auf zwei flachen Tellern fächerförmig auslegen.

2 Die Orangen mit einem scharfen Messer sorgfältig schälen und dabei auch die weiße Haut entfernen. Anschließend die Orangen in kleine Stücke schneiden.

3 Die Avocado schälen, halbieren, entkernen und das Fruchtfleisch in schmale Spalten schneiden. Die restlichen Salatblätter mit den Orangen und den Avocados auf den Tellern anrichten.

4 Für die Sauce den Orangensaft mit Cayennepfeffer, Frutilose und Salz verrühren und die saure Sahne mit dem Schneebesen darunter quirlen.

5 Die Sauce über den Salat gießen. Die Krabben auf den Salat streuen und ihn mit dem gehackten Dill garnieren.

Für 2 Personen

1 römischer Salat (Romana)
2 Orangen
1 Avocado
125 ml frisch gepresster Orangensaft
1 Msp. Cayennepfeffer
1 TL Frutilose (Reformhaus)
etwas Meersalz
125 g saure Sahne
200 g Krabben
3 EL gehackter Dill

Forellensalat
auf Chinakohl ▲E

Zubereitungszeit: ca. 40 Minuten

ca. 450 kcal je Portion

1 Das Ei pellen und vierteln. Den Chinakohl putzen, waschen, zerpflücken und gut abtropfen lassen.

2 Die Zwiebel schälen und in Ringe schneiden. Den Stengelansatz der Tomate entfernen und die Tomate achteln. Die Gurke schälen und in dünne Scheiben schneiden.

3 Den Chinakohl, die Zwiebelringe, die Tomate und die Gurke in einer Salatschüssel mischen.

4 Für die Sauce den Brottrunk, das Olivenöl und das Kräutersalz verrühren, über den Salat gießen und alles vermengen.

5 Die geräucherte Forelle vor den Gräten befreien und in kleine Stücke teilen. Zusammen mit den Oliven auf dem Salat verteilen.

6 Mit den Eivierteln und der Petersilie garnieren.

Für 1 Person

1 hart gekochtes Ei
200 g Chinakohl
1 rote Zwiebel
1 Fleischtomate
1/3 Salatgurke (100 g)
3 EL Brottrunk
1 TL Olivenöl
etwas Kräutersalz
125 g geräucherte Forelle
5 Oliven
1 EL gehackte Petersilie

Champignon-Bohnen-Salat

Für 2 Personen

400 g grüne Bohnen
etwas Meersalz
250 g Champignons
30 g Butter
1 EL Pizzagewürz
1–2 TL Gemüsebrühe
(Instantpulver)
4 Tomaten
1 rote Paprikaschote
1 EL kaltgepresstes
Olivenöl
1 EL Molkosan
(Reformhaus)
1 TL Kräutersalz
1 EL gehackte glatte
Petersilie

Zubereitungszeit: ca. 35 Minuten

ca. 240 kcal je Portion

1 Bohnen putzen, kurz waschen, wenn nötig abfädeln, und in 3 cm lange Stücke schneiden. In wenig leicht gesalzenem Wasser in 15 bis 18 Minuten bissfest garen.

2 In der Zwischenzeit die Champignons putzen, kurz waschen und in feine Scheiben schneiden.

3 Die Butter in einer Pfanne schmelzen lassen und die Pilze bei mittlerer Hitze von allen Seiten solange braten, bis sie leicht Farbe angenommen haben. Mit dem Pizzagewürz und der Gemüsebrühe abschmecken, dann auskühlen lassen.

4 Die Tomaten waschen. Die Paprikaschote putzen und waschen. Das Gemüse in schmale Streifen schneiden.

5 Die Bohnen abgießen, mit Pilzen, Tomaten und Paprika auf zwei Tellern anrichten.

6 Für die Sauce das Olivenöl mit dem Molkekonzentrat und 80 ml Wasser verrühren und mit Kräutersalz abschmecken.

7 Die Sauce über den Salat geben. Mit Petersilie garnieren.

Tomatensalat mit Schafskäse

Für 2 Personen

500 g reife Tomaten
120 g milder Schafskäse
(in Lake eingelegt)
1 1/2 EL kaltgepresstes
Olivenöl
1 durchgepresste
Knoblauchzehe
3 EL gehacktes
Basilikum
etwas Meersalz

Zubereitungszeit: ca. 20 Minuten

ca. 270 kcal je Portion

1 Die Tomaten waschen, trockenreiben, die Stielansätze entfernen und die Früchte in kleine Würfel schneiden. Den Schafskäse mit einer Gabel zerdrücken und zu den Tomaten geben.

2 Das Öl mit etwa 4 Esslöffeln Wasser mischen, den Knoblauch dazugeben und das Basilikum darunter rühren. Die Marinade leicht salzen und über den Tomatensalat gießen.

TIPP
Verwenden Sie am besten Kirschtomaten.

Nudelsalat mit grünem Spargel **K**

Zubereitungszeit: ca. 20 Minuten

ca. 280 kcal je Portion

1 Den Spargel waschen. Die Stangen schräg in 2 bis 3 cm lange Stücke schneiden und diese in reichlich leicht gesalzenem Wasser bissfest kochen.

2 Inzwischen die Tomaten waschen. Die Basilikumblättchen waschen, trockentupfen und in Streifen schneiden.

3 Für die Sauce den Frischkäse mit dem Joghurt und dem Kräutersalz verrühren und das Basilikum dazugeben.

4 Den Spargel abtropfen und abkühlen lassen. Spargel, Nudeln und Tomaten zusammen mit der Sauce mischen.

TIPP
Verwenden Sie möglichst Nudeln ohne Eizusatz.

Für 1 Person

150 g grüner Spargel
etwas Meersalz
100 g Kirschtomaten
6 Basilikumblättchen
1 EL Doppelrahmfrischkäse (60 oder 70% Fett i.Tr.)
40 g Joghurt (3,5% Fett)
etwas Kräutersalz
100 g gekochte kleine Vollkornnudeln (40 g Rohgewicht)

Salat mit warmen Pfifferlingen **N**

Zubereitungszeit: ca. 25 Minuten

ca. 120 kcal je Portion

1 Den Friséesalat und den Radicchio verlesen, waschen und trockenschleudern. Die Salatblätter zerpflücken, mischen und auf zwei Teller verteilen.

2 Die Pfifferlinge kurz waschen und putzen. Die Frühlingszwiebeln waschen, putzen und in Ringe schneiden.

3 Das Öl in einer Pfanne erhitzen und Pilze sowie Frühlingszwiebeln dazugeben. Beides etwa 10 Minuten dünsten und mit Kräutersalz abschmecken.

4 Inzwischen den Knoblauch schälen und durch die Presse drücken. Den Schmand mit dem Joghurt, der Petersilie, dem Knoblauch, dem Kräutersalz und dem Cayennepfeffer verrühren.

5 Die warmen Pfifferlinge auf dem Salat verteilen und den Petersilienschmand darübergeben.

Für 2 Personen

1/3 Kopf Friséesalat
1 kleiner Radicchio
200 g Pfifferlinge
3 Frühlingszwiebeln
1 EL kaltgepresstes Olivenöl
etwas Kräutersalz
1 Knoblauchzehe
1 EL Schmand (saure Sahne, 24% Fett)
40 g Joghurt (3,5% Fett)
3 EL gehackte Petersilie
etwas Kräutersalz
1 Msp. Cayennepfeffer

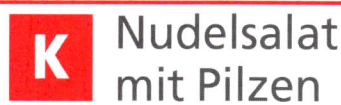

Nudelsalat mit Pilzen

Für 1 Person

50 g rohe kleine Vollkornnudeln
125 g braune Champignons
1 EL Butter
1 TL Pizzagewürz
1 EL Gemüsebrühe (Instantpulver)
1 Tomate
1/2 rote Paprikaschote
1 Peperoni
80 g Sahnedickmilch
1 TL Molkosan (Reformhaus)
etwas Kräutersalz
4 schwarze Oliven
einige Basilikumblätter

Zubereitungszeit: ca. 40 Minuten

ca. 460 kcal je Portion

1 Die Nudeln in leicht gesalzenem Wasser in 12 bis 15 Minuten bissfest garen.

2 Inzwischen die Pilze putzen, kurz waschen oder vorsichtig abreiben und in feine Scheiben schneiden. Die Butter in einer Pfanne zerlassen und die Pilze bei mittlerer Hitzezufuhr solange braten, bis die austretende Flüssigkeit verdampft ist.

3 Die Pilze mit dem Pizzagewürz und der Gemüsebrühe ab-

schmecken und abkühlen lassen. Die Nudeln abgießen, abtropfen und ebenfalls abkühlen lassen.

4 Nun die Tomate waschen, von den Stielansätzen befreien und das Fruchtfleisch fein würfeln. Die Paprikaschote und die Peperoni waschen und entkernen. Beides dann in feine Streifen schneiden.

5 Für die Salatsauce die Sahnedickmilch mit dem Molkekonzentrat verrühren. Nach Belieben mit Kräutersalz würzen.

6 Die Sauce mit allen Salatzutaten mischen. Die Oliven auf den Salat geben und ihn mit den Basilikumblättern garnieren.

Kohlrabisalat mit Sahnesauce

Für 2 Personen

600 g Kohlrabiknollen
150 g saure Sahne
1 EL Molkosan (Reformhaus)
etwas Kräutersalz
1 TL Frutilose (Reformhaus)
3 EL gehackte Kräuter
2 EL Sonnenblumenkerne

Zubereitungszeit: ca. 15 Minuten

ca. 200 kcal je Portion

1 Die Kohlrabi schälen, waschen und grob raspeln.

2 Die saure Sahne mit 60 ml Wasser, Molkosan, Kräutersalz und Frutilose glatt rühren.

3 Die Sauce über die Kohlrabiraspel gießen und den Salat mit Kräutern und Sonnenblumenkernen bestreuen.

TIPP
Statt Kohlrabi können Sie auch Möhren verwenden. Die Rohkost eignet sich bestens zum Mitnehmen.

Pikanter Nudelsalat **K**

Zubereitungszeit: ca. 1 Stunde

ca. 370 kcal je Portion

1 Die Nudeln in reichlich leicht gesalzenem Wasser etwa 12 bis 15 Minuten bissfest garen.

2 Möhren schälen, in kleine Würfel schneiden und zusammen mit den Erbsen in wenig Wasser gar dünsten. Auskühlen lassen.

3 In der Zwischenzeit den Staudensellerie und die Salami sehr fein schneiden und zu den Erbsen und Möhren geben.

4 Die Gurke schälen, längs vierteln und in 1 bis 2 cm breite Stücke schneiden.

5 Die Tomaten waschen, vom Stielansatz befreien und achteln. Die Champignons putzen, waschen und etwas zerkleinern.

6 Die Nudeln abgießen, kalt abspülen und mit den Möhren, den Erbsen, dem Staudensellerie, den Gurkenstückchen, den Tomaten und den Champignons mischen.

7 Für die Salatsauce die Sahnedickmilch mit dem Brottrunk und der gepressten Knoblauchzehe verrühren.

8 Mit dem Kräutersalz würzen und über den Nudelsalat gießen. Kräftig miteinander mischen und mit den Schnittlauchröllchen bestreuen.

Für 1 Person

50 g Vollkornnudeln
125 g Möhren
2 EL grüne Erbsen
1 Stange Staudensellerie (60 g)
30 g Rindersalami
1 Stück Salatgurke (100 g)
1–2 Tomaten (100 g)
100 g frische Champignons
40 g Sahnedickmilch
3 EL Brottrunk
1/2 durchgepresste Knoblauchzehe
etwas Kräutersalz
1 EL fein geschnittener Schnittlauch

Chinakohl-Ananas-Salat **E**

Zubereitungszeit: ca. 15 Minuten

ca. 180 kcal je Portion

1 Sonnenblumenkerne in einer Pfanne ohne Fett anrösten.

2 Den Chinakohl waschen, putzen und in Streifen schneiden. Die Ananasscheibe schälen und den mittleren Strunk herausschneiden. Die Scheibe in feine Würfel schneiden.

3 Den Joghurt mit dem Zitronensaft und dem Ahornsirup verrühren. Die Sauce erst kurz vor dem Verzehr mit dem Chinakohl und den Ananaswürfeln mischen. Den Salat mit den Sonnenblumenkernen bestreuen.

Für 1 Person

1 EL Sonnenblumenkerne
150 g Chinakohl
1 Scheibe Ananas
40 g Joghurt (3,5 % Fett)
2 EL Zitronensaft
1 EL Ahornsirup

Bunter Bauernsalat

Für 2 Personen

je 1 kleiner Kopf
Lollo rosso und
Eichblattsalat
2 Fleischtomaten
2 mürbe süße Äpfel
100 g milder Schafskäse
1 EL Molkosan
(Reformhaus)
40 g saure Sahne
etwas Kräutersalz
1 TL Frutilose
(Reformhaus)
1 Zwiebel
2 EL gehackte Kräuter

Zubereitungszeit: ca. 20 Minuten

ca. 290 kcal je Portion

1 Die Salatköpfe putzen, verlesen, waschen und in mundgerechte Stücke zupfen.

2 Die Stielansätze der Tomaten herausschneiden und die Früchte in kleine Stücke schneiden.

3 Die Äpfel schälen, vierteln, die Kerngehäuse entfernen und die Äpfel in Scheiben schneiden.

4 Salat, Tomaten und Äpfel in einer Schüssel mischen. Den Käse in Stücken dazugeben.

5 Für die Sauce das Molkekonzentrat mit 60 ml Wasser und der sauren Sahne gut verquirlen. Mit dem Kräutersalz und der Frutilose fein abschmecken.

6 Die Zwiebel schälen, sehr fein würfeln und zur Sauce geben.

7 Den Salat mit der Sauce mischen und die gehackten Kräuter darüber streuen.

Kartoffelsalat mit Rinderschinken

Für 1 Person

200 g Kartoffeln
1 Bund Suppengrün
1 EL Erbsen (TK-Ware)
2 Tomaten
1/3 Salatgurke (100 g)
3 EL Brottrunk
1 TL Sonnenblumenöl
etwas Kräutersalz
2 EL frische gehackte
Kräuter
30 g Rinderschinken

Zubereitungszeit: ca. 50 Minuten

ca. 430 kcal je Portion

1 Die Kartoffeln waschen, mit der Schale kochen, pellen und auskühlen lassen. Anschließend in Würfel schneiden.

2 Das Suppengrün zerkleinern, und zusammen mit den Erbsen in 1/4 Liter Wasser gar dünsten.

3 Währenddessen die Tomaten waschen, vom Stielansatz befreien und in kleine Stücke teilen.

Die Salatgurke schälen und grob würfeln. Alles gut miteinander mischen.

4 Aus dem Brottrunk, dem Sonnenblumenöl, dem Kräutersalz und den frischen gehackten Kräutern eine Sauce rühren und unter den Kartoffelsalat geben.

5 Kurz vor dem Servieren den Rinderschinken in kleine Würfel schneiden und über den Salat streuen.

Kartoffelsalat nach alter Art K

Zubereitungszeit: ca. 50 Minuten

ca. 200 kcal je Portion

1 Die Kartoffeln waschen, in der Schale garen, abgießen und leicht auskühlen lassen. Dann pellen und anschließend in feine Scheiben schneiden.

2 Die Gemüsebrühe in 80 ml heißem Wasser auflösen. Die Brühe mit dem Öl und dem Brottrunk verrühren und lauwarm über die Kartoffeln gießen.

3 Die Zwiebel schälen, fein würfeln und ebenfalls hinzufügen. Den Kartoffelsalat mischen und auskühlen lassen.

4 Vor dem Anrichten nochmals durchmischen und zum Schluss mit den fein gehackten Kräutern bestreut servieren.

TIPP
Besonders pfiffig sieht der Salat aus, wenn Sie eine rotschalige Zwiebel verwenden.

Für 1 Person

200 g Kartoffeln
1/2 TL Gemüsebrühe (Instantpulver)
1 TL Sonnenblumenöl
2 EL Brottrunk
1 Zwiebel
1 EL fein gehackte Kräuter (Schnittlauch, Petersilie, Estragon, Kerbel)

Kartoffel-Sellerie-Salat K

Zubereitungszeit: ca. 50 Minuten

ca. 320 kcal je Portion

1 Die Sellerieknolle gut waschen und in reichlich Wasser 20 bis 25 Minuten garen. Nach dem Abkühlen schälen und in kleine Scheiben schneiden.

2 Die Pellkartoffeln schälen und ebenfalls in Scheiben schneiden. Mit dem Sellerie mischen.

3 Für die Sauce die Sahnedickmilch mit Sonnenblumenöl,

4 Esslöffeln Wasser, Molkekonzentrat, Kräutersalz und Frutilose gut verrühren. Die Zwiebel schälen, fein würfeln und dazugeben.

4 Anschließend die Sauce über den Salat gießen, ihn kräftig mischen und mit den Schnittlauchröllchen bestreuen.

TIPP
Am besten schmeckt der Salat, wenn Sie ihn 1 bis 2 Stunden im Kühlschrank durchziehen lassen.

Für 2 Personen

1 Sellerie (ca. 400 g)
500 g gekochte Pellkartoffeln
100 g Sahnedickmilch
1 EL kaltgepresstes Sonnenblumenöl
1 EL Molkosan (Reformhaus)
etwas Kräutersalz
1 TL Frutilose (Reformhaus)
1 Zwiebel
2 EL Schnittlauchröllchen

K Würziger Kartoffelsalat

Für 2 Personen

500 g gekochte Pellkartoffeln
125 g Feldsalat
1 Zwiebel
50 g geräucherter Tofu
1 TL kaltgepresstes Sonnenblumenöl
180 ml Gemüsebrühe (Instantpulver)
1 EL Molkosan (Reformhaus)
2 EL Schnittlauch- röllchen

Zubereitungszeit: ca. 30 Minuten

ca. 210 kcal je Portion

1 Die Pellkartoffeln schälen und in Scheiben schneiden.

2 Den Feldsalat putzen, gut waschen und dann abtropfen lassen.

3 Die Zwiebel schälen, fein würfeln und zusammen mit dem Feldsalat zu den Kartoffeln geben.

4 Den Tofu in Würfel schneiden. Das Öl in einer Pfanne nicht zu stark erhitzen und den Tofu darin goldgelb braten. Dann herausnehmen und beiseite stellen.

5 Die Gemüsebrühe in die Pfanne geben und dann lauwarm über den Kartoffelsalat gießen. Ihn gut mischen und mit dem Molkosan leicht säuerlich abschmecken.

6 Die Tofuwürfel und die Schnittlauchröllchen über den Salat streuen.

K Kartoffelsalat mit Lachs

Für 2 Personen

400 g kleine, fest- kochende Kartoffeln
150 g Joghurt
50 g saure Sahne
150 ml Gemüsebrühe (Instantpulver)
1 EL Molkosan (Reformhaus)
1 kleine Zwiebel
1 TL Kräutersalz
1 Msp. Cayennepfeffer
200 g gebeizter Lachs oder Räucherlachs
1 kleines Bund Dill

Zubereitungszeit: ca. 30 Minuten

ca. 380 kcal je Portion

1 Die Kartoffeln in der Schale kochen. Sie anschließend abkühlen lassen, schälen und in Scheiben schneiden.

2 Für die Sauce den Joghurt mit der Sahne sowie der Gemüsebrühe cremig rühren und mit dem Molkosan leicht säuern. Die Zwiebel schälen, fein hacken und in die Sauce geben. Sie mit dem Kräutersalz sowie mit dem Cayennepfeffer abschmecken und auf die Kartof-

feln geben. Danach alles gut durchmischen.

3 Den Lachs in Streifen schneiden und auf dem Kartoffelsalat anrichten. Den Dill waschen, von den Stielen zupfen und den Salat damit garnieren.

TIPP
Statt Lachs können Sie auch Bündner Fleisch nehmen. Auch geräucherte Forellenfilets passen gut.

Geflügelsalat
mit Mango und Pfefferminze ▲E

Zubereitungszeit: ca. 45 Minuten

ca. 340 kcal je Portion

1 Die Mango schälen, das Fruchtfleisch vorn Stein abschneiden und etwa 1 cm groß würfeln. Die Frühlingszwiebeln waschen, putzen und in etwa 1/2 cm dicke Ringe schneiden.

2 Das Hähnchenfleisch waschen, trockentupfen und etwa 2 cm groß würfeln. Das Öl in einer Pfanne erhitzen und die Fleischstücke darin von allen Seiten anbraten. Danach die Frühlingszwiebeln dazugeben, die Pfanne zudecken und vom Herd nehmen.

3 Das Hähnchenfleisch und die Zwiebeln bis zum Anrichten des Salates in der geschlossenen Pfanne lassen. Den Salat waschen, putzen und trockenschleudern. Ihn in mundgerechte Stücke zerteilen.

4 Die Pfefferminze waschen und trockentupfen. Einige schöne Blätter beiseite legen. Die restlichen Blätter von den Stielen zupfen und in feine Streifen schneiden. Zusammen mit Joghurt, saurer Sahne, Frutilose, Salz und Cayennepfeffer glatt rühren und pikant abschmecken.

5 Den Eisbergsalat auf zwei großen Tellern verteilen. Die Mango-, Fleisch- und Zwiebelstücke darauf anrichten und die Sauce darüber geben. Etwas Currypulver auf die Sauce stäuben und die Salate mit der beiseite gelegten Minze hübsch garnieren.

TIPPS
■ Zu Hähnchefleisch passen außer Mango Mandarine, Ananas und auch Aprikose. Diese Früchte harmonieren auch mit Curry.

■ Wenn es besonders fein sein soll, dann mischen Sie gegarte Spargelstücke oder gewürfelte Artischockenherzen (eventuell aus der Dose) unter den Salat.

Für 2 Personen

1 kleine Mango
2 Frühlingszwiebeln
250 g Hähnchenbrustfilet
1 TL kaltgepresstes Olivenöl
1/4 Kopf Eisbergsalat
4 Zweige Pfefferminze
100 g Joghurt (3,5 % Fett)
50 g saure Sahne
1 TL Frutilose (Reformhaus)
etwas Kräutersalz
etwas Cayennepfeffer
etwas Currypulver

Klassischer Geflügelsalat

Für 1 Person

150 g Hühnerfleisch (gegart)
100 g roher Sellerie
125 g Champignons
200 g Eisbergsalat
1 Fleischtomate
1 Scheibe Ananas
1 TL Sonnenblumenöl
30 ml Brottrunk
40 g Sahnedickmilch
1/2 TL Gemüsebrühe
1 TL Apfeldicksaft
je 1/2 TL Rosmarin,
Estragon, Rosenpaprika

Zubereitungszeit: ca. 35 Min.

ca. 450 kcal je Portion

1 Das Hühnerfleisch in Streifen, den Sellerie in sehr feine Stifte schneiden. Die Champignons putzen und in kleine Stücke hacken.

2 Den gewaschenen Eisbergsalat, die Tomate und die frische Ananas in kleine Stücke teilen und zusammen mit dem Hühnerfleisch, den Selleriestiften und den Champignons vermischen.

3 Aus dem Sonnenblumenöl, dem Brottrunk, der Sahnedickmilch, der vegetarischen Streuwürze und dem Apfeldicksaft eine Sauce rühren.

4 Mit dem Rosmarin und dem Estragon abschmecken und mit dem Salat vermengen. Zuletzt mit dem Rosenpaprika bestäuben und kühl servieren.

Geflügelsalat mit Paprika

Für 1 Person

1 EL Pflanzenfett
100 g Hähnchenbrust
1 Frühlingszwiebel
je 1/2 rote, grüne und gelbe Paprikaschote
100 g Champignons
1 EL Zitronensaft
1/4 Kohlrabiknolle
100 g Joghurt (3,5%)
1 EL saure Sahne
1 EL Zitronensaft
1 EL Schnittlauch
etwas Kräutersalz
etwas Cayennepfeffer

Zubereitungszeit: ca. 30 Minuten

ca. 330 kcal je Portion

1 Das Fett in einer Pfanne erhitzen und das Hähnchenbrustfilet darin bei starker Hitze kurz auf beiden Seiten braun anbraten. Dann die Hitze reduzieren und das Fleisch zugedeckt von jeder Seite 5 bis 7 Minuten garen. Es anschließend abkühlen lassen.

2 Inzwischen die Frühlingszwiebel waschen, putzen und fein würfeln. Die Paprikahälften waschen, entkernen und in Streifen schneiden. Die Champignons waschen, putzen, in Scheiben schneiden und mit dem Zitronensaft beträufeln. Den Kohlrabi schälen und raspeln.

3 Für die Sauce den Joghurt mit der Sahne, dem Zitronensaft und dem klein geschnittenen Schnittlauch verrühren. Mit Kräutersalz und Cayennepfeffer abschmecken.

4 Das Hähnchenfleisch in Würfel schneiden. Diese mit dem Gemüse und mit der Salatsauce mischen.

Wurstsalat
mit Paprika und Möhren ◤E◥

Zubereitungszeit: ca. 30 Minuten

ca. 470 kcal je Portion

1 Die Paprikaschote von den Kernen befreien und in feine Streifen schneiden. Die Möhren schälen und fein stifteln.

2 Zwiebel, Radieschen und gesäuberten Tomaten in feine Ringe schneiden und alles mischen.

3 Die Geflügelwurst in kleine Würfel schneiden und ebenfalls zum Salat geben.

4 Aus dem Obstessig, dem Sonnenblumenöl, dem Kräutersalz und dem Apfeldicksaft eine Sauce rühren und mit dem Wurstsalat vermengen.

5 Kurze Zeit durchziehen lassen und mit der Petersilie bestreut servieren.

Für 1 Person

1 grüne Paprikaschote
150 g Möhren
1 milde rote Zwiebel
100 g Radieschen
2 Tomaten
100 g Geflügelwurst
3 EL Obstessig
1 TL Sonnenblumenöl
etwas Kräutersalz
1/2 TL Apfeldicksaft
1 TL gehackte Petersilie

Eiersalat mit Apfel
und Tomate ◤E◥

Zubereitungszeit: ca. 30 Minuten

ca. 390 kcal je Portion

1 Die Eier pellen und in Scheiben schneiden. Den Apfel waschen, vom Kerngehäuse befreien und in kleine Schnitze teilen.

2 Die Gurke schälen und hobeln und die gewaschenen Tomaten in dünne Scheiben schneiden.

3 Die geschälte Zwiebel klein würfeln und alles miteinander mischen.

4 Für die Sauce den Brottrunk, die süße Sahne, das Kräutersalz, den fein geschnittenen Schnittlauch miteinander verrühren und über den Eiersalat geben.

5 Mit dem Liebstöckel und dem Rosenpaprika abschmecken. Zum Schluss mit dem gehackten Dill bestreuen, kühl stellen und etwas durchziehen lassen.

TIPP
Besonders fein schmeckt der Eiersalat, wenn Sie noch gegarte Spargelstücke untermischen.

Für 1 Person

2 hart gekochte Eier
1 Apfel
1/2 Salatgurke (ca.250g)
2 Tomaten
1 Zwiebel
3 EL Brottrunk
60 g süße Sahne
etwas Kräutersalz
2 EL fein geschnittener Schnittlauch
1/2 TL gerebelter Liebstöckel
1 Msp. Rosenpaprika- pulver
1 EL fein gehackter Dill

Salat mit warmem Ziegenkäse

E

Für 2 Personen

1/3 Kopf Friséesalat
1 kleiner Radicchio
2 Tomaten
50 g Sojasprossen
1 Knoblauchzehe
1 EL Molkosan
(Reformhaus)
etwas Kräutersalz
etwas Cayennepfeffer
2 EL kaltgepresstes
Walnuss- oder Olivenöl
1 EL Schnittlauch-
röllchen
1 Eigelb
2 kleine Ziegen-
weichkäse
2 EL Vollkorn-
semmelbrösel
1 EL kaltgepresstes
Olivenöl

Zubereitungszeit: ca. 25 Minuten

ca. 270 kcal je Portion

1 Den Friséesalat und den Radicchio waschen, putzen, trockenschleudern und zerpflücken. Die Tomaten waschen, achteln und die Stielansätze herausschneiden. Die Sojasprossen mit heißem Wasser abspülen und abtropfen lassen.

2 Für die Sauce den Knoblauch schälen und durch die Presse drücken. Dann das Molkosan mit 30 ml Wasser, Kräutersalz, dem Knoblauch und Cayennepfeffer verrühren und das Öl darunter schlagen. Zuletzt den Schnittlauch hinzufügen und alles verrühren.

3 Das Eigelb verquirlen. Die Ziegenkäse zuerst im Eigelb und dann in den Semmelbröseln wenden. Das Öl in einer Pfanne erhitzen und die Käse darin auf beiden Seiten goldbraun backen.

4 Den Salat mit der Sauce mischen und auf 2 Teller verteilen. Die Tomaten und die Sprossen darauf anrichten und die gebackenen Ziegenkäse darauf setzen.

TIPP
Dazu passt Vollkornbaguette oder ein Vollkornbrötchen sehr gut.

Kerniger Weintraubensalat

 K

Für 1 Person

250 g Weintrauben
30 g Gouda
10 halbe Walnusskerne

Zubereitungszeit: ca. 10 Minuten

ca. 430 kcal je Portion

1 Die Weintrauben waschen, trockentupfen, halbieren, entkernen und auf einem Teller anrichten.

2 Den Käse in Würfel schneiden und zusammen mit den Walnußhälften auf die Weintrauben geben.

TIPP
Am besten passen weiße Muskattrauben.

Melonen-Minz-Salat ▲E

Zubereitungszeit: ca. 15 Minuten

ca. 150 kcal je Portion

1 Das Melonenviertel schälen und die Kerne entfernen. Das Fruchtfleisch in Würfel schneiden oder mit einem Kugelausstecher aus der Schale lösen.

2 Die Tomate waschen, achteln und den Stielansatz herausschneiden. Die Achtel quer halbie-ren. Die Gurke schälen, der Länge nach vierteln und die Viertel in dünne Scheiben schneiden.

3 Den Joghurt mit saurer Sahne, Zitronensaft, Frutilose und Salz verrühren.

4 Die Minze waschen, die Blätt-chen von den Stielen zupfen, in Streifen schneiden und in die Sauce geben. Diese kurz vor dem Servieren und dem Verzehr mit den Salatzutaten mischen.

Für 1 Person

1/4 Galiamelone
1 Tomate
1 Stück Salatgurke
(ca. 10 cm lang)
1 EL Joghurt
1 EL saure Sahne
2 EL Zitronensaft
1 TL Frutilose
(Reformhaus)
etwas Meersalz
2 Stiele frische Minze

Grüner Obstsalat mit Fenchel und Limette ▲E

Zubereitungszeit: ca. 30 Minuten

ca. 200 kcal je Portion

1 Die Trauben waschen und von den Stielen zupfen. Die Melone in Spalten schneiden und die Kerne mit einem Löffel entfernen. Anschließend das Fruchtfleisch mit einem Messer von der Schale lösen und in etwa 2 cm große Stücke zerkleinern.

2 Den Fenchel waschen, putzen und etwa 1,5 cm groß würfeln. Die Kiwi schälen, der Länge nach vierteln und anschließend in 3 cm dicke Scheiben schneiden.

3 Die Birne waschen, trockenrei-ben und ungeschält vierteln. Das Kerngehäuse entfernen und das Fruchtfleisch in dünne Scheiben schneiden. Diese zusammen mit dem Limettensaft in eine Schüssel geben und alles durchmischen.

4 Das restliche Obst unter die Bir-nenstücke heben und mit der Frutilose süßen. Den Salat auf zwei Schälchen verteilen. Die Zitronenmelisse waschen, trockentup-fen und die Blättchen von den Stielen zupfen.

5 Salat mit Pistazienkernen und den Melisseblättchen garnieren.

Für 2 Personen

100 g grüne, kernlose Trauben
1/2 Galiamelone
1 kleine Fenchelknolle
1 Kiwi
1 Birne
1 EL Limettensaft
1–2 EL Frutilose
(Reformhaus)
1 Zweig Zitronen-melisse
20 g gehackte Pistazien

Eiweißgerichte mit Fleisch und Geflügel

E Mangold-Hackfleisch-Gratin

Für 2 Personen

1 Zwiebel
200 g Rinderhackfleisch
1 EL ungehärtetes Pflanzenfett (Reformhaus)
etwas Kräutersalz
1/2 TL mildes Paprikapulver
500 g Mangoldstiele (ohne Blattgrün)
1 große Tomate
3 EL Schnittlauchröllchen
1 EL Schmand (saure Sahne 24% Fett)
50 g geriebener mittelalter Gouda (45 % Fett i. Tr.)

Zubereitungszeit: ca. 45 Minuten

ca. 450 kcal je Portion

1 Den Backofen auf 200 °C vorheizen. Die Zwiebel schälen und fein würfeln. Das Fett in einer Pfanne erhitzen und Hackfleisch sowie Zwiebelwürfel darin unter Rühren krümelig braun anbraten. Das Ganze mit etwas Kräutersalz und Paprikapulver würzen.

2 Die Mangoldstiele putzen, waschen und in feine Streifen schneiden. Sie in etwas Wasser etwa 7 bis 8 Minuten dünsten.

3 Inzwischen die Tomate über Kreuz einritzen, kurz überbrühen, abschrecken, enthäuten und den Stielansatz herausschneiden. Die Tomate dann quer zum Stielansatz in Scheiben schneiden.

4 Schnittlauch und Schmand zum gegarten Mangold geben, umrühren und alles mit Kräutersalz würzen.

5 Den Mangold in eine flache Auflaufform (20 cm Ø) geben und das Hackfleisch darauf verteilen. Die Tomatenscheiben darauf legen. Das Gratin mit Käse bestreuen und im Backofen auf der mittleren Schiene etwa 20 Minuten überbacken.

TIPP
Statt Mangold können Sie auch frischen Blattspinat verwenden. Wenn Sie Lammhackfleisch bekommen, dann probieren Sie das Rezept einmal damit aus. Würzen Sie mit Pfeffer, Knoblauch und Thymian.

Überbackene Fleischbällchen ▲E

Zubereitungszeit: ca. 45 Minuten

ca. 780 kcal je Portion

1 Zwiebel schälen, fein hacken. Hackfleisch in eine Schüssel geben, mit der Zwiebel, der Petersilie und dem Eigelb gut verkneten. Die Masse mit Kräutersalz, Cayennepfeffer und Oregano würzen.

2 Das Öl in einer Pfanne erhitzen. Aus dem Hackfleisch kleine Kugeln formen und diese in dem Öl sehr scharf anbraten. Dann die Fleischbällchen beiseite stellen.

3 Zwiebel schälen und in feine Würfel schneiden. Tomaten über Kreuz einritzen, kurz überbrühen, abschrecken und enthäuten. Sie dann halbieren, entkernen und die Stielansätze herausschneiden. Das Fruchtfleisch in Würfel schneiden.

4 Zucchini waschen, putzen und in 1 cm dicke Scheiben schneiden. Ofen auf 180 °C vorheizen. Das Öl in einer Pfanne nicht zu stark erhitzen, Zwiebelwürfel darin andünsten. Die Zucchinischeiben und die Tomatenwürfel hinzufügen und alles kurz schmoren lassen. Das Ganze mit Gemüsebrühe sowie der Zitronenmelisse würzen und mit der Sahne verfeinern.

5 Das Gemüse in eine Auflaufform geben und die Hackfleischbällchen darauf setzen. Alles mit dem geriebenen Parmesan bestreuen und im Ofen etwa 20 Minuten goldbraun überbacken. Das Gericht mit den Basilikumblättchen bestreut servieren.

Für 2 Personen

1 Zwiebel
300 g Rinderhackfleisch
2 EL gehacke Petersilie
1 Eigelb
etwas Kräutersalz
1 Msp. Cayennepfeffer
1 TL Oregano
2 EL Olivenöl
1 Zwiebel
400 g Tomaten
250 g Zucchini
1 1/2 EL Olivenöl
1 TL Gemüsebrühe
(Instantpulver)
1 EL fein gehackte
Zitronenmelisse
60 g süße Sahne
50 g Parmesan
einige Basilikum-
blättchen

Frikadellen aus Rinderhack ▲E

Zubereitungszeit: ca. 20 Minuten

ca. 370 kcal je Portion

1 Das Rinderhackfleisch in eine Schüssel geben. Mit Quark, Eigelb, dem Kräutersalz, der gehackten Zwiebel und den gehackten Kräutern gut vermischen.

2 Aus dem Fleischteig zwei Frikadellen formen und in dem Fett von beiden Seiten braten.

TIPP
Bereiten Sie Frikadellen auf Vorrat zu, die Sie gut einfrieren können.

Für 1 Person

100 g Rinderhackfleisch
40 g Quark (20 % Fett)
1 Eigelb
etwas Kräutersalz
1 gehackte Zwiebel
2 EL gehackte Kräuter
2 TL Pflanzenfett
(Reformhaus)

Frikadellen mit Butterbohnen

Für 2 Personen

2 Möhren
1 Zwiebel
300 g Rinderhackfleisch
1 Ei
1/2 TL Kräutersalz
2 EL kaltgepresstes Sonnenblumenöl
600 g grüne Bohnen
1 EL Butter
1 EL Gemüsebrühe (Instantpulver)
1 TL getrocknetes Bohnenkraut
3 EL gehackte Petersilie

Zubereitungszeit: ca. 40 Minuten

ca. 640 kcal je Portion

1 Die Möhren schälen und fein reiben. Die Zwiebel schälen und in feine Würfel schneiden.

2 Das Hackfleisch in eine Schüssel geben und mit dem Ei, dem Kräutersalz, den Zwiebelwürfeln und den Möhrenraspeln gut verkneten.

3 Das Öl in einer Pfanne erhitzen. Aus dem Fleischteig 4 Frikadellen formen und sie darin auf beiden Seiten braun braten.

4 In der Zwischenzeit die Bohnen waschen, putzen und eventuell auch die Fäden abziehen. Die Bohnen schräg in 3 cm lange Stücke schneiden.

5 Die Butter in einem Topf zerlassen und die Bohnen hinzufügen. Etwa 150 ml Wasser angießen und das Gemüse mit der Brühe sowie mit dem Bohnenkraut würzen. Die Bohnen im geschlossenen Topf 12 bis 15 Minuten leicht köcheln lassen, bis fast alle Flüssigkeit verdampft ist.

6 Die Frikadellen zusammen mit den Bohnen anrichten und mit der Petersilie bestreuen.

Hackfleischtopf mit Lauch und Tomaten

Für 2 Personen

2 Stangen Lauch (ca. 500 g)
30 g Butter
350 g Rinderhackfleisch
500 g Tomaten
1–2 TL Gemüsebrühe (Instantpulver)
1 TL gemahlener Rosmarin
1 TL Oregano
40 g süße Sahne

Zubereitungszeit: ca. 35 Minuten

ca. 590 kcal je Portion

1 Den Lauch putzen, der Länge nach halbieren, waschen und in dünne Ringe schneiden.

2 Die Butter in einem Topf schmelzen lassen und das Hackfleisch darin anbraten. Den Lauch hinzufügen und bei geringer Hitze kurz schmoren lassen.

3 In der Zwischenzeit die Tomaten waschen und die Stielansätze herausschneiden. Die Tomaten eventuell enthäuten, dann vierteln und mit dem Schneidstab pürieren. Das Mus zum Hackfleisch geben.

4 Nun 250 ml Wasser angießen, den Eintopf mit der Gemüsebrühe, dem Rosmarin und dem Oregano würzen und mit der Sahne verfeinern. Dann zugedeckt bei milder Hitze 15 bis 18 Minuten lassen.

Hackfleisch-Ragout ▲E

Zubereitungszeit: ca. 50 Minuten

ca. 490 kcal je Portion

1 Die Zwiebel schälen und in feine Streifen schneiden. Die Bohnen waschen, putzen und in 2 bis 3 cm lange Stücke brechen. Die Paprikaschote säubern und in Stücke schneiden.

2 Die Tomate mit kochendem Wasser überbrühen, oben über Kreuz einritzen, kalt abschrecken, enthäuten und zerkleinern.

3 Die Zwiebelstreifen im Fett glasig dünsten und das Rinderhackfleisch locker dazugeben.

4 Die Bohnen, Paprika und die zerkleinerte Tomate hinzufügen. Mit 200 ml Wasser auffüllen und mit der Gemüsebrühe, dem Bohnenkraut, dem edelsüßen und dem Rosenpaprika würzen.

5 Das Gemüsehack 25 bis 30 Minuten nicht zu stark kochen lassen und zwischendurch umrühren. Zuletzt mit der sauren Sahne vermischen.

Für 1 Person

1 Gemüsezwiebel
200 g Stangenbohnen
je 1 Paprikaschote und Fleischtomate
1 TL ungehärtetes Pflanzenfett
100 g Rinderhackfleisch
1 TL Gemüsebrühe (Instantpulver)
1 Msp. Bohnenkraut
1 Msp. Paprikapulver
1 Msp. Rosenpaprikapulver
40 g saure Sahne

Italienische Hackfleischpfanne ▲E

Zubereitungszeit: ca. 45 Minuten

ca. 560 kcal je Portion

1 Die Aubergine putzen, waschen und in kleine Würfel schneiden. Leicht salzen, etwa 10 Minuten Wasser ziehen lassen, dann mit Küchenkrepp trockentupfen.

2 Die Zucchini waschen, putzen, der Länge nach halbieren und in Scheiben schneiden. Tomaten über Kreuz einritzen, kurz überbrühen, abschrecken, enthäuten und zerkleinern.

3 Die Zwiebel und den Knoblauch schälen und beides fein hacken. Das Öl erhitzen und das Hackfleisch zusammen mit Zwiebelwürfeln und Knoblauch kräftig anbraten. Aubergine und Zucchini hinzufügen und mit andünsten. Die Tomaten dazugeben, 180 ml Wasser angießen und alles zugedeckt bei schwacher Hitze 15 Minuten köcheln.

4 Mit Rosmarin, Oregano und Gemüsebrühe würzen und mit Sahne verfeinern.

Für 2 Personen

1 Aubergine
etwas Meersalz
2 Zucchini
5 Tomaten
1 Zwiebel
1–2 Knoblauchzehen
1 1/2 EL Olivenöl
350 g Rinderhackfleisch
je 1 TL gerebelter Rosmarin und Oregano
1 EL Gemüsebrühe (Instantpulver)
80 g süße Sahne

Cevapcici auf Paprikagemüse

Für 2 Personen

1 mittelgroße Zwiebel
2 rote Paprikaschoten
2 grüne Paprikaschoten
1 EL Sonnenblumenöl
1 EL Gemüsebrübe (Instantpulver)
1 TL edelsüßes Paprikapulver
1 kleine Zwiebel
2–3 Knoblauchzehen
1 kleines Ei
300 g Rinderhackleisch
etwas Meersalz
1 Msp. Cayennepfeffer
1/2 TL Rosenpaprikapulver
1 EL Olivenöl

Zubereitungszeit: 45 Minuten

ca. 450 kcal je Portion

1 Für das Gemüse die Zwiebel schälen und in feine Ringe schneiden. Paprikaschoten putzen, waschen und in grobe Würfel schneiden.

2 Das Öl in einer beschichteten Pfanne nicht zu stark erhitzen und Zwiebeln sowie Paprika darin unter Rühren 8 bis 10 Minuten dünsten.

3 Das Gemüse mit der Brühe und dem edelsüßen Paprika würzen. Eventuell etwas Wasser hinzufügen. Dann alles zugedeckt auf kleiner Flamme bissfest garen.

4 Inzwischen für die Cevapcici die Zwiebel schälen, sehr fein hacken und zusammen mit dem geschälten, durchgepressten Knoblauch und dem Ei zum Hackfleisch geben.

5 Alles gut verkneten und mit Salz, Cayennepfeffer und Paprikapulver kräftig würzen.

6 Aus dem Fleischteig etwa 6 cm lange, daumendicke Röllchen formen.

7 Das Öl in einer Pfanne erhitzen und die Hackfleischröllchen darin von allen Seiten knusprig braun braten.

8 Das Gemüse auf eine vorgewärmte Platte geben und die Cevapcici darauf anrichten.

TIPP

■ Statt dem Rinderhack können Sie auch Lammhackfleisch verwenden. Und Sie können noch 200 g frische Champignons mit den Paprikaschoten dünsten.

■ Bereiten Sie die doppelte Menge zu und frieren Sie die nicht benötigte Menge ein.

Gefüllte Paprikaschoten ▲E

Zubereitungszeit: ca. 45 Minuten

ca. 610 kcal je Portion

1 Die grünen Paprikaschoten waschen und die Deckel abschneiden. Die Schoten dann entkernen und die Trennwände sorgfältig herausschneiden.

2 Die Möhren waschen, schälen und reiben. Die Zwiebel schälen und würfeln.

3 Das Hackfleisch in eine Schüssel geben und mit dem Ei, Kräutersalz, den Möhrenraspeln sowie Zwiebelwürfeln mischen. Die Masse in die Paprikaschoten füllen.

4 Das Öl in einem Schmortopf nicht zu stark erhitzen und die Paprikaschoten darin leicht anschmoren lassen. Den Wein dazugießen und das Ganze zugedeckt etwa 15 Minuten köcheln.

5 In der Zwischenzeit die Tomaten über Kreuz einritzen, kurz überbrühen, abschrecken und enthäuten. Sie dann halbieren, entkernen und die Stielansätze herausschneiden. Das Fruchtfleisch pürieren.

6 Die rote Paprikaschote waschen, halbieren, entkernen und den Stielansatz herausschneiden. Das Fruchtfleisch in feine Streifen schneiden. Das Tomatenpüree und die Paprikastreifen in

den Schmortopf zu den gefüllten Paprikaschoten geben und sehr vorsichtig umrühren.

7 Nun alles mit dem Rosmarin, den Kräutern der Provence sowie der Gemüsebrühe würzen. Den Knoblauch durch die Presse ebenfalls dazudrücken.

8 Das Gemüse 20 bis 25 Minuten leicht köcheln lassen. Dieses zum Schluss mit Sahne verfeinern und mit Basilikumblättchen hübsch garnieren.

TIPP
Wenn Sie die Paprikaschoten vegetarisch füllen, haben Sie ein Kohlenhydratgericht. Verwenden Sie gequollene Grünkernkörner, Kräuterfrischkäse und geraspeltes Gemüse wie Möhren, Sellerie und Zucchini. Das Ganze zu einer Masse zusammenrühren, kräftig würzen und in die Paprikaschoten füllen. Im Backofen zugedeckt schmoren lassen, dann nach Belieben mit (neutralem) Käse überbacken.

Für 2 Personen

2 grüne Paprikaschoten
2 Möhren
1 Zwiebel
300 g Lammhackfleisch
1 Ei
etwas Kräutersalz
1 EL Sonnenblumenöl
125 ml Rotwein
2 Tomaten
1 rote Paprikaschote
1 TL gerebelter Rosmarin
1 1/2 TL Kräuter der Provence
1 EL Gemüsebrühe (Instantpulver)
1 Knoblauchzehe
70 g süße Sahne
einige Basilikumblättchen

Paprikaschoten mit Tomaten-Hackfleisch-Sauce

Für 2 Personen

4 grüne Paprikaschoten
450 g reife Tomaten
1 Zwiebel
1–2 Knoblauchzehen
1 EL kaltgepresstes
Olivenöl
300 g Rinderhackfleisch
1 1/2 TL Gemüsebrühe
(Instantpulver)
1 Msp. Cayennepfeffer
1 TL Liebstöckel
3 TL edelsüßes
Paprikapulver
1 TL gehackter Majoran
50 g süße Sahne
200 g körniger Frisch-
käse (20% Fett i. Tr.)
60 g geriebener
Parmesan

Zubereitungszeit: ca. 1 Stunde

ca. 790 kcal je Portion

1 Die Paprikaschoten halbieren, putzen, entkernen, waschen und in grobe Würfel schneiden. Diese kurz in kochendem Wasser blanchieren.

2 Die Tomaten über Kreuz einritzen, kurz überbrühen, abschrecken, enthäuten und die Stielansätze herausschneiden. Das Fruchtfleisch mit dem Passierstab pürieren. Den Backofen auf 175 °C vorheizen.

3 Die Zwiebel und den Knoblauch schälen, beides klein würfeln und in dem Öl glasig dünsten. Das Hackfleisch dazugeben und gut anbraten.

4 Die pürierten Tomaten zum Fleisch geben. Alles mit Brühe, Cayennepfeffer, Liebstöckel, Paprikapulver und Majoran gut würzen und mit der Sahne verfeinern.

5 Die Hälfte der Hackfleischsauce in eine Auflaufform geben. Die Paprikawürfel darauf streuen und die restliche Hackfleischsauce darübergeben.

6 Den Frischkäse mit einer Gabel zerdrücken und mit 2 Esslöffeln Wasser und dem Parmesan gut mischen. Die Käsemischung auf das Gratin geben und zum Schluss alles etwa 20 Minuten im Backofen garen.

Rinderhackfleisch mit Paprikagemüse

Für 1 Person

100 g Rinderhackfleisch
250 g Paprikaschoten
(grün, gelb oder rot)
2 reife Tomaten
je 1 Msp. Kräuter der
Provence, Oregano,
Majoran,Liebstöckel
1 EL süße Sahne

Zubereitungszeit: ca. 15 Minuten

ca. 360 kcal je Portion

1 Rinderhackfleisch in einer beschichteten Pfanne bei mäßiger Hitze ohne Fett leicht anbraten.

2 Die Paprikaschoten waschen, halbieren und entkernen. Das Fruchtfleisch in kleine Stücke schneiden. Die Tomaten waschen, vom Stielansatz befreien und kleinwürfeln. Beide Zutaten zum Hackfleisch geben und bei schwacher Hitze zum Kochen bringen.

3 Gemüse anschließend mit den Kräutern der Provence, Oregano, Majoran und Liebstöckel würzen und mit der Sahne verfeinern.

Ardenner Schmorfleisch ▲E

Zubereitungszeit: ca. 40 Minuten

ca. 540 kcal je Portion

1 Weißkohl putzen und in kleine Stücke schneiden. Lauch putzen, waschen und in Ringe schneiden. Zwiebeln schälen sowie die Champignons putzen und kurz waschen. Möhren schälen, in kleine Würfel schneiden. Knoblauch schälen und fein würfeln. Das Fleisch waschen, trockentupfen und in kleine Würfel schneiden.

2 Öl in einem Topf erhitzen und das Fleisch darin unter Rühren rundherum braun anbraten.

3 Nun das vorbereitete Gemüse, den Knoblauch und die Pilze zum Fleisch geben und 30 Minuten mitschmoren lassen. Das Ganze mit Paprikapulver, Thymian und Salz abschmecken.

4 Den Eintopf mit dem Rotwein ablöschen, etwa 5 Minuten kochen lassen und zum Schluss mit der Sahne verfeinern.

Für 2 Personen

200 g Weißkohl
1 Stange Lauch
10 kleine Zwiebeln
150 g Champignons
2 Möhren
1 Knoblauchzehe
300 g Rinder- oder Lammlende
2 EL Olivenöl
je 1 TL edelsüßes Paprikapulver und Thymian
etwas Meersalz
1/4 l trockener Rotwein
80 g süße Sahne

Klassischer Burgunderbraten ▲E

Zubereitungszeit:
ca. 1 Stunde 45 Minuten
Marinierzeit: 1–2 Tage

ca. 720 kcal je Portion

1 Für die Marinade Zwiebel, und Suppengrün putzen, Suppengrün waschen und alles in kleine Stücke schneiden. Mit Rotwein, Nelken, Rosinen, Lorbeerblatt und Wacholderbeeren mischen und mit der Brühe auffüllen. Die Marinade etwa 15 Minuten köcheln, dann abkühlen lassen und das Fleisch darin einlegen. Gelegentlich wenden und 1 bis 2 Tage ziehen lassen.

2 Das Fett in einem Bräter erhitzen. Das Fleisch aus der Marinade nehmen, kurz abtupfen und im heißen Fett rundherum scharf anbraten. Mit der Marinade ablöschen und zugedeckt bei mittlerer Hitze etwa 1 Stunde 30 Minuten schmoren lassen. Das Fleisch aus dem Bräter nehmen und Nelken, Lorbeerblatt und Wacholderbeeren entfernen.

4 Die Sauce mit dem Schneidstab pürieren und mit der Sahne verfeinern. Den Burgunderbraten in Scheiben schneiden, auf einer Platte anrichten und zusammen mit der Sauce servieren.

Für 1 Person

1 Zwiebel
1 Bund Suppengrün
200 ml Rotwein
2 Nelken
1 EL Rosinen
1 Lorbeerblatt
3 Wacholderbeeren
250 ml Gemüsebrühe
(aus Instantpulver)
150 g Rinderbraten
1 EL ungehärtetes
Pflanzenfett
(Reformhaus)
40 g süße Sahne

Deftiger Bohneneintopf

Für 3 Personen

500 g grüne Bohnen
500 g reife Tomaten
1 Zwiebel
2 EL kaltgepresstes
Sonnenblumenöl
350 g Hackfleisch
2 TL Gemüsebrühe
(Instantpulver)
1 TL Rosmarin
1 TL Oregano
80 g süße Sahne

Zubereitungszeit: ca. 1 Stunde

ca. 450 kcal je Portion

1 Bohnen waschen, putzen und in 3 cm lange Stücke schneiden. Die Tomaten über Kreuz einritzen, kurz überbrühen und enthäuten. Die Stielansätze herausschneiden und die Früchte pürieren.

2 Die Zwiebel schälen, fein hacken und in einem Topf in dem Öl glasig dünsten. Das Hackfleisch hinzufügen und unter Rühren gut anbraten.

3 Die Bohnen zum Fleisch geben und bei geringer Hitze kurze Zeit mitdünsten. Ab und zu umrühren. Das Tomatenpüree zusammen mit 125 ml Wasser zum Hackfleisch geben.

4 Mit Gemüsebrühe, Rosmarin und Oregano würzen. Dann zugedeckt bei mittlerer Hitze 15 bis 18 Minuten köcheln. Mit der Sahne verfeinern.

Rindfleisch-Blumenkohl-Pfanne

Für 2 Personen

400 g Blumenkohl
2 Zwiebeln
250 g Rumpsteak
1 Knoblauchzehe
1 EL Pflanzenfett
etwas Meersalz
je 1/2 TL Kurkuma-
pulver (Gelbwurz)
und Koriander
1 Msp. Cayennepfeffer
250 ml Gemüsebrühe
(aus Instantpulver)
etwas Kräutersalz
1 EL Zitronensaft
etwas Koriandergrün

Zubereitungszeit: ca. 35 Minuten

ca. 360 kcal je Portion

1 Den Blumenkohl waschen, putzen und in Röschen schneiden. Die Zwiebeln schälen und fein würfeln. Das Rindfleisch waschen, trockentupfen und in Streifen schneiden. Den Knoblauch schälen und durch die Presse drücken.

2 Das Fett in einer großen Pfanne erhitzen und die Fleischstreifen darin braun anbraten. Sie dann herausnehmen und salzen.

3 Die Zwiebeln und den Knoblauch ins Bratfett geben und darin glasig dünsten. Den Blumenkohl dazugeben und andünsten. Das Gemüse mit Kurkuma, Cayennepfeffer und Koriander würzen und die Gemüsebrühe dazugießen. Alles einmal aufkochen lassen. Zum Schluss den Blumenkohl in etwa 12 bis 15 Minuten bissfest dünsten.

4 Nun das Fleisch dazugeben und alles mit Kräutersalz sowie Zitronensaft abschmecken. Das Gericht eventuell mit Koriandergrün bestreuen.

Rouladen mit Schafskäsefüllung ▲E

Zubereitungszeit: ca. 2 Stunden

ca. 900 kcal je Portion

1 Den Schafskäse mit einer Gabel zerdrücken. Pinienkerne, Petersilie und Knoblauch in einen Mörser geben und alles zu einer groben Paste zerreiben.

2 Die Paprikaschote waschen, trockenreiben, halbieren, entkernen und sehr klein würfeln.

3 Die Pilze putzen, waschen, trockenreiben und fein hacken. Alle vorbereiteten Zutaten miteinander vermischen.

4 Die Rouladen kurz abspülen, trockentupfen, ausbreiten, mit der Käsepaste bestreichen, möglichst fest zusammenrollen und mit Holzspießchen feststecken.

5 Die Zwiebel schälen und würfeln. Das Fett in einem Bräter erhitzen, die Rouladen darin rundherum braun anbraten, die Zwiebelwürfel dazugeben und kurz mitbraten.

6 Wein und Gemüsebrühe angießen, Pilze und Lorbeerblatt hineingeben, den Bräter verschließen und das Ganze etwa 1 Stunde 30 Minuten köcheln lassen. Dann das Lorbeerblatt herausnehmen.

7 Den Bratenfond nach Belieben binden (nach Packungsanweisung verfahren) und mit der Sahne verfeinern.

TIPPS

■ Sollten Sie etwas Käsefüllung übrig haben, rühren Sie diese später einfach unter die fertige Sauce.

■ Statt Schafskäse können Sie auch Edelpilzkäse verwenden. Da er sehr pikant ist, bitte vorsichtig würzen. Auch Mozzarella eignet sich. Schneiden Sie ihn in Scheiben, dann in Streifen, und legen Sie die Streifen in Längsrichtung auf das Fleisch. Mozzarella verträgt reichlich Gewürze, insbesondere Pfeffer und Paprika.

Für 2 Personen

80 g Schafskäse
(in Lake eingelegt)
2–3 EL Pinienkerne
2 EL gehackte
glatte Petersilie
1 fein gehackte
Knoblauchzehe
1 rote Paprikaschote
100 g Champignons
2 Rinderrouladen
1 große Zwiebel
30 g ungehärtetes
Pflanzenfett
(Reformhaus)
1/4 l Weißwein
1/2 l Gemüsebrühe
(aus Instantpulver)
ca. 10 g getrocknete
Steinpilze
1 Lorbeerblatt
4–5 Meßlöffel Nestargel
(Reformhaus)
100 g süße Sahne

Eiweißgerichte mit Fleisch und Geflügel **117**

Rinderfilet mit Lauchgemüse

Für 3 Personen

2–3 Lauchstangen (ca. 800 g)
30 g Butter
125 ml Gemüsebrühe (aus Instantpulver)
100 g süße Sahne
360 g Rinderfilet
etwas Meersalz
30 g ungehärtetes Pflanzenfett (Reformhaus)
40 g saure Sahne
1 TL edelsüßes Paprikapulver

Zubereitungszeit: ca. 35 Minuten

ca. 370 kcal je Portion

1 Den Lauch putzen, der Länge nach halbieren und waschen. Anschließend in etwa 1 cm breite Streifen schneiden.

2 Die Butter in einem Topf schmelzen lassen und den Lauch darin unter Rühren zart andünsten. Die Gemüsebrühe hinzufügen und den Lauch bei mittlerer Hitze zugedeckt etwa 10 Minuten garen. Mit Sahne verfeinern.

3 In der Zwischenzeit das Rinderfilet kurz waschen, trockentupfen und mit Salz einreiben. Das Fett in einer Pfanne erhitzen und das Fleisch darin rundherum anbraten. Dann zugedeckt bei nicht zu starker Hitze etwa 20 Minuten schmoren.

4 Das Fleisch in Scheiben schneiden und zusammen mit dem Lauchgemüse auf 3 Tellern anrichten. Je einen Klecks saure Sahne auf das Gemüse geben und es mit dem Paprikapulver fein bestäuben.

Blitzgulasch

Für 2 Personen

300 g Rinder- oder Lammlende
2 EL kaltgepresstes Sonnenblumenöl
5 vollreife Tomaten
1 Zwiebel
1 EL edelsüßes Paprikapulver
etwas Meersalz
1 Msp. Cayennepfeffer
80 g süße Sahne

Zubereitungszeit: ca. 35 Minuten

ca. 510 kcal e je Portion

1 Die Lende kurz waschen, trockentupfen und das Fleisch in Würfel von etwa 2 cm Kantenlänge schneiden.

2 Das Öl in einer Pfanne erhitzen und das Fleisch kurz darin anbraten. Es soll außen gebräunt, innen noch rosig sein. Dann die Fleischwürfel aus der Pfanne nehmen und beiseite stellen.

3 Die Tomaten über Kreuz einritzen, kurz in kochendem Wasser überbrühen, enthäuten, von den Stielansätzen befreien und in kleine Würfel schneiden. Die Zwiebel schälen, halbieren, quer in dünne Scheiben schneiden, im restlichen Bratfett anbraten und die Tomatenwürfel sowie 150 ml Wasser hinzufügen. Das Ganze umrühren,

4 Mit den Würzzutaten abschmecken und etwa 5 Minuten köcheln. Die Fleischstücke dazugeben, alles erhitzen und mit Sahne verfeinern.

Szegediner Gulasch E

Zubereitungszeit: ca. 1 Stunde

ca. 710 kcal je Portion

1 Die Tomaten über Kreuz einritzen, kurz überbrühen, abschrecken und enthäuten. Sie dann halbieren, entkernen und die Stielansätze herausschneiden. Das Fruchtfleisch in kleine Würfel schneiden.

2 Die Paprikaschote waschen, entkernen und das Kerngehäuse herausschneiden. Das Fruchtfleisch in feine Streifen schneiden. Die Zwiebel schälen und in feine Ringe schneiden.

3 Das Fleisch waschen, trockentupfen und in kleine Würfel schneiden. Das Öl in einem Topf nicht zu stark erhitzen und das Fleisch darin unter Rühren rundherum braun anbraten.

4 Die Paprikastreifen sowie die Zwiebelringe dazugeben und ebenfalls anbraten. Das Ganze mit Paprikapulver und Cayennepfeffer würzen.

5 Nun die Tomatenwürfel hinzufügen, alles umrühren und mit dem Rotwein ablöschen. Anschließend mit der Gemüsebrühe auffüllen und das Gulasch zugedeckt etwa 30 Minuten bei schwacher Hitze schmoren.

6 Das Sauerkraut kleinschneiden, zum Fleisch geben, alles weitere 15 Minuten köcheln lassen. Zuletzt die Sahne unter das Gulasch rühren und sofort servieren.

TIPP

Eine Abwandlung dieses Gerichts bereiten Sie mit Zwiebeln, roter und grüner Paprikaschote, Möhren und 1 Stückchen Sellerieknolle zu. Verwenden Sie Rindfleisch und schmoren Sie das Ganze mit den sieben klassischen Gulaschgewürzen: Pfeffer, Kümmel, Zitronenschale, Majoran, Thymian, Oregano und Paprika. (Das ist das Grundrezept für Gulasch.)

Für 2 Personen

400 g reife Tomaten
1 rote Paprikaschote
1 Gemüsezwiebel
300 g Lammfleisch
2 EL Olivenöl
1 TL edelsüßes Paprikapulver
1 Msp. Cayennepfeffer
250 ml Rotwein
250 ml Gemüsebrühe (aus Instantpulver)
300 g Sauerkraut
70 g süße Sahne

Deftiges Bohnengulasch

Für 1 Person

150 g Rindfleisch zum
Braten (z.B. Keule)
1 große Zwiebel
1 EL ungehärtetes
Pflanzenfett
(Reformhaus)
125 ml Rotwein
250 g grüne Bohnen
3 Tomaten
1 Knoblauchzehe
1 TL Gemüsebrühe
(Instantpulver)
etwas Kräutersalz
1/2 TL Oregano
1/2 TL Rosmarin
1 Msp. Cayennepfeffer
40 g saure Sahne

Zubereitungszeit: ca. 1 Stunde 30 Minuten

ca. 520 kcal je Portion

1 Das Fleisch kurz waschen, trockentupfen und in kleine Würfel schneiden. Die Zwiebel schälen und in Ringe schneiden.

2 Das Fett in einem kleinen Bräter erhitzen und die Fleischwürfel darin rundherum anbraten. Die Zwiebelringe dazugeben und ebenfalls anbraten. Den Rotwein angießen und das Fleisch zugedeckt schmoren lassen.

3 Inzwischen die Bohnen kurz waschen, putzen, wenn nötig abfädeln und in etwa 3 cm lange Stücke schneiden.

4 Die Tomaten über Kreuz einritzen, für etwa 15 Sekunden in kochendes Wasser geben, enthäuten, von den Stielansätzen befreien und in kleine Würfel schneiden.

5 Dann unter Rühren die Bohnen und die Tomatenstücke zum Fleisch geben. Die geschälte Knoblauchzehe in die Sauce geben. Alles mit Brühe, Kräutersalz, Oregano, Rosmarin und Cayennepfeffer abschmecken.

6 Das Gulasch zugedeckt etwa 1 Stunde leicht köcheln lassen. Bei Bedarf noch etwas Wasser hinzufügen. Zwischendurch ab und an umrühren.

7 Vor dem Servieren die Knoblauchzehe entfernen und das Gulasch mit der Sahne verfeinern.

TIPP
Dazu passt ein gemischter Blattsalat, z.B. mit Eichblattsalat, Radieschen und Maiskörnern. Das sieht schön bunt und appetitlich aus. Für das Dressing verwenden Sie Zitronensaft und Öl oder gerührten Magermilchjoghurt und Öl.

Rindfleischeintopf mit Gemüse ▲E

Zubereitungszeit:
ca. 1 Stunde 30 Minuten

ca. 320 kcal je Portion

1 Fleisch würfeln. Kokosfett in einem Bräter erhitzen und das Fleisch unter Wenden darin anbraten. Paprikapulver, Cayennepfeffer, Lorbeerblatt, Kümmel und Kräutersalz dazugeben. Das Fleisch mit Gemüsebrühe ablöschen, zugedeckt etwa 70 Minuten bei schwacher Hitze köcheln lassen.

2 In der Zwischenzeit den Lauch putzen, waschen und in Ringe schneiden. Zwiebel, Möhren und Sellerie schälen und kleinwürfeln.

3 Das Gemüse nach Ende der Garzeit zum Fleisch geben und den Eintopf zugedeckt 20 Minuten köcheln lassen. Vor dem Servieren Lorbeerblatt entfernen und den Eintopf mir Petersilie bestreuen.

TIPP
Wenn Sie nur 1 Portion dieses Gerichts benötigen, kochen Sie den Eintopf dennoch mit den hier angegebenen Zutatenmengen. Fleisch und Gemüse entfalten so besser ihren Geschmack. Den restlichen Eintopf können Sie einfrieren und an einem anderen Tag essen.

Für 3 Personen

350 g Rindfleisch
30 g Pflanzenfett
1 EL süßes
Paprikapulver
1 Msp. Cayennepfeffer
1 Lorbeerblatt
1 TL Kümmel
etws Kräutersalz
1/2 l Gemüsebrühe
(aus Instantpulver)
1–2 Stangen Lauch
1 Zwiebel
350 g Möhren
200 g Knollensellerie
2 EL gehackte Petersilie

Türkische Hackröllchen ▲E

Zubereitungszeit: ca. 20 Minuten

ca. 230 kcal je Portion

1 Die gehackte Petersilie mit den restlichen Zutaten (außer dem Öl) in einer Schüssel gut verkneten. Das Ganze kräftig mit den Gewürzen abschmecken.

2 Aus der Masse 8 bis 10 kleine Röllchen von etwa 5 cm Länge und 3 cm Dicke formen. Das Öl in einer Pfanne erhitzen und die Röllchen darin bei mittlerer Hitze rundherum anbraten.

TIPP
Die Hackfleischröllchen kann man mit einer gehackten roten Zwiebel verfeinern. Verkneten Sie sie mit den Gewürzen in der Hackmasse.

Für 2 Personen

4 Zweige gehackte
glatte Petersilie
300 g Lammhackfleisch
1 Ei · etwas Meersalz
1 Msp. Cayennepfeffer
1 Msp. Kreuzkümmel
je 2 Msp. Koriander-
und Kümmelpulver
je 1 Msp. Piment und
Rosenpaprika
2 EL Sonnenblumenöl

Gemüse-Rinder-Gulasch

Für 1 Person

1 Zwiebel
150 g Rindfleisch
1 TL Pflanzenfett
1 TL Rosenpaprika-pulver
1 große Möhre
2 rote Paprikaschoten
1 Fleischtomate
1 Knoblauchzehe
1 TL Gemüsebrühe (Instantpulver)
je 1/2 TL Kräuter der Provence, Bohnenkraut und Rosmarin
40 g süße Sahne

Zubereitungszeit: ca. 2 Stunden

ca. 470 kcal je Portion

1 Zwiebel schälen und fein würfeln. Das Fleisch in kleine Stücke schneiden und zusammen mit der Zwiebel und dem Fett andünsten.

2 Mit dem Rosenpaprika bestäuben und mit 1/2 Liter Wasser auffüllen.

3 Die Möhre und die Paprikaschoten putzen, waschen und in Stücke schneiden.

4 Die Tomate häuten, würfeln und zusammen mit den Möhren-und Paprikastücken zu dem Fleisch geben. Die Knoblauchzehe durchpressen und mit der Brühe, den Kräutern der Provence, dem Bohnenkraut und Rosmarin würzen.

5 Etwa 1 Stunde bis 1 Stunde 30 Minuten alles auf kleiner Flamme gar schmoren und zum Schluß mit der Sahne verfeinern.

Rindfleisch-Rosenkohl-Pfanne

Für 1 Person

200 g Rosenkohl
1 Zwiebel
150 g Rumpsteak
1 Knoblauchzehe
1 TL Pflanzenfett
etwas Meersalz
1/2 TL Kurkumapulver
1 Msp. Cayennepfeffer
1/2 TL Koriander
125 ml Gemüsebrühe (aus Instantpulver)
etwas Kräutersalz
1 TL Zitronensaft
etwas Koriandergrün

Zubereitungszeit: ca. 35 Minuten

ca. 360 kcal je Portion

1 Den Rosenkohl putzen, waschen und halbieren. Die Zwiebel schälen und fein würfeln. Das Rindfleisch in Streifen schneiden. Den Knoblauch schälen und durch die Presse drücken.

2 Das Fett in einer großen Pfanne erhitzen und die Fleischstreifen darin rundherum braun anbraten. Sie herausnehmen und salzen.

3 Die Zwiebeln und den Knoblauch ins Bratfett geben und darin glasig dünsten. Den Rosenkohl dazugeben und andünsten. Das Gemüse mit Kurkuma, Cayennepfeffer sowie Koriander würzen und die Brühe dazugießen. Alles einmal aufkochen lassen und den Rosenkohl in etwa 12 Minuten bissfest dünsten.

4 Nun die gebratenen Fleischstreifen dazugeben und alles mit Kräutersalz sowie Zitronensaft abschmecken. Das Gericht eventuell mit Koriandergrün bestreuen.

Lammsteaks auf Mangoldgemüse **E**

Zubereitungszeit: ca. 30 Minuten

ca. 530 kcal je Portion

1 Die grünen Blätter von den Mangoldstielen abziehen, gut waschen und trockentupfen. Die Stiele waschen und trockentupfen. Alles quer in feine Streifen schneiden. Das Gemüse in etwas Salzwasser etwa 15 Minuten garen.

2 In der Zwischenzeit die Lammsteaks kurz waschen, trockentupfen und mit dem Knoblauchsalz leicht würzen.

3 Das Fett in einer Pfanne erhitzen und die Steaks von jeder Seite 4 bis 5 Minuten braten.

4 Für das Gemüse die Butter in einer Pfanne zerlassen. Die Zwiebel schälen, in feine Würfel schneiden und in der Butter glasig dünsten. Das Mangoldgemüse dazugeben. Alles mit der Gemüsebrühe abschmecken und mit der Sahne verfeinern. Die Lammsteaks auf dem Mangold servieren.

Für 2 Personen

400 g Mangold
etwas Meersalz
2 Lammsteaks
etwas Knoblauchsalz
1 EL ungehärtetes
Pflanzenfett
(Reformhaus)
1 EL Butter
1 Zwiebel
1 TL Gemüsebrühe
(Instantpulver)
40 g süße Sahne

Lammfleisch mit grünen Bohnen **E**

Zubereitungszeit: ca. 1 Stunde

ca. 450 kcal je Portion

1 Das Lammfleisch vom Fett befreien und in kleine Würfel schneiden. Das Fett in einem Schmortopf erhitzen und das Fleisch kurz anbraten. Die Zwiebelwürfel dazugeben und goldgelb dünsten.

2 Mit Wasser auffüllen und mit der Gemüsebrühe, dem Rosmarin, dem Salbei und der durchgepressten Knoblauchzehe würzen. Etwa 30 Minuten zugedeckt leicht köcheln lassen.

4 In der Zwischenzeit die Bohnen putzen, in Stücke schneiden und mit dem Bohnenkraut zum Lammfleisch geben. Weitere 20 bis 25 Minuten garen lassen.

5 Mit dem Nestargel andicken und das Gericht heiß servieren.

Für 1 Person

125 g Lammfleisch
1 TL ungehärtetes
Pflanzenfett
1 gehackte Zwiebel
1 TL Gemüsebrühe
(Instantpulver)
je 1/2 TL gerebelter
Rosmarin und Salbei
1/2 Knobblauchzehe
400 g grüne Bohnen
1 Stengel Bohnenkraut
1–2 Dosierlöffel
Nestargel (Reformhaus)

Gefüllte Zucchini aus dem Ofen

Für 2 Personen

1/2 TL Meersalz
2 mittelgroße Zucchini
(ca. 500 g)
1 Zwiebel
1 EL kaltgepresstes
Olivenöl
200 g Lammhackfleisch
3 EL gehackte Petersilie
1 EL gehackter Kerbel
2 EL geriebener
Parmesan
1 frisches Eigelb
etwas Kräutersalz
etwas Butter
für die Form
1 Tomate
60 g süße Sahne
1 Spritzer Tabasco

Zubereitungszeit: ca. 45 Minuten

ca. 490 kcal je Portion

1 In einem weiten Topf ein wenig Salzwasser kochen. Die Zucchini waschen, putzen und der Länge nach halbieren. Sie mit der Schnittfläche nach unten im Salzwasser etwa 5 Minuten bissfest dünsten.

2 Inzwischen die Zwiebel schälen und fein hacken. Das Öl in einer Pfanne erhitzen und Zwiebelwürfel sowie Hackfleisch darin unter Rühren krümelig braun anbraten. Den Ofen auf 200 °C vorheizen.

3 Die Zucchinihälften aus dem Wasser nehmen und mit einem Teelöffel bis auf einen 1/2 cm breiten Rand aushöhlen. Das Fruchtfleisch klein schneiden.

4 Das Fruchtfleisch zusammen mit Petersilie, Kerbel, Parmesan, Eigelb und Kräutersalz mischen.

5 Eine flache Auflaufform (etwa 25 cm lang) dünn mit Butter ausfetten. Die Zucchinihälften nebeneinander hineinlegen. Die Hälften mit Hackfleischmischung füllen. Falls noch Füllung übrig ist, diese neben die Zucchinihälften geben.

6 Die Tomate über Kreuz einritzen, kurz überbrühen, abschrecken und enthäuten. Sie dann halbieren, entkernen und den Stielansatz herausschneiden. Das Fruchtfleisch in Würfel schneiden und diese auf der Füllung verteilen. Die Sahne mit dem Tabasco mischen und über die Tomaten geben. Alles im Backofen auf der mittleren Schiene etwa 20 Minuten backen.

TIPPS

■ Zu diesem Gericht schmeckt ein Tomatensalat mit einem Dressing aus Olivenöl, Kräutersalz und Basilikum sehr gut.

■ Statt Lammhackfleisch können Sie auch die gleiche Menge Rinderhackfleisch nehmen.

■ In gleicher Weise können Sie auch Auberginen füllen. Sie werden vorgegart, dann streichen Sie sie mit etwas Olivenöl aus und geben die Füllung – wie beschrieben – in die ausgehöhlten Auberginen.

Lammrückenfilet mit Nußbohnen ▲E

Zubereitungszeit: ca. 40 Minuten

ca. 690 kcal je Portion

1 Die Bohnen waschen, putzen und in kochendem Salzwasser 18 Minuten gar kochen.

2 Parmesan, Kräuter und Butter verkneten. Schalotte und Knoblauch schälen. Beides fein würfeln und in Nussöl anbraten. Saure Sahne darunterrühren, Bohnen und Nüsse dazugeben. Mit Meersalz abschmecken und warm halten.

3 Den Grill vorheizen. Das Olivenöl in einer zweiten Pfanne erhitzen. Die Lammfilets darin von allen Seiten kräftig anbraten. Bei schwacher Hitze weiter garen.

4 Die Filets in eine feuerfeste Form legen, die Parmesan-Kräuter-Masse darauf verteilen und im Grill überbacken. Sobald sich die Kräuter-Käse-Kruste goldgelb verfärbt, das Fleisch zusammen mit den Bohnen auf zwei Tellern anrichten.

Für 2 Personen

600 g grüne Bohnen
etwas Kräutersalz
2 EL ger. Parmesan
1 TL Kräuter der Provence
1 EL Butter · 1 Schalotte
1 Knoblauchzehe
2 EL Walnussöl
40 g saure Sahne
2 EL Haselnüsse (in Scheiben oder gehackt)
etwas Meersalz
2 EL Olivenöl
2 Lammrückenfilets à 150 g

Geschmortes Lammfleisch mit Paprikaschoten ▲E

Zubereitungszeit: ca. 2 Stunden 15 Minuten

ca. 540 kcal je Portion

1 Paprikaschoten vierteln, putzen, entkernen, waschen, in 4 cm große Stücke schneiden. Möhren putzen, schälen und in Scheiben schneiden. Tomaten waschen, vierteln, die Stielansätze herausschneiden und die Tomaten mit dem Schneidstab pürieren.

2 Paprikastücke mit dem Tomatenmus in einer großen Auflaufform mischen. Den Rotwein angießen. Alles mit Oregano, Kräutersalz, Paprikapulver und Liebstöckel würzen. Die Knoblauchzehe schälen und durch eine Presse dazudrücken.

3 Fleisch waschen, trockentupfen, in mundgerechte Stücke schneiden. Unter das Gemüse mischen.

4 Die Auflaufform mit einem passenden Deckel oder mit Alufolie verschließen. Ofen auf 160 °C vorheizen und alles etwa 1 Stunde 45 Minuten garen. Mit der Sahne abschmecken.

Für 2 Personen

3 rote Paprikaschoten
250 g Möhren
400 g Tomaten
200 ml Rotwein
1 TL Oregano
etwas Kräutersalz
2 TL edelsüßes Paprikapulver
1 TL Liebstöckel
1 Knoblauchzehe
300 g Lammfleisch aus der Keule
100 g süße Sahne

Lammkoteletts mit Zucchinigemüse

Für 2 Personen

*2 kleine Zucchini
à 160 g)
1 Zwiebel
1 EL Olivenöl
1 TL Meersalz
1 Knoblauchzehe
2 Lammkoteletts
etwas Meersalz
1/2 TL Paprikapulver
1 EL Sonnenblumenöl
1–2 TL gehackter
Rosmarin*

Zubereitungszeit: ca. 30 Minuten

ca. 820 kcal je Portion

1 Die Zucchini waschen, die Stielansätze entfernen und die Früchte mit dem Kartoffelschälmesser in längliche dünne Streifen schneiden. Die Zwiebel schälen und in dünne Ringe schneiden.

2 Das Öl in einer Pfanne erhitzen, die Zwiebelringe darin glasig dünsten und anschließend die Zucchinistreifen hinzufügen.

3 Mit dem Salz leicht würzen und nach Belieben den Knoblauch durch eine Presse dazudrücken. Alles dann etwa 5 Minuten dünsten und zwischendurch wenden.

4 In der Zwischenzeit die Koteletts kalt abspülen, trockentupfen und mit Salz sowie Paprikapulver von beiden Seiten würzen.

5 Das Fett in einer Pfanne erhitzen und die Koteletts von jeder Seite 4 bis 6 Minuten braten. Sie danach zusammen mit dem Gemüse anrichten und alles mit dem Rosmarin bestreuen.

Lammeintopf in Buttermilch

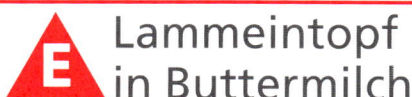

Für 2 Personen

*300 g Lammfleisch
300 g Buttermilch
1 große Zwiebel
500 g Möhren
1 Stange Lauch
1 EL ungehärtetes
Pflanzenfett
(Reformhaus)
400 ml Gemüsebrühe
(aus Instantpulver)
etwas Kräutersalz
2 EL gehackte Petersilie*

**Zubereitungszeit:
ca. 1 Stunde 30 Minuten
Zeit zum Marinieren:
ca. 24 Stunden**

ca. 530 kcal je Portion

1 Das Lammfleisch waschen, trockentupfen und in Würfel schneiden. Dann das Fleisch in eine Schüssel geben, mit Buttermilch übergießen und 24 Stunden im Kühlschrank marinieren.

2 Am nächsten Tag die Zwiebel schälen und würfeln. Die Möhren schälen und in Würfel schneiden. Den Lauch putzen, gründlich waschen und in Ringe schneiden.

3 Das Fett erhitzen und das Fleisch unter Wenden darin anbraten. Dann das Gemüse hinzufügen und mitbraten. Zum Schluss mit der Gemüsebrühe sowie mit der Hälfte der Buttermilchmarinade auffüllen.

4 Den Eintopf zugedeckt bei milder Hitze etwa 40 Minuten köcheln lassen. Mit Kräutersalz abschmecken und mit der Petersilie bestreut servieren.

Lammkoteletts mit jungem Gemüse ▲E

Zubereitungszeit: ca. 40 Minuten

ca. 500 kcal je Portion

1 Möhren und Kohlrabi schälen, abspülen, trockentupfen und beides in kleine Würfel schneiden.

2 Die Bohnen putzen, von Fäden befreien, waschen, gut abtropfen lassen und in 3 cm lange Stücke brechen.

3 Die Butter in einem Topf schmelzen lassen und unter Rühren das Gemüse darin andünsten. Etwa 250 ml Wasser dazugeben, alles mit der Brühe abschmecken und das Bohnenkraut dazugeben.

4 Den Topf schließen und das Gemüse etwa 15 Minuten bei geringer Hitze garen.

5 In der Zwischenzeit die Koteletts kalt abspülen, trockentupfen, mit einem Löffel flach streichen und mit Salz sowie Paprikapulver von beiden Seiten würzen.

6 Das Fett in einer Pfanne erhitzen und die Koteletts von jeder Seite etwa 4 Minuten braten. Sie danach zusammen mit dem Gemüse anrichten und alles mit der Petersilie bestreuen.

TIPPS

■ Als Beilage können Sie jedes neutrale junge Gemüse der Saison verwenden.

■ Zu Lamm passt vorzüglich Bohnengemüse. Mischen Sie Tomatenstücke darunter, und würzen Sie das Gemüse mit schwarzem Pfeffer, getrocknetem Bohnenkraut und Knoblauch. Dann wie angegeben dünsten. Sie brauchen nur 100 ml Wasser, weil die Tomaten genug Flüssigkeit enthalten.

Für 2 Personen

300 g junge Möhren
1 junger Kohlrabi
250 g grüne Bohnen
1 EL Butter
1 EL Gemüsebrühe
(Instantpulver)
1 Stengel Bohnenkraut
4 Lammkoteletts à 75 g
etwas Meersalz
1 TL Paprikapulver
30 g ungehärtetes
Pflanzenfett
(Reformhaus)
3 EL gehackte Petersilie

⚠ Pikantes Lammcurry

Für 2 Personen

300 g Lammfleisch
1 große Zwiebel
30 g ungehärtetes
Pflanzenfett
(Reformhaus)
1 Msp. Cayennepfeffer
etwas Meersalz
1 TL Currypulver
125 ml trockener
Weißwein
1 EL Gemüsebrühe
(Instantpulver)
1 gelbe Paprikaschote
100 g Champignons
1/4 frische Ananas
(ca. 200 g)
40 g saure Sahne

**Zubereitungszeit:
ca. 1 Stunde 30 Minuten**

ca. 600 kcal je Portion

1 Das Fleisch waschen, trocken-tupfen und in kleine Würfel schneiden. Die Zwiebel schälen, halbieren und in dünne Ringe schneiden.

2 Das Fett in einem Topf erhitzen und die Fleischwürfel darin anbraten.

3 Die Zwiebelringe zum Fleisch geben. Alles mit Cayennepfeffer, Salz sowie mit Currypulver würzen und mit dem Wein ablöschen.

4 Das Ganze mit etwa 350 ml Wasser auffüllen, mit der Gemüsebrühe würzen und bei mäßiger Hitze zugedeckt 45 Minuten köcheln lassen.

5 In der Zwischenzeit die Paprikaschote waschen, halbieren, entkernen und den Stielansatz herausschneiden. Das Fruchtfleisch in kleine Würfel schneiden.

6 Die Champignons putzen, kurz waschen oder vorsichtig abreiben und in dünne Scheiben schneiden. Beides zum Fleisch geben und alles weitere 15 bis 20 Minuten köcheln lassen.

7 Anschließend den Topf vom Herd nehmen. Die Ananas aus der Schale lösen, in kleine Stücke schneiden und zum Fleisch geben. Zum Schluß die saure Sahne in das heiße, nicht mehr kochende Gericht rühren.

TIPP
In das Curry passen außerdem noch Mango- und Aprikosenstücke. Servieren Sie dazu einen gemischten Salat. Zum Trinken eignet sich ein trockener Rotwein.

Auberginen-lasagne ▲E

Zubereitungszeit: ca. 1 Stunde 15 Minuten

ca. 840 kcal je Portion

1 Die Tomaten über Kreuz einritzen und die Stielansätze herausschneiden. Für etwa 10 Sekunden in kochendes Wasser geben, abschrecken und enthäuten. Das Fruchtfleisch im Mixer pürieren.

2 Das Öl in einer Pfanne erhitzen. Das Hackfleisch darin krümelig anbraten. Sobald es von allen Seiten kräftig gebräunt ist, das Tomatenmus dazugeben und mit der Sahne verfeinern. Alles einmal aufkochen und dann vom Herd nehmen. Den Backofen auf 200 °C vorheizen.

3 Das Basilikum waschen, trockentupfen, die Blätter abzupfen und fein hacken. Den Knoblauch schälen und durch eine Presse drücken. Beides zur Tomaten-Hackfleisch-Sauce geben und mit Kräutersalz sowie Cayennepfeffer kräftig würzen.

4 Die Aubergine waschen, putzen und der Länge nach in etwa 1 cm dicke Scheiben schneiden. Den Boden einer Auflaufform mit einer Schicht Auberginenscheiben auslegen. Einen Teil der Tomaten-Hackfleisch-Mischung sowie des Käses darauf verteilen.

5 Das Ganze wiederholen, bis alle Zutaten verbraucht sird. Die letzte Schicht sollte aus Käse bestehen. Die Lasagne muss etwa 40 Minuten auf der mittleren Schiene im Ofen garen.

TIPPS
- Dazu passt ein Rucolasalat mit einer Vinaigrette aus Olivenöl und Zitronensaft.

- Man kann das Gericht auch mit einer Mischung aus Auberginen, Paprikaschoten und Zucchini zubereiten. Besonders würzig schmeckt das Gericht, wenn Sie zwischen die einzelnen Schichten ein paar Würfel Blauschimmelkäse (Roquefort, Gorgonzola, Danablu) streuen. Auf die Oberfläche geben Sie einen geriebenen Hartkäse (z.B. Emmentaler) Er ergibt eine schöne Kruste.

Für 2 Personen

8 reife Tomaten
1 1/2 EL kaltgepresstes Olivenöl
300 g Rinder- oder Lammhackfleisch
100 g süße Sahne
2 Zweige Basilikum
1 Knoblauchzehe
1 TL Kräutersalz
1 Msp. Cayennepfeffer
1 Aubergine (ca. 350 g)
125 g geriebener Käse

Kalbsschnitzel „Florentiner Art"

Für 2 Personen

1 Zwiebel
120 g Champignons
2 dünne Kalbs-
schnitzel à 150 g
etwas Kräutersalz
1 TL gerebelter
Oregano
3 EL kaltgepresstes
Olivenöl
1 TL Gemüsebrühe
(Instantpulver)
1 Fleischtomate
75 g Mozzarella
2 EL gehacktes
Basilikum

Zubereitungszeit: ca. 45 Minuten

ca. 440 kcal je Portion

1 Die Zwiebel schälen und fein würfeln. Die Champignons putzen, mit einem feuchten Tuch vorsichtig abreiben und in kleine Würfel schneiden.

2 Das Fleisch waschen, gut trockentupfen und dünn mit Kräutersalz und Oregano bestreuen. Den Backofen auf 175 °C vorheizen.

3 Das Öl in einer Pfanne erhitzen und das Fleisch darin von jeder Seite etwa 1 Minute braten. Die Schnitzel anschließend nebeneinander in eine feuerfeste Form legen.

4 Zwiebel- und Champignonwürfel im restlichen Öl in der Pfanne unter Rühren dünsten. Mit der Brühe würzen und danach gleichmäßig auf dem Fleisch verteilen.

5 Die Tomate waschen, vom Stielansatz befreien, in Scheiben schneiden und auf das Fleisch legen. Zum Schluss den Mozzarella in Scheiben schneiden und darauf legen.

6 Die Schnitzel im Backofen auf der mittleren Schiene etwa 12 bis 15 Minuten gratinieren. Mit den Basilikumblättchen garnieren.

TIPPS

- Essen Sie dazu einen frischen Tomatensalat.

- Statt der Kalbsschnitzel können Sie auch Putenschnitzel oder Hähnchenbrustfilets nehmen. Aber auch Fischfilets eignen sich gut zum Überbacken.

- Wer es würzig mag, der sollte für dieses Gericht einmal Gorgonzola statt Mozzarella verwenden. Die Käserinde aber vor dem Belegen sollten Sie abschneiden, weil sie sonst hart und bitter werden.

Hähnchengeschnetzeltes auf chinesische Art

Zubereitungszeit: ca. 25 Minuten

ca. 360 kcal je Portion

1 Das gekochte Hähnchenfleisch und den Chinakohl in Streifen schneiden. Das Fett in einer Pfanne erhitzen, die Zwiebelwürfel und den Chinakohl hinzufügen und unter ständigem Rühren anbraten.

2 Mit 1/2 Liter Wasser auffüllen, mit der Gemüsebrühe würzen.

3 Die Selleriestangen waschen, in etwa 1 cm lange Stücke schneiden und zusammen mit dem Hähnchenfleisch und den Rosinen zum Chinakohl geben. Zugedeckt etwa 5 Minuten garen.

4 Mit den Gewürzen leicht scharf abschmecken und mit der Sahne abrunden.

5 Die aus der Schale gelöste und in Stücke geschnittene Ananas kurz miterwärmen und alles mit den Mandelblättchen bestreut sofort servieren.

Für 1 Person

100 g Hähnchenfleisch
100 g Chinakohl
1 TL Pflanzenfett
1 gewürfelte Zwiebel
1/2 TL Gemüsebrühe
(Instantpulver)
2 Selleriestangen
1 EL Rosinen
1/2 TL Curry
1 Msp. Kardamom
1 Msp. Nelkenpulver
1 EL süße Sahne
100 g frische Ananas
1 TL Mandelblättchen

Coq au Riesling

Zubereitungszeit: ca. 50 Minuten

ca. 370 kcal je Portion

1 Die Hähnchenschenkel waschen, trockentupfen und am Gelenk durchschneiden. Die Möhren, die Champignons und den Lauch waschen und putzen.

2 Die Möhren schaben und in dünne Scheiben schneiden. Die Champignons halbieren. Den Lauch in dünne Ringe schneiden. Die Zwiebel schälen und achteln.

Den Knoblauch schälen und durch die Presse drücken.

3 Das Öl in einem Topf erhitzen und die Hähnchenteile darin von jeder Seite in etwa 2 Minuten braun anbraten.

4 Den Wein und die Brühe angießen und das vorbereitete Gemüse, die Champignons, den Knoblauch, Rosmarin, Zitronenschale und Kräutersalz dazugeben. Alles einmal aufkochen lassen und zugedeckt bei kleiner Hitze ungefähr 30 Minuten schmoren.

Für 2 Personen

2 Hähnchenkeulen
2 große Möhren
150 g Champignons
1 Stange Lauch
1 Zwiebel
2 Knoblauchzehen
2 EL Olivenöl
200 ml Riesling
100 ml Gemüsebrühe
(aus Instantpulver)
1 EL Rosmarin
abgeriebene Schale
von 1/2 Zitrone
etwas Kräutersalz

Hähnchengulasch mit Zitrusfrüchten

Für 3 Personen

*2 unbehandelte
Orangen*
1 Grapefruit
1 Stange junger Lauch
4 Blätter Chinakohl
*400 g Hähnchen-
brustfilet*
*2 EL kaltgepresstes
Olivenöl*
60 g süße Sahne
etwas Meersalz
etwas Cayennepfeffer

Zubereitungszeit: ca. 35 Minuten

ca. 390 kcal je Portion

1 Die Orangen heiß abwaschen und mit einem Küchenhandtuch trockenreiben. Von der Schale mit einem Zestenreißer dünne Streifen abziehen. Anschließend die Orangen und die Grapefruit gründlich schälen, sodass keine weiße Schale mehr am Fruchtfleisch hängt.

2 Das Fruchtfleisch mit einem kleinen scharfen Messer zwischen den Trennwänden herausschneiden. Den dabei austretenden Fruchtsaft vollständig in einem Gefäß auffangen.

3 Den Lauch gründlich waschen, putzen und in 1 cm breite Ringe schneiden. Den Chinakohl ebenfalls waschen und in 2 cm breite Streifen schneiden.

4 Die Hähnchenbrustfilets waschen, trockentupfen und etwa 2 cm groß würfeln. Das Öl in einer großen Pfanne erhitzen und die Fleischwürfel darin von allen Seiten kräftig anbraten. Das Gemüse anschließend kurz mitdünsten und alles danach aus der Pfanne nehmen und zugedeckt warm halten.

5 Den Bratensatz in der Pfanne mit dem aufgefangenen Fruchtsaft, der Sahne und mit 100 ml Wasser loskochen. Die Sauce mit Meersalz und Cayennepfeffer kräftig abschmecken. Fleisch, Gemüse und Obst hineingeben und alles einmal aufkochen. Das Gericht auf drei Tellern anrichten und mit den Orangenschalen garnieren.

TIPPS

■ Wenn Sie keinen Zestenreißer besitzen, können Sie die Schale von 1 Orange auch sehr dünn abschälen und danach in feine Streifen schneiden.

■ Bereiten Sie aus dem übrigbleibenden Chinakohl einen Salat mit Joghurtdressing zu. Er passt hervorragend zu diesem Gericht.

■ Statt der Zitrusfrüchte können Sie auch Ananas, Mango oder Aprikosen nehmen.

Hähnchen-Gemüse-Gulasch **▲E**

Zubereitungszeit: ca. 50 Minuten

ca. 460 kcal je Portion

1 Das Gemüse putzen, waschen und trockenreiben. Den Lauch in schmale Ringe schneiden, die Champignons halbieren, die Möhren der Länge nach vierteln und quer in etwa 4 cm lange Stifte schneiden.

2 Den Apfel schälen, vierteln, entkernen und die Viertel grob würfeln.

3 Das Hähnchenfleisch waschen, trockentupfen und in 2 1/2 cm große Würfel schneiden. Das Öl in einer Pfanne erhitzen und das Fleisch darin von allen Seiten gut anbraten.

4 Vorbereitetes Gemüse, Erbsen und Apfelwürfel hinzufügen und alles unter Rühren 10 Minuten schmoren lassen. Das Ganze mit Salz und mit Paprikapulver abschmecken.

5 Die Sahne zusammen mit etwa 100 ml Wasser mischen und alles zum Gulasch gießen Den Topf schließen und das Ganze bei geringer Hitze weitere 10 Minuten köcheln lassen. Anschließend die Keimlinge sowie den Kerbel über das Gulasch geben.

Für 2 Personen

1 Stange Lauch
100 g Champignons
3 Möhren
1 säuerlicher Apfel
(z. B. Boskop)
300 g Hähnchen-brustfilet
1 1/2 EL kaltgepresstes Sonnenblumenöl
100 g frische Erbsen (ersatzweise TK-Ware)
etwas Kräutersalz
1 EL Rosenpaprika-pulver
100 g süße Sahne
100 g Linsenkeimlinge
1 EL gehackter Kerbel

Hühnertopf mit Möhren **▲E**

Zubereitungszeit: ca. 40 Minuten

ca. 590 kcal je Portion

1 Die Möhren und die Zwiebel schälen und in dünne Ringe schneiden. Die Pilze putzen, kurz waschen und vierteln.

2 Das Hühnerfleisch in Würfel schneiden. Die Butter in einem Schmortopf erhitzen und das Fleisch darin bei mäßiger Hitze anbraten.

3 Dann die Möhren, die Zwiebel und die Pilze hinzufügen. Die Gemüsebrühe angießen, den Topf schließen und die Suppe etwa 20 Minuten bei schwacher Hitze kochen lassen. Den Möhrentopf nach der Garzeit mit der Petersilie bestreuen und servieren.

Für 2 Personen

700 g Möhren
1 Zwiebel
150 g Champignons
300 g Hühnerfleisch
40 g Butter
1/4 l Gemüsebrühe (aus Instantpulver)
3 EL gehackte Petersilie

Fencheltopf mit Hähnchensauce

Für 2 Personen

2 Fenchelknollen
(ca. 500 g)
4 Orangen
1 Zwiebel
150 g Champignons
300 g Hähnchen-
brustfilet
1 1/2 EL Sonnen-
blumenöl
etwas Kräutersalz
1/2 TL gemahlener
Kardamom
1 Msp. Cayennepfeffer
50 g süße Sahne

Zubereitungszeit: ca. 1 Stunde

ca. 500 kcal je Portion

1 Die Fenchelknollen waschen, putzen und halbieren. Das Fenchelgrün abschneiden und beiseite legen. Die Fenchelhälften in kochendem Wasser etwa 5 Minuten blanchieren. Dann herausnehmen und beiseite stellen.

2 Nun 2 Orangen auspressen und den Saft beiseite stellen. Die beiden anderen Orangen sorgfältig schälen und dabei auch die weiße Haut entfernen. Die Filets mit einem Messer aus den Trennhäuten herausschneiden und danach halbieren.

3 Die Zwiebel schälen und fein würfeln. Die Champignons putzen, mit einem feuchten Tuch vorsichtig abreiben und in dünne Scheiben schneiden.

4 Das Hähnchenfleisch waschen, trockentupfen und quer zur Faser in schmale Streifen schneiden. Den Backofen auf 175 °C vorheizen.

5 Das Öl in einer Pfanne erhitzen und das Fleisch darin von allen Seiten anbraten. Zwiebelwürfel und Champignonscheiben hinzufügen und alles unter Rühren kurze Zeit braten.

6 Nun 1/2 Liter Wasser und den Orangensaft zum Fleisch geben. Mit Kräutersalz, Kardamom und Cayennepfeffer würzen. Zum Schluss die Sahne darunterrühren.

7 Die Fenchelhälften in eine große Auflaufform legen und die einzelnen Blattlagen etwas auseinander ziehen. Die Fleischsauce auf dem Gemüse verteilen.

8 Die Form mit Alufolie verschließen und den Fencheltopf etwa 15 Minuten im Backofen garen. Danach die Folie entfernen und das Ganze etwa 5 Minuten offen schmoren lassen. Vor dem Servieren mit dem Fenchelgrün garnieren.

TIPP
Statt Fenchel können Sie auch Sellerie oder Kohlrabi verwenden. Probieren Sie das Ganze auch mal mit Frühlingszwiebeln. Würzen Sie dann mit Curry. Sehr pikant schmeckt zu Geflügel Paprikagemüse.

Hähnchenbrustfilet
mit Currysauce ⚠️E

Zubereitungszeit: ca. 30 Minuten

ca. 290 kcal je Portion

1 Die Hähnchenbrustfilets waschen und trockentupfen. Das Kokosfett in einer Pfanne erhitzen und das Fleisch darin goldbraun anbraten, dann bei reduzierter Hitze 15 Minuten durchbraten. Zwischendurch wenden.

2 Inzwischen den Backofen auf 50 °C vorheizen. Die Mango schälen, das Fruchtfleisch in kleine Spalten schneiden. Die Ananas-scheiben schälen und in mundgerechte Stücke zerteilen.

3 Das Fleisch aus der Pfanne nehmen, leicht salzen und im Backofen zugedeckt warm stellen. Die vorbereiteten Mango- und Ananasstücke in das Bratfett geben und rundherum andünsten. Warm stellen.

4 Den Bratensatz unter Rühren mit der Brühe und der Sahne ablöschen, mit Curry würzen. Fleisch und Obst in die Sauce geben und zugedeckt etwa 1 Minute darin ziehen lassen.

Für 2 Personen

2 Hähnchenbrustfilets (ca. 300 g)
1 EL ungehärtetes Pflanzenfett (Reformhaus)
1/2 Mango
2 Scheiben frische Ananas
etwas Meersalz
50 ml Gemüsebrühe (aus Instantpulver)
50 g süße Sahne
1/2 TL Currypulver

Champignonpfanne
mit Putenfleisch ⚠️E

Zubereitungszeit: ca. 30 Minuten

ca. 400 kcal je Portion

1 Das Fleisch waschen, trockentupfen und in schmale Streifen schneiden. Den Lauch putzen, gründlich waschen und in feine Ringe schneiden. Die Champignons putzen und abreiben.

2 Das Öl in einer Pfanne erhitzen und das Fleisch unter Rühren von allen Seiten kräftig anbraten.

3 Den Lauch und die Pilze hinzufügen, beides kurz mitbraten und mit dem Wein ablöschen. Danach die Gemüsebrühe angießen und alles einmal aufkochen lassen. Das Ganze bei geringer Hitze zugedeckt etwa 15 Minuten köcheln lassen.

4 Den Frischkäse in die Sauce rühren und mit dem Kräutersalz leicht nachwürzen. Das Gericht mit den Basilikumblättchen bestreuen.

Für 2 Personen

300 g Putenfleisch
1 große Stange Lauch
400 g Champignons
1 1/2 EL Sonnen-blumenöl
125 ml trockener Weißwein
250 ml Gemüsebrühe (aus Instantpulver)
40 g Rahmfrischkäse (50% Fett i. Tr.)
etwas Kräutersalz
2 EL gehacktes Basilikum

Putenschnitzel mit Champignon-Salat

Für 2 Personen

10 schwarze Oliven
1 TL Rosmarin
2 dünne Putenschnitzel
(ca. 300 g)
1 EL kaltgepresstes
Olivenöl
300 g Champignons
1/2 Kästchen Kresse
2 EL Zitronensaft
1 EL Wasser
etwas Kräutersalz
2 EL kaltgepresstes
Distelöl
1 El süße Sahne

Zubereitungszeit: ca. 30 Minuten

ca. 440 kcal je Portion

1 Die Oliven waschen, entsteinen und fein hacken. Mit dem Rosmarin mischen. Die Schnitzel waschen und trockentupfen. Die gehackten Oliven auf die Schnitzel geben und diese zusammenklappen. Die Schnitzel mit Holzspießchen zusammenstecken.

2 Das Öl in einer Pfanne erhitzen und die Schnitzel auf beiden Seiten darin braun anbraten. Sie dann zugedeckt bei kleiner Hitze etwa 15 Minuten weiterbraten.

3 Inzwischen die Champignons waschen, putzen und in sehr dünne Scheiben schneiden. Die Kresse abschneiden, waschen und trockentupfen. Den Zitronensaft mit 1 Esslöffel Wasser und dem Kräutersalz verrühren und das Öl darunter schlagen. Die Champignons mit der Sauce und der Kresse mischen.

4 Die Schnitzel aus der Pfanne nehmen und die Sahne sowie 2 Esslöffel Wasser in den Bratfond einrühren. Die Sauce einmal aufkochen lassen. Die Schnitzel zusammen mit der Sauce und dem Salat servieren.

TIPP

■ Dieses Gericht eignet sich auch zum Mitnehmen. Lassen Sie dafür das Schnitzel abkühlen. Schneiden Sie die Champignons erst am Morgen, und beträufeln Sie sie mit Zitronensaft. Mischen Sie die Salatsauce erst kurz vor dem Verzehr mit den Champignons und der Kresse.

■ Besonders fein schmeckt der Salat, wenn Sie ihn mit Austernpilzen zubereiten: Die Austernpilze klein schneiden, in Olivenöl andünsten, dann marinieren. Das Salatöl entfällt dann.

Putenschnitzel mit Sommersalat ▲E

Zubereitungszeit: ca. 35 Minuten

ca. 500 kcal je Portion

1 Den Apfel waschen, vierteln, entkernen, in kleine Stücke schneiden und mit dem Zitronensaft beträufeln, damit er nicht braun wird.

2 Den Sellerie putzen, waschen und in feine Scheiben schneiden. Den Lollo rossa und den Feldsalat putzen, verlesen, waschen und in Stücke zupfen.

3 Die Tomaten waschen, die Stielansätze herausschneiden und die Früchte klein würfeln. Die Salatzutaten in einer Schüssel mischen.

4 Für die Sauce das Öl zusammen mit dem Zitronensaft und den 100 ml Wasser verrühren. Mit Kräutersalz, Frutilose und gehackter Petersilie würzen.

5 Die Sauce über den Salat gießen, alles mischen und kurze Zeit durchziehen lassen.

6 In der Zwischenzeit die Putenschnitzel waschen, trockentupfen und mit Kräutersalz würzen.

7 Das Fett in einer Pfanne erwärmen und die Putenschnitzel darin auf beiden Seiten jeweils 4 bis 5 Minuten braten. Sie anschließend an den Pfannenrand schieben.

8 Nun die Mandelblättchen kurz in der Pfanne anrösten. Dann den Bratensatz mit 5 Esslöffeln Wasser und der Sahne ablöschen und die Sauce mit etwas Kräutersalz nachwürzen.

9 Die Putenschnitzel zusammen mit der Sauce und dem Salat servieren.

TIPP
Statt Putenfleisch können Sie auch Hähnchenbrust verwenden. Besonders pikant schmeckt das Ganze, wenn sie das Fleisch mit Pfeffer und Curry würzen und ein paar Ananasstückchen mitbraten.

Für 2 Personen

1 großer säuerlicher Apfel
1–2 EL Zitronensaft
1/2 Staude Bleichsellerie
1 kleiner Kopf Lollo rossa
75 g Feldsalat
3 Tomaten
1 EL kaltgepresstes Sonnenblumenöl
2 EL Zitronensaft
etwas Kräutersalz
1 TL Frutilose (Obstdicksaft aus dem Reformhaus)
2 EL gehackte Petersilie
2 Putenschnitzel à 150 g
etwas Kräutersalz
1 EL ungehärtetes Pflanzenfett (Reformhaus)
2 EL Mandelblättchen
80 g süße Sahne

Putenspieße mit Tomatensalat

Für 2 Personen

500 g Fleischtomaten
1 mittelgroße
Gemüsezwiebel
etwas Kräutersalz
1 TL Sonnenblumenöl
1 Zweig Basilikum
1 rote Paprikaschote
1 grüne Paprikaschote
4 mittelgroße Zwiebeln
12 Kirschtomaten
12 kleine Champignons
350 g Putenbrust
oder Putenschnitzel
2-3 EL Zitronensaft
5 EL Sonnenblumenöl
1 TL gehackter Thymian
1 TL Meersalz
1 TL süßes
Paprikapulver
1 Knoblauchzehe

Zubereitungszeit: ca. 55 Minuten

ca. 510 kcal je Portion

1 Für den Salat die Tomaten waschen und die Stielansätze herausschneiden. Die Tomaten in schmale Spalten schneiden.

2 Die Zwiebel schälen, in dünne Ringe schneiden und mit den Tomaten mischen.

3 Den Salat mit Kräutersalz würzen, mit Sonnenblumenöl beträufeln und mit den gewaschenen Basilikumblättern garnieren. Beiseite stellen.

4 Für die Spieße die Paprikaschoten putzen, waschen und in grobe Stücke schneiden.

5 Die Zwiebeln schälen und vierteln. Die Tomaten waschen und die Stielansätze herausschneiden.

6 Die Champignons putzen, kurz waschen und die Stiele herausdrehen.

7 Fleisch kurz abspülen, trockentupfen und in etwa 2 cm große Würfel schneiden.

8 Fleisch und Gemüse in bunter Reihenfolge auf Spieße stecken und mit Zitronensaft beträufeln.

9 Aus Sonnenblumenöl, Thymian, Salz und Paprikapulver eine Marinade rühren und die geschälte, durchgepresste Knobauchzehe dazugeben.

10 Die Spieße rundherum mit der Marinade einpinseln. In einer Grillpfanne oder unter dem Grill 20 bis 25 Minuten grillen. Zwischendurch wenden und erneut mit der bereit gestellten Marinade bestreichen.

TIPP
Für die Spieße eignen sich auch andere Gemüsesorten, zum Beispiel Zucchini, Auberginen, Austernpilze, Kohlrabi, Möhren und Bleichsellerie.

Putenschnitzel mit Gurkengemüse ▲E

**Zubereitungszeit: ca. 45 Minuten
Marinierzeit: ca. 1 Stunde**

ca. 740 kcal je Portion

1 Für die Marinade 1 Esslöffel Öl mit dem Orangensaft gut verrühren und mit Kräutersalz, Paprikapulver und Cayennepfeffer pikant würzen.

2 Das Fleisch waschen, trockentupfen und für etwa 1 Stunde in die Marinade einlegen.

3 Inzwischen die Gurke schälen, der Länge nach halbieren und die Kerne mit einem Löffel herausschaben. Das Fruchtfleisch in kleine Stücke schneiden. Die Paprikaschoten halbieren, putzen, entkernen, waschen und in dünne Streifen schneiden. Die Zwiebel schälen und fein würfeln.

4 Nach der Marinierzeit 1 1/2 Esslöffel Öl in einer Pfanne erhitzen. Die Schnitzel aus der Marinade nehmen, gut abtupfen und im heißen Öl von beiden Seiten jeweils 5 bis 6 Minuten braten.

5 Die Marinade zu den Schnitzeln geben, alles aufkochen lassen und zuletzt die Sahne darunterrühren. Zugedeckt warm halten

6 Die Butter in einem Topf erhitzen und die Zwiebel darin glasig dünsten. Gurkenstücke und Paprikastreifen dazugeben. Das Gemüse mit der Brühe würzen und zugedeckt etwa 6 bis 8 Minuten schmoren.

7 Die Maiskörner unter das bunte Gemüse mischen. Alles mit der Sahne verfeinern und mit dem gewaschenen Dill garnieren.

8 Die Putenschnitzel werden zusammen mit dem Gurkengemüse serviert.

TIPP
Statt der Gurke eignet sich auch ein Zucchini. Sie benötigen etwa 500 g; nehmen Sie möglichst kleine Zucchini, sie sind zart und schmecken leicht nussig.

Für 2 Personen

2 1/2 EL kaltgepresstes Sonnenblumenöl
125 ml frisch gepresster Orangensaft
etwas Kräutersalz
1 1/2 TL edelsüßes Paprikapulver
1 Msp. Cayennepfeffer
2 Putenschnitzel (250–300 g)
1 Salatgurke
1 gelbe Paprikaschote
1 rote Paprikaschote
1 Zwiebel
100 g süße Sahne
30 g Butter
1 EL Gemüsebrühe (Instantpulver)
100 g Maiskörner (TK-Ware)
100 g süße Sahne
4 Dillzweige

Fische und Meeresfrüchte

E Lachsforelle
in Weißweinsud

Für 4 Personen

600 ml trockener
Weißwein
1 Bund Suppengrün
1 Zwiebel
2–3 Petersilienstengel
2 TL frisch gehackter
Thymian
2 Lorbeerblätter
2 TL Meersalz
4 Scheiben einer unbe-
handelten Zitrone
1 große, küchenfertige
Lachsforelle (ca. 1,7 kg)
4 EL Zitronensaft
1 Petersiliensträußchen

Zubereitungszeit:
ca. 1 Stunde 15 Minuten

ca. 160 kcal je Portion

1 Etwa 1 1/2 Liter Wasser mit dem Wein mischen und alles in einem Bräter zum Kochen bringen. Den Backofen sodann auf 200 °C vorheizen.

2 Inzwischen das Suppengrün putzen, waschen und in Stücke schneiden. Die Zwiebel schälen und grob würfeln. Die Petersilienstengel waschen. Das vorbereitete Gemüse sowie Petersilie, Thymian, Lorbeerblätter, etwa 1 Teelöffel Salz und Zitronenscheiben in den Sud geben und alles 20 Minuten köcheln lassen.

3 In der Zwischenzeit den Fisch säubern, abwaschen, trockenreiben, innen mit dem Zitronensaft beträufeln und salzen.

4 Den Fisch in den Sud legen, den Bräter verschließen, in den Ofen stellen und die Forelle in etwa 20 Minuten gar ziehen las-

sen. Den Ofen ausschalten und alles gut 10 Minuten ziehen lassen.

5 Das Petersiliensträußchen abspülen, trockentupfen. Den fertigen Fisch aus dem Sud nehmen, kurz abtropfen lassen, auf einer vorgewärmten Platte anrichten und mit der Petersilie garnieren.

TIPPS
- Dazu passen Fenchelgemüse mit Dill oder Paprika-Möhren-Gemüse mit Pinienkernen.

- Wenn Sie lieber Salat dazu essen, dann empfiehlt sich Frisée- oder Feldsalat, auch Lollo rossa oder Lollo bionda schmecken zart und mild.

Forelle Blau

1 Die Möhre und die Zwiebel schälen und zerkleinern. Mit 1 1/4 Liter Wasser zum Kochen bringen und das zerkleinerte Gemüse hinzufügen.

2 Das Lorbeerblatt dazugeben und mit dem Zitronensaft säuerlich abschmecken. Etwa 20 Minuten kochen lassen.

3 In der Zwischenzeit die Forelle ausnehmen und sorgfältig waschen. Die umgebende Schleimhaut dabei nicht verletzen.

4 Anschließend mit dem Zitronensaft beträufeln und mit dem Kräutersalz leicht würzen.

5 Den kochenden Sud vom Feuer nehmen und die Forelle hineingleiten lassen. Bei abgeschalteter Platte 10 Minuten garen, nicht mehr kochen lassen. Mit 400 g Gemüse oder Rohkost ergänzen.

Für 1 Person

1 geputzte Möhre
1 Zwiebel
1 Lorbeerblatt
1 TL Zitronensaft
1 Forelle (220–250 g)
1 EL Zitronensaft
etwas Kräutersalz

Forelle im Champignon-Gemüsebett

1 Den Backofen auf 175 °C vorheizen. Die Forelle waschen, trockentupfen, mit etwas Zitronensaft beträufeln und mit dem Kräutersalz mild würzen.

2 Die Champignons waschen, putzen und blättrig schneiden. Den Lauch putzen, gründlich waschen, trockentupfen und in feine Ringe schneiden.

3 Ein ausreichend großes Stück Alufolie (zum Abmessen die Forelle darauf legen) gut mit dem Öl bestreichen und die Hälfte der Pilze und der Lauchringe gleichmäßig darauf verteilen. Die Forelle darauf legen und mit dem restlichen Gemüse belegen. Dann die Folie gut verschließen, indem die langen und die kurzen Enden doppelt eingeschlagen werden.

4 Das Päckchen auf ein Gitter in den Backofen legen (mittlere Schiene) und etwa 20 Minuten garen lassen.

Für 1 Person

1 küchenfertige Forelle
1 EL Zitronensaft
etwas Kräutersalz
60 g Champignons
1 mittelgroße Stange Lauch
1 EL kaltgepresstes Sonnenblumenöl

▲E Kräuterforelle auf Gemüsebett

Für 2 Personen

1 Bund Frühlings-
zwiebeln
200 g Champignons
1 rote Paprikaschote
40 g Butter
1/4 l trockener
Weißwein
etwas Kräutersalz
2 Forellen à ca. 350 g
(küchenfertig)
etwas Meersalz
2 Kräutersträußchen
(z.B. mit Kerbel, Ros-
marin, Salbei, Oregano,
Dill oder Blattpetersilie)
2 unbehandelte
Limetten

Zubereitungszeit: ca. 1 Stunde

ca. 310 kcal je Portion

1 Frühlingszwiebeln und die Pilze putzen, waschen, trockenreiben. Beides in feine Ringe bzw. in Scheiben schneiden. Paprikaschote waschen, vierteln, entkernen und quer in schmale Streifen schneiden. Ofen auf 200 °C vorheizen.

2 In einer Pfanne Butter schmelzen lassen, Gemüse darin andünsten. Mit dem Wein ablöschen, mit Kräutersalz abschmecken und in eine feuerfeste Form geben.

3 Forellen kalt abspülen, trockentupfen und innen sowie außen

salzen. In die Bauchöffnung je ein Kräutersträußchen stecken und die Fische auf das Gemüse legen.

4 Die Limetten heiß abwaschen, trockenreiben, in dünne Scheiben schneiden und rundherum um den Fisch legen. Dann die Auflaufform mit Alufolie gut verschließen, auf der mittleren Schiene in den Ofen schieben und das Ganze etwa 25 Minuten garen.

TIPP
Sie können auch andere Gemüsesorten verwenden, so z.B. Fenchel, Tomaten, Möhren, Bleichsellerie.

▲E Gegrillte Makrele

Für 2 Personen

2 unbehandelte
Limetten
2 EL kaltgepresstes
Sonnenblumenöl
6 EL gehackte frische
Kräuter (z.B. Rosmarin,
Dill oder Kerbel)
2 küchenfertige
Makrelen à ca. 400 g
etwas Meersalz

Zubereitungszeit: ca. 45 Minuten

ca. 510 kcal je Portion

1 Die Limetten heiß abwaschen, trockenreiben und in dünne Scheiben schneiden. Zwei ausreichend große Stücke Alufolie mit dem Öl bestreichen, mit den Limettenscheiben belegen und die Kräuter darüber streuen.

2 Die Fische kalt abspülen, trockentupfen, innen und außen salzen, auf die Limettenscheiben legen und einzeln einpacken. Das Ganze sollte gut verschlossen sein.

3 Die Fische von jeder Seite ungefähr 10 Minuten grillen.

Estragonforelle
mit Gemüsestreifen ▲E

Zubereitungszeit: ca. 35 Minuten

ca. 240 kcal je Portion

1 Den Backofen auf 200 °C vorheizen. Die Forellen abwaschen und trockentupfen. Sie innen und außen mit dem Kräutersalz würzen. Die Frühlingszwiebeln waschen, putzen und fein hacken. Sie mit 1 Esslöffel Estragon mischen und die Forellen damit füllen.

2 Zwei Stücke Alufolie dünn einölen und die Forellen darauf legen. Die Folie fest verschließen.

3 Die Möhre, die Zucchini und den Kohlrabi waschen und putzen. Die Möhre und den Kohlrabi schälen.

3 Die Forellen im Backofen auf der mittleren Schiene etwa 20 Minuten garen.

4 Inzwischen das Gemüse in feine Streifen schneiden und in etwas leicht gesalzenem Wasser in 3 bis 4 Minuten bissfest dünsten.

5 Den restlichen Estragon zusammen mit der Sahne zum Gemüse geben. Die Sauce mit dem Bindemittel binden und mit Kräutersalz abschmecken.

6 Die Forellen aus der Folie nehmen, und mit dem Gemüse und der Sauce servieren.

TIPP
Als Vorspeise eignen sich ein gemischter Salat oder eine Brühe mit Gemüsewürfeln oder mit Eierflaum. Für den Eierflaum verrühren Sie 1 Ei mit 2 Esslöffeln Sahne oder Milch, würzen das Ganze mit Pfeffer, Muskat und Salz und rühren die Masse in die kochende Brühe. Fein gehackte Petersilie untermischen.

Für 2 Personen

*2 kleine Forellen
(küchenfertig)*
1/2 TL Kräutersalz
2 Frühlingszwiebeln
*2 EL gehackte
Estragonblättchen*
Öl zum Fetten der Folie
1 große Möhre
1 Zucchini
1 Kohlrabi
1 Msp. Meersalz
80 g süße Sahne
*1 Messlöffel Nestargel
(Reformhaus)*
etwas Kräutersalz

K Matjesfilet mit grünen Bohnen

Für 1 Person

250 g grüne Bohnen
150 g Kartoffeln
1 EL Butter
1 Stengel Bohnenkraut
200 ml Gemüsebrühe
(aus Instantpulver)
2 kleine Matjes-
filets (ca. 150 g)
1 kleine Zwiebel
40 g saure Sahne
1 EL gehackte Petersilie

Zubereitungszeit: ca. 30 Minuten

ca. 660 kcal je Portion

1 Die Bohnen waschen, putzen, wenn nötig abfädeln, und in etwa 3 cm lange Stücke schneiden. Die Kartoffeln waschen, schälen und klein würfeln.

2 Die Butter in einem Topf schmelzen und die Bohnen unter Rühren leicht andünsten lassen. Dann die Kartoffelwürfel hinzufügen und das Bohnenkraut und die Gemüsebrühe hineinrühren. Im geschlossenen Topf das Bohnengemüse 12 Minuten köcheln lassen, dabei gelegentlich umrühren.

3 In der Zwischenzeit die Matjesfilets kurz mit kaltem Wasser abspülen und trockentupfen. Die Zwiebel schälen und in dünne Ringe schneiden.

4 Dann das Bohnengemüse auf einem Teller anrichten und abschließend das Ganze mit gekühlter saurer Sahne, Petersilie und rohen Zwiebelringen hübsch garnieren.

TIPP
Statt Bohnen können Sie auch Rote Bete zu Matjes sevieren.

E Scholle auf klassische Art

Für 1 Person

1 küchenfertige Scholle
1 TL Kräutersalz
2 EL fein gemahlene
Mandeln
2 EL Butter
3 Stengel Petersilie

Zubereitungszeit: ca. 20 Minuten

ca. 450 kcal je Portion

1 Die Scholle abspülen und trockentupfen. Beide Fischseiten salzen und in den gemahlenen Mandeln wenden. Die Butter bei geringer Hitze in einer Pfanne schmelzen lassen und die Scholle darin etwa 10 bis 15 Minuten von beiden Seiten braten.

2 Zwischendurch mehrmals an der Pfanne rütteln, damit der Fisch nicht am Pfannenboden haften bleibt. Die Scholle dann abschließend mit Petersilie, hübsch garniert, servieren.

TIPP
Dazu passen Blattsalat, gemischter Salat oder gedünsteter Blattspinat.

Kartoffel-Räucherfisch-Pfanne

Zubereitungszeit: ca. 25 Minuten

ca. 390 kcal je Portion

1 Die Kartoffeln schälen und in Scheiben schneiden. Die Frühlingszwiebeln waschen, putzen und in feine Ringe schneiden. Das Gurkenstück waschen, der Länge nach halbieren und die Kerne mit einem Löffel herauskratzen. Die Gurke in Scheiben schneiden. Die Paprikaschote waschen, vierteln, putzen, entkernen und würfeln.

2 Das Öl in einer Pfanne erhitzen und die Kartoffelscheiben darin anbraten. Zwiebelringe, Gurkenscheiben und Paprikawürfe sowie Kräutersalz, Paprikapulver und Cayennepfeffer dazugeben und alles unter ständigem Rühren bei mittlerer Hitze kurz braten, bis das Gemüse bissfest und die Kartoffelscheiben schön goldbraun gebraten sind.

3 Inzwischen das Makrelenfilet enthäuten und in mundgerechte Stücke schneiden. Die Fischstücke kurz vor Ende der Garzeit zu den Kartoffeln geben und einige Minuten im Gemüse erwärmen, Die Kartoffelpfanne mit dem Schnittlauch bestreuen.

Für 2 Personen

400 g gekochte Pellkartoffeln
2 Frühlingszwiebeln
1 Stück Salatgurke
(ca. 10 cm lang)
1 rote Paprikaschote
2 EL Olivenöl
1/2 TL Kräutersalz
1/2 TL süße Paprika
1/4 TL Cayennepfeffer
1 geräuchertes Makrelenfilet
(ca. 100 g)
2 EL Schnittlauch-röllchen

Matjes in Dillstippe mit Pellkartoffeln

Zubereitungszeit: ca. 30 Minuten

ca. 630 kcal je Portion

1 Die Kartoffeln gründlich waschen und in der Schale in etwas Wasser knapp 20 Minuten garen.

2 Die Matjesfilets kurz unter fließendem Wasser abspülen, trockentupfen und in 2 bis 3 cm große Stücke schneiden.

3 Den Dill waschen, von den Stielen zupfen und fein hacken. Die Dickmilch mit dem Schneebesen glatt rühren und den Dill hineingeben. Matjesstückchen unter die Dillstippe heben und zusammen mit den Pellkartoffeln servieren.

TIPP:
Essen Sie vor dieser Mahlzeit einen Rote-Bete-Salat.

Für 2 Personen

400 g kleine Kartoffeln
4 Matjesfilets
(ca. 300 g)
1 Bund Dill
175 g Sahnedickmilch

K Räucherfisch mit lauwarmem Kartoffelsalat

Für 2 Personen

450 g festkochende Kartoffeln
etwas Meersalz
1 rote Zwiebel
2 EL Radieschen-sprossen
1 Stück Salatgurke (ca. 8 cm)
3 EL kaltgepresstes Olivenöl
175 ml Gemüsebrühe (Instantpulver)
1 Msp. Cayennepfeffer
1 TL Kräutersalz
1 Bund Schnittlauch
4 Zweige Petersilie
2 große Tomaten (oder 8 Kirschtomaten)
200 g Schillerlocken

Zubereitungszeit: ca. 40 Minuten

ca. 510 kcal je Portion

1 Kartoffeln gründlich waschen und in einen Topf geben. Sie zu zwei Dritteln mit Wasser bedecken und etwas Salz hinzufügen. Das Ganze einmal aufkochen und danach bei schwacher Hitze zugedeckt 25 Minuten köcheln lassen.

2 In der Zwischenzeit die Zwiebel schälen und in feine Streifen schneiden. Die Radieschensprossen in ein Sieb geben, abspülen und gut abtropfen lassen. Die Gurke waschen, schälen, der Länge nach vierteln und in dünne Scheiben schneiden.

3 Das Öl in einer Pfanne erhitzen. Die Zwiebelstreifen darin kurz anschwitzen und anschließend mit der Gemüsebrühe ablöschen. Das Ganze vom Herd nehmen, mit Cayennepfeffer und Kräutersalz kräftig würzen und in einer großen Schüssel abkühlen lassen.

4 Die Kräuter waschen und trockentupfen. Die harten Stiele der Petersilie entfernen, den Rest hacken. Den Schnittlauch in feine Röllchen schneiden. Die Tomaten waschen, den Stielansatz entfernen und die Früchte in Scheiben schneiden.

5 Den Fisch in schräge, etwa 3 cm breite Streifen schneiden. Die fertig gegarten Kartoffeln abschütten, auf dem Herd noch einmal ausdampfen lassen, dann pellen. Sie noch in warmem Zustand in Scheiben schneiden.

6 Die Kräuter, die Gurken- und die warmen Kartoffelstücke zu den Zwiebeln und der Brühe geben. Alles vorsichtig miteinander vermengen.

7 Den Salat zusammen mit den Fischstücken auf zwei Tellern dekorativ anrichten und mit den Radieschensprossen und den Tomatenscheiben servieren.

TIPPS
Dazu schmeckt Feldsalat besonders gut. Mischen Sie ihn mit roten Zwiebelwürfeln, etwas Mais, und machen Sie ihn mit einem Sahne- oder Joghurtdressing an.

Heilbutt in Gemüsesauce E

Zubereitungszeit: ca. 1 Stunde

ca. 500 kcal je Portion

1 Den Heilbutt waschen, trockentupfen, mit Zitronensaft beträufeln, leicht salzen, im Kühlschrank kurze Zeit stehen lassen.

2 Champignons putzen, waschen und feinblättrig schneiden. Butter schmelzen lassen, darin die Champignons bei mittlerer Hitze anbraten.

3 Die Zwiebelringe, die Tomaten und die Möhren zu den Champignons geben, mit 100 ml Wasser auffüllen und zugedeckt 15 bis 20 Minuten gar dünsten.

4 Den Heilbutt mit Küchenkrepp abtupfen und auf das Gemüse legen. 6 bis 8 Minuten köchelnd ziehen lassen. Den Fisch mit einem Schaumlöffel vorsichtig herausnehmen und warm halten.

5 Die Sahne mit der Champignon-Gemüse-Mischung verrühren und mit der Gemüsebrühe abschmecken und mit der Petersilie bestreuen.

Für 1 Person

200 g Heilbutt
1 EL Zitronensaft
1/2 TL Kräutersalz
200 g Champignons
1 TL Butter
1 Zwiebel in Ringen
300 g enthäutete Tomaten
200 g Möhren
50 g saure Sahne
1 TL Gemüsebrühe (Instantpulver)
2 EL gehackte Petersilie

Matjestartar E

Zubereitungszeit: ca. 45 Minuten
Zeit zum Durchziehen:
mind. 30 Minuten

ca. 270 kcal je Portion

1 Die Matjesfilets kalt abspülen, trockentupfen und in kleine Würfel schneiden. Die Zwiebel schälen und fein würfeln.

2 Den Apfel schälen, vierteln, das Kerngehäuse entfernen und das Fruchtfleisch ebenfalls in kleine Würfel schneiden. Das Eigelb fein hacken

3 Die Sahne zusammen mit 2 Esslöffeln Wasser cremig rühren und zusammen mit den vorbereiteten Zutaten mischen. Das Matjestartar abdecken und mindestens 30 Minuten durchziehen lassen, dann servieren.

Für 2 Person

3 Matjesfilets
1 Zwiebel
1 mürber, süßer Apfel (z. B. Cox Orange)
1 hartgekochtes Eigelb
2 EL saure Sahne

Scholle in Orangen-Sahne-Sauce

Für 1 Person

250 g küchenfertige Schollenfilets
etwas Kräutersalz
1 EL Butter
75 ml frisch gepresster Orangensaft
1 Msp. Cayennepfeffer
40 g süße Sahne

Zubereitungszeit: ca. 20 Minuten

ca. 370 kcal je Portion

1 Die Schollenfilets waschen, trockentupfen und mit Kräutersalz mild würzen.

2 Die Butter in einer Pfanne zerlassen und die Fischfilets auf beiden Seiten darin jeweils 4 bis 5 Minuten braten.

3 Den Orangensaft hinzufügen, alles mit dem Cayennepfeffer scharf würzen und zuletzt die Sahne darunter rühren.

TIPP
Essen Sie als Vorspeise zu diesem Gericht einen Salat.

Schollenfilet mit bunter Salatschüssel

Für 2 Personen

400 g küchenfertige Schollenfilets
etwas Kräutersalz
3 EL fein gemahlene Mandeln
40 g Butter
1 Eisbergsalat
1 gelbe Paprikaschote
16–20 Kirschtomaten
1 kleine Zwiebel
2 EL kaltgepresstes Sonnenblumenöl
2 EL Balsamessig
etwas Kräutersalz
80 g saure Sahne
3 EL Schnittlauchröllchen

Zubereitungszeit: ca. 30 Minuten

ca. 490 kcal je Portion

1 Die Schollenfilets waschen, trockentupfen und leicht salzen. Sie dann in den Mandeln wenden.

2 Butter bei geringer Hitze in einer Pfanne schmelzen lassen, Schollenfilets darin auf jeder Seite jeweils 5 bis 7 Minuten braten.

3 In der Zwischenzeit den Eisbergsalat putzen, waschen und in mundgerechte Stücke zupfen. Die Paprikaschote waschen, entkernen und den Stielansatz herausschneiden. Das Fruchtfleisch in feine Streifen schneiden. Die Kirschtomaten waschen und halbieren. Die vorbereiteten Salatzutaten in eine Schüssel geben und vorsichtig miteinander vermengen.

4 Für die Sauce die Zwiebel schälen und fein hacken. Das Öl mit dem Essig, dem Kräutersalz und etwa 100 ml Wasser verrühren. Die Zwiebelwürfel hinzufügen und die Sahne mit einem Schneebesen darunter schlagen. Die Sauce über den Salat gießen und ihn mit den Schnittlauchröllchen bestreuen.

5 Die Schollenfilets auf zwei Tellern anrichten und zusammen mit dem Salat servieren.

Viktoriabarschfilet auf Gemüse **E**

Zubereitungszeit: ca. 45 Minuten

ca. 270 kcal je Portion

1 Fischfilets waschen, trockentupfen und auf einen Teller legen. Anschließend salzen mit dem Zitronensaft beträufeln, kühl stellen.

2 Das Gemüse waschen und putzen. Den Fenchel in 1/2 cm dicke Spalten schneiden, die Paprikaschote entkernen und grob würfeln. Die Frühlingszwiebeln und den Staudensellerie in etwa 2 cm große Stücke schneiden.

3 Den Ofen auf 200 °C vorheizen. Das vorbereitete Gemüse in eine feuerfeste Form (am besten aus Glas) schichten. Die Brühe mit Kräutersalz und Cayennepfeffer kräftig würzen und darauf gießen.

4 Den Estragon waschen, die Blätter abzupfen und sie auf dem Gemüse verteilen. Zuletzt die Fischfilets darauf legen. Das Ganze mit einem gut schließenden Deckel oder Alufolie abdecken und in den vorgeheizten Ofen schieben. Alles etwa 35 Minuten im Ofen garen. Der Fisch ist gar, wenn er sich mit einer Gabel leicht zerteilen läßt.

Für 2 Personen

400 g küchenfertige Viktoriabarschfilet
etwas Meersalz
2 EL Zitronensaft
1 kleine Fenchelknolle
1 rote Paprikaschote
1/2 Bund Frühlingszwiebeln
4 Stangen Staudensellerie
1/4 l Gemüsebrühe (aus Instantpulver)
etwas Kräutersalz
etwas Cayennepfeffer
1 Zweig Estragon

Rotbarschfilet im Tomatenbett **E**

Zubereitungszeit: ca. 35 Minuten

ca. 380 kcal je Portion

1 Backofen auf 225 °C vorheizen. Filet waschen, trockentupfen, eventuell durchschneiden und mit Zitronensaft beträufeln.

2 Dill waschen, trocknen, von Stielen zupfen und fein schneiden. Tomaten über Kreuz einritzen, überbrühen, abschrecken und enthäuten. Dann halbieren, entkernen und die Stielansätze herausschneiden. Das Fruchtfleisch in kleine Würfel schneiden.

3 Tomatenwürfel in eine flache Auflaufform (20 cm Ø) füllen. Mit der Hälfte des Dills sowie mit etwas Kräutersalz und Muskat bestreuen. Das Filet ebenfalls mit Kräutersalz und Muskat würzen, auf die Tomaten legen und mit dem restlichen Dill bestreuen. Den Käse mit den Mandeln mischen und darauf verteilen.

4 Im Ofen etwa 20 Minuten auf der mittleren Schiene backen.

Für 2 Personen

300 g Rotbarschfilet
2 EL Zitronensaft
1 Bund Dill
500 g Tomaten
1/2 TL Kräutersalz
1/2 TL geriebene Muskatnuss
50 g geriebener mittelalter Gouda (45% Fett i. Tr.)
2 EL gemahlene Mandeln

Lachs mit Rösti und Dillquark

Für 1 Person

1 Zwiebel
150 g Kartoffeln
1/2 TL Kräutersalz
1 EL frische Majoran-
blättchen
1 frisches Eigelb
1–2 EL kaltgepresstes
Sonnenblumenöl
125 g Quark
(20% Fett i.Tr.)
4 EL Mineralwasser
1/2 TL Meersalz
1/2 Bund Dill
2 Scheiben geräucher-
ter Lachs à 25 g

Zubereitungszeit: ca. 30 Minuten

ca. 640 kcal je Portion

1 Zwiebel schälen und fein würfeln. Die Kartoffeln waschen, schälen und grob raspeln. Diese Raspeln anschließend mit Zwiebelwürfeln, Kräutersalz, Majoranblättchen und Eigelb gut vermischen.

2 Öl in einer beschichteten Pfanne erhitzen, den Rösteteig hineingeben, glatt streichen. Beide Seiten bei mittlerer Hitze je 5 bis 7 Minuten knusprig braten. Eventuell noch etwas Öl hinzufügen.

3 In der Zwischenzeit den Quark mit dem Mineralwasser glatt verrühren und mit dem Salz leicht würzen. Dann den Dill waschen, trockenschütteln. Einen Zweig beiseite legen. Den Rest von den groben Stielen befreien, fein hacken und unter den Quark mischen.

4 Rösti mit dem Quark und dem Lachs anrichten und mit dem restlichen Dill garnieren.

Lachskotelett mit Sellerie-Schnittlauch-Gemüse

Für 2 Personen

1 kleiner Stauden-
sellerie (ca. 500 g)
2 Lachskoteletts
1 EL Zitronensaft
etwas Meersalz
1 Bund Schnittlauch
1 EL Butter
50 g süße Sahne
1/2 TL Kräutersalz

Zubereitungszeit: ca. 25 Minuten

ca. 460 kcal je Portion

1 Den Staudensellerie waschen, putzen und in dünne Scheiben schneiden. Die Lachskoteletts abwaschen, trockentupfen, mit Zitronensaft beträufeln, kurz durchziehen lassen, abtupfen, dann leicht salzen. Den Schnittlauch waschen und in Röllchen schneiden. Die Butter in einer beschichteten Pfanne zerlassen und den Fisch darin bei mittlerer Hitze 12 bis 15 Minuten unter Wenden braten. Gleichzeitig den Sellerie in sehr wenig Wasser in etwa 10 Minuten bissfest dünsten.

2 Das Selleriewasser abgießen. Die Sahne zum Gemüse geben und darunter rühren. Den Schnittlauch hinzufügen und das Ganze mit Kräutersalz würzen. Den Fisch zusammen mit dem Gemüse servieren.

150 *Fische und Meeresfrüchte*

Lachssteak mit feuriger Tomatensauce E

Zubereitungszeit: ca. 35 Minuten

ca. 680 kcal je Portion

1 Den Backofen auf 200 °C vorheizen. Die Lachssteaks waschen, trockentupfen, mit dem Zitronensaft beträufeln, kurz durchziehen lassen, abtupfen, dann mit etwas Salz bestreuen.

2 Dann zwei ausreichend große Stücke Alufolie sehr gut mit der Butter bestreichen und die Lachssteaks darauf legen. Den Majoran abspülen, trockentupfen, auf den Fisch legen und die Folie gut verschließen.

3 Die Steaks auf das Gitter im Ofen legen (mittlere Schiene) und ungefähr 15 Minuten garen. Danach den Ofen ausschalten, die Ofentür leicht öffnen und den Fisch noch etwa 8 Minuten ziehen lassen.

4 Während der Fisch im Ofen ist, die Tomatensauce herstellen. Dazu die Tomaten waschen, trockenreiben und die Stielansätze herausschneiden. Die Früchte grob zerschneiden und zusammen mit etwas Wasser etwa 5 Minuten kochen. Die Masse anschließend durch ein Sieb streichen und mit dem Cayennepfeffer scharf abschmecken. Die Chilischote waschen, trockenreiben, aufschlitzen, entkernen, sehr fein würfeln und

unter die Tomatensauce mischen. Die Sauce mit Salz und Frutilose abschmecken und mit Basilikum bestreuen.

5 Die Steaks aus der Folie nehmen, auf vorgewärmten Tellern anrichten, den Majoran entfernen und die Sauce zum Fisch servieren.

TIPPS
Zum Lachssteak passt auch eine Paprika-Curry-Sauce, die Sie aus gedünsteten Paprikaschoten herstellen. Das Gemüse pürieren, mit Curry, Pfeffer und Salz würzen, mit Frutilose und Zitronensaft abschmecken und warm servieren. Reichen Sie dazu Feldsalat mit Mandarinen und frischen Sprossen.

Für 2 Personen

2 Lachssteaks à 200 g
2 EL Zitronensaft
1/2 TL Meersalz
30 g weiche Butter
2 Majoranzweige
400 g reife Tomaten
1/2 TL Cayennepfeffer
1 frische rote Chilischote
1 TL Kräutersalz
1 TL Frutilose (Obstdicksaft aus dem Reformhaus)
5 fein gehackte Basilikumblättchen

Lachsschnitte in Weißweinsauce mit Spargel

Für 2 Personen

1 kg weißer Spargel
1 TL Meersalz
1 TL Sonnenblumenöl
1 TL Frutilose
1 große Möhre
1 Zwiebel
300 ml trockener Weißwein
1 Lorbeerblatt
3 Nelken
1 TL Meersalz
2 Scheiben Lachs à 200 g
1 Eigelb
80 g saure Sahne
4 Zitronenscheiben
4 kleine Dillzweige

Zubereitungszeit: ca. 45 Minuten

ca. 490 kcal je Portion

1 Den Spargel schälen und die holzigen Endstücke abschneiden. In einem Topf etwa 1 1/2 Liter Wasser zusammen mit dem Salz, dem Öl und der Frutilose aufkochen lassen. Den Spargel darin etwa 20 Minuten bissfest kochen.

2 In der Zwischenzeit die Möhre schälen und in große Würfel schneiden. Zwiebel schälen, halbieren und in Scheiben schneiden.

3 Nun etwa 150 ml Wasser und den Wein in einen Topf geben. Die Möhrenwürfel, die Zwiebelscheiben, das Lorbeerblatt, die Nelken und das Salz hinzufügen und alles im geschlossenen Topf etwa 10 Minuten kochen lassen.

4 Den Lachs kurz mit kaltem Wasser abspülen. Ihn dann in dem Sud etwa 10 Minuten bei leichter Hitze gar ziehen lassen.

5 Dann von dem Fischsud 180 ml durch ein Sieb in einen kleinen Topf gießen und erhitzen. Das Eigelb mit einer Gabel aufschlagen. Etwa 5 Esslöffel der heißen Brühe löffelweise unter das Eigelb rühren. Anschließend das Eigelb unter Rühren in die Fischbrühe geben. Topf vom Herd nehmen, die Sauce mit der Sahne binden.

6 Den Lachs aus dem Sud nehmen, zusammen mit dem Spargel auf Tellern anrichten und mit der Sauce übergießen. Mit den Zitronenscheiben und dem gewaschenen Dill garnieren.

TIPP

Als Vorspeise eignet sich ein feiner Salat aus Frisée, Kirschtomaten und Egerlingen. Das Ganze ist ideal als edles Menü. Servieren Sie dazu trockenen Weißwein und als Dessert ein Orangensorbet. Das Menü ist eine Eiweißmahlzeit.

Ratatouille
mit Fisch E

Zubereitungszeit: ca. 40 Minuten

Ca. 430 kcal je Portion

1 Die Aubergine, die Paprikaschoten, die Zucchini sowie die Zwiebeln waschen und putzen. In gleich dicke Würfel schneiden. Das Gemüse nacheinander im Olivenöl bei mittlerer Hitze andünsten.

2 Die Tomaten waschen und von den Stielansätzen befreien. Das Fruchtfleisch mit dem Schneidstab pürieren. Tomatenpüree durch ein Sieb streichen, zum Gemüse geben. Die Knoblauchzehe durch die Presse dazudrücken.

3 Das Gemüse mit den Kräutern der Provence und der Gemüsebrühe abschmecken.

4 Das Fischfilet waschen, trockentupfen und in sechs gleich große Stücke schneiden. Diese zur Ratatouille geben. Vorsichtig umrühren und nun das Ganze im geschlossenen Topf 6 bis 8 Minuten köcheln lassen. Zum Schluss die süße Sahne darunterziehen. Mit Petersilie bestreut servieren.

Für 1 Person

100 g Aubergine
1 rote Paprikaschote
1/2 Zucchini · 1 Zwiebel
1 EL Olivenöl
3 Tomaten
1 Knoblauchzehe
1 TL Kräuter
1 TL Gemüsebrühe
(Instantpulver)
250 g küchenfertiger
Seelachs oder Kabeljau
40 g süße Sahne
1 EL gehackte Petersilie

Gegrillter Heilbutt
mit Pilzsauce E

Zubereitungszeit: ca. 30 Minuten

ca. 560 kcal je Portion

1 Fisch waschen und trockentupfen. Aus Zitronensaft, Öl, den Gewürzen und dem Salz eine Marinade rühren. Die Heilbuttscheiben darin ziehen lassen. Eine Alufolie mit Öl bestreichen und den Fisch darauf legen. Den Heilbutt auf jeder Seite 8 Minuten grillen.

2 Für die Sauce die Zwiebel und den Knoblauch schälen und fein hacken. Pilze putzen, vorsichtig abreiben und in feine Scheiben schneiden.

4 Die Butter schmelzen lassen, die Zwiebel- sowie die Knoblauchwürfel darin andünsten. Dann die Pilze hinzufügen und alles unter Rühren etwa 5 Minuten braten. Nun den Rotwein und die Sahne angießen und mit dem Kräutersalz ab-schmecken.

5 Die Petersilie waschen, trockentupfen und fein hacken. Den Fisch mit der Pilzsauce servieren und mit den Zitronenscheiben und der Petersilie garnieren.

Für 2 Personen

200 g Heilbutt
(in Scheiben)
3 EL Sonnenblumenöl
1 TL Koriander
1 TL Kräutersalz
1 Msp. Cayennepfeffer
1/2 TL Kümmelpulver
Öl zum Bestreichen
1 Zwiebel · 1 Knoblauch
150 g Champignons
1 EL Butter · 1/8 l Rotwein · 80 g süße Sahne
1 TL Kräutersalz
1/2 Bund Petersilie
4 Zitronenscheiben

⚠️ Heilbutt mit Zucchini und Auberginen

Für 2 Personen

2 Heilbuttfilets à 200 g
einige Spritzer
Zitronensaft
etwas Kräutersalz
1 Zwiebel
1 Zucchini
1/2 kleine Aubergine
2 Flaschentomaten
4 große Bogen
Butterbrotpapier
1 EL kaltgepresstes
Olivenöl
1 Zweig Thymian
60 ml Gemüsebrühe
(aus Instantpulver)

Zubereitungszeit: ca. 45 Minuten

ca. 310 kcal je Portion

1 Die Fischfilets waschen, trockentupfen und auf einen Teller legen. Sie mit dem Zitronensaft beträufeln, kurz durchziehen lassen, abtupfen und salzen.

2 Die Zwiebel schälen und in dünne Ringe schneiden. Zucchini, Aubergine und Tomaten waschen und putzen. Die Stielansätze der Tomaten keilförmig herausschneiden. Das gesamte Gemüse in etwa 1/2 cm dicke Scheiben schneiden.

3 Den Ofen auf 180 °C vorheizen. Je 2 Bogen Butterbrotpapier aufeinander legen und die beiden oberen Bogen im mittleren Bereich mit dem Olivenöl bepinseln. Die Zucchini-, Auberginen- und Tomatenscheiben auf die Mitte der Bogen legen. Die Zwiebelringe darauf verteilen.

4 Den Thymian waschen und trockentupfen. Die Blättchen vom Zweig abzupfen. Das Gemüse mit Salz und Thymian würzen und die Fischfilets darauf legen.

5 Je 3 Esslöffel Brühe auf dem Fisch und dem Gemüse verteilen. Darauf achten, daß die Flüssigkeit nicht herunterläuft. Das Papier zu einem Päckchen zusammenfalten. Enden gut zusammendrücken.

6 Die beiden Gemüse-Fisch-Päckchen auf ein Blech setzen und auf der mittleren Schiene im Ofen 25 bis 30 Minuten garen.

7 Die Päckchen verschlossen auf zwei Teller geben und servieren. Man isst das Gemüse und den Fisch direkt aus dem Pergamentpäckchen.

TIPPS

■ Dazu passt ganz hervorragend ein Gurkensalat in Joghurt-Dill-Sauce.

■ Es gibt auch Bratbeutel, in denen man vor allem Fisch und zartes Fleisch gart. Außerdem eignet sich extrastarke Alufolie für die Zubereitung dieses Gerichts. Für mehrere Personen ist die Zubereitung im Römertopf bestens geeignet.

Seezungenfilet nach Sylter Art E

Zubereitungszeit: ca. 45 Minuten

ca. 720 kcal je Portion

1 Die Seezungenfiltes kurz abspülen, vorsichtig trockentupfen, mit dem Zitronensaft beträufeln, kurz durchziehen lassen, abtupfen, dann salzen.

2 Die Gurke schälen, der Länge nach halbieren und die Kerne mit einem Löffel herauskratzen. Dann die Gurke in fingerdicke Streifen schneiden.

3 Die Gurkenstreifen in sprudelnd kochendem Wasser kurz blanchieren und sofort wieder aus dem Wasser nehmen. Den Backofen auf 200 °C vorheizen.

4 Die Zwiebel schälen, sehr fein würfeln und in der Butter glasig dünsten. Die Gurkenstreifen hinzugeben.

5 Die süße Sahne mit der sauren Sahne sowie der Gemüsebrühe cremig rühren und zu dem Gemüse geben. Mit Cayennepfeffer leicht würzen. Das Gemüse in eine Auflaufform füllen.

6 Die Seezungenfilets auf das Gemüse legen. Die Form mit Alufolie verschließen und alles etwa 10 Minuten garen. Dann den Ofen auf 100 °C schalten und das Gericht in weiterer 15 Minuten gar ziehen lassen. Mit der Petersilie und Zitronenscheiben garnieren.

Für 1 Person

*2 Seezungenfilets
(ca. 200 g)*
1 EL Zitronensaft
3/4 TL Meersalz
*1 kleine Schmorgurke
(ca. 400 g)*
1 Zwiebel
1 EL Butter
40 g süße Sahne
40 g saure Sahne
*50 ml Gemüsebrühe (aus
Instantpulver)*
1 Msp. Cayennepfeffer
*2 dünne Zitronen-
scheiben*
2 Stengel Petersilie

Hummerkrabben mit feinem Salat E

Zubereitungszeit: ca. 30 Minuten

ca. 400 kcal je Portion

1 Den Salat und das Gemüse putzen und waschen. Es anschließend klein schneiden und in einer Schüssel mischen.

2 Für die Sauce die Sahnedickmilch mit dem Schneebesen cremig rühren und mit dem Kräutersalz leicht würzen. Die Knoblauchzehe schälen, durch eine Presse drücken und dazugeben.

3 Kräuter zur Sauce geben und diese auf dem Salat verteilen.

Für 1 Person

100 g Sahnedickmilch
1/2 TL Kräutersalz
1 Knoblauchzehe
3 EL gehackte Kräuter
*4 Hummerkrabben-
schwänze (in Knoblauch
eingelegt)*

Gemüse- und Pilzgerichte

Zucchini-Tomaten-Gratin

Für 2 Personen

3 kleine Zucchini
etwas Meersalz
4 geschälte Tomaten
2 frische Eier
60 ml Mineralwasser
40 g süße Sahne
1 1/2 TL Gemüsebrühe
(Instantpulver)
1 Knoblauchzehe
40 g geriebener
Parmesan
etwas Petersilie

Zubereitungszeit: ca. 45 Minuten

ca. 230 kcal je Person

1 Die Zucchini waschen, die Stielansätze entfernen und das Gemüse in etwas Salzwasser 10 Minuten dünsten. Anschließend die Zucchini in nicht zu dünne Scheiben schneiden. Die Tomaten ebenfalls in Scheiben schneiden. Abwechselnd die Zucchini- und Tomatenscheiben in eine Auflaufform schichten. Den Ofen auf 175 °C vorheizen.

2 Die Eier mit dem Mineralwasser und der Sahne verquirlen und mit der Brühe würzen. Die Knoblauchzehe schälen, durch eine Presse dazudrücken und die Eiermischung auf den Auflauf gießen.

3 Das Ganze mit dem Parmesan bestreuen und 25 bis 30 Minuten überbacken. Mit der Petersilie garnieren

Zucchinigemüse (Beilage)

Für 2 Personen

800 g Zucchini (gewaschen und geputzt)
1 Zwiebel
1 Knoblauchzehe
3 EL Olivenöl
etwas Kräutersalz

Zubereitungszeit: ca. 30 Minuten

ca. 220 kcal je Portion

1 Die Zucchini in feine Scheiben schneiden. Zwiebel und Knoblauch schälen und fein würfeln.

2 Das Öl in einer großen Pfanne erhitzen und die Zwiebeln sowie den Knoblauch darin andünsten. Die Zucchinischeiben hinzufügen und unter Wenden leicht anbraten. Mit Kräutersalz würzen und zugedeckt 5 bis 8 Minuten garen.

Möhren-Erbsen-Gratin

Zubereitungszeit: ca. 1 Stunde

ca. 590 kcal je Portion

1 Die Zwiebel schälen, fein würfeln und in der Butter glasig dünsten.

2 Die Möhren putzen, schälen und in etwa 4 cm lange Stücke schneiden. Wenn die Möhren relativ dick sind, sie vor dem Kleinschneiden der Länge nach halbieren oder vierteln. Den Backofen auf 175 °C vorheizen.

3 Zwiebelwürfel, Möhrenstücke und Erbsen in einer Auflaufform mischen. Die saure Sahne mit der süßen Sahne und 200 ml Wasser verrühren. Parmesan, Kräutersalz und Cayennepfeffer darunterrühren.

4 Den Sahneguss über das Gemüse geben. Das Gratin mit Alufolie abdecken und im Ofen etwa 20 Minuten backen. Danach die Folie entfernen und das Gratin weitere 10 Minuten backen, bis sich eine leichte Kruste gebildet hat.

Für 2 Personen

1 große Zwiebel
1 EL Butter
600 g Möhren
200 g TK-Erbsen
250 g saure Sahne
50 g süße Sahne
80 g geriebener Parmesan
etwas Kräutersalz
1 Msp. Cayennepfeffer

Gemüse-Kartoffel-Gratin **K**

Zubereitungszeit: ca. 1 Stunde

ca. 600 kcal je Portion

1 Den Blumenkohl waschen, putzen und in kleine Röschen zerteilen. Die Kartoffeln schälen, waschen und in Scheiben schneiden.

2 Beides zusammen in kochendem, leicht gesalzenem Wasser etwa 8 Minuten garen. Abtropfen lassen und in eine große feuerfeste Form schichten. Den Backofen auf 150 °C vorheizen.

3 Die Paprikaschote halbieren, putzen, entkernen, waschen und in kleine Würfel schneiden. Diese gleichmäßig auf Blumenkohl und Kartoffeln verteilen.

4 Nun 200 ml Wasser mit der Sahne mischen und mit Gemüsebrühe, Cayennepfeffer, Liebstöckel und Majoran würzen. Über das Gemüse gießen.

5 Den Käse in kleine Würfel schneiden und auf den Auflauf geben. Im Ofen in 20 bis 25 Minuten goldgelb backen.

Für 2 Personen

1 Blumenkohl
400 g Kartoffeln
etwas Meersalz
1 rote Paprikaschote
100 g süße Sahne
1 EL Gemüsebrühe (Instantpulver)
1 Msp. Cayennepfeffer
1/2 TL getrockneter Liebstöckel
1 TL gerebelter Majoran
100 g Butterkäse (60% Fett i.Tr.)

Zucchini-Pilz-Auflauf

Für 2 Personen

300 g Zucchini
250 g Austernpilze
1 Zwiebel
2 EL kaltgepresstes Sonnenblumenöl
4 Eier
80 g süße Sahne
2 EL gehackte Petersilie
etwas Kräutersalz
1 Msp. frisch geriebene Muskatnuss

Zubereitungszeit: ca. 1 Stunde

ca. 400 kcal je Portion

1 Die Zucchini waschen, putzen und in Scheiben schneiden. Die Austernpilze mit einem feuchten Tuch vorsichtig abreiben und anschließend in Streifen schneiden.

2 Die Zwiebel schälen, fein würfeln und in dem Öl glasig dünsten. Zucchini und Pilze hinzufügen und unter Rühren anbraten. Den Backofen auf 180 °C vorheizen.

3 Die Eier mit 80 ml Wasser und der Sahne verquirlen. Die gehackte Petersilie darunter mischen und das Ganze mit Kräutersalz und Muskat würzen.

4 Die Gemüse-Pilz-Mischung in eine Auflaufform geben und mit der Eimasse übergießen. Im Ofen auf der mittleren Schiene etwa 30 Minuten backen.

Gefüllte Salatgurke

Für 2 Personen

2 kleine Salatgurken
10 entsteinte grüne Oliven
1 Knoblauchzehe
150 g Ziegenfrischkäse
400 g kleine Kartoffeln
1 Zwiebel
1 EL kaltgepresstes Olivenöl
1 EL feines Grünkernschrot
200 ml Gemüsebrühe (Instantpulver)
2 EL fein geschnittener Dill

Zubereitungszeit: ca. 35 Minuten

ca. 460 kcal je Portion

1 Die Gurken waschen, quer halbieren und jeweils eine etwa 1 cm dicke Scheibe abschneiden. Das Fruchtfleisch herausschaben. Die Scheiben schälen und in kleine Würfel schneiden.

2 Die Oliven fein hacken. Den Knoblauch schälen und durch die Presse drücken. Den Ziegenkäse mit den Oliven und dem Knoblauch verrühren. Die Gurken mit der Käsecreme füllen.

3 Nun die Kartoffeln in der Schale in wenig Wasser gar kochen.

4 Die Zwiebel schälen und fein würfeln. Das Öl in einer Pfanne erhitzen und die Zwiebel darin glasig dünsten. Das Schrot darunter rühren. Das Gurkenfruchtfleisch und die Gurkenstückchen dazugeben. Die Brühe unter Rühren angießen und alles aufkochen.

5 Die gefüllten Gurken in die Pfanne setzen und bei kleiner Hitze zugedeckt etwa 15 Minuten garen. Den Dill hinzufügen und die Gurken mit der Sauce zu den Pellkartoffeln servieren.

Zucchini mit knuspriger Käsekruste K

Zubereitungszeit: ca. 45 Minuten

ca. 680 kcal je Portion

1 Das Toastbrot in kleine Würfel schneiden. Die Zwiebeln schälen und fein würfeln. Den Knoblauch schälen und durch eine Presse drücken. Das Öl in einer Pfanne erhitzen und die Brotwürfel, die Hälfte der Zwiebeln und den Knoblauch darin rösten. Anschließend beiseite stellen und die Zitronenschale darunter rühren. Den Backofen auf 175 °C vorheizen.

2 Die Zucchini waschen, putzen und in dünne Scheiben hobeln.

Die Butter in einer Pfanne schmelzen lassen und die restlichen Zwiebelwürfel darin glasig dünsten.

3 Zucchinischeiben hinzufügen, mit Gemüsebrühe würzen und die Sahne darunter rühren. Das Gemüse etwa 5 Minuten zugedeckt dünsten.

4 Das Gemüse in eine Auflaufform geben, die Brotwürfel-Zwiebel-Mischung darüber streuen. Den Käse in feine Streifen schneiden und darauf legen. Im Backofen etwa 15 Minuten überbacken.

Für 2 Personen

4 Scheiben Toastbrot
2 Zwiebeln
1 Knoblauchzehe
3 EL Olivenöl
abgeriebene Schale
von 1/2 Zitrone
700 g Zucchini
30 g Butter
1 EL Gemüsebrühe
50 g süße Sahne
100 g Butterkäse
(mind 50% Fett i.Tr.)

Marinierte Zucchini (Beilage) N

Zubereitungszeit: ca. 10 Minuten

ca. 270 kcal je Portion

1 Die Zucchini waschen, putzen, in Scheiben schneiden und das Gemüse in kochendem Salzwasser 2 bis 3 Minuten dünsten. Anschließend mit einer Schöpfkelle herausnehmen und leicht abkühlen lassen.

2 In der Zwischenzeit aus Molkekonzentrat, Öl, Kräutersalz und Frutilose eine Marinade rühren und diese mit dem Wasser verdünnen. Nach Belieben eine Knoblauchzehe durch die Presse dazudrücken.

3 Die Zucchinischeiben in die Marinade geben und mit dem abgezupften Thymian garnieren.

Für 1 Person

300 g Zucchini
etwas Meersalz
1 EL Molkosan (aus
dem Reformhaus)
2 EL kaltgepresstes
Olivenöl
etwas Kräutersalz
1 TL Frutilose
(Reformhaus)
1 Knoblauchzehe
2 Stängel Thymian

Paprika mit Spiegeleiern

Für 1 Person

1 gelbe Paprikaschote
2 rote Paprikaschoten
1 Zwiebel
1 EL Butter
1 TL Gemüsebrühe
(Instantpulver)
1 EL kaltgepresstes
Sonnenblumenöl
2 frische Eier
etwas Meersalz
1 Stängel Petersilie

Zubereitungszeit: ca. 25 Minuten

ca. 460 kcal je Portion

1 Die Paprikaschoten halbieren, die Kerngehäuse entfernen, die Hälften waschen und das Fruchtfleisch in gleich große Streifen schneiden.

2 Die Zwiebel schälen und grob würfeln. Die Butter in einer Pfanne erwärmen und die Zwiebelwürfel darin glasig dünsten.

3 Die Paprikastücke hinzufügen und alles etwa 5 Minuten dünsten. Danach mit der Brühe würzen.

4 In der Zwischenzeit das Öl in einer weiteren Pfanne erhitzen, die Eier hinein schlagen, braten lassen und mit dem Salz leicht würzen. Das Paprikagemüse zusammen mit den Spiegeleiern servieren und mit gewaschenen, abgezupften Petersilienbüscheln garnieren.

Blumenkohl mit weißer Sauce

Für 1 Person

1 kleiner Blumenkohl
(300–400 g)
etwas Meersalz
30 g Butter
1 1/2 EL feines Weizen-
vollkornmehl
150 ml Blumenkohl-
wasser
1 TL Gemüsebrühe
(Instantpulver)
1 Msp. Muskat
60 g süße Sahne
1 frisches Eigelb
2 EL gehackte Petersilie

Zubereitungszeit: ca. 30 Minuten

ca. 450 kcal je Portion

1 Den gewaschenen und geputzten Blumenkohl in kleine Röschen teilen und in wenig kochendem, leicht gesalzenem Wasser etwa 45 Minuten garen.

2 Dann den Blumenkohl aus dem Wasser nehmen und gut warm stellen.

3 In der Zwischenzeit für die Sauce die Butter in einem kleinen Topf schmelzen lassen, das Mehl darin hell anschwitzen und unter Rühren das Blumenkohlwasser angießen.

4 Die Sauce langsam und unter ständigem Rühren zum Kochen bringen und so lange köcheln lassen, bis sie gebunden ist. Mit der Brühe und der Muskatnuss würzen. Die Sahne und das Eigelb miteinander verquirlen und vorsichtig unter die vom Feuer genommene Sauce ziehen.

5 Die Blumenkohlröschen zur Sauce geben und abschließend mit der fein gehackten Petersilie bestreuen.

Pikantes Blumenkohlcurry **K**

Zubereitungszeit: ca. 40 Minuten

ca. 490 kcal je Portion

1 Die Gemüsebrühe aufkochen, den Reis hineinstreuen und bei kleiner Hitze etwa 40 Minuten zugedeckt ausquellen lassen.

2 Inzwischen den Blumenkohl putzen, in Röschen zerteilen und diese waschen. Die Röschen in etwas leicht gesalzenem Wasser etwa 10 Minuten bissfest dünsten. Sie dann abschütteln und abtropfen lassen.

3 Gleichzeitig die Frühlingszwiebeln waschen, putzen und fein würfeln. Die Banane schälen und mit einer Gabel zerdrücken.

4 Das Öl in einer Pfanne erhitzen und die Zwiebelwürfel darin glasig dünsten. Bananenmus, Kokosraspel, Currypulver, Cayennepfeffer und Kräutersalz dazugeben und unter Rühren kurz mit dünsten. Nun 50 ml Wasser und die Sahne darunter rühren. Die Blumenkohlröschen dazugeben und unterheben. Zum Schluss das Curry zusammen mit dem gekochten Reis servieren.

Für 2 Personen

250 ml Gemüsebrühe
120 g Reis (Rohgewicht)
1 kleiner Blumenkohl
etwas Meersalz
2 Frühlingszwiebeln
1 weiche Banane
1 EL Olivenöl
3 EL Kokosraspel
1 TL mildes Currypulver
1 Msp. Cayennepfeffer
etwas Kräutersalz
40 g süße Sahne

Bohnengemüse (Beilage) **E**

Zubereitungszeit: ca. 35 Minuten

ca. 160 kcal je Portion

1 Tomaten über Kreuz einritzen, kurz überbrühen, abschrecken und enthäuten. Die Stielansätze herausschneiden und die Früchte in grobe Stücke schneiden.

2 Die Bohnen waschen und putzen. Wenn nötig abfädeln, und dann in etwa 3 cm große Stücke schneiden.

3 Das Olivenöl in einem Topf nicht zu stark erhitzen und die Bohnen darin andünsten. 100 ml Wasser dazugießen und alles mit dem Bohnenkraut und der Brühe würzen.

4 Die Bohnen im geschlossenen Topf bei geringer Hitze in etwa 12 Minuten bissfest garen.

5 Die Tomatenwürfel und die Kräuter zu den Bohnen geben und alles weitere 5 Minuten zugedeckt schmoren lassen.

Für 2 Personen

300 g Tomaten
300 g grüne Bohnen
1 1/2 EL kaltgepresstes Olivenöl
1 TL gerebeltes Bohnenkraut
1 1/2 TL Gemüsebrühe (Instantpulver)
je 1 TL gerebelter Rosmarin und gerebelter Oregano

K Spargel-Brokkoli-Ragout

Für 2 Personen

400 g weißer Spargel
250 g Brokkoli
etwas Meersalz
60 g Butter
3 EL feines Grünkern-
vollkornmehl
1 Eigelb
80 g süße Sahne
3 Zweige glatte
Petersilie

Zubereitungszeit: ca. 45 Minuten

ca. 350 kcal je Portion

1 Spargel von oben nach unten schälen und unten etwas kürzen. Dann die Stangen in mundgerechte Stücke schneiden. Brokkoli putzen, in kleine Röschen zerteilen und waschen. Die Stiele waschen, schälen, in Scheiben schneiden.

2 Spargel und Brokkoli getrennt in reichlich Salzwasser in 15 Minuten bissfest kochen. Aus dem Wasser herausnehmen, gut abtropfen. Spargelwasser aufheben.

3 Die Butter in einem Topf schmelzen lassen und das Mehl darin hell anschwitzen. 400 ml vom Spargelwasser unter Rühren dazugeben und die Sauce langsam und unter ständigem Rühren zum Kochen bringen. Die Sauce so lange köcheln lassen, bis sie gebunden ist.

4 Das Eigelb mit der Sahne verquirlen und im Anschluss in die nicht mehr kochende Sauce einrühren.

5 Das Gemüse in die Sauce geben und alles mit den Petersilienzweigen garnieren.

K Brokkolitopf mit Kartoffelbrei

Für 1 Person

400 g Brokkoli
1 EL Butter
1 fein gehackte Zwiebel
1 EL Weizenvoll-
kornmehl
250 ml Brokkolibrühe
1 TL Gemüsebrühe
(Instantpulver)
1 Msp. Muskatnuss
150 g Kartoffeln
etwas Meersalz
1 EL süße Sahne

Zubereitungszeit: ca. 1 Stunde

ca. 460 kcal je Portion

1 Geputzte Brokkoliröschen in wenig siedendem Wasser etwa 15 Minuten garen. Herausnehmen, abtropfen lassen und grob hacken.

2 Dann die Butter in einem Topf zerlassen, gehackte Zwiebel darin andünsten. Das Mehl darüber stäuben und hellgelb anschwitzen. Mit der Brokkolibrühe löschen.

3 Unter ständigem Rühren aufkochen lassen und die restlichen Brokkoli hinzugeben. Mit der Gemüsebrühe und geriebener Muskatnuß abschmecken.

4 Während das Gemüse gart, die Kartoffeln waschen, schälen und in kleine Würfel schneiden. In wenig leicht gesalzenem Wasser kochen und im Kochwasser stampfen. Mit der Sahne verfeinern. Mit den Brokkoli noch warm servieren.

Brokkoli-Möhren-Ragout mit Spiegeleiern ▲E

Zubereitungszeit: ca. 50 Minuten

ca. 690 kcal. je Portion

1 Brokkoli waschen, putzen und in kleine Röschen zerteilen. Die Stiele schälen, in kleine Stücke schneiden. In wenig Salzwasser in 8 Minuten halbgar kochen. Die Möhren putzen, schälen und in Scheiben schneiden. Die Zwiebel schälen und fein würfeln.

2 Die Butter in einem Topf erwärmen und Zwiebelwürfel sowie Möhrenscheiben darin bei milder Hitze einige Minuten braten.

3 Die Sahne und 120 ml Wasser angießen, alles aufkochen und weitere 5 bis 8 Minuten auf kleiner Flamme köcheln lassen.

4 Dann den Ricotta in die Sauce einrühren und alles mit der Brühe abschmecken. Zum Schluss die Brokkoli und die Walnusskerne dazugeben. Alles kurz erhitzen.

5 Öl in einer Pfanne erhitzen, Eier hineinschlagen und zu Spiegeleiern braten. Mit dem Salz leicht würzen. Zusammen mit den Spiegeleiern servieren.

Für 2 Personen

350 g Brokkoli
etwas Meersalz
400 g Möhren
1 Zwiebel
30 g Butter
80 g süße Sahne
100 g Ricotta (italienischer Frischkäse)
1 EL Gemüsebrühe (Instantpulver)
8 Walnusskernhälften
2 EL kaltgepresstes Sonnenblumenöl
4 Eier
2 Msp. Meersalz

Lauchauflauf mit Hackfleisch ▲E

Zubereitungszeit: ca. 50 Min.

ca. 520 kcal je Portion

1 Lauch in feine Ringe schneiden. In einen Topf geben, knapp mit 180 ml Wasser bedecken, mit der Gemüsebrühe würzen und bei milder Hitze etwa 20 Minuten garen.

2 Die Zwiebel schälen, in Würfel schneiden und in dem Fett glasig dünsten. Das Hackfleisch locker mit anbraten.

3 Die Tomaten häuten, würfeln und zum Hackfleisch geben. Mit dem Paprikapulver bestäuben und mit 125 ml Wasser auffüllen. 10 Minuten köcheln lassen.

4 Mit den Gewürzen mild abschmecken und Sahne unterrühren.

5 Lauch in Auflaufform geben, mit der Hackfleischsauce übergießen. Mit dem Käse bestreuen, im vorgeheizten Backofen 15 Minuten bei 180 °C überbacken.

Für 1 Person

400 g Lauch
1/2 TL Gemüsebrühe
1 Zwiebel
1 TL Pflanzenfett
100 g Rinderhackfleisch
2 Tomaten
1 TL Paprikapulver
1 Msp. Koriander
je 1/2 TL Rosmarin und Thymian
40 g süße Sahne
30 g geriebener Käse

⚠ **E** Auberginen in Tomatensauce

Für 2 Personen

1 große Aubergine
etwas Meersalz
500 g reife Tomaten
15 entsteinte
schwarze Oliven
1 EL kaltgepresstes
Olivenöl
50 g süße Sahne
etwas Kräutersalz
2 TL gerebelter
Oregano
1 TL getrockneter
Rosmarin
1 Knoblauchzehe
150 g Mozzarella
ca. 16 Basilikum-
blättchen

Zubereitungszeit: ca. 1 Stunde 15 Minuten

ca. 490 kcal je Portion

1 Die Aubergine waschen und den Stielansatz entfernen. Die Frucht der Länge nach in etwa 1/2 cm dicke Scheiben schneiden. Diese jeweils auf beiden Seiten leicht salzen, 10 Minuten ruhen lassen und dann mit Küchenkrepp abtupfen. Den Backofen sodann auf 160 °C vorheizen.

2 Die Tomaten über Kreuz einritzen, kurz überbrühen, abschrecken und enthäuten. Die Tomaten vierteln, von den Stielansätzen befreien und in kleine Würfel schneiden.

3 Die Oliven in Scheiben schneiden und zusammen mit dem Öl, der Sahne, Salz, Oregano und Rosmarin unter die Tomatenwürfel mischen. Die Knoblauchzehe schälen und durch eine Presse dazudrücken. Den Mozzarella in recht dünne Scheiben schneiden.

4 Die Auberginenscheiben abwechselnd mit den Tomaten und den Mozzarellascheiben in eine Auflaufform schichten. Die letzte Schicht sollte aus Mozzarella bestehen.

5 Den Auflauf in den Ofen stellen und etwa 45 Minuten backen. Sollte der Käse zu braun werden, die Form mit Alufolie abdecken. Den Auflauf zuletzt mit dem gewaschenen Basilikum garnieren.

 Lauchgemüse mit Sahne (Beilage)

Für 2 Personen

2–3 Stangen Lauch
(ca. 800 g)
1 EL Butter
1 EL Gemüsebrühe
(Instantpulver)
70 g saure Sahne

Zubereitungszeit: ca. 25 Min.

ca. 220 kcal je Portion

1 Den Lauch der Länge nach halbieren, gründlich waschen und putzen. Ihn dann in feine Streifen schneiden.

2 Die Butter in einem Topf zerlassen und die Lauchstreifen darin bei geringer Hitze andünsten. Dann etwa 125 ml Wasser angießen, mit der Gemüsebrühe würzen und das Gemüse zugedeckt etwa 12 Minuten leicht köcheln lassen.

3 Den Lauch abschließend mit der Sahne verfeinern.

Ratatouille mit Schafskäse 🔺E

Zubereitungszeit: ca. 40 Minuten

ca. 410 kcal je Portion

1 Die Zwiebel in feine Ringe schneiden und in dem Fett glasig dünsten. Die Aubergine waschen, vom Stielansatz befreien, klein würfeln und zu den Zwiebeln geben. Die Tomaten überbrühen, abschrecken, von der Haut befreien, zerkleinern und ebenfalls in der Pfanne mit dünsten.

2 Die Paprikaschote halbieren, säubern, in Streifen schneiden und mit dem in Würfel geschnittenen Zucchini zu dem Ratatouille geben. Mit dem Wasser auffüllen.

3 Mit dem Oregano, den Kräutern der Provence, dem Cayennepfeffer, dem Rosmarin und dem Liebstöckel abschmecken.

4 Den durchgepressten Knoblauch unterrühren, mit der Gemüsebrühe würzen. Etwa 15 Minuten zugedeckt auf kleiner Flamme garen und zuletzt mit der Sahne verfeinern.

5 Den Schafskäse zerbröseln, auf das Ratatouille geben und zugedeckt 5 Minuten erwärmen.

Für 1 Person

1 Zwiebel
1 TL Pflanzenfett
1 Aubergine
2 Tomaten
1 gelbe Paprikaschote
1 kleiner Zucchini
1/2 TL Oregano
1/2 TL Kräuter
der Provence
1 Msp. Cayennepfeffer
1/2 TL Rosmarin
1/2 TL Liebstöckel
1 Knoblauchzehe
1 TL Gemüsebrühe
40 g süße Sahne
60 g Schafskäse

Gurken-Paprika-Gemüse (Beilage) 🔴N

Zubereitungszeit: ca. 25 Minuten

ca. 310 kcal je Portion

1 Die Gurke schälen, der Länge nach halbieren und die Kerne mit einem Löffel sorgfältig herausschaben. Anschließend dann die Gurke in nicht zu große Würfel schneiden.

2 Die Paprikaschote halbieren, das Kerngehäuse entfernen, die Paprikateile waschen und würfeln.

3 Die Zwiebel schälen und in schmale Spalten schneiden. Das Öl in einer großen Pfanne erhitzen und die Zwiebelspalten sowie Paprikawürfel darin andünsten und die Gurkenwürfel hinzufügen. Die Brühe angießen und alles zugedeckt etwa 15 Minuten garen.

4 Zuletzt die Sahne unter das Gemüse rühren und den Dill darüber streuen.

Für 1 Person

1 kleine reife
Schmorgurke (ca. 300 g)
1 rote Paprikaschote
1 Zwiebel
1 1/2 TL kaltgepresstes
Sonnenblumenöl
80 ml Gemüsebrühe
(aus Instantpulver)
40 g süße Sahne
2 EL gehackter Dill

Klassisches Ratatouille

Für 2 Personen

1 kleine Aubergine
(ca. 250 g)
etwas Meersalz
400 g reife Tomaten
2 rote Paprikaschoten
1 Zwiebel
1–2 Knoblauchzehen
3 EL kaltgepresstes
Olivenöl
etwas Kräutersalz
1/2 TL gerebelter
Rosmarin
1/2 TL Korianderpulver
1/2 TL gerebelter
Oregano
1 TL Zitronensaft
einige Basilikum-
blättchen

Zubereitungszeit: ca. 30 Minuten

ca. 230 kcal je Portion

1 Aubergine waschen, putzen, in 1/2 cm dicke Scheiben schneiden. Diese mit Salz bestreuen und etwa 10 Minuten ziehen lassen.

2 In der Zwischenzeit die Tomaten über Kreuz einritzen, überbrühen, abschrecken und enthäuten. Sie dann halbieren, entkernen, die Stielansätze herausschneiden. In große Stücke schneiden.

3 Paprikaschoten waschen, halbieren, entkernen. Die Stielansätze herausschneiden. Papri-

kahälften ebenfalls in große Stücke schneiden. Zwiebel sowie Knoblauch schälen und fein hacken.

4 Das Öl in einer großen Pfanne erhitzen. Die Auberginenscheiben mit Küchenkrepp trockentupfen und zusammen mit den Tomaten- und Paprikastücken in dem Öl andünsten. Dabei ab und zu umrühren.

5 Das Gemüse mit Salz, Rosmarin, Koriander und Oregano würzen und alles zugedeckt etwa 15 Minuten leise köcheln lassen.

6 Zum Schluss den Zitronensaft in das Ratatouille rühren. Alles mit den Basilikumblättchen garnieren.

Überbackener Blumenkohl

Für 1 Person

400 g Blumenkohl
100 g saure Sahne
60 ml Milch
1 Msp. Rosenpaprika
1 Msp. Curry
1 Prise Muskat
1 TL Gemüsebrühe
(Instantpulver)
1 Knoblauchzehe
60 g grob geriebener
Gouda

Zubereitungszeit: ca. 1 Stunde

ca. 470 kcal je Portion

1 Blumenkohl waschen, in kleine Röschen teilen und in kochendem, leicht gesalzenem Wasser 10 bis 15 Minuten garen. Anschließend das Gemüse in eine mittelgroße Auflaufform schichten.Für die Sauce die saure Sahne mit der Milch verquirlen und mit

dem Rosenpaprika, dem Curry, der Muskatnuss und der Gemüsebrühe würzen.

2 Den Knoblauch durch die Knoblauchpresse drücken und mit der Sauce verrühren. Das Gemüse damit begießen und im Backofen bei 160 °C 20 bis 25 Minuten überbacken. Mit dem geriebenen Käse bestreuen, nochmals 5 Minuten backen, bis der Käse geschmolzen ist.

Asiatisches Tofugemüse **E**

Zubereitungszeit: ca. 45 Minuten

ca. 410 kcal je Portion

1 Den Zucchini waschen, putzen und in dünne Scheiben schneiden. Die Pilze putzen, mit einem feuchten Tuch vorsichtig abreiben und in Streifen schneiden.

2 Paprikaschoten halbieren, putzen, entkernen, waschen und klein würfeln. Mungobohnenkeime verlesen und heiß abspülen.

3 Zwiebel schälen und in dünne Spalten schneiden. Knoblauch schälen und zerdrücken.

4 Zwiebel und Knoblauch zusammen mit dem Ingwer im heißen Öl glasig dünsten. Dann das Gemüse, die Pilze und die Cashewkerne hinzufügen. Alles gründlich durchrühren.

5 Den Tofu in etwa 2 cm große Würfel schneiden und zum Gemüse geben. Die Brühe angießen, alles mit Sojasauce würzen und zugedeckt etwa 15 Minuten garen.

6 Das Gemüse nach Belieben mit einigen Spritzern Worcestershiresauce würzen und mit dem Liebstöckel bestreuen

Für 2 Personen

1 Zucchini (ca. 300 g)
100 g Austernpilze
1 rote Paprikaschote
1 gelbe Paprikaschote
100 g Mungobohnenkeimlinge
1 Zwiebel · 1 Knoblauch
1 EL Ingwerwurzel
2 EL Sonnenblumenöl
40 g Cashewkerne
150 g fester Tofu
125 ml Gemüsebrühe
2 EL Sojasauce · 2 Spritzer Worcestershiresauce
1 EL fein gehackter Liebstöckel

Tofuspießchen mit Gemüse **E**

Zubereitungszeit: ca. 40 Minuten

ca. 520 kcal je Portion

1 Zwiebeln schälen und achteln. Zucchini waschen, putzen und in 1 cm dicke Scheiben schneiden.

2 Die Paprikaschote vierteln, putzen, entkernen, waschen und in quadratische Stücke schneiden. Die Champignons putzen und mit einem feuchten Tuch vorsichtig abreiben. Die Kirschtomaten waschen. Den Tofu in 2 bis 3 cm große Würfel schneiden.

3 Gemüse und Tofuwürfel in bunter Reihe auf Schaschlikspieße stecken. Mit dem Öl bestreichen und mit Kräutersalz bestreuen.

4 Anschließend die Spieße in einer beschichteten Pfanne ohne Fettzugabe bei mittlerer Hitze in etwa 15 Minuten von allen Seiten goldbraun braten.

Für 2 Personen

2–3 Zwiebeln
1 Zucchini (ca. 300 g)
1 rote Paprikaschote
ca. 250 g kleine frische Champignons
ca. 250 g Kirschtomaten
250 g fester Tofu
8 EL kaltgepresstes Olivenöl
Pfeffer und Kräutersalz nach Geschmack

K Würzige Gemüselasagne

Für 1 Person

1 mittelgroße Zwiebel
1 kleiner Zucchini
70 g Champignons
1 rote Paprikaschote
1 1/2 TL Olivenöl
1 TL Kräutersalz
1 TL Gemüsebrühe
1 TL Oregano
1 Knoblauchzehe
50 g süße Sahne
1 frisches Eigelb
50 g Schnittkäse
(60% Fett i.Tr.)
1 Msp. Muskatpulver
1 Msp. Cayennepfeffer
etwas Kräutersalz
1/2 TL Majoran
4 Lasagne-Platten

Zubereitungszeit: ca. 45 Minuten

ca. 630 kcal je Portion

1 Die Zwiebel schälen, halbieren und in dünne Ringe schneiden. Den Zucchini und die Pilze putzen, waschen, trockentupfen, beides in recht dünne Scheiben schneiden. Paprikaschote waschen, halbieren, entkernen und fein würfeln.

2 Das Gemüse in dem Olivenöl andünsten und mit Kräutersalz, Gemüsebrühe und Oregano abschmecken. Nach Belieben die Knoblauchzehe durch die Presse dazudrücken. Den Backofen auf 180 °C vorheizen.

3 Für die Sauce die Sahne zusammen mit 125 ml Wasser mischen und mit dem Eigelb verquirlen. Den Käse in kleine Würfel schneiden und die Hälfte zu der Sahne-Ei-Mischung geben. Mit Muskat, Cayennepfeffer, Kräutersalz und Majoran würzen. Die Sahnesauce zu dem Gemüse geben und alles gut verrühren.

4 Nun die Gemüsesauce und die Lasagneplatten im Wechsel in eine Auflaufform einschichten. Die letzte Schicht sollte Gemüsesauce sein. Dann den restlichen Käse darüber streuen. Die Auflaufform in den Backofen stellen und im Anschluss die Lasagne 20 bis 25 Minuten backen.

N Zuckerschoten in Sahne (Beilage)

Für 2 Personen

600 g Zuckerschoten
1 kleine Zwiebel
1 EL Butter
1 EL Gemüsebrühe
(Instantpulver)
80 g süße Sahne
4 EL gehackte Petersilie

Zubereitungszeit: ca. 20 Minuten

ca. 350 kcal je Portion

1 Die Zuckerschoten putzen, waschen und eventuell die Fäden abziehen. Die Zwiebel schälen und sehr fein würfeln.

2 Die Butter in einem Topf schmelzen lassen und die Zwiebeln darin andünsten. Die Zucker-

schoten dazugeben und kurz mit dünsten.

3 Dann etwa 100 ml Wasser angießen, alles mit der Gemüsebrühe würzen und etwa 10 Minuten zugedeckt leise köcheln lassen.

4 Zum Schluss die Sahne unterrühren und das Gemüse mit der Petersilie bestreut servieren.

Vollkorn-Gemüsepizza K

Zubereitungszeit: ca. 65 Minuten
Ruhezeit: ca. 40 Minuten

ca. 990 kcal je Portion

1 Die Hefe in 100 ml lauwarmem Wasser auflösen und mit der Hälfte des Vollkornmehls zu einem Vorteig verkneten. Diesen etwa 20 Minuten an einem warmen Ort gehen lassen. Anschließend das restliche Mehl und das Salz hinzufügen und alles zu einem geschmeidigen Teig verkneten.

2 Eine Pizzaform (20 cm Ø) mit dem Öl ausfetten und den Teig auf dem Boden ausrollen. Ihn anschließend nochmals zugedeckt an einem warmen Ort so lange gehen lassen (etwa 20 Minuten), bis er doppelt so groß ist. Den Ofen auf 200 °C vorheizen.

3 In der Zwischenzeit den Lauch putzen, waschen und in dünne Ringe schneiden. Die Zwiebel schälen und ebenfalls in Ringe schneiden. Die Paprikaschote und die Champignons putzen, waschen und in feine Streifen beziehungsweise in Scheiben schneiden.

4 Das Gemüse in dem Öl kurz andünsten und mit der Gemüsebrühe und dem Pizzagewürz abschmecken.

5 Das Gemüse auf dem Teig verteilen. Dann den Käse in kleine Würfel schneiden und darüber geben. Die Pizza auf der mittleren Schiene 18 bis 20 Minuten backen.

Für 1 Person

25 g Hefe
150 g feines Weizen- oder Dinkelvoll- kornmehl
etwas Meersalz
etwas Sonnenblumenöl zum Ausfetten
1 kleine Stange Lauch
1 mittelgroße Zwiebel
1 kleine rote Paprika- schote
4 Champignons
1 EL kaltgepresstes Sonnenblumenöl
1-2 TL Gemüsebrühe (Instantpulver)
1/2 TL Pizzagewürz
50 g Schnittkäse (60% Fett i. Tr.)

Folienkartoffeln (Beilage) K

Zubereitungszeit: ca. 1 Stunde
15 Minuten

ca. 140 kcal je Portion

1 Kartoffel waschen, abbürsten und der Länge nach halbieren.

2 Die Schnittfläche mit dem Öl bepinseln und mit dem Kümmel, dem Majoran und dem Liebstöckel würzen.

3 Anschließend die Hälften wieder zusammenfügen und in eine doppelte Alufolie wickeln. Alle bei starker Hitze etwa 45 bis 55 Minuten grillen. Die Grillzeit können Sie wesentlich verkürzen, wenn Sie die Kartoffeln schon vorher garen.

Für 1 Person

1 große Kartoffel (ca. 150 g)
1 TL Sonnenblumenöl
1/2 TL Kümmel
1/2 TL Majoran
1/2 TL Liebstöckel

K Grüne Gemüsepizza

Für 2 Personen

*200 g feines Weizen-
oder Dinkelvoll-
kornmehl*

*1 TL Weinstein-
backpulver (aus dem
Reformhaus)*

*150 g Speisequark
(20% Fett i.Tr.)*

*4 EL kaltgepresstes
Olivenöl*

etwas Meersalz

150 g Brokkoli

1 kleine Stange Lauch

1 kleiner Zucchini

1 Knoblauchzehe

1 EL Olivenöl

*1 EL gerebelter
Oregano*

etwas Kräutersalz

*80 g Butterkäse
in Scheiben (mind.
60% Fett i.Tr.)*

*40 g Schmand (saure
Sahne, 24% Fett)*

*einige Basilikum-
blättchen*

*etwas Butter
für die Form*

Zubereitungszeit: ca. 50 Minuten

ca. 950 kcal je Portion

1 Den Backofen auf 225 °C vorheizen. Das Mehl mit dem Backpulver mischen. Den Quark mit Öl und Salz verrühren. Das Mehl nach und nach unterrühren und alles gut verkneten.

2 Eine Pizza- oder Springform (28 cm Ø) mit Butter ausfetten. Den Teig auf einer bemehlten Arbeitsfläche ausrollen und in die Form legen. Den Boden etwa 5 Minuten im Backofen auf der mittleren Schiene vorbacken.

3 Inzwischen die Brokkoli, den Lauch und den Zucchini waschen und putzen. Von dem Brokkoli die Röschen abschneiden, die Stiele schälen und in Scheiben schneiden. Die Brokkoli in etwas Wasser etwa 3 Minuten dünsten und abtropfen lassen.

4 Den Lauch in dünne Ringe, den Zucchini in Würfelchen schneiden. Den Knoblauch schälen und durch die Presse drücken. Die Zucchiniwürfel im Olivenöl kurz andünsten.

5 Das Gemüse mit Oregano, Kräutersalz und Knoblauch mischen. Die Käsescheiben in Streifen schneiden.

6 Den vorgebackenen Boden mit dem Schmand bestreichen. Die Gemüsemischung darauf verteilen und mit dem Käse belegen. Die Pizza im Backofen etwa 25 Minuten auf der mittleren Schiene backen. Die Basilikumblättchen waschen, trockentupfen und die Pizza damit garnieren.

TIPPS

- Zu der Pizza passt als Vorspeise oder als Beilage ein Tomatensalat mit einem Dressing aus Olivenöl, Kräutersalz und frischen Kräutern.

- Die Pizza können Sie gut auf Vorrat zubereiten und dann einfrieren. Sie eignet sich auch prima für die Gästebewirtung. Bereiten Sie sie dann für ein ganzes Backblech zu. Sie benötigen etwa die 2 1/2 fache Menge der Zutaten. Wenn etwas übrig bleibt, kann man es kalt essen oder einfrieren und bei Bedarf im Mikrowellenherd oder Backofen erhitzen.

Kohlrabi-Spinat-Kuchen **K**

Zubereitungszeit: ca. 1 Stunde

ca. 730 kcal je Portion

1 Das Mehl mit dem Backpulver mischen und mit dem Eigelb, dem Quark, dem Öl und Salz verkneten. Den Teig in eine ungefettete Quiche- oder Springform (24 cm Ø) legen. Dabei den Rand etwa 2 cm hochdrücken.

2 Den Backofen auf 200 °C vorheizen. Den Spinat waschen und verlesen. Ihn in etwas Wasser dünsten, bis er zusammenfällt. Den Spinat abschütten und abtropfen lassen. Den Kohlrabi schälen und grob raspeln.

3 Den Spinat auf dem Teig verteilen und die Kohlrabiraspel darüber geben. Den Schmand mit Mehl, Wasser, Kräutersalz und Muskat mischen und auf das Gemüse streichen.

4 Den Käse in kleine Würfel schneiden und auf dem Kuchen verteilen. Den Kuchen im Backofen auf der mittleren Schiene etwa 30 Minuten backen.

TIPP
Statt Spinat können Sie auch Wirsing nehmen. Er wird 5 Minuten gegart, dann grob zerkleinert.

Für 2 Personen

150 g Vollkornmehl
1/2 TL Weinstein-backpulver
1 frisches Eigelb
120 g Speisequark (20% Fett i.Tr.)
1 EL Olivenöl
1 Prise Meersalz
150 g frischer Spinat
1 kleiner Kohlrabi
100 g Schmand (saure Sahne, 24 % Fett)
1 EL Vollkornmehl
etwas Kräutersalz
1 Msp. Muskat
60 g Blauschimmelkäse (mind. 60% Fett i.Tr.)

Junge Erbsen (Beilage) **N**

Zubereitungszeit: ca. 30 Minuten

ca. 180 kcal je Portion

1 Die Erbsen enthülsen. Die Zwiebel schälen und fein hacken. Die Butter in einem Topf schmelzer lassen. Die Zwiebeln darin andünsten und dann die Erbsen hinzufügen. Das Gemüse mit dem Salz abschmecken.

2 Nun 125 ml kochendes Wasser angießen und alles zugedeckt bei geringer Hitze etwa 18 Minuten garen.

3 In der Zwischenzeit den Salat putzen, waschen und in breite Streifen schneiden. Diese zu den Erbsen geben und alles noch ungefähr 5 Minuten leicht köcheln lassen. Das Ganze zum Schluss mit der gehackten Petersilie bestreuen.

Für 2 Personen

800 g Erbsen (ersatzweise 500 g TK-Erbsen)
1 kleine Zwiebel
1 EL Butter
etwas Meersalz
15 Blätter Endiviensalat
3 EL gehackte Petersilie

Pilzpastete mit Dilljoghurt und Feldsalat

E

Für 2 Personen

500 g frische Pilze
(Champignons, Pfiffer-
linge oder gemischte
Waldpilze)
1 Zwiebel
1 großes Bund Petersilie
250 g Quark
(20% Fett i.Tr.)
3 Eier
1 TL Chiliöl
1/2 TL Thymian
1/2 TL Oregano
etwas Kräutersalz
1 TL Butter
50 g Walnusskerne
150 g Feldsalat
4 Tomaten
1 Bund Dill
100 g Joghurt
(1,5% Fett)
100 g Buttermilch
etwas Kräutersalz

Zubereitungszeit: ca. 2 Stunden

ca. 560 kcal je Portion

1 Die Pilze vorsichtig waschen, putzen und trockentupfen. Die Zwiebel schälen. Die Petersilie waschen, trockenschleudern und die Blätter von den Stielen zupfen.

2 Die Pilze und die Zwiebel in grobe Stücke schneiden. Zusammen mit der Petersilie mit dem Hackmesser der elektrischen Küchenmaschine oder in einem Fleischwolf (grobe Scheibe benutzen) zerkleinern.

3 Den Ofen auf 180 °C vorheizen. Die Pilz-Zwiebel-Mischung in eine Schüssel geben und mit Quark, Eigelben und Chiliöl vermengen. Alles mit Thymian, Oregano und Kräutersalz kräftig würzen. Das Eiweiß zu steifem Schnee schlagen und unter die Pilzmasse heben.

4 Eine Pastetenform oder eine hohe feuerfeste Auflaufform (etwa 1,5 l Inhalt) mit der Butter ausfetten. Die Walnüsse grob hacken, zuletzt unter die Masse heben und diese in die Form füllen. Alles auf der mittleren Schiene in den Ofen schieben und 1 Stunde 30 Minuten backen.

5 In der Zwischenzeit den Salat sehr gründlich waschen, putzen und trockenschleudern. Die Tomaten waschen, den Stielansatz entfernen und die Früchte in Scheiben schneiden. Den Dill waschen und trockentupfen. Die dicken Stiele entfernen und das Grün fein hacken.

6 Den Joghurt und die Buttermilch in eine Schüssel geben und glatt rühren. Dill und Kräutersalz hinzufügen, abschmecken und mit dem Salat kühl stellen.

7 Die Pastete aus dem Ofen nehmen. Sie in der Form kurz abkühlen lassen, dann sehr vorsichtig in Scheiben schneiden und auf zwei Tellern anrichten. Den Salat daneben geben und beides mit etwas Sauce begießen.

TIPP
Sie können die Pastete auch in mehreren kleinen Formen backen. Die Backzeit verringert sich dadurch um etwa 20 Minuten. Wenn Sie Portionsförmchen verwenden, können Sie die Pastete darin servieren, ohne sie zu zerschneiden.

Gemüsepaella mit Reis **K**

Zubereitungszeit: ca. 1 Stunde

ca. 450 kcal je Portion

1 Den Reis in etwa 100 ml Wasser 20 Minuten garen.

2 Die Paprikaschote waschen, putzen und in Streifen schneiden. Die Zwiebel schälen, würfeln und in dem Fett glasig dünsten.

3 Inzwischen den Lauch waschen, putzen, in Ringe schneiden und zu den Zwiebeln geben.

4 Die Paprikastreifen, die Erbsen, die geschälten Knoblauchzehen und die blättrig geschnittenen Champignons untermischen.

5 Mit 125 ml Wasser auffüllen, mit der Brühe würzen und etwa 15 Minuten garen.

6 Den Reis unter das Gemüse mischen und noch 5 Minuten ziehen lassen.

7 Das Safranpulver und die Sahnedickmilch unterrühren. Mit der Petersilie bestreuen.

Für 1 Person

50 g Naturreis (Rohgewicht)
1 rote Paprikaschote
1 Zwiebel
1 TL Pflanzenfett
1 Stange Lauch
2 EL grüne Erbsen
1-2 Knoblauchzehen
100 g Champignons
1 TL Gemüsebrühe
1 Msp. Safran
40 g Sahnedickmilch
1 EL gehackte Petersilie

Pikanter Gemüseauflauf **K**

Zubereitungszeit: ca. 1 Stunde 30 Minuten

ca. 300 kcal je Portion

1 Das Gemüse waschen, putzen, schälen und auf einer Gemüseraspel grob reiben. Zusammen mit den geputzten, in Scheiben geschnittenen Champignons vermischen und in eine Auflaufform geben.

2 125 ml Wasser mit der sauren Sahne verquirlen und mit dem Curry, dem Kräutersalz, dem Thymian, dem Rosenpaprika, der durchgepressten Knoblauchzehe und dem Cayennepfeffer pikant würzen.

3 Die gewürzte saure Sahne über das Gemüse gießen und im vorgeheizten Backofen bei 200 °C etwa 45 Minuten backen. Eventuell mit Alufolie abdecken.

4 Zum Schluss mit dem in Scheiben geschnittenen Mozzarella belegen und nochmals kurz überbacken.

Für 2 Personen

Je 250 g Möhren, Kohlrabi, Zucchini, Kartoffeln, frische Champignons
250 g saure Sahne
1 TL Curry
etwas Kräutersalz
1/2 TL Thymian
1/2 TL Rosenpaprika
1 durchgepresste Knoblauchzehe
1 Msp. Cayennepfeffer
100 g Mozzarella

K Pikante Champignontorte

Für 2 Personen

*1/2 Würfel Hefe
(ca. 20 g)
300 g Dinkel-
vollkornmehl
etwas Meersalz
Butter für die Form
500 g Champignons
1 Zwiebel
1 Knoblauchzehe
1 1/2 EL kaltgepresstes
Olivenöl
2 TL Gemüsebrühe
(Instantpulver)
1–2 TL gerebelter
Oregano
100 g Butterkäse
in Scheiben
(60% Fett i.Tr.)*

**Zubereitungszeit: ca. 45 Minuten
Zeit zum Gehen: ca. 40 Minuten
Backzeit: ca. 18 Minuten**

ca. 890 kcal je Portion

1 Die Hefe in 130 ml lauwarmem Wasser auflösen und mit der Hälfte des Mehls zu einem glatten Vorteig rühren. Diesen zugedeckt etwa 20 Minuten an einem warmen Ort gehen lassen.

2 Anschließend das restliche Mehl und das Salz hinzufügen und alles zu einem geschmeidigen Teig verkneten.

3 Eine Tarte- oder eine Spring-form (26 cm Ø) mit Butter ein-fetten. Den Teig auf einer bemehl-ten Arbeitsfläche ausrollen und in die Form legen. Den Teig an einem warmen Ort noch einmal etwa 20 Minuten gehen lassen, bis er etwa doppelt so dick ist. Backofen auf 200 °C vorheizen.

4 Inzwischen die Pilze putzen, kurz waschen oder vorsichtig abreiben und in dünne Scheiben schneiden. Die Zwiebel schälen und in kleine Würfel schneiden. Den Knoblauch schälen und durch die Presse drücken.

5 Das Öl in einer Pfanne erhitzen und die Champignons zusam-men mit den Zwiebelwürfeln und dem Knoblauch darin etwa 10 bis

15 Minuten unter Rühren braten, bis die Flüssigkeit verdampft ist.

6 Alles mit der Gemüsebrühe und dem gerebelten Oregano wür-zen. Die Champignon-Zwiebel-Mi-schung auf dem Teig verteilen und mit dem Käse belegen. Die Torte im Backofen 18 bis 20 Minuten überbacken.

TIPPS
- Essen Sie vorher einen kleinen Salat aus der neutralen Gruppe.

- Vollkornteig läßt sich in der Form wesentlich besser verteilen, wenn man die Hände etwas mit Wasser befeuchtet.

- Sie können auch eine Mischung aus verschiede-nen Pilzen verwenden. Zum Beispiel Austernpilze, Waldpilze, Shiitake. Mischen Sie darunter Lauchringe oder feine Fenchelstreifen.

Weißkraut-pfannkuchen K

Zubereitungszeit: ca. 50 Minuten

ca. 350 kcal je Portion

1 Den Kohlkopf waschen, in vier Teile schneiden, den harten Strunk entfernen und das Kraut sehr fein raspeln. Leicht mit dem Meersalz bestreuen.

2 Danach das Vollkornmehl, die süße Sahne und das Eigelb mit dem Kraut mischen. Mit den Gewürzen abschmecken, die Petersilie fein hacken und dann alles unterrühren.

3 Das ungehärtete Pflanzenfett in einer beschichteten Pfanne von 20 cm Durchmesser erhitzen und die gesamte Krautmischung hineingeben. Von der einen Seite kurz anbacken und anschließend wenden. Zugedeckt bei kleiner Flamme etwa 20 Minuten dämpfen.

Für 1 Person

400 g Weißkraut
etwas Meersalz
1 EL Vollkornmehl
40 g süße Sahne
1 Eigelb
je 1/2 TL Liebstöckel,
Majoran, Kümmel,
Koriander und Curry
1 Msp. Rosenpaprika
1 Bund glatte Petersilie
1 EL Pflanzenfett

Gemüsetopf mit Käsenockerln K

Zubereitungszeit: ca. 30 Minuten

ca. 880 kcal je Portion

1 Das Suppengrün und den Kohlrabi putzen, waschen, in kleine Würfel schneiden und in der Butter leicht anbraten. Die Brühe unter Rühren dazugießen, den Topf schließen, und das Ganze etwa 15 Minuten köcheln lassen.

2 In der Zwischenzeit für die Nockerln 125 ml Brühe aufkochen lassen. Nun den Hartweizengrieß unter Rühren hineinrieseln lassen und ihn bei geringer Hitzezufuhr und unter ständigem Rühren so lange ausquellen lassen, bis die Grießmasse fest und formbar ist (etwa 5 Minuten).

3 Den Käse mit der Gabel zerdrücken und ihn zusammen mit dem Eigelb unter die Grießmasse geben.

4 Leicht gesalzenes Wasser zum Sieden bringen. Mit 2 Teelöffeln von der Grießmasse kleine Klößchen abstechen und sie im siedenden Wasser so lange gar ziehen lassen, bis sie an der Oberfläche schwimmen (10 Minuten).

5 Die Nockerln in den Gemüsetopf geben und das Gericht schließlich mit der Petersilie bestreut servieren.

Für 1 Person

1 großes Bund
Suppengrün
1 kleiner Kohlrabi
1 EL Butter
400 ml Gemüsebrühe
(aus Instantpulver)
125 ml Gemüsebrühe
(aus Instantpulver)
75 g Hartweizengrieß
50 g kräftiger Camembert (60% Fett i.Tr.)
1 frisches Eigelb
etwas Meersalz
3 EL gehackte
glatte Petersilie

Gehitschel

Für 1 Person

1 TL Pflanzenfett
1 gewürfelte Zwiebel
400 g Sauerkraut
1 TL Kümmel

Zubereitungszeit: ca. 35 Minuten

ca. 500 kcal je Portion

1 Das Fett erhitzen und die Zwiebel darin glasig dünsten.

2 Das Sauerkraut hinzufügen, mit wenig Wasser auffüllen, würzen, 25 Minuten garen. Als Beilage das Kartoffelpüree mit Dickmilch (Rezept Seite 182) zubereiten, zum Kraut geben und eventuell Salami zugeben.

 # Gemüsepfanne mit Knoblauchtoasts

Für 2 Personen

250 g Champignons
150 g Brokkoli
1 Stange Lauch
1 Zucchini (ca. 200 g)
1 rote Paprikaschote
1 1/2 TL kaltgepresstes Olivenöl
1 EL Gemüsebrühe (Instantpulver)
1 TL gerebelter Oregano
2 Knoblauchzehen
40 g weiche Butter
3 Scheiben Vollkorntoastbrot
40 g süße Sahne

Zubereitungszeit: ca. 30 Minuten

ca. 460 kcal je Portion

1 Die Champignons putzen, kurz waschen oder vorsichtig abreiben und in Scheiben schneiden. Die Brokkoli putzen, waschen und in kleine Röschen zerteilen. Die Stiele abschneiden, schälen und in Stücke schneiden.

2 Den Lauch der Länge nach halbieren, gründlich waschen, putzen und in dünne Ringe schneiden. Die Zucchini waschen, putzen und in feine Würfel schneiden.

3 Paprikaschote waschen, halbieren, entkernen und den Stielansatz herausschneiden. Paprikahälften in feine Streifen schneiden.

4 Öl in einer Pfanne leicht erhitzen und das Gemüse unter Rühren darin andünsten. Dann schließlich mit etwa 250 ml Wasser ablöschen.

5 Das Gemüse mit der Brühe sowie mit dem Oregano würzen und alles zugedeckt etwa 8 Minuten leicht köcheln lassen.

6 In der Zwischenzeit den Knoblauch schälen und durch die Presse drücken. Die Butter mit der Gabel zerdrücken und mit dem Knoblauch mischen.

7 Die Toastbrotscheiben diagonal halbieren und mit der Knoblauchbutter bestreichen. Die Toastbrotecken mit der Butterseite nach unten in einer weiteren Pfanne knusprig rösten.

8 Das heiße, nicht mehr kochende Gemüse mit der süßen Sahne verfeinern. Knoblauchtoasts darauf anrichten und servieren.

Mischgemüse mit Käsesauce **K**

Zubereitungszeit: ca. 50 Minuten

ca. 470 kcal je Portion

1 Den Blumenkohl, die Brokkoli, die Erbsenschoten und die Prinzeßbohnen putzen, waschen und zerkleinern.

2 Das Gemüse in 1/2 Liter leicht gesalzenem Wasser ca. 18 Minuten garen. 150 ml des Kochsuds für die Sauce beiseite stellen.

3 n der Zwischenzeit die Zwiebel hacken, in der Butter glasig dünsten und mit dem Vollkornmehl bestäuben.

4 Die Sahne mit dem Gemüsewasser mischen und unter Rühren bei milder Hitze zu der Einbrenne geben. Mit der Gemüsebrühe würzen.

5 Den Käse in kleine Stücke schneiden, hinzufügen und alles unter ständigem Rühren aufkochen lassen. Die Käsesauce über das abgetropfte Gemüse geben und sofort servieren.

Für 1 Person

100 g Blumenkohl
100 g Brokkoli
100 g Erbsenschoten
100 g Prinzessbohnen
etwas Meersalz
1 Zwiebel
1 TL Butter
1 EL Vollkornmehl
40 g süße Sahne
150 ml Gemüsewasser
1/2 TL Gemüsebrühe
(Instantpulver)
40 g Blauschimmelkäse
(60% Fett i.Tr.)

Weißkohl in Dillsahne **N**

Zubereitungszeit: ca. 30 Minuten

ca. 320 kcal je Portion

1 Den Weißkohl waschen, putzen, vierteln und den Strunk herausschneiden. Den Kohl in feine Streifen schneiden oder mit einem Schnitzelwerk grob raspeln. Die Zwiebeln schälen und würfeln. Das Öl in einem weiten Topf erhitzen und die Zwiebeln und den Kohl darin andünsten. Beides salzen und bei kleiner Hitze zugedeckt etwa 15 Minuten dünsten.

2 Den Dill waschen, von den Stielen zupfen und fein schneiden. Sahne und Dill zum gegarten Kohl geben und unterrühren.

TIPP
Wenn Sie Pellkartoffeln zu diesem neutralen Gericht servieren, wird daraus ein Hauptgericht aus der Kohlenhydratgruppe.

Für 2 Personen

600 g Weißkohl
2 Zwiebeln
2 EL kaltgepresstes Olivenöl
etwas Meersalz
1 Bund Dill
100 g süße Sahne

Gedämpftes Gemüse mit Kräuterfrischkäse

Für 2 Personen

200 g Brokkoli
200 g Blumenkohl
2 Möhren (ca. 200 g)
1 Bund möglichst dünne Frühlingszwiebeln
4 Stangen Staudensellerie
1 Kästchen Kresse
350 g körniger Frischkäse (20% i.Tr.)
etwas Meersalz
etwas Rosenpaprikapulver

Zubereitungszeit: ca. 45 Minuten

ca. 240 kcal je Portion

1 Das Gemüse gründlich waschen und putzen. Brokkoli und Blumenkohl in mundgerechte Röschen zerteilen. Die Stiele schälen und 2 cm groß würfeln. Die Möhren schälen und in etwa 1/2 cm dicke Stifte schneiden.

2 Von den Frühlingszwiebeln die Hälfte des Grüns abschneiden und zur Seite legen. Die Zwiebeln der Länge nach halbieren. Den Staudensellerie schräg in etwa 2 cm breite Stücke schneiden.

3 Den Boden eines großen Topfes etwa 3 cm hoch mit Wasser bedecken und dieses zum Kochen bringen. Ein Dämpfsieb hineinstellen und zuerst den Blumenkohl und dann die Möhren hineingeben. Den Topf gut verschließen. Nach etwa 5 Minuten Garzeit die Brokkoli hinzufügen und weitere 5 Minuten zugedeckt garen.

4 In der Zwischenzeit das Frühlingszwiebelgrün in feine Ringe schneiden. Die Kresse kurz abspülen, mit einer Schere abschneiden und etwa 1 Esslöffel beiseite stellen. Den Rest zusammen mit den Zwiebelringen und dem Frischkäse in eine Schüssel geben. Das Ganze mischen und mit Meersalz und Paprika würzen.

5 Den Sellerie zu dem Blumenkohl und den Brokkoli geben und weitere 3 Minuten garen. Die halbierten Frühlingszwiebeln hinzufügen und noch ungefähr 5 Minuten mitdämpfen.

6 Das gegarte Gemüse aus dem Topf nehmen und auf 2 Teller verteilen. Daneben den angemachten Frischkäse anrichten und schließlich mit der beiseite gelegten Kresse garnieren.

TIPP
Statt körnigem Frischkäse können Sie auch Quark oder Schichtkäse verwenden. Besonders würzig schmeckt der Frischkäse, wenn Sie etwas Blauschimmel-Käse (z. B. 100g, 60% Fett i.Tr.) untermischen. Dann reduziert sich die Menge des Frischkäses entsprechend.
Das Ganze hat dann mehr Kalorien.

Gebackene Tomaten mit Fetafüllung **E**

Zubereitungszeit: ca. 1 Stunde

ca. 310 kcal je Portion

1 Die Tomaten waschen, oben jeweils einen Deckel abschneiden, die Kerngehäuse mit einem Löffel herausschaben. Das herausgelöste Fruchtfleisch durch ein Sieb geben. Den Saft dabei auffangen.

2 Die Zwiebel und den Knoblauch schälen und sehr fein hacken. Die Peperoni waschen, längs halbieren und die Kernchen herauskratzen. Die Oliven entkernen. Peperoni und Oliven in kleine Würfel schneiden.

3 Den Backofen auf 170 °C vorheizen. Das Olivenöl in einer Pfanne erhitzen und Zwiebel-, Knoblauch-, Peperoni- sowie Olivenwürfel darin kurz andünsten.

4 Den Feta mit einer Gabel grob zerdrücken. Die Hälfte der Zwiebelmischung darunter rühren. Die Masse in die Tomaten füllen und die Deckel aufsetzen.

5 Den aufgefangenen Tomatensaft mit der restlichen Zwiebelmischung, der Sahne und 75 ml Wasser verrühren. Mit der Brühe und dem Oregano würzen.

6 Die Sauce in eine feuerfeste Form gießen und die gefüllten Tomaten hineinsetzen. Im Backofen 20 bis 25 Minuten garen. Mit den gewaschenen Basilikumblättchen garnieren.

Für 4 Personen

4 mittelgroße Fleischtomaten
1 Zwiebel
1 Knoblauchzehe
1 milde frische Peperoni
16 schwarze Oliven
2 EL kaltgepresstes Olivenöl
200 g milder Feta (Schafskäse)
50 g süße Sahne
1 1/2 TL Gemüsebrühe (Instantpulver)
1 TL gerebelter Oregano
10 Basilikumblättchen

Möhrengemüse (Beilage) **N**

Zubereitungszeit: ca. 25 Minuten

ca. 170 kcal je Portion

1 Die Möhren putzen, schälen und dann in dünne Scheiben schneiden.

2 Die Butter in einem Topf schmelzen lassen und die Möhren darin unter Rühren leicht andünsten.

3 Nun 100 ml Wasser angießen und das Ganze mit der Brühe und der Frutilose würzen. Das Gemüse zugedeckt 10 Minuten leicht köcheln lassen. Zuletzt mit der gehackten Petersilie bestreuen.

Für 2 Personen

600 g Möhren
30 g Butter
1 TL Gemüsebrühe (Instantpulver)
1 TL Frutilose (Reformhaus)
2 EL gehackte Petersilie

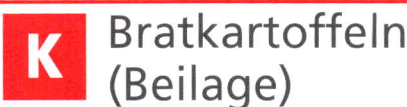

Italienischer Bohneneintopf

Für 2 Personen

400 g grüne Bohnen
etwas Meersalz
1 Zweig Bohnenkraut
1 Zwiebel
1 Knoblauchzehe
1 große rote
Paprikaschote
4 vollreife Tomaten
1 Zucchini (ca. 150 g)
100 g Champignons
2 EL Olivenöl
1/4 l Gemüsebrühe
(aus Instantpulver)
je 1 TL Thymian, regano
und Kräutersalz
50 g saure Sahne

Zubereitungszeit: ca. 40 Minuten

ca. 260 kcal je Portion

1 Die Bohnen waschen, putzen und, wenn nötig, abfädeln. In wenig leicht gesalzenem Wasser bei mäßiger Hitze in etwa 15 Minuten zugedeckt bissfest garen. Mit dem Bohnenkraut würzen.

2 In der Zwischenzeit die Zwiebel und den Knoblauch schälen und beides in Streifen schneiden. Die Paprikaschote halbieren, putzen, entkernen, waschen und in schmale Streifen schneiden.

3 Die Tomaten über Kreuz einritzen, kurz überbrühen, abschrecken und enthäuten. Die Tomaten von den Stielansätzen be-

freien und in kleine Würfel schneiden. Den Zucchini waschen, putzen, längs halbieren und in Scheiben schneiden. Die Pilze putzen, mit einem feuchten Tuch vorsichtig abreiben und halbieren.

4 Das Öl in einer Pfanne erhitzen und Zwiebel sowie Knoblauch darin anbraten.

5 Paprikastreifen, Zucchini, Pilze und Tomatenwürfel hinzufügen, kräftig anbraten und mit der Brühe ablöschen. Mit Thymian, Oregano und Kräutersalz würzen. Zugedeckt etwa 8 Minuten bei geringer Hitze schmoren lassen. Die Bohnen abgießen und zum Gemüse geben. Das nicht mehr kochende Gemüse mit der sauren Sahne verfeinern.

Bratkartoffeln (Beilage)

Für 2 Personen

400 g Pellkartoffeln
vom Vortag
1 Zwiebel
3 EL kaltgepresstes
Sonnenblumenöl
1/2 TL Kräutersalz

Zubereitungszeit: ca. 30 Minuten

ca. 250 kcal je Portion

1 Die Kartoffeln schälen und in Scheiben schneiden.

2 Die Zwiebel schälen, in feine Ringe schneiden und in dem Öl glasig dünsten.

3 Nun die Karoffelscheiben hinzufügen und alles mit dem Kräutersalz würzen. Die Kartoffeln bei nicht zu starker Hitze so lange braten, bis sie knusprig braun sind, dabei ab und zu wenden.

Fruchtiger Rotkohltopf ▲E

Zubereitungszeit: ca. 45 Minuten

ca. 290 kcal je Portion

1 Den Rotkohl putzen, vierteln und den harten Mittelstrunk herausschneiden. Dann den Kohl in sehr feine Streifen raspeln und diese abbrausen.

2 Die Zwiebel schälen und fein hacken. Das Fett in einem Topf erhitzen und die Zwiebel und den Rotkohl darin anschmoren lassen. Lorbeerblatt, Nelken und Zimtstange hinzufügen, mit der Brühe und der Frutilose würzen und mit dem Rotwein angießen.

3 Dann den Apfel waschen, vierteln, schälen und das Kerngehäuse herausschneiden. Den Apfel in kleine Spalten schneiden und diese zum Rotkraut geben.

4 Zugedeckt alles etwa 20 Minuten garen lassen. Zwischendurch umrühren. Zum Schluss das Lorbeerblatt, die Nelken und die Zimtstange entfernen und das Gemüse servieren.

Für 2 Personen

1 kleiner Kopf Rotkohl
1 Zwiebel
2 EL ungehärtetes Pflanzenfett
1 Lorbeerblatt
2 Nelken
1 Zimtstange
1 EL Gemüsebrühe (Instantpulver)
1 TL Frutilose (Reformhaus)
1/4 l Rotwein
1 säuerlicher Apfel

Tomaten-Mais-Soufflé ▲E

Zubereitungszeit: ca. 45 Minuten

ca. 210 kcal je Portion

1 Den Backofen auf 200 °C vorheizen. Die Tomaten über Kreuz einritzen, kurz überbrühen, abschrecken und enthäuten. Sie dann halbieren, entkernen und die Stielansätze herausschneiden. Das Fruchtfleisch in Würfel schneiden. Die Zwiebel schälen und fein hacken. Die Eier trennen. Den Knoblauch schälen und durch die Presse drücken.

2 Die Tomatenwürfel mit den Zwiebelwürfeln, Mais, Eigelb, Knoblauch und den Gewürzen verrühren. Das Eiweiß zu Schnee schlagen und darunter heben.

3 Die Mischung in eine Auflaufform (20 cm Ø) geben und die Butter in Flöckchen darauf verteilen. Das Soufflé im Backofen auf der mittleren Schiene etwa 30 Minuten backen.

Für 2 Personen

3 Tomaten
1 Zwiebel
2 frische Eier
1 Knoblauchzehe
200 g Gemüsemais (TK-Ware)
etwas Kräutersalz
1 Msp. Cayennepfeffer
1 Msp. Kurkumapulver
1 Msp. Koriander
1/2 TL Rosmarin
1 EL Butter

E Gemüsespieße mit Sesam-Kokos-Sauce

Für 2 Personen

1 gelbe Paprikaschote
1 große Zwiebel
80 g Zucchini
1 große Tomate
1 EL kaltgepresstes Olivenöl
etwas Kräutersalz
2 EL Sesamsamen
2 EL Kokosraspel
4 EL Limettensaft
120 g Joghurt (3,5% Fett)
1 EL Ahornsirup
etwas Meersalz
1 Msp. Cayennepfeffer
1Msp. Kurkumapulver
1 Msp. Koriander
evtl. einige Korianderblättchen

Zubereitungszeit: ca. 35 Minuten

ca. 280 kcal je Portion

1 Die Paprikaschote waschen, vierteln, entkernen und die Viertel quer halbieren. Die Zwiebel schälen und in Achtel schneiden. Den Zucchini waschen, putzen und quer in 8 Stücke schneiden. Die Tomate waschen, vierteln, entkernen und den Stielansatz herausschneiden. Die Viertel halbieren.

2 Das Gemüse in bunter Reihe auf vier Schaschlikspieße stecken. Mit dem Öl einpinseln und mit Kräutersalz bestreuen. Die Spieße in einer beschichteten Pfanne rundherum braun braten oder im Elektrogrill grillen.

3 Inzwischen für die Sauce den Sesam und die Kokosraspel in einer Pfanne ohne Fett anrösten. Anschließend beides mit Limettensaft, Joghurt, Ahornsirup, Meersalz, Cayennepfeffer, Kurkuma und Koriander verrühren.

4 Die Sauce eventuell mit zerpflückten Korianderblättchen bestreuen und zu den Spießen servieren.

TIPPS
Zu den Spießen können Sie auch eine Pestosauce servieren. Dafür brauchen Sie reichlich frische, fein gehackte Kräuter, Pfeffer, Salz und Olivenöl.

K Kartoffelpüree (Beilage)

Für 1 Person

200 g Kartoffeln
1/2 TL Gemüsebrühe (Instantpulver)
1 EL Sahnedickmilch
1 TL Sesamsamen

Zubereitungszeit: ca. 45 Minuten

ca. 200 kcal je Portion

1 Die Kartoffeln schälen und in kleine Würfel schneiden. Sie in 200 ml Wasser geben und zugedeckt weich kochen.

2 Die Kartoffeln dann im eigenen Kochwasser stampfen, mit der Gemüsebrühe würzen und mit der Sahnedickmilch verfeinern.

3 Den Sesamsamen trocken rösten und darüber streuen.

Walnussrosenkohl mit Kartoffelbrei **K**

Zubereitungszeit: ca. 30 Minuten

ca. 400 kcal je Portion

1 Die Kartoffeln schälen, waschen, vierteln und in etwas Wasser gar kochen. Den Rosenkohl waschen, putzen und in etwas leicht gesalzenem Wasser in etwa 10 Minuten bissfest garen.

2 Die Kartoffeln zusammen mit 3 Esslöffeln Wasser, dem Quark, dem Muskat und dem Kräutersalz pürieren. Den Schnittlauch darunter rühren.

3 Den Rosenkohl abgießen und abtropfen lassen. Die Butter in einem Topf schmelzen lassen und die Walnusskerne kurz darin rösten. Den Rosenkohl dazugeben und mit der Nussbutter mischen. Den Rosenkohl zum Kartoffelbrei servieren.

Für 2 Personen

400 g Kartoffeln
500 g Rosenkohl
etwas Meersalz
50 g Speisequark (20% Fett i.Tr.)
1 Msp. Muskat
etwas Kräutersalz
2 EL Schnittlauch
1 1/2 EL Butter
2 EL gehackte Walnusskerne

Zwiebel-Pilz-Omelett **E**

Zubereitungszeit: ca. 20 Minuten

ca. 330 kcal je Portion

1 Die Zwiebel schälen und in feine Ringe schneiden. Die Pilze waschen, putzen, trockenreiben und dann in dünne Scheiben schneiden.

2 Das Öl in einer Pfanne erhitzen und die Zwiebelringe und die Pilze darin dünsten. Alles kurze Zeit schmoren lassen.

3 In der Zwischenzeit die Eier trennen und das Eiweiß steif schlagen. Die Eigelbe zusammen mit Mineralwasser, Sahne, Salz sowie Paprikapulver cremig verrühren und das steife Eiweiß vorsichtig unterheben.

4 Die Eimasse in die Pfanne über das Gemüse gießen und glatt streichen. Die Pfanne abdecken und das Omelett bei geringer Hitzezufuhr etwa 6 Minuten stocken lassen. Dabei nicht umrühren. Zum Schluss das Omelett mit den Schnittlauchröllchen bestreuen.

TIPP
Essen Sie zum Zwiebel-Pilz-Omelett 2 Fleischtomaten.

Für 1 Person

1 Zwiebel
50 g Champignons
1 EL kaltgepresstes Sonnenblumenöl
2 frische Eier
3 EL Mineralwasser
1 EL süße Sahne
etwas Kräutersalz
1/2 TL edelsüßes Paprikapulver
2 EL Schnittlauchröllchen

(N) Gefüllte Riesenchampignons

Für 2 Personen

6–8 Riesenchampignons (je nach Größe)
1/2 Bund Suppengrün
1 EL kaltgepresstes Olivenöl
etwas Kräutersalz
1 EL gehackter Estragon
40 g Schmand (saure Sahne, 24% Fett)
1 EL fein geschnittener Dill
60 g Blauschimmelkäse (mind. 60% Fett i.Tr.)

Zubereitungszeit: ca. 35 Minuten

ca. 270 kcal je Portion

1 Champignons kurz waschen, putzen und die Stiele herausbrechen. Die Stiele fein hacken. Das Suppengrün waschen, putzen und in kleine Würfel schneiden.

2 Champignons in einem großen flachen Topf in etwas Wasser zugedeckt 8 Minuten dünsten. Das Öl in einer Pfanne erhitzen und Champignonstiele sowie Suppengrün bissfest dünsten.

3 Das Suppengrün mit Kräutersalz und Estragon würzen und den Schmand sowie den Dill darunter rühren.

4 Das Wasser von den Champignonköpfen abgießen und mit dem Suppengemüse füllen. Die Pilze wieder in den Topf setzen.

5 Den Blauschimmelkäse würfeln und auf den Champignons verteilen. Den Topf zudecken und den Käse bei kleiner Hitze schmelzen lassen.

(E) Gratinierte Champignons mit Sauerkraut

Für 1 Person

100 g Champignons
1 mittelgroße Zwiebel
1/2 frische kleine Ananas
1 EL Butter
300 g Sauerkraut
etwas Kräutersalz
80 g süße Sahne
3 gehackte Walnusskerne
40 g geriebener Gouda (45% Fett i.Tr.)

Zubereitungszeit: ca. 35 Minuten

ca. 580 kcal je Portion

1 Champignons waschen, putzen, trockentupfen und in Scheiben schneiden. Zwiebel schälen, fein würfeln. Ananas schälen, längs vierteln, Innenstrünke herausschneiden, Fruchtfleisch würfeln.

2 Die Butter in einer Pfanne schmelzen lassen und die Pilze zusammen mit den Zwiebelwürfeln dann leicht anbraten.

3 Das Sauerkraut etwas zerkleinern und zusammen mit der Ananas zu den Pilzen geben. Mit dem Kräutersalz leicht würzen und die süße Sahne darunter rühren. Das etwa 10 Minuten unter Rühren dünsten. Den Backofen auf 200 °C vorheizen.

4 Das Pilzgemüse in eine Auflaufform geben und mit den gehackten Walnusskernen bestreuen. Den Käse auf das Gemüse streuen und das Ganze auf der mittleren Schiene in etwa 15 Minuten überbacken.

Überbackene Champignonpolenta K

Zubereitungszeit: ca. 40 Minuten

ca. 450 kcal je Portion

1 Die Gemüsebrühe in einem Topf zum Kochen bringen und den Maisgrieß hineinstreuen. Grieß etwa 20 Minuten bei kleiner Hitze zugedeckt quellen lassen. Den Backofen auf 200 °C vorheizen.

2 Inzwischen die Champignons waschen, putzen und in dünne Scheiben schneiden. Frühlingszwiebeln waschen, putzen und in Ringe schneiden. Knoblauch schälen und durch die Presse drücken.

3 Das Öl erhitzen. Champignons zusammen mit den Zwiebeln und dem Knoblauch 7 bis 8 Minuten dünsten, bis die Flüssigkeit fast verdampft ist. Alles mit Kräutersalz und Thymian würzen. Eine flache Auflaufform (20 cm Ø) dünn mit Butter ausfetten. Den Quark unter den gequollenen Maisgrieß rühren und mit Muskat abschmecken.

4 Die Polenta in die Form füllen und glatt streichen. Die gedünsteten Champignons darauf verteilen. Mozzarella in Würfel schneiden und ebenfalls darauf legen. Die Polenta 15 Minuten backen, bis der Käse verlaufen ist.

Für 2 Personen

300 ml Gemüsebrühe
100 g Maisgrieß
500 g Champignons
1 Bund Frühlingszwiebeln
1 Knoblauchzehe
1 EL Olivenöl
etwas Kräutersalz
1 EL gehackter Thymian
etwas Butter für die Form
100 g Speisequark (20% Fett i.Tr.)
1 Msp.Muskat
60 g Mozzarella

Pilzgemüse mit Schafskäse E

Zubereitungszeit: ca. 35 Minuten

ca. 410 kcal je Portion

1 Die Zwiebel schälen und in feine Ringe schneiden. Die Austernpilze putzen und dann in nicht zu feine Streifen schneiden. Die Aubergine waschen, vom Stielansatz befreien und klein würfeln.

2 Das Öl in einer Pfanne nicht zu stark erhitzen und alles unter Rühren 10 Minuten braten.

3 Die Tomaten pürieren und zum Gemüse geben. Mit Brühe und Cayennepfeffer würzen. Den Knoblauch unter das Gemüse rühren. 5 Minuten leicht köcheln lassen.

4 Zum Schluß den Schafskäse zerbröseln, unter das Pilzgemüse rühren und alles zugedeckt etwa 5 Minuten erwärmen, bis der Käse geschmolzen ist.

Für 1 Person

1 Zwiebel
125 g Austernpilze
1 kleine Aubergine
1 1/2 EL Olivenöl
300 g reife Tomaten
1 EL Gemüsebrühe (Instantpulver)
1 Msp. Cayennepfeffer
1 Knoblauchzehe
60 g Schafskäse (Feta)
5 Basilikumblättchen

N Leipziger Allerlei (Beilage)

Für 2 Personen

300 g Spargel
1/2 kleiner Blumenkohl
200 g Möhren
250 g Erbsen
in der Schote
etwas Meersalz
50 g Kräuterbutter

Zubereitungszeit: ca. 40 Minuten

ca. 280 kcal je Portion

1 Den Spargel von oben nach unten sorgfältig schälen und die Enden kürzen. Dann die Stangen in etwa 4 cm lange Stücke schneiden.

2 Blumenkohl waschen, putzen und in kleine Röschen zerteilen.

3 Die Möhren putzen, schälen und in dünne Scheiben schnei-den. Die Erbsen aus den Schoten pulen.

4 In einem mittelgroßen Topf reichlich Wasser zum Kochen bringen. Leicht salzen und das vor-bereitete Gemüse hinzufügen. Zugedeckt in etwa 15 Minuten bei mittlerer Hitze bissfest garen.

5 Dann das Gemüse mit einem Schaumlöffel herausheben und mit der Kräuterbutter belegt anrichten.

K Béchamel-Kartoffeln (Beilage)

Für 1 Person

150 g Kartoffeln
1 Zwiebel
1 TL Pflanzenfett
200 g Champignons
1 Stange Lauch (150 g)
1 TL feines Weizen-
vollkornmehl
1 Msp. gemahlener
Rosmarin
1/2 TL Liebstöckel
1 TL Gemüsebrühe
(Instantpulver)
1 Msp. Muskat
40 g süße Sahne
1 EL gehackte Petersilie

Zubereitungszeit: ca. 1 Stunde

ca. 490 kcal je Portion

1 Die Kartoffeln waschen und mit der Schale in kochendem Was-ser garen.

2 In der Zwischenzeit die Zwiebel in sehr feine Würfel schneiden und in dem Fett anbraten.

3 Die Champignons und den Lauch putzen, in Scheiben schneiden und ebenfalls kurz mit dünsten.

4 Mit dem Vollkornmehl bestäu-ben und mit 80 ml Wasser ablöschen. Zugedeckt etwa 10 Mi-nuten köcheln lassen.

5 Die Kartoffeln pellen und in gleichmäßig dicke Scheiben schneiden. Zu den Champignons und dem Lauch geben und bei kleiner Flamme nochmals 5 Minu-ten erwärmen.

6 Mit den Gewürzen abschme-cken. Mit der Sahne verfeinern und mit Petersilie bestreuen.

Kartoffel-Mandel-Rösti (Beilage) K

Zubereitungszeit: ca. 45 Minuten

ca. 380 kcal je Portion

1 Die Kartoffeln pellen und grob reiben. Die Zwiebel schälen und fein würfeln. Die Pilze putzen, waschen, trockenreiben und in kleine Würfel schneiden. Die Butter schmelzen lassen, Mandelsplitter, Zwiebel- sowie Pilzwürfel darin kurz dünsten. Beiseite stellen.

2 Mandel-Pilz-Zwiebel-M schung zusammen mit dem Eigelb zu den Kartoffeln geben. Alles gut mischen und mit der Brühe sowie dem Muskatnusspulver würzen.

3 Mit angefeuchteten Händen aus der Kartoffelmasse 6 kleine flache Küchlein formen und diese von beiden Seiten so lange braten, bis sie knusprig sind.

Für 2 Personen

400 g gekochte Pellkartoffeln
1 Zwiebel
100 g Champignons
1 EL Butter
gehackte Mandelkerne
1 frisches Eigelb
1 EL Gemüsebrühe
1 Msp. Muskat
1 1/2 EL ungehärtetes Pflanzenfett

Gemüse-Pfannkuchen mit Forellencreme K

Zubereitungszeit: ca. 35 Minuten

ca. 440 kcal je Portion

1 Das Mehl zusammen mit dem Backpulver mischen und mit 175 ml Wasser, dem Eigelb und etwas Kräutersalz glatt rühren. Die Petersilie und den Schnittlauch unterrühren.

2 Das Forellenfilet mit einer Gabel fein zerdrücken und mit Quark, Sahne, Dill und Zitronenschale verrühren. Die Bohnen waschen und die Fäden abziehen. Die Bohnen dann in 3 cm lange Stücke schneiden. Die Möhren waschen, putzen, schaben und in Scheiben schneiden. Die Bohnen und die Möhren zusammen in etwas Wasser in etwa 10 Minuten bissfest dünsten.

3 Inzwischen das Öl in einer beschichteten Pfanne erhitzen. Aus dem Teig darin nacheinander zwei Pfannkuchen backen.

4 Das Gemüsewasser abgießen und das Gemüse mit dem restlichen Kräutersalz würzen. Die Pfannkuchen mit dem Gemüse belegen und zusammenklappen. Die Forellencreme dazu servieren.

Für 2 Personen

100 g Vollkornmehl
1 TL Weinsteinbackpulver
1 frisches Eigelb
1/2 TL Kräutersalz
1 EL gehackte Petersilie
1 EL Schnittlauch
200 g grüne Bohnen
2 große Möhren
2 EL Olivenöl
1 geräuchertes Forellenfilet ohne Haut
1 EL Speisequark (20 % Fett i. Tr.)
1 EL süße Sahne
1 EL geschnittener Dill
1 TL abgeriebene Zitronenschale

Kohlenhydratgerichte mit Reis und Getreide

Bunter Reiseintopf

Für 1 Person

50 g Naturreis (Rohgewicht)
1 Bund Suppengrün
1 EL Butter
50 g Erbsen (TK-Ware)
300 ml Gemüsebrühe
1 TL Liebstöckel
40 g süße Sahne
1 frisches Eigelb

Zubereitungszeit: ca. 30 Minuten

ca. 620 kcal je Portion

1 Den Reis in 175 ml Wasser im geschlossenen Topf etwa 20 Minuten bei milder Hitze garen, anschließend abgießen. In der Zwischenzeit das Suppengrün putzen, gründlich waschen und in feine Würfel schneiden. Dann die Butter schmelzen lassen

2 Das Suppengrün in der Butter andünsten. Die Erbsen hinzufügen und kurz mitdünsten. Die Brühe unter Rühren dazugießen, den Topf schließen und 15 Minuten köcheln.

3 Reis hinzufügen, erwärmen und mit dem Liebstöckel würzen. Sahne mit dem Eigelb und etwas Suppenbrühe cremig verschlagen. Suppe vom Herd nehmen die Eigelb-Sahne-Mischung unterrühren.

Hirsotto

Für 1 Person

40 g Hirse (Rohgewicht)
1 TL Pflanzenfett
1 gewürfelte Zwiebel
1 TL Gemüsebrühe
1 mittelgroße Möhre
1 kleine Stange Lauch
100 g Champignons
1 EL Erbsen
je 1 Msp. Liebstöckel, Rosmarin und Majoran
40 g Sahnedickmilch

Zubereitungszeit: ca. 50 Minuten

ca. 440 kcal je Portion

1 Die Hirse heiß waschen und im heißen Fett mit der Zwiebel kurz andünsten. Mit 1/2 Liter Wasser auffüllen und mit der Gemüsebrühe würzen.

2 Die Möhre in Würfel, den Lauch und die Champignons in dünne Scheiben schneiden und alles zusammen mit den Erbsen zur Hirse geben. 20 bis 25 Minuten bei kleiner Flamme garen.

3 Mit den Gewürzen abschmecken. Zum Verfeinern des Hirsottos die Sahnedickmilch unterrühren und mit der Petersilie bestreut servieren.

Paprikareis mit Feta K

Zubereitungszeit: ca. 30 Minuten

ca. 610 kcal je Portion

1 Den Reis in 1/2 Liter Wasser im geschlossenen Topf etwa 20 Minuten bei milder Hitze garen. Anschließend abgießen.

2 Inzwischen die Paprikaschoten vierteln, putzen, entkernen und waschen. Die roten Schoten in grobe Stücke schneiden und mit dem Schneidstab fein pürieren. Die anderen Paprikaschoten in schmale Streifen schneiden.

3 Die Zwiebel sehr fein würfeln. Das Öl erhitzen und die Zwiebelwürfel darin glasig dünsten. Die Paprikastreifen dazugeben und unter Rühren etwa 5 Minuten mitdünsten. Das Paprikapüree zum Gemüse geben. Alles gut umrühren und mit Brühe, Cayennepfeffer, Paprikapulver, Rosmarin und Thymian würzen.

4 Den gegarten Reis unter das Gemüse mischen. Den Feta würfeln und darauf streuen.

Für 2 Personen

160 g Naturreis (Rohgewicht)
2 rote Paprikaschoten
1 grüne Paprikaschote
1 gelbe Paprikaschote
1 geschälte Zwiebel
2 EL Olivenöl
1 TL Gemüsebrühe
1 Msp. Cayennepfeffer
je 1 TL Paprikapulver, Rosmarin, Thymian
100 g Feta (Schafskäse)

Reispfanne nach Bauernart K

Zubereitungszeit: ca. 40 Minuten

ca. 460 kcal je Portion

1 Den Reis in 1/2 Liter Wasser zugedeckt ungefähr 20 Minuten bei milder Hitze garen und anschließend abgießen.

2 In der Zwischenzeit die Möhren putzen, schälen und in dünne Scheiben schneiden. Die Austernpilze putzen, mit einem feuchtem Tuch vorsichtig abreiben und in dünne Streifen schneiden.

3 Die Zwiebel schälen und in Ringe schneiden. Die Butter zerlassen und die Zwiebelringe darin glasig dünsten. Möhren und Pilze, sowie Mais und Erbsen (beides unaufgetaut) hinzufügen und unter Rühren kurz mitdünsten lassen. Die Gemüsebrühe angießen und im Anschluss alles bei geringer Hitze etwa 10 Minuten zugedeckt garen.

4 Den Reis zum Gemüse geben. Alles locker mischen und kurze Zeit ziehen lassen. Eventuell mit dem Kräutersalz nachwürzen.

Für 2 Personen

120 g Naturreis (Rohgewicht)
250 g Möhren
300 g Austernpilze
1 große Zwiebel
2 EL Butter
100 g Mais (TK-Ware)
100 g Erbsen (TK-Ware)
125 ml Gemüsebrühe (aus Instantpulver)
etwas Kräutersalz

K Paprikareis mit Safran

Für 1 Person

50 g Naturreis (Rohgewicht)
1 rote Paprikaschote
1 gelbe Paprikaschote
1 Zwiebel
1 EL Sonnenblumenöl
1 TL Gemüsebrühe (Instantpulver)
1 Msp. Safran
40 g saure Sahne
einige Spritzer Worcestersauce
2 EL Petersilie

Zubereitungszeit: ca. 35 Minuten

ca. 390 kcal je Portion

1 Den Reis in 100 ml Wasser etwa 20 Minuten garen, anschließend abgießen.

2 Inzwischen die Paprikaschoten halbieren, das Kerngehäuse entfernen, die Hälften waschen und das Fruchtfleisch in gleichmäßige Rauten schneiden. Die Zwiebel schälen und in gleichmäßige Würfel schneiden.

3 Das Öl in einer Pfanne erhitzen, die Zwiebelwürfel darin goldgelb braten, die Paprikastücke dazugeben und kurze Zeit mit anbraten. Dann mit 100 ml Wasser auffüllen, mit der Brühe würzen und zugedeckt alles etwa 5 Minuten garen.

4 Den Reis unter das Gemüse mischen, das Safranpulver unterrühren und die Gemüse-Reis-Mischung mit der Sahne verfeinern. Zum Schluss mit der Worcestersauce würzen und mit der gehackten Petersilie bestreuen.

K Exotischer Mandelreis

Für 1 Person

50 g Naturreis (Rohgewicht)
2 EL Rosinen
2 cl Doppelkorn
175 ml Gemüsebrühe
1 Zwiebel · 1 TL Butter
2 TL Mandelsplitter
je 1 Msp. gemahlene Gewürznelken, Kardamom und Kurkuma
je 1 Msp. Zimt und abgeriebene Schale einer unbehandelten Zitrone

Zubereitungszeit: ca. 40 Minuten
Zeit zum Durchziehen: 8 Stunden

ca. 320 kcal je Portion

1 Die Rosinen waschen, mit dem Doppelkorn übergießen und sie über Nacht zugedeckt ziehen lassen. Den Reis in der Gewürzbrühe 20 Minuten bei geringer Hitze garen.

2 Die Zwiebel schälen, fein hacken und in der Butter glasig dünsten.

3 Anschließend die Mandelsplitter hinzufügen und kurz mitrösten. Die gemahlenen Nelken, den Kardamom, den Kurkuma und den Zimt darüber streuen und kurz mitbraten.

4 Mit dem Rosinen-Doppelkorn-Gemisch löschen und unter Rühren den gekochten, gut abgetropften Reis und die abgeriebene Zitronenschale untermischen.

Gebratener Gemüsereis K

Zubereitungszeit: ca. 30 Minuten

ca. 440 kcal je Portion

1 Den Sellerie, die Möhren, die Champignons, die Zuckerschoten und die Frühlingszwiebeln waschen und putzen.

2 Den Sellerie in dünne Scheiben, die Frühlingszwiebeln in feine Ringe, die Möhre in feine Stifte schneiden. Die Champignons in dünne Scheiben schneiden. Die Zwiebel schälen und fein würfeln. Den Knoblauch schälen und durch die Presse drücken.

3 Das Öl in einer großen Pfanne erhitzen und die Zwiebeln sowie den Knoblauch unter Rühren darin anbraten.

4 Das vorbereitete Gemüse nach und nach dazugeben, salzen und unter Rühren einige Minuten bei starker Hitze braten.

5 Die Eigelbe mit der Sahne verquirlen und über das Gemüse gießen. Dann den Reis hinzufügen und alles miteinander mischen. Das Ganze noch 2 bis 3 Minuten braten. Zum Schluss alles mit Cayennepfeffer fein abschmecken.

Für 2 Personen

2 Stangen Staudensellerie
1 Möhre
100 g Champignons
100 g Zuckerschoten
2 Frühlingszwiebeln
1 Zwiebel
1 Knoblauchzehe
2 EL Olivenöl
etwas Meersalz
2 frische Eigelb
1 EL süße Sahne
250 g in Gemüsebrühe gekochter Naturreis (ca. 80 g Rohgewicht)
etwas Cayennepfeffer

Scharfes Gemüsehirsotto K

Zubereitungszeit: ca. 40 Minuten

ca. 430 kcal je Portion

1 Hirse in einem Sieb unter heißem Wasser abspülen. Dann zusammen mit der Gemüsebrühe in einen Topf zugedeckt 30 Minuten köcheln lassen, bis die Hirse weich ist. Dann auf ein Sieb geben und abtropfen lassen. Inzwischen Zwiebel schälen und hacken. Möhren schälen und dann in feine Scheiben schneiden.

2 Butter in einem Topf schmelzen lassen und die Zwiebel sowie die Möhren darin andünsten. Die Pfefferschote hinzufügen und mit etwa 1/8 Liter Wasser angießen.

3 Das Ganze zugedeckt etwa 20 Minuten leicht kochen lassen. Dabei gelegentlich umrühren.

4 Danach die Pfefferschote entfernen und die Hirse zum Gemüse geben. Zum Schluss die Sahne hineinrühren und die Petersilie darauf streuen.

Für 2 Personen

100 g Hirse (Rohgewicht)
450 ml Gemüsebrühe
1 Zwiebel
600 g Möhren
30 g Butter
1 getrocknete rote Pfefferschote
75 g saure Sahne
3 EL gehackte Petersilie

Indisches Reisgericht

Für 2 Personen

100 g Naturreis (Rohgewicht)
ca. 13 abgezogene Mandelkerne
1 Zwiebel
1 EL kaltgepresstes Sonnenblumenöl
100 g frische Austernpilze
1 Banane
1 Bund kleine Frühlingszwiebeln
50 g ungeschwefelte Rosinen
1 TL Korianderpulver
1 Msp. geriebene Muskatnuss
1/2 TL zerstoßener Kümmelsamen
1 TL Zimtpulver
1/2 TL Kardamompulver
1/2 TL Anispulver
4 Gewürznelken
1 Msp. Cayennepfeffer
1/4 l Gemüsebrühe (aus Instantpulver)
1 EL Sesamsamen
1/2 Döschen Safranpulver

**Zubereitungszeit:
ca. 1 Stunden 15 Minuten**

ca. 470 kcal je Portion

1 Den Reis in 200 ml Wasser bei milder Hitze im geschlossenen Topf etwa 20 Minuten garen, anschließend abgießen.

2 Inzwischen die Mandeln halbieren und in Stifte schneiden. Die Zwiebel schälen, fein hacken und zusammen mit den Mandelstiften in nicht zu heißem Öl braten. Das Ganze beiseite stellen.

3 Die Pilze putzen, waschen, trockentupfen und in Streifen schneiden. Die Banane schälen, in Scheiben schneiden und zusammen mit den Pilzen zur Zwiebel-Mandel-Mischung geben.

4 Die Frühlingszwiebeln putzen, waschen, das Grün abschneiden und in feine Ringe schneiden. Die Zwiebelchen zusammen mit den Rosinen zur Pilzmischung geben. Das Ganze erhitzen, einige Minuten dünsten, danach mit den Gewürzen kräftig abschmecken, alles mit der Brühe auffüllen und aufkochen.

5 Den Sesam dazugeben und das Ganze bei schwacher Hitze unter Rühren etwa 8 Minuten dünsten lassen.

6 Den abgetropften Reis sowie den Safran darunter mischen. Das Gericht mit den Frühlingszwiebelringen garnieren und sofort servieren.

TIPPS

■ Wählen Sie zu diesem Gericht einen neutralen Salat.

■ Nehmen Sie doch mal Basmati- oder Jasminreis. Diese entfalten einen sehr weichen, zarten Duft und schmecken sehr aromatisch. Sie harmonieren gut mit asiatischen Gewürzen, auf Salz können Sie dann verzichten.

Italienischer Reistopf [K]

Zubereitungszeit: ca. 45 Minuten

ca. 580 kcal je Portion

1 Den Reis in 250 ml Wasser im geschlossenen Topf etwa 20 Minuten bei milder Hitze kochen, anschließend abgießen.

2 In der Zwischenzeit die Zwiebel und den Knoblauch schälen und in kleine Würfel schneiden. Den Lauch putzen, gründlich waschen und in dünne Scheiben schneiden.

3 Die Möhren schälen. Die Zucchini waschen und putzen. Beides in Würfel schneiden.

4 Die Butter in einem Topf schmelzen lassen und die Zwiebel- und Knoblauchwürfel darin andünsten. Den Lauch, die Möhren, die Zucchini und die Erbsen hinzufügen und alles unter gelegentlichem Rühren einige Minuten dünsten.

5 Nun 600 ml Wasser angießen und mit der Gemüsebrühe würzen. Alles aufkochen lassen und bei geringer Hitze zugedeckt etwa 20 Minuten köcheln lassen.

6 Die Petersilie waschen, trockentupfen und fein hacken. Den heißen Reis in die Suppe geben, umrühren und mit den Kräutern bestreuen.

7 Die Suppe in 2 tiefe Teller füllen und mit jeweils einem Klecks Ricotta hübsch garnieren.

TIPPS

■ Sie können auch andere Gemüsearten verwenden, z. B. Sellerie, Tomaten und Paprikaschoten oder Kohlrabi. Den Ricotta kann man mit etwas Sahnedickmilch glattrühren und die Creme unter die fertige Gemüsesuppe ziehen.

■ Ein besonders feines Gericht erhalten Sie, wenn Sie anstelle von normalem Reis Basmatireis verwenden. Würzen Sie mit weißem Pfeffer und mildem Curry.

Für 2 Personen

120 g Naturreis (Rohgewicht)
1 Zwiebel
1 Knoblauchzehe
1 Stange Lauch
300 g Möhren
300 g Zucchini
30 g Butter
100 g Erbsen (TK-Ware)
1 TL Gemüsebrühe (Instantpulver)
1 Bund glatte Petersilie
2 EL gerebeltes Basilikum
50 g Ricotta

Reissalat mit Schinken und Tomaten

Für 1 Person

50 g Joghurt
(3,5 % Fett)
1 EL saure Sahne
1 TL Molkosan
1 EL Schnittlauch
etwas Cayennepfeffer
150 g in Gemüsebrühe
gekochter Naturreis
(ca. 50 g Rohgewicht)
4–5 Blätter
Endiviensalat
50 g roher Rinder-
schinken in Scheiben
100 g kleine Tomaten
evtl. etwas Kräutersalz

Zubereitungszeit: ca. 15 Minuten

ca. 400 kcal je Portion

1 Den Joghurt mit der Sahne und dem Molkosan verrühren. Den Schnittlauch hinzufügen und die Sauce mit Cayennepfeffer würzen. Den Reis mit der Sauce mischen.

2 Den Endiviensalat waschen, trockenschleudern und in Streifen schneiden. Den Schinken in feine Streifen schneiden. Die Tomaten waschen und halbieren oder vierteln.

3 Reis und Gemüse mit Schinken getrennt in verschließbare Gefäße füllen.

4 Kurz vor dem Verzehr den Reis mit dem Endivien, den Schinkenstreifen und den Tomaten mischen. Zum Schluss den Salat eventuell mit etwas Kräutersalz abschmecken.

TIPP
Statt Endiviensalat eignet sich auch Rauke, Frisée- oder Feldsalat.

Feigen-Nuss-Reis

Für 1 Person

60 g Rundkorn-
Naturreis (Rohgewicht)
2 EL Speisequark
(20 % Fett i. Tr.)
1 EL Joghurt (3,5% Fett)
1 EL gemahlene
Haselnüsse
1 EL Frutilose
(Reformhaus)
1 frische Feige
1/2 Banane

Zubereitungszeit: ca. 45 Minuten
Zeit zum Abkühlen: ca. 10 Minuten

ca. 520 kcal je Portion

1 In einem Topf mit 200 ml Wasser den Reis in etwa 25 Minuten zugedeckt bei kleiner Hitze kochen, anschließend abgießen.

2 Den Quark mit dem Joghurt, den gemahlenen Nüssen und der Frutilose verrühren und unter den Reis mischen. Den Reis in ein verschließbares Gefäß füllen.

3 Die Feige schälen und achteln. Die Banane schälen und in dünne Scheiben schneiden. Feigenachtel und Bananenscheiben auf dem Reis verteilen.

TIPP
Das Gericht eignet sich auch als kaltes Dessert. Es reicht für 2 bis 3 Personen. Die Früchte können Sie dann um den abgekühlten Reis legen.

Rosinenreis mit Chicorée **K**

Zubereitungszeit: ca. 45 Minuten

ca. 270 kcal je Portion

1 Die Gemüsebrühe zum Kochen bringen, den Reis hinein streuen, umrühren und zugedeckt bei kleiner Hitze in etwa 25 Minuten ausquellen lassen.

2 Inzwischen die Rosinen waschen und abtropfen lassen. Den Chicorée waschen, putzen, der Länge nach halbieren und den Strunk herausschneiden. Den Chicorée in Streifen schneiden.

3 Etwa 3 Minuten bevor der Reis fertig gegart ist, den Chicorée, die Rosinen und die Zitronenschale hinzufügen. Das Ganze umrühren und zugedeckt zu Ende garen.

4 Danach den Joghurt und den Zimt unter den Reis rühren und mit Petersilie bestreut servieren.

TIPP
Mit etwas abgekühltem Reis, Joghurt und in Streifen geschnittenem Chicorée erhalten Sie einen köstlichen Salat.

Für 2 Personen

200 ml Gemüsebrühe (aus Instantpulver)
100 g Naturreis (Rohgewicht)
2 EL Rosinen
1 Chicoréestaude
1 TL abgeriebene Schale einer unbehandelten Zitrone
2 EL Joghurt (3,5 % Fett)
1/2 TL Zimtpulver
1 EL gehackte Petersilie

Gurkenreis mit Lachsstreifen **K**

Zubereitungszeit: ca. 30 Minuten

ca. 590 kcal je Portion

1 Den Reis in 100 ml Wasser bei milder Hitzezufuhr im geschlossenen Topf etwa 20 Minuten garen, dann mit kaltem Wasser abbrausen und gut abtropfen lassen.

2 Inzwischen die Zwiebel schälen, hacken und in der Butter dünsten. Die Gurke schälen, der Länge nach halbieren und mit einem Löffel das Kerngehäuse herausschaben. Das Fruchtfleisch in dünne Scheiben schneiden und zu den Zwiebeln geben.

3 Alles mit der Gemüsebrühe würzen und etwa 10 Minuten schmoren lassen. Danach der Reis hinzufügen und die Sahne unterrühren.

4 Den gewaschenen, abgezupften und fein gehackten Dill darüber streuen und abschließend das Gericht mit den Lachsstreifen garnieren.

Für 1 Person

50 g Naturreis (Rohgewicht)
1 Zwiebel
1 TL Butter
1 reife Schmorgurke
1 TL Gemüsebrühe (Instantpulver)
80 g süße Sahne
1/2 Bund Dill
40 g Räucherlachs (in Streifen geschnitten)

Apfel-Dickmilch-Reis

Für 2 Personen

*100 g Naturrund-
kornreis (Rohgewicht)
3 mürbe, süße Äpfel
(z.B. Cox Orange)
je 4 EL ungeschwefelte
Rosinen und Honig
175 g Sahnedickmilch
1–2 TL Zimtpulver*

Zubereitungszeit: ca. 45 Minuten

ca. 610 kcal je Portion

1 Den Reis in 200 ml Wasser bei geringer Hitze im geschlossenen Topf etwa 20 Minuten garen, anschließend abgießen.

2 In der Zwischenzeit die Äpfel schälen, entkernen, klein würfeln, in einen Topf geben, etwas Wasser angießen und Rosinen sowie Honig hinzufügen. Das Ganze bei geringer Hitze ungefähr 10 Minuten dünsten.

3 Anschließend den gut abgetropften Reis mit der Apfel-Rosinen-Mischung vermengen, die Dickmilch darunterrühren und alles mit Zimt bestäuben.

TIPPS
- Essen Sie vorher einen neutralen Salat.

- Der Apfelreis schmeckt warm und kalt.

Süße Reisfladen

Für 2 Personen

*120 g Naturrund-
kornreis (Rohgewicht)
50 g süße Sahne
70 g ungeschwefelte
Rosinen
1/2 TL Zimt
5 EL Frutilose
(Reformhaus)
60 g Butter
4 EL gehackte Mandeln*

**Zubereitungszeit: ca. 45 Minuten
Kühlzeit: ca. 1 Stunde**

ca. 720 kcal je Portion

1 Den Reis in 250 ml Wasser bei milder Hitze unter ständigem Rühren ungefähr 25 Minuten garen, anschließend abgießen.

2 Die Sahne, die Rosinen, den Zimt und die Frutilose hinzufügen und das Risotto zum Abkühlen beiseite stellen.

3 Die Hälfte der Butter in einer Pfanne zerlassen und die Hälfte der Mandeln darin anrösten. Die Hälfte des kalten Risottos hinzufügen und in der Pfanne flach drücken.

4 Den Reisfladen bei mittlerer Hitze einige Minuten knusprig braten. Dann wenden und ihn auf der anderen Seite ebenfalls einige Minuten braten. Den zweiten Fladen ebenso zubereiten.

Apfelrisotto mit Rosinen, Pistazien und Mandeln

Zubereitungszeit: ca. 1 Stunde

ca. 620 kcal je Portion

1 Die Zwiebel schälen und würfeln. Das Öl in einem Topf erhitzen und die Zwiebelstücke darin anschwitzen. Sobald sie glasig werden, den Reis dazugeben und kurz anbraten.

2 Den Curry darauf stäuben, unter Rühren ganz kurz mitrösten und dann mit der Brühe ablöschen. Kurkuma und Ingwer dazugeben und alles einmal aufkochen. Den Reis zugedeckt etwa 5 Minuten köcheln lassen.

3 In der Zwischenzeit die Apfelringe etwa 1 cm groß würfeln. Die Stücke nach etwa 5 Minuten mit den Rosinen in den Topf geben. Alles weitere 20 Minuten zugedeckt bei schwacher Hitze garen. Dabei einige Male umrühren.

4 Das Risotto sollte am Ende der Garzeit die Kochflüssigkeit gerade aufgesogen haben. Sollte noch zu viel Flüssigkeit im Topf sein, kurz vor Ende der Garzeit den Deckel öffnen und das Wasser verdampfen lassen. Sollte der Reis noch nicht gar sein, die Flüssigkeit jedoch schon komplett aufgenommen sein, geben Sie esslöffelweise noch etwas Wasser dazu.

5 Die Mandeln halbieren. Das Risotto je nach Geschmack noch mit etwas Meersalz abschmecken und auf 2 Tellern anrichten. Die Pistazien und die Mandeln darauf verteilen.

TIPPS

■ Wenn man keinen Basmatireis hat, kann man auch normalen Rundkornreis (auch als Milchreis bezeichnet) verwenden. Er kocht weicher, das Gericht wird eher breiig als körnig.

■ Den Reis können Sie auch gut kalt essen. Mischen Sie dafür Pistazien und Mandeln darunter, geben Sie das Ganze in Schälchen und lassen Sie es erkalten. Dann können Sie den Reis auf kleine Tellerchen stürzen.

Für 2 Personen

1 kleine Zwiebel
2 EL Sonnenblumenöl
120 g Vollkorn-Basmati-Reis (Rohgewicht)
1/2 TL Currypulver
300 ml vegetarische Gemüsebrühe (hergestellt aus Instantpulver)
1/2 TL Kurkuma
1 Msp. Ingwerpulver
6 ungeschwefelte, getrocknete Apfelringe
2 EL ungeschwefelte Rosinen
etwas Meersalz
10 geschälte Mandeln
2 EL geschälte Pistazien

K Hirsotto mit Pinienmöhren

Für 2 Personen

1 Stange Lauch
1 Knoblauchzehe
1 EL kaltgepresstes
Olivenöl
100 g Hirse
400 ml Gemüsebrühe
(aus Instantpulver)
2 EL Schmand (saure
Sahne , 24% Fett)
1 TL Honig
3 EL gehackte Petersilie
2 EL Pinienkerne
1–2 Bund junge Möhren
etwas Meersalz

Zubereitungszeit: ca. 45 Minuten

ca. 420 kcal je Portion

1 Den Lauch gründlich waschen, putzen, in feine Streifen schneiden. Knoblauch schälen und durch die Presse drücken. Öl in einem Topf erhitzen und die Hirse unter Rühren darin andünsten. Gemüsebrühe dazugeben, aufkochen lassen und die Hirse bei kleiner Hitze zugedeckt in etwa 15 Minuten ausquellen lassen.

2 Den Schmand mit Honig und Petersilie verrühren. Die Pinienkerne in einer Pfanne ohne Fett unter Rühren goldbraun rösten. Nun den Lauch und den Knoblauch zur Hirse geben und alles noch 5 Minuten weitergaren.

3 Inzwischen die Möhren waschen, putzen und schälen. Wenn die Möhren relativ dick sind, sie der Länge nach halbieren oder vierteln.

4 Die Möhren in etwas leicht gesalzenem Wasser in etwa 5 Minuten bissfest dünsten. Dann das Wasser abgießen, den vorbereiteten Schmand unter die Möhren heben und die Pinienkerne darüber streuen. Die Möhren zum Hirsotto servieren.

K Haferflockenbratlinge mit Kräutersauce

Für 2 Personen

1 Zwiebel · 30 g Butter
120 g Haferflocken
220 ml Gemüsebrühe
1 TL gehackter Majoran
1 Eigelb
2 EL Semmelbrösel
3 EL Sonnenblumenöl
5 EL frische Kräuter
75 g saure Sahne
100 g Naturjoghurt
(3,5 % Fett)
1 TL Kräutersalz

Zubereitungszeit: ca. 30 Minuten

ca. 580 kcal je Portion

1 Zwiebel schälen und in dünne Ringe schneiden. In der Butter glasig dünsten. Haferflocken zur Zwiebel geben, Gemüsebrühe angießen. Alles mit dem Majoran würzen. Das Ganze unter Rühren zu einem dicken Brei kochen. Diesen dann abkühlen lassen und das Eigelb darunter mischen.

2 Aus dem Teig mit nassen Händen 4 Bratlinge formen und in den Semmelbröseln wenden. Das Öl in einer Pfanne erhitzen und die Bratlinge darin von beiden Seiten 5 bis 7 Minuten braten.

3 Für die Sauce die Kräuter verlesen, waschen, trockenschütteln und sehr fein hacken. Die saure Sahne mit dem Joghurt cremig rühren. Die Kräuter darunter rühren und die Sauce mit Kräutersalz würzen.

Pilzhirsotto

1 Die Hirse mit heißem Wasser abspülen. Danach zusammen mit 1/2 l Wasser, dem Salz und dem Safran in einem Topf aufkochen und zugedeckt bei milder Hitze in etwa 30 Minuten ausquellen lassen.

2 In der Zwischenzeit die Zwiebel schälen und in schmale Streifen schneiden. Die Pilze putzen, mit einem feuchten Tuch vorsichtig abreiben und in kleine Streifen schneiden.

3 Das Olivenöl in einer Pfanne erhitzen. Zwiebel und die Pilze darin 10 bis 15 Minuten bei mittlerer Hitze unter Rühren braten. Mit der Brühe und dem Kräutersalz würzen.

4 Die abgetropfte Hirse mit etwa 100 ml Kochwasser zusammen unter die Pilze heben. Das Ganze mit wenig Muskat würzen. Die saure Sahne darunter mischen.

5 Die Tomaten waschen und halbieren. Das Hirsotto mit den Tomaten und dem Basilikum garnieren.

Für 2 Personen

100 g Hirse (Rohgewicht)
etwas Meersalz
1/2 Döschen Safranpulver
1 große Zwiebel
350 g Austernpilze
1 1/2 EL Olivenöl
1 TL Gemüsebrühe (Instantpulver)
1/2 EL Kräutersalz
1 Msp. geriebene Muskatnuss
40 g saure Sahne
12 Kirschtomaten
10 Basilikumblättchen

Käserisotto mit grünem Spargel

1 Die Zwiebel schälen und fein würfeln. Das Öl in einem Topf erhitzen und die Zwiebelwürfel darin andünsten. Den Reis hinzufügen und glasig werden lassen. Die Brühe dazugießen, alles aufkochen lassen und den Reis zugedeckt bei kleiner Hitze in etwa 40 Minuten ausquellen lassen.

2 Inzwischen den Spargel waschen und eventuell die Enden abschneiden. Den Spargel schräg in etwa 3 cm lange Stücke schneiden. Diese in reichlich leicht gesalzenem Wasser in etwa 15 Minuten bissfest kochen.

3 Den Käse in kleine Würfel schneiden und dann in dem fertig gegarten Reis schmelzen lassen. Zum Schluss den Spargel und den Kerbel sorgfältig unter den Reis heben.

Für 2 Personen

1 Zwiebel
1 EL Olivenöl
120 g Reis (Rohgewicht)
ca. 250 ml Gemüsbrühe (aus Instantpulver)
250 g grüner Spargel
etwas Meersalz
50 g Butterkäse (mind. 60% Fett i.Tr.)
3 EL gehackter Kerbel

Grünkernplätzchen mit Sauerrahmsauce und Roten Beten

Für 2 Personen

120 g Grünkernschrot
250 ml Gemüsebrühe
(aus Instantpulver
4 rote Beten (ca. 600 g)
2 Frühlingszwiebeln
1/2 TL Thymian
2 Eigelb
etwas Meersalz
2 EL kaltgepresstes
Olivenöl
200 g saure Sahne
1/2 Bund Dill

Zubereitungszeit: ca. 1 Stunde

ca. 700 kcal je Portion

1 Das Schrot in einen kleinen Topf geben, die Gemüsebrühe darüber gießen und das Getreide etwa 10 Minuten quellen lassen.

2 In der Zwischenzeit die roten Beten waschen und unversehrt in einen kleinen Topf geben. Sie knapp mit Wasser bedecken und einmal aufkochen. Das Gemüse danach bei schwacher Hitze etwa 25 Minuten zugedeckt garen.

3 Das Schrot einmal aufkochen. Den Topf vom Herd nehmen und das Getreide zugedeckt etwa 10 Minuten quellen lassen. Währenddessen die Frühlingszwiebeln waschen, putzen und in feine Ringe schneiden.

4 Das leicht abgekühlte Grünkernschrot mit dem Thymian, den Frühlingszwiebeln und den Eigelben vermischen und alles mit Salz abschmecken.

5 1 Eßlöffel Öl in einer Pfanne erhitzen und mit einem Löffel kleine, runde Teigplätzchen in die Pfanne setzen. Diese bei mittlerer Hitze goldbraun braten. Den gesamten Teig so zubereiten und das restliche Olivenöl dabei nach und nach in die Pfanne geben.

6 In der Zwischenzeit die fertig gegarten roten Beten abschütten und abschrecken. Die Haut unter fließendem Wasser mit den Händen von den Knollen abgießen. Das Gemüse in dünne Scheiben schneiden.

7 Die saure Sahne in einer kleinen Schüssel glattrühren. Den Dill waschen, trockentupfen und die dicken Stiele entfernen. Das Grün sehr fein schneiden und mit etwas Salz unter die saure Sahne mischen.

8 Die roten Beten und die Grünkernplätzchen auf 2 Tellern verteilen und die Sauerrahmsauce daneben anrichten.

TIPP
Statt roten Beten eignen sich auch Tomaten-, Paprika- oder Zucchinigemüse als neutrale Beilage. Wenn Sie Kalorien sparen wollen, bereiten Sie die Sauce mit Vollmilchjoghurt zu, und lassen Sie die Plätzchen auf Küchenkrepp abtropfen.

Getreideauflauf

Zubereitungszeit: ca. 50 Minuten
Quellzeit: über Nacht

ca. 520 kcal je Portion

1 Den Grünkern über Nacht in kaltem Wasser einweichen. Im Einweichwasser mit der Gemüsebrühe etwa 30 Minuten garen.

2 Das Gemüse vorbereiten. Das Fett in einer Pfanne erhitzen. Den Lauch und die Zwiebel darin glasig andünsten. Die in Blätter geschnittenen Champignons und den Paprika hinzufügen.

3 Den gut abgetropften Grünkern untermischen.

4 Mit Knoblauch, Curry, Muskat, Gemüsebrühe, Majoran (evtl. auch Kardamom) abschmecken. Weitere 15 Minuten bei schwacher Hitze köcheln lassen.

5 Mit der Sahne verfeinern. Zum Schluß mit Käsestreifen belegen. Nochmals zugedeckt leicht erhitzen, bis der Käse ganz geschmolzen ist.

Für 1 Person

50 g Grünkernkörner
1/2 TL Gemüsebrühe
200 g Lauch
1 gewürfelte Zwiebel
125 g Champignons
1 rote Paprika
1 TL Pflanzenfett
1 Knoblauchzehe
1 TL Curry
1 Msp. Muskat
1 TL Gemüsebrühe
je 1 Msp. Majoran
40 g süße Sahne
30 g Rahmgouda
(60% Fett i. Tr.)

Grünkernbratlinge mit Mandelkruste

Zubereitungszeit: ca. 40 Minuten
Quellzeit: ca. 1 Stunde

ca. 140 kcal je Bratling

1 Zwiebel sehr fein hacken und in der Butter glasig dünsten. Mit etwas Grünkernmehl leicht bestäuben. Mit 160 ml Wasser ablöschen. Das restliche Grünkernmehl hinzufügen. Die Masse kurz aufkochen lassen, sodass ein fester Teig entsteht; dabei mit einem Wender ständig umrühren.

2 Mit der Gemüsebrühe Muskatnuss, Liebstöckel, Majoran, Sahnedickmilch und Eigelb verrühren, würzig abschmecken und 1 Stunde quellen lassen.

3 Nach der Quellzeit aus dem Teig mit nassen Händen fünf Bratlinge formen und in den gehobelten Mandelblättchen wälzen.

4 In einer beschichteten Pfanne das Fett erhitzen und die Bratlinge zugedeckt bei milder Hitze 12 bis 15 Minuten ausbacken.

Für 2 Personen

1 Zwiebel
1 TL Butter
80 g Grünkern
1 TL Gemüsebrühe
(Instantpulver)
1 Msp. geriebene
Muskatnuss
1/2 TL Liebstöckel
1/2 TL Majoran
40 g Sahnedickmilch
1 Eigelb
4 TL Mandelblättchen
4 TL Pflanzenfett

K Grünkerntaler mit Tomatensauce

Für 2 Personen

1 Zwiebel
2 EL Olivenöl
250 ml Gemüsebrühe
(aus Instantpulver)
80 g Grünkernschrot
1 frisches Eigelb
2 EL gemahlene
Haselnüsse
2 EL feine Haferflocken
50 g Butterkäse
(mind. 50% Fett i.Tr.)
1 EL Schnittlauch-
röllchen
2–3 Zweige Basilikum
400 g Tomaten
1 Knoblauchzehe
1 EL Olivenöl
1/2 TL Kräutersalz
1 Msp. scharfer Paprika

Zubereitungszeit: ca. 35 Minuten

ca. 550 kcal je Portion

1 Die Zwiebel schälen und fein würfeln. In einem Topf 1 Esslöffel Öl erhitzen und die Zwiebelwürfel darin glasig dünsten. Die Brühe dazugießen und das Schrot unter kräftigem Rühren einstreuen. Das Schrot auf der abgeschalteten Herdplatte in etwa 15 Minuten zugedeckt ausquellen lassen, dabei ab und zu umrühren.

2 Inzwischen für die Tomatensauce das Basilikum waschen und die Blättchen von den Stielen zupfen. Die Tomaten über Kreuz einritzen, kurz überbrühen, abschrecken, enthäuten und die Stielansätze herausschneiden. Die Tomaten halbieren, entkernen und das Fruchtfleisch in grobe Würfel schneiden. Den Knoblauch schälen und durch die Presse drücken.

3 Die Tomatenwürfel zusammen mit Knoblauch, Öl, Kräutersalz und Paprikapulver pürieren.

4 Das ausgequollene Schrot mit Eigelb, Haselnüssen und Haferflocken verrühren. Den restlichen Esslöffel Olivenöl in einer Pfanne

erhitzen. Aus dem Teig 4 bis 5 flache Bratlinge formen und diese im Öl von jeder Seite etwa 5 Minuten knusprig braun braten.

5 Den Käse in kleine Würfel schneiden. Kurz vor Ende der Bratzeit den Käse auf den Bratlingen verteilen und schmelzen lassen. Die Bratlinge mit den Schnittlauchröllchen bestreuen und zu der Tomatensauce servieren.

TIPP
Man kann statt der Grünkerntaler auch Grünkernbratlinge zubereiten. Dafür benötigen Sie ganze Grünkernkörner, die Sie über Nacht in Wasser einweichen (ca. 100 g Rohgewicht). Dazu passt Tomatensalat, Gurkensalat oder Karottenrohkost.

Grünkern-Quark-Auflauf K

Zubereitungszeit: ca. 1 Stunde
Quellzeit: ca. 8 Stunden

ca. 610 kcal je Portion

1 Grünkern über Nacht mit Wasser bedeckt quellen lassen. Bei geringer Hitze zugedeckt 25 Minuten garen. Gut abtropfen lassen.

2 Den Kohlrabi putzen und schälen. 1 Knolle in dünne Scheiben schneiden und 2 Minuten blanchieren. Mit einem Schaumlöffel herausnehmen und abtropfen lassen. Die anderen Knollen in mundgerechte Stifte schneiden und beiseite stellen.

3 Den Quark mit Mineralwasser, Petersilie, Muskat und Eigelben cremig rühren. Leicht salzen. Den Backofen auf 175 °C vorheizen.

5 Auflaufform mit Butter ausfetten und den Boden mit einem Teil der blanchierten Kohlrabischeiben belegen. Darauf einen Teil der gekochten Grünkernkörner, dann eine Schicht Quarkcreme geben, so fortfahren und mit einer Quarkschicht abschließen.

6 Käse in kleine Würfel schneiden und darauf streuen. Im Ofen auf der mittleren Schiene etwa 18 bis 20 Minuten backen. Dazu die Kohlrabistifte als Rohkost essen.

Für 2 Personen

120 g Grünkernkörner
3 Kohlrabi
250 g Quark
(20 % Fett i. Tr.)
100 ml Mineralwasser
4 EL gehackte Petersilie
1 Msp. Muskat
2 Eigelb
etwas Meersalz
etwas Butter für
die Form
50 g Blauschimmelkäse
(60% Fett i.Tr.)

Gebackene Grießrauten K

Zubereitungszeit: ca. 40 Minuten

ca. 510 kcal je Portion

1 Zunächst 180 ml Wasser mit der Sahne in einem Topf erhitzen. Den Knoblauch schälen und durch eine Presse dazudrücken. Vollkorngrieß unter Rühren in die Flüssigkeit rieseln lassen. Bei geringer Hitzezufuhr unter ständigem Rühren so lange ausquellen lassen, bis eine feste Grießmasse entstanden ist.

2 Den Grieß in einer Schüssel etwas abkühlen lassen. Vom Käse die Rinde entfernen und den Käse würfeln. Dann Eigelb, Majoran und Käse unter die Grießmasse rühren. Backofen auf 175 °C vorheizen.

3 Backblech mit der Butter gut ausfetten, mit der Grießmasse bestreichen. Mit Sesam bestreuen. Im Backofen in 10 bis 15 Minuten goldgelb backen. Anschließend sofort in kleine Rauten schneiden. Noch warm servieren.

Für 2 Personen

50 g süße Sahne
1 Knoblauchzehe
100 g Weizenvoll-
korngrieß
80 g Blauschimmelkäse
(mind. 50 % Fett i.Tr.)
1 Eigelb
1 EL gehackte Majoran-
blättchen
1 EL Butter
2 EL Sesamkörner

Nudel- und Kartoffelgerichte

 ## Spaghetti mit Mangoldgemüse

Für 2 Personen

1 Zwiebel
1 Knoblauchzehe
2 Stangen Bleichsellerie
400 g Mangold
120 g Vollkornspaghetti (Rohgewicht)
1/2 TL Meersalz
1 EL kaltgepresstes Olivenöl
300 ml Gemüsebrühe (Instantpulver)
1 TL gehackter Thymian
1 TL gehackter Rosmarin
75 g Doppelrahm-frischkäse (60 oder 70% Fett i.Tr.)
1–2 TL feines Weizen-vollkornmehl

Zubereitungszeit: ca. 25 Minuten

ca. 490 kcal je Portion

1 Die Zwiebel schälen und fein würfeln. Den Knoblauch schälen und durch die Presse drücken. Den Bleichsellerie waschen, putzen und in dünne Scheiben schneiden.

2 Mangold waschen, putzen, die Blätter von den Stielen schneiden. Beides in Streifen schneiden.

3 Für die Spaghetti reichlich leicht gesalzenes Wasser zum Kochen bringen und die Nudeln darin in 8 bis 11 Minuten bissfest garen.

4 Inzwischen das Öl erhitzen und die Zwiebel und den Knoblauch darin glasig dünsten. Den Sellerie, die Mangoldstiele und die Brühe dazugeben und alles aufkochen lassen.

5 Die Kräuter hinzufügen und das Gemüse bei kleiner Hitze etwa 10 Minuten garen. Mangoldblätter zum Gemüse geben und alles weitere 3 bis 4 Minuten garen.

6 Dann den Frischkäse unter gelegentlichem Umrühren im Gemüse schmelzen lassen. Das Mehl mit etwas Wasser anrühren, in die Sauce einrühren und kurz aufkochen lassen. Das Gemüse zu den Spaghetti servieren.

TIPPS
- Statt Mangold können Sie auch Blattspinat verwenden.

- Besonders pikant schmeckt das Ganze, wenn Sie statt Doppelrahmfrischkäse Edelpilzkäse (z.B. Roquefort) nehmen. Er ist mit über 50% Fett i. Tr. neutral und passt zu Kohlenhydratgerichten.

Nudeln mit Zucchinisauce und Kürbiskernen

Zubereitungszeit: ca. 25 Minuten

ca. 500 kcal je Portion

1 Die Zucchini waschen, putzen, der Länge nach vierteln und quer in dünne Scheiben schneiden. Den Lauch gründlich waschen, putzen und in dünne Ringe schneiden. Den Knoblauch schälen und durch die Presse drücken.

2 Die Nudeln in reichlich leicht gesalzenem Wasser in 8 bis 11 Minuten bissfest garen.

3 Inzwischen das Öl in einem Topf erhitzen und Zucchini, Lauch und Knoblauch darin andünsten. Die Brühe angießen, den Thymian dazugeben und das Gemüse etwa 8 Minuten bissfest dünsten.

4 Die Sahne unter das Gemüse rühren. Das Mehl mit etwas Wasser anrühren, in die Sauce einrühren und kurz aufkochen lassen.

5 Die Nudeln abgießen. Sie auf zwei Teller verteilen, die Sauce darüber geben und alles mit den Kürbiskernen bestreuen.

Für 2 Personen

2 kleine Zucchini (ca. 300 g) · 200 g Lauch
1 Knoblauchzehe
140 g Vollkornnudeln (Rohgewicht)
etwas Meersalz
1 EL Olivenöl
50 ml Gemüsebrühe
2 TL gehackter Thymian
60 g süße Sahne
1–2 TL feines Weizenvollkornmehl
3 EL geschälte Kürbiskerne

Makkaroni mit Fenchel-Zwiebel-Gemüse **K**

Zubereitungszeit: ca. 30 Minuten

ca. 500 kcal je Portion

1 Die Makkaroni in reichlich leicht gesalzenem Wasser in etwa 8 bis 11 Minuten bissfest garen.

2 Inzwischen den Fenchel waschen, putzen, der Länge nach halbieren und in Streifen schneiden. Die Zwiebeln schälen und achteln.

3 Das Öl in einem Topf erhitzen und die Zwiebeln darin andünsten. Fenchel, fein gehackte Petersilie, Cayennepfeffer und Paprikapulver dazugeben und unterrühren.

4 Das Gemüse zugedeckt etwa 10 Minuten garen. Den Frischkäse unter Rühren in dem Gemüse schmelzen lassen. Dann das Ganze mit Kräutersalz abschmecken.

5 Das Fenchelgemüse auf die abgetropften Nudeln geben und alles mit Schnittlauch bestreuen.

Für 2 Personen

120 g Vollkornmakkaroni (Rohgewicht)
etwas Meersalz
2 Fenchelknollen
3 Zwiebeln
2 EL Olivenöl
2 EL Petersilie
1 Msp. Cayennepfeffer
1/2 TL Paprikapulver
120 g Doppelrahmfrischkäse mit Kräutern
etwas Kräutersalz
2 EL Schnittlauch

K Majoranspaghetti mit Zucchini

Für 2 Personen

1 kleine Zwiebel
1 Knoblauchzehe
1 Zucchini (ca. 200 g)
3 EL kaltgepresstes
Olivenöl
etwas Kräutersalz
120 g Vollkornspaghetti
ohne Ei (Rohgewicht)
etwas Meersalz
1 EL Butter
1 frisches Eigelb
2–3 Stängel frischer
Majoran

Zubereitungszeit: ca. 30 Minuten

ca. 380 kcal je Portion

1 Zwiebel und Knoblauch schälen und fein hacken. Zucchini waschen, putzen, in dünne Scheiben schneiden. 2 Esslöffel Öl erhitzen. Zwiebel sowie Knoblauch darin glasig dünsten. Die Zucchinischeiben dazugeben, zugedeckt etwa 10 Minuten bei schwacher Hitze garen. Mit Kräutersalz würzen.

2 In der Zwischenzeit reichlich leicht gesalzenes Wasser zusammen mit 1 Esslöffel Öl zum Kochen bringen und die Nudeln darin in 8 bis 10 Minuten bissfest garen.

3 Die Butter in einem Töpfchen zerlassen. Das Eigelb darin cremig rühren.

4 Die Nudeln abgießen, abtropfen lassen, in eine große Schüssel geben, mit dem Eigelb und den Zucchinischeiben mischen.

5 Majoran waschen, trockentupfen, Blättchen von den Stielen zupfen und fein hacken und unter die Spaghetti mischen.

K Spaghetti mit getrockneten Tomaten

Für 3 Personen

etwas Meersalz
1 TL kaltgepresstes
Olivenöl für die Nudeln
250 g Vollkornspaghetti
(Rohgewicht)
8 getrocknete Tomaten
(in Öl eingelegt)
1 rote Chilischote
1 Knoblauchzehe
3 EL Öl (von den einge-
legten Tomaten oder
kaltgepresstes Olivenöl)
etwas Kräutersalz
2 EL Pinienkerne

Zubereitungszeit: ca. 20 Minuten

ca. 390 kcal je Portion

1 In einem großen Topf reichlich leicht gesalzenes Wasser zum Kochen bringen. Olivenöl hinzufügen und die Spaghetti darin „al dente" garen.

2 In der Zwischenzeit die Tomaten aus dem Öl nehmen, in ein Sieb geben und das abtropfende Öl dabei auffangen. Das Fruchtfleisch sehr fein hacken. Die Chilischote waschen, aufschlitzen und die Kerne herausschaben. Die Schote danach sehr fein würfeln.

3 Den Knoblauch schälen und in eine mittelgroße Schüssel pressen. Ihn mit den Tomaten- und den Chilistücken sowie dem Öl verrühren. Die Sauce mit etwas Kräutersalz würzen.

4 Die Spaghetti abschütten, zu der Sauce in die Schüssel geben und darin wenden. Danach auf zwei tiefe Teller verteilen und die Pinienkerne darauf streuen.

Spaghetti mit Paprikasauce **K**

Zubereitungszeit: ca. 30 Minuten

ca. 570 kcal je Portion

1 Die Zwiebel schälen und in dünne Spalten schneiden. Nach Belieben den Knoblauch schälen und zerdrücken. Beide Zutaten im Olivenöl glasig dünsten.

2 Paprikaschote halbieren, Kerngehäuse entfernen, waschen, Fruchtfleisch in sehr feine Streifen schneiden, zu der Zwiebel geben und 5 Minuten schmoren lassen.

3 In der Zwischenzeit die Nudeln in leicht gesalzenem Wasser 10 bis 12 Minuten bissfest garen. Sie dann abgießen und in die Zwiebel-Paprika-Pfanne geben. Das Ganze mit dem Kräutersalz, dem Cayennepfeffer, dem Paprikapulver und der Brühe gut würzen. Oliven und Schafskäse darunter rühren.

4 Die Tomaten waschen, trockenreiben und halbieren. Die Nudeln mit den Tomatenhälften sowie dem Basilikum servieren.

TIPP
Essen Sie dazu einen neutralen Tomatensalat.

Für 1 Person

1 dicke Zwiebel
1 Knoblauchzehe
1 EL Olivenöl
1 kleine rote Paprikaschote
60 g Vollkornspaghetti (Rohgewicht)
etwas Meersalz
1/2 TL Kräutersalz
1 Msp. Cayennepfeffer
1 TL Paprikapulver
1 TL Gemüsebrühe
8 schwarze Oliven
50 g Schafskäse
3 Kirschtomaten
6 Basilikumblättchen

Spaghetti mit Knoblauchsauce **K**

Zubereitungszeit: ca. 20 Min.

ca. 420 kcal je Portion

1 Die Spaghetti in reichlich leicht gesalzenem Wasser in 10 Minuten bissfest garen.

2 In der Zwischenzeit den Knoblauch schälen, durch eine Presse in das Öl drücken und die Sauce mit Kräutersalz und Cayennepfeffer abschmecken.

3 Die Nudeln abgießen, kurz mit recht warmem Wasser abbrausen und mit der Knoblauchsauce mischen. Den Majoran darüber streuen.

TIPP
Dazu passt ein neutraler Tomatensalat. Soll es schnell gehen, können Sie auch in Scheiben geschnittene Tomaten dazu essen.

Für 2 Personen

160 g Vollkornspaghetti (Rohgewicht)
etwas Meersalz
1–2 Knoblauchzehen
3 EL kaltgepresstes Olivenöl
etwas Kräutersalz
1 Msp. Cayennepfeffer
2 EL gehackte Majoranblättchen

Möhrenspaghetti mit Salbeibutter

K

Für 3 Personen

etwas Meersalz
1 TL kaltgepresstes Olivenöl
250 g Vollkornspaghetti (Rohgewicht)
1 große Möhre (ca. 150 g)
2–3 Zweige Salbei
80 g Butter
1 Knoblauchzehe

Zubereitungszeit: ca. 25 Minuten

ca. 400 kcal je Portion

1 In einem großen Topf reichlich leicht gesalzenes Wasser zum Kochen bringen. Das Öl dazugeben. Die Nudeln im kochenden Wasser nach Packungsanweisung garen.

2 In der Zwischenzeit die Möhre schälen, putzen und der Länge nach in etwa 2 mm dünne Scheiben schneiden. Diese anschließend in lange, spaghettiähnliche Streifen schneiden.

3 Etwa 3 Minuten vor Ende der angegebenen Kochzeit der Nudeln die Möhrenstreifen dazugeben.

4 Zwischendurch den Salbei waschen, sorgfältig trockentupfen, die Blätter von den Stielen zupfen und zerkleinern.

5 Die Butter in einer Pfanne erhitzen, bis sie anfängt zu schäumen. Die Pfanne vom Herd nehmen und die Salbeiblätter darin kurz anbraten.

6 Die Nudeln und die Möhrenstreifen in ein Sieb schütten und gut abtropfen lassen.

7 Das Ganze auf 2 tiefen Tellern anrichten, die Salbeibutter darauf verteilen und alles mit frisch gepresstem Knoblauch würzen.

TIPPS

- Essen Sie vorher einen Teller Salat aus der neutralen Gruppe.

- Wenn Sie das Nussaroma dieses Gerichtes verstärken möchten, können Sie noch 2 Esslöffel gehackte Haselnüsse in die erhitzte Butter geben.

Nudeln mit Pilz-Sahne-Sauce **K**

Zubereitungszeit: ca. 45 Minuten

ca. 400 kcal je Portion

1 Die Pilze putzen, wenn nötig, waschen und zerkleinern. Die Zwiebel schälen und fein würfeln,

2 Die Butter in einer Pfanne schmelzen lassen und die Zwiebelwürfel darin glasig dünsten. Die Pilze hinzufügen und bei mittlerer Hitze mit anbraten.

3 Die Gemüsebrühe dazugießen und das Ganze in der geschlossenen Pfanne 20 bis 25 Minuten köcheln lassen.

4 Zwischenzeitlich die Nudeln in leicht gesalzenem Wasser in etwa 10 Minuten bissfest garen. Dann abgießen.

5 Die Pilzsauce mit der Sahne und der Petersilie verfeinern und alles zusammen mit den Nudeln servieren.

Für 2 Personen

350 g Champignons, Pfifferlinge oder andere Pilze
1 Zwiebel
30 g Butter
250 ml Gemüsebrühe (Instantpulver)
120 g Vollkornnudeln (Rohgewicht)
etwas Meersalz
80 g süße Sahne
3 EL gehackte Petersilie

Bandnudeln mit Gemüse-Käse-Sauce **K**

Zubereitungszeit: ca. 40 Minuten

ca. 590 kcal je Portion

1 Den Lauch putzen, halbieren, waschen und in schmale Streifen schneiden. Die Zwiebel schälen und in dünne Ringe schneiden. Die Pilze putzen, kurz waschen und die größeren Köpfe halbieren.

3 Butter schmelzen lassen. Lauch, Zwiebeln und Pilze darin andünsten. Anschließend mit dem Vollkornmehl bestäuben.

4 Dann 1/4 Liter Wasser und die Sahne angießen, mit der Gemüsebrühe und Muskatnuss würzen. 10 Minuten köcheln lassen.

5 In der Zwischenzeit die Nudeln in leicht gesalzenem Wasser in etwa 10 Minuten bissfest garen, dann abgießen.

6 Käse in Würfel schneiden, zur Gemüse-Pilz-Sauce geben und unter ständigem Rühren schmelzen lassen. Die Nudeln zusammen mit der Sauce anrichten.

TIPP
Essen Sie dazu einen neutralen Salat.

Für 2 Personen

1 Stange Lauch
1 Zwiebel
150 g kleine Champignons
30 g Butter
2 EL feines Weizenvollkornmehl
50 g süße Sahne
1 EL Gemüsebrühe (Instantpulver)
1 Msp. geriebene Muskatnuss
120 g Vollkornbandnudeln (Rohgewicht)
etwas Meersalz
30 g Butterkäse (60 % Fett i.Tr.)

K Nudeln in Steinpilzsauce

Für 2 Personen

500 g frische Steinpilze
1 Zwiebel
120 g Vollkornband-
nudeln (Rohgewicht)
etwas Meersalz
30 g Butter
1 1/2 TL Kräutersalz
2 EL feines Grünkern-
vollkornmehl
50 g süße Sahne
2 EL gehackte Petersilie

Zubereitungszeit: ca. 45 Minuten

ca. 410 kcal je Portion

1 Die Pilze putzen, mit einem feuchten Tuch abreiben und in dünne Scheiben schneiden. Die Zwiebel schälen und fein würfeln.

2 Die Nudeln in leicht gesalzenem Wasser bissfest garen. Dann abgießen, kurz mit kaltem Wasser überbrausen und gut abtropfen lassen.

3 Während die Nudeln kochen, die Butter in einem Topf erhit-

zen und die Zwiebeln darin glasig dünsten. Die Pilze dazugeben und unter Rühren so lange braten, bis die austretende Flüssigkeit verdampft ist.

4 Die Pilze mit dem Kräutersalz würzen. Das Grünkernmehl darüber streuen und unter Rühren etwas anschwitzen lassen. 1/4 Liter warmes Wasser angießen und die Pilze bei schwacher Hitze einige Minuten offen köcheln lassen. Mit der Sahne verfeinern.

5 Die Sauce zusammen mit den Nudeln anrichten. Mit der gehackten Petersilie bestreuen.

K Makkaroni mit Rucola und Schafskäse

Für 2 Personen

120 g Vollkornmak-
karoni (Rohgewicht)
etwas Meersalz
2 Knoblauchzehen
5 Zweige glatte
Petersilie
1/2 kleines Bund
Rucola (Rauke)
6 EL Olivenöl
etwas Kräutersalz
60 g Feta (Schafskäse)

Zubereitungszeit: ca. 30 Minuten

ca. 540 kcal je Portion

1 Die Nudeln in leicht gesalzenem Wasser in 10 bis 12 Minuten bissfest garen.

2 In der Zwischenzeit den Knoblauch schälen und in dünne Scheiben schneiden. Die Petersilie und die Rucola waschen und trockenschütteln. Beides mittelfein hacken.

3 Die Nudeln abgießen, abschrecken und gut abtropfen lassen.

4 Das Olivenöl in einer Pfanne erhitzen und den Knoblauch darin goldgelb braten. Die Nudeln dazugeben und kurz mitbraten. Mit Kräutersalz würzen.

5 Die Nudeln mit Petersilie und Rucola mischen. Den Feta darüber bröseln.

Spaghetti mit Kräuter-Sardellen-Sauce

Zubereitungszeit: ca. 30 Minuten

ca. 640 kcal je Portion

1 Die Petersilie und die Rucola waschen und trockenschütteln. Die Petersilienblättchen abzupfen. Die Rucola in kleine Stücke zupfen.

2 Den Knoblauch schälen. Die Sardellenfilets kalt abspülen, trockentupfen und restliche Gräten entfernen.

3 Petersilie, Rucola, Knoblauch, Sardellen zusammen mit dem Schneidstab fein pürieren. Nach und nach das Olivenöl hinzufügen und darunter rühren. Die Paste mit Kräutersalz würzig abschmecken und einige Zeit ziehen lassen.

4 In der Zwischenzeit die Spaghetti in reichlich leicht gesalzenem Wasser bissfest garen. Die Kräuter-Sardellen-Sauce auf den Nudeln verteilen. Mit den Pinienkernen bestreuen.

Für 2 Personen

1 kleines Bund Petersilie
8–10 Blätter Rucola
1–2 Knoblauchzehen
2–3 eingelegte Sardellenfilets
6 EL Olivenöl
etwas Kräutersalz
160 g Vollkornspaghetti (Rohgewicht)
etwas Meersalz
2 EL Pinienkerne

Spaghetti à la Martin K

Zubereitungszeit: ca. 20 Minuten

ca. 680 kcal je Portion

1 Die Nudeln in reichlich leicht gesalzenem Wasser in 10 bis 12 Minuten garen.

2 In der Zwischenzeit den Knoblauch und die Zwiebel schälen und fein hacken.

3 Das Olivenöl in einer Pfanne erhitzen und darin zuerst den Knoblauch goldgelb braten. Danach die Zwiebelwürfel und die Pfefferschote hinzufügen und alles so lange braten, bis die Zwiebel-

würfel kross sind. Zum Schluss die Pfefferschote entfernen.

4 Die Nudeln abgießen und mit kaltem Wasser abschrecken. Die Spaghetti mit der Sauce mischen und alles mit dem Kräutersalz abschmecken.

5 Die Tomaten waschen, halbieren und die Stielansätze herausschneiden. Das Fruchtfleisch in Scheiben schneiden und mit der gehackten Petersilie bestreuen. Die Tomatenscheiben zu den Spaghetti servieren.

Für 2 Personen

200 g Vollkornspaghetti (Rohgewicht)
etwas Meersalz
2–3 Knoblauchzehen
1 große Zwiebel
6 EL kaltgepresstes Olivenöl
1 getrocknete rote Pfefferschote
etwas Kräutersalz
4 Fleischtomaten
3 EL fein gehackte Petersilie

K Nudelauflauf mit Gemüse

Für 2 Personen

100 g geputzte Champignons
1 rote Paprikaschote
1 EL Butter
1 Zwiebel (in Ringen)
5 EL Erbsen (TK-Ware)
1 Knoblauchzehe
100 g süße Sahne
1 EL Gemüsebrühe (Instantpulver)
1 Msp. Cayennepfeffer
160 g gekochte Nudeln
100 g Butterkäse (60 % Fett i.Tr.) in Scheiben

Zubereitungszeit: ca. 50 Minuten

ca. 780 kcal je Portion

1 Die Pilze klein schneiden. Die Paprikaschote waschen, halbieren, entkernen und das Fruchtfleisch in kleine Würfel schneiden. Backofen auf 200 °C vorheizen.

2 Die Butter zerlassen und die Zwiebelringe sowie die Pilz- und Paprikawürfel darin anbraten. Dann die Erbsen hinzufügen. Den Knoblauch schälen und durch die Presse drücken.

3 Den Knoblauch und die Sahne zum Gemüse geben, umrühren und mit etwa 200 ml Wasser auffüllen. Alles kurz aufkochen lassen, dann vom Herd nehmen und mit der Gemüsebrühe und dem Cayennepfeffer würzen.

4 Die gekochten Nudeln in eine Auflaufform geben, die Sauce darauf gießen und alles miteinander vermengen. Käse in schmale Streifen schneiden und darauf verteilen. Den Auflauf im Backofen etwa 20 Minuten überbacken.

K Spaghetti mit Brokkolisauce

Für 4 Personen

500 g Brokkoli
1/2 l Gemüsebrühe (aus Instantpulver)
60 g süße Sahne
1 TL geriebene Muskatnuss
1–2 Knoblauchzehen
10 TL Mandelblättchen
400 g Vollkornspaghetti

Zubereitungszeit: ca. 30 Minuten

ca. 470 kcal je Portion

1 Den Brokkoli putzen, waschen und in Röschen zerteilen. Den Brokkoli in der Gemüsebrühe etwa 12 Minuten dünsten, die Brühe abgießen.

2 Den Brokkoli mit dem Schneidstab pürieren, die Sahne hinzufügen und die Sauce mit der Brühe verdünnen. Mit Muskat und durchgepresstem Knoblauch würzen.

3 Die Mandelblättchen in einer beschichteten Pfanne ohne Fett goldbraun rösten. Dann alles beiseite stellen.

4 Die Spaghetti in reichlich leicht gesalzenem Wasser bissfest kochen. Anschließend abgießen, kalt abschrecken und gut abtropfen lassen.

5 Die gekochten Spaghetti auf vier Teller verteilen und die Sauce darübergeben. Alles mit den gerösteten Mandelplättchen bestreuen.

Nudel-
Gemüse-Gratin K

Zubereitungszeit: ca. 50 Minuten

ca. 720 kcal je Portion

1 Die Nudeln in reichlich leicht gesalzenem Wasser bissfest garen, anschließend abgießen und dann kalt abschrecken.

2 Die Zwiebel schälen und fein hacken. Die Paprikaschote waschen, trockenreiben, halbieren, entkernen und in schmale Streifen schneiden. Die Pilze waschen, putzen und in Scheiben schneiden.

3 Das Öl in einer Pfanne erhitzen und die Zwiebelwürfel sowie Paprika und Pilze darin anbraten.

4 Die Nudeln hinzufügen und alles bei mittlerer Hitze 3 bis 5 Minuten schmoren lassen. Den Backofen auf 200 °C vorheizen.

5 In der Zwischenzeit die Sahne mit dem Wasser und dem Eigelb verquirlen. Die Sauce mit Brühe, Oregano und Cayennepfeffer abschmecken.

6 Die Nudeln in eine Auflaufform geben und die Sahnesauce darüber gießen. Den Käse in keine Streifen schneiden und darauf legen. Das Gratin auf der mittleren Schiene 15 bis 20 Minuten überbacken.

Für 1 Person

60 g dünne Bandnudeln
etwas Meersalz
1 mittelgroße Zwiebel
1 rote Paprikaschote
70 g Champignons
2 TL Sonnenblumenöl
80 g süße Sahne
80 ml Wasser
1 frisches Eigelb
1 TL Gemüsebrühe
1 TL Oregano
1 Msp. Cayennepfeffer
40 g Butterkäse
(60 % Fett i.Tr.)
in dünnen Scheiben

Nudeln
mit Pilzen K

Zubereitungszeit: ca. 30 Minuten

ca. 420 kcal je Portion

1 Pilze putzen, waschen, trockenreiben, klein schneiden. Die Zwiebel schälen und fein würfeln.

2 Die Nudeln in leicht gesalzenem Wasser bissfest garen, dann abgießen, gut abtropfen lassen und warm halten.

3 Während die Nudeln kochen, das Öl in einer Pfanne erhitzen und die Zwiebelwürfel darin glasig dünsten. Die Pilze hinzufügen und unter Wenden braten, bis die ausgetretene Flüssigkeit völlig verdampft ist.

4 Das Ganze mit dem Kräutersalz würzen, mit der Sahne verfeinern, mit dem Majoran bestreuen und zusammen mit den Nudeln servieren.

Für 2 Personen

500 g gemischte
frische Pilze
1 Zwiebel
120 g Vollkornband-
nudeln (Rohgewicht)
etwas Meersalz
1 EL kaltgepresstes
Sonnenblumenöl
etwas Kräutersalz
80 g süße Sahne
1 EL Majoranblättchen

Spätzle mit Champignonsauce

Für 1 Person

50 g Vollkornspätzle
(Rohgewicht)
etwas Meersalz
1 TL Butter
1 Zwiebel
200 g Champignons
1/2 TL Gemüsebrühe
(Instantpulver)
40 g süße Sahne
1–2 Dosierlöffel
Nestargel (Reformhaus)

Zubereitungszeit: ca. 40 Minuten

ca. 330 kcal je Portion

1 Die Spätzle in 500 ml Salzwasser 12 bis 15 Minuten bissfest garen.

2 In der Zwischenzeit die Butter in einer Pfanne schmelzen lassen und die klein gehackte Zwiebel darin glasig dünsten.

3 Die Champignons putzen, in Scheiben schneiden und zu den Zwiebeln geben. Etwas anschmoren lassen und mit 150 ml Wasser auffüllen. Mit der Gemüsebrühe würzen und zugedeckt 15 Minuten köcheln lassen.

4 Anschließend mit der Sahne verfeinern und mit dem Nestargel andicken. Die Spätzle auf einen Teller geben und mit der Sauce servieren.

Überbackene Käsespätzle

Für 2 Personen

140 g Vollkornspätzle
(Rohgewicht)
etwas Meersalz
1 Gemüsezwiebel
30 g Butter
120 g Butterkäse
(mind. 60 % Fett i.Tr.)
in Scheiben
3 EL gehackte glatte
Petersilie

Zubereitungszeit: ca. 45 Minuten

ca. 600 kcal je Portion

1 Die Nudeln in reichlich leicht gesalzenem Wasser bissfest garen, anschließend abgießen, kalt abschrecken und gut abtropfen lassen.

2 In der Zwischenzeit die Zwiebel schälen, halbieren und in feine Ringe schneiden. Butter in einer Pfanne schmelzen lassen und die Zwiebelringe darin andünsten. Den Backofen auf 180 °C vorheizen.

3 Die Nudeln zu den Zwiebeln geben und alles unter Rühren leicht anbraten. Die Mischung in eine entsprechend große Auflaufform füllen, mit dem Käse belegen und das Ganze auf der mittleren Schiene etwa 15 Minuten überbacken.

4 Die Käsespätzle aus dem Ofen nehmen, kurz ruhen lassen und dann mit der Petersilie bestreuen.

Petersiliengnocchi mit Lauch **K**

Zubereitungszeit: ca. 1 Stunde
Abkühlzeit: ca. 1 Stunde

ca. 360 kcal je Portion

1 Die Kartoffeln waschen, in etwas Wasser gar kochen, schälen und abkühlen lassen.

2 Den Lauch gründlich waschen, putzen und in feine Streifen schneiden. Den Knoblauch schälen und durch die Presse drücken.

3 Die Kartoffeln durch ein feinmaschiges Sieb passieren oder durch die Kartoffelpresse drücken. Die Masse mit Eigelb, Mehl, Petersilie, Muskat und Kräutersalz verkneten.

4 In einem zweiten Topf sehr wenig Wasser aufkochen und den Lauch sowie den Knoblauch hineingeben.

5 Beides kurz andüns-ten und dann bei kleiner Hitze zugedeckt 6 bis 8 Minuten garen. Die Kräuter und den zerbröckelten Schafskäse dazugeben und den Käse leicht schmelzen lassen.

6 Inzwischen für die Gnocchi etwa 2 l leicht gesalzenes Wasser in einem Topf zum Kochen bringen. Aus dem Kartoffelteig kleine ovale Bällchen formen und diese mit einer Gabel flachdrücken.

7 Nun die Gnocchi in das kochende Wasser geben. Die Hitze reduzieren und die Gnocchi in leicht siedendem Wasser etwa 3 Minuten gar ziehen lassen, bis sie oben schwimmen. Die Gnocchi mit dem Gemüse servieren.

TIPP
Die Gnocchi können Sie vorbereiten und erst am nächsten Tag kochen.

Für 2 Personen

400 g mehlig-
kochende Kartoffeln
500 g Lauch
1 Knoblauchzehe
1 Eigelb
2 EL Weizen-
vollkornmehl
2 EL gehackte Petersilie
1 Msp. geriebene
Muskatnuss
etwas Kräutersalz
1 EL gehackter Estragon
1 EL gehackter Kerbel
75 g in Lake eingelegter
Schafskäse (Feta)
etwas Meersalz

Knusprige Kartoffelspalten mit zweierlei Quark

*450 g kleine, fest-
kochende Kartoffeln*
*3 EL kaltgepresstes
Olivenöl*
etwas Kräutersalz
1 Msp. Cayennepfeffer
*etwas edelsüßes
Paprikapulver*
*250 g Quark
(20 % Fett i.Tr.)*
etwas Meersalz
6 EL Mineralwasser
10 Radieschen
*3 EL Radieschen-
sprossen*
*1 Stück Salatgurke
(ca. 6 cm)*
1/2 Bund Dill
5 Borretschblätter
*frische Kräuter
zum Garnieren*

Zubereitungszeit: ca. 40 Minuten

ca. 440 kcal je Portion

1 Den Ofen auf 180 °C vorheizen. Die Kartoffeln gründlich waschen, abbürsten und ungeschält in etwa 2 cm dicke Spalten schneiden.

2 Öl, Kräutersalz, Cayennepfeffer und Paprikapulver in einer kleinen Schüssel zu einer Marinade verrühren. Die Kartoffelspalten an den Schnittflächen damit einpinseln. Die Stücke danach mit der Schalenseite nach unten auf ein Backblech setzen.

3 Die Kartoffeln im Ofen 35 bis 40 Minuten backen. In der Zwischenzeit den Quark in eine Schüssel geben. Ihn mit Salz abschmecken und mit dem Mineralwasser glatt rühren. Das Ganze auf zwei Schüsseln verteilen.

4 Die Radieschen und die Radieschensprossen waschen. Die Sprossen in ein Sieb geben und gut abtropfen lassen. Die Radieschen putzen und in 3 mm dicke Scheiben schneiden. Diese anschließend in Stifte schneiden und unter eine Hälfte des Quarks heben.

5 Die Salatgurke waschen, schälen und anschließend genau wie die Radieschen in kleine Stifte schneiden. Die Kräuter waschen, trockentupfen und die groben Stiele entfernen. Die Blätter sehr fein hacken und zusammen mit den Gurkenstücken unter den zweiten Quark heben.

6 Nach etwa 35 Minuten Backzeit der Kartoffeln prüfen, ob sie bereits gar sind. Sie anschließend auf 2 Teller verteilen und die beiden Quarksorten daneben anrichten. Den Radieschenquark mit den Sprossen garnieren und den Gurkenquark mit frischen Kräutern anrichten.

TIPPS
- Essen Sie vorher einen Teller Salat aus der neutralen Gruppe.

- Im Sommer können Sie den Radieschenquark auch mit Kapuzinerkresseblüten und den Gurkenquark mit Borretschblüten garnieren.

Kartoffelgratin mit Ziegenkäse und Pinienkernen

Zubereitungszeit: ca. 1 Stunde

ca. 690 kcal je Portion

1 Den Knoblauch und die Zwiebel schälen. Eine Auflaufform mit der Knoblauchzehe ausreiben. Die Zwiebel fein würfeln.

2 Die Kartoffeln schälen. Den Zucchini waschen und putzen. Beides in etwa 3 mm dünne Scheiben schneiden. Den Käse in kleine Würfel schneiden.

3 Den Backofen auf 200 °C vorheizen. Kartoffel-, Gemüse- und Käsestücke abwechselnd in die Auflaufform setzen.

4 Sahne und Brühe in einer kleinen Schüssel mit Kräutersalz, Cayennepfeffer, Muskat und Thymian verquirlen. Sauce kräftig abschmecken. Anschließend auf die eingeschichteten Zutaten gießen.

5 Die Pinienkerne über das Gratin streuen und alles im vorgeheizten Ofen etwa 45 Minuten garen.

Für 2 Personen

1 Knoblauchzehe
1 kleine Zwiebel
400 g gegarte Pellkartoffeln
1 Zucchini (ca. 200 g)
150 g Ziegenkäse
100 g süße Sahne
200 ml Gemüsebrühe
etwas Kräutersalz
etwas Cayennepfeffer
2 Msp. Muskat
1 TL Thymianblätter
2 EL Pinienkerne

Kartoffelauflauf „Provençal"

Zubereitungszeit:
ca. 1 Stunde 30 Minuten

ca. 540 kcal je Portion

1 Die Kartoffeln garen, pellen und in Scheiben schneiden.

2 Die Zwiebel schälen, den Lauch und Champignons waschen, putzen (die Champignons vorher trockentupfen) und in feine Scheiben schneiden. Die Butter in einem Topf zerlassen, alles darin wenden, von allen Seiten leicht bräunen und mit 125 ml Wasser auffüllen.

3 Mit den Gewürzen, der Gemüsebrühe und dem gepressten Knoblauch abschmecken. Zugedeckt 12 bis 15 Minuten bei kleiner Hitze dünsten. Mit der Sahne verfeinern.

4 Eine feuerfeste Form leicht ausbuttern und abwechselnd die Kartoffelscheiben und die Gemüsemischung einschichten.

5 Anschließend mit dem klein geschnittenen Mozzarella bestreuen und im vorgeheizten Backofen bei 180 bis 200 °C etwa 15 Minuten überbacken.

Für 1 Person

200 g Kartoffeln
1 Gemüsezwiebel
1 Stange Lauch
125 g Champignons
1 EL Butter
3/4 TL gemahlener Rosmarin · 1/2 TL Kräuter der Provence
1 Msp. Cayennepfeffer
1 TL Gemüsebrühe (Instantpulver)
1–2 Knoblauchzehen
1 EL süße Sahne
Butter für die Form
60 g Mozzarella

K Bunte Kartoffelpfanne

Für 1 Person

200 g Kartoffeln
1 TL Butter
5 kleine Lauchzwiebeln
200 g Möhren
1 rote Paprikaschote
1 TL Gemüsebrühe
(Instantpulver)
1/2 TL Liebstöckel
1/2 TL Oregano
1/2 TL Kräuter
der Provence
1 EL süße Sahne
1 EL gehackte Petersilie

Zubereitungszeit: ca. 50 Minuten

ca. 500 kcal je Portion

1 Die Kartoffeln in der Schale garen, pellen und in grobe Stücke schneiden.

2 Die Butter in einer beschichteten Pfanne schmelzen, die Kartoffeln hinzugeben und unter Wenden von allen Seiten leicht bräunen.

3 Die geputzten und in Ringe geschnittenen Lauchzwiebeln (auch das Grün verwenden), die geschnittenen Möhren und die zerkleinerte Paprikaschote hinzufügen und alles kurz durchschmoren lassen.

4 Anschließend 125 ml Wasser über das Kartoffel-Gemüse-Gemisch gießen, mit der Gemüsebrühe würzen und zugedeckt bei mäßiger Hitze 20 Minuten garen.

5 Mit dem Liebstöckel, dem Oregano, den Kräutern der Provence abschmecken und mit der Sahne verfeinern. Mit der gehackten Petersilie bestreut servieren.

K Pellkartoffeln mit Tsatsiki

Für 2 Personen

500 g Kartoffeln
250 g Quark
(20 % Fett i.Tr.)
4 EL Mineralwasser
2 Knoblauchzehen
1 Salatgurke
etwas Kräutersalz
1 Dillzweig

Zubereitungszeit: ca. 30 Minuten

ca. 300 kcal je Portion

1 Die Kartoffeln gründlich abbürsten und als Pellkartoffeln 18 bis 20 Minuten garen.

2 In der Zwischenzeit den Tsatsiki zubereiten. Dafür den Quark mit dem Mineralwasser verrühren. Den Knoblauch schälen und durch eine Presse dazudrücken.

3 Dann 150 g der Salatgurke schälen, auf einer Rohkostreibe raspeln und zum Quark geben. Alles mit etwas Kräutersalz abschmecken.

4 Die restliche Salatgurke schälen und in etwa 1 cm breite Scheiben schneiden. Die Pellkartoffeln zusammen mit dem Tsatsiki und den Gurkenscheiben servieren. Mit dem Dill garnieren.

Pellkartoffeln mit Kräuterquark

Zubereitungszeit: ca. 25 Minuten

ca. 310 kcal je Portion

1 Die Kartoffeln waschen und in 18 bis 20 Minuten als Pellkartoffeln garen.

2 In der Zwischenzeit die Kräuter waschen, trockenschütteln, gut verlesen und sehr fein hacken. Die Zwiebel schälen und fein würfeln.

3 Quark mit Kräutersalz und dem Mineralwasser cremig rühren. Die gehackten Kräuter und die Zwiebelwürfel darunter mischen.

4 Die Pellkartoffeln zusammen mit dem Quark servieren.

TIPP
Essen Sie vorweg einen Salat aus der neutralen Gruppe.

Für 2 Personen

400 g kleine neue Kartoffeln
3-4 EL gemischte frische Kräuter (z. B. Dill, Kerbel, Borretsch, Petersilie)
1 kleine Zwiebel
250 g Quark (20% Fett i.Tr.)
etwas Kräutersalz
5 EL Mineralwasser

Gefüllte Kartoffeln K

Zubereitungszeit: ca. 35 Minuten

ca. 290 kcal je Portion

1 Kartoffeln mit der Schale in 20 Minuten weich kochen. Nach 10 Minuten Backofen auf 225 °C oder den Grill vorheizen. Inzwischen die Champignons waschen, vorsichtig putzen und in Stifte schneiden.

3 Von den Kartoffeln jeweils einen Deckel abschneiden und sie bis auf einen etwa 0,5 cm breiter Rand aushöhlen.

4 Die Deckel schälen und zusammen mit der ausgehöhlten Kartoffelmasse mit einer Gabel zerdrücken. Mit der Butter, dem Kerbel und den Gewürzen verrühren. Die Pilze darunter mischen.

5 Die Kartoffelmasse zurück in die Kartoffeln füllen und dabei einen „Berg" aufhäufen. Darauf je 1 Käsescheibe legen. Die Kartoffeln in eine gefettete Auflaufform setzen und auf der obersten Schiene im Backofen oder unter dem Grill etwa 10 Minuten überbacken.

TIPP
Servieren Sie zu den Kartoffeln gedünstetes Gemüse oder einen „neutralen" Salat.

Für 2 Personen

4–6 mittelgroße Kartoffeln (ca. 400 g)
2 große Champignons
1 EL weiche Butter
2 EL frisch gehackter Kerbel
etwas Kräutersalz
1 Msp. geriebene Muskatnuss
4 Scheiben Butterkäse (mind. 50 % Fett i.Tr.)
etwas Butter für die Form

K Kartoffel-Gemüse-Auflauf

Für 2 Personen

400 g Kartoffeln
1 TL Gemüsebrühe
(Instantpulver)
50 g süße Sahne
1 rote Paprikaschote
1 grüne Paprikaschote
1 Stange Lauch
1 kleiner Zucchini
(ca. 150 g)
1 Gemüsezwiebel
100 g Champignons
1 1/2 EL kaltgepresstes
Olivenöl
1 EL Gemüsebrühe
(Instantpulver)
1 TL gerebelter
Oregano
1 Knoblauchzehe
100 g süße Sahne
80 g Käse in Scheiben
(mind. 50% Fett i.Tr.;
z. B. Butterkäse,
Wörishofener oder
Rahmgouda)

Zubereitungszeit: ca. 45 Minuten

ca. 710 kcal je Portion

1 Die Kartoffeln waschen, schälen und in kleine Würfel schneiden. Sie in etwas Wasser mit der Gemüsebrühe im geschlossenen Topf in etwa 20 Minuten weich kochen.

2 Anschließend die Kartoffelwürfel im Kochwasser zerstampfen und das Püree mit der Sahne abschmecken. Das Püree in eine Auflaufform geben. Den Backofen auf 200 °C vorheizen.

3 In der Zwischenzeit das Gemüse vorbereiten. Die Paprikaschoten waschen, halbieren und die Stielansätze herausschneiden. Den Lauch putzen, der Länge nach halbieren und gründlich waschen.

4 Den Zucchini waschen und putzen. Die Zwiebel schälen. Die Pilze putzen und kurz waschen oder vorsichtig abreiben. Dann das Gemüse in feine Streifen, Ringe oder Scheiben schneiden.

5 Das Öl in einer Pfanne erhitzen und das Gemüse darin andünsten. Alles mit der Brühe und dem Oregano abschmecken. Den Knoblauch schälen und durch die Presse dazudrücken. Das Ganze mit der Sahne verfeinern.

6 Das Gemüse auf dem Kartoffelpüree verteilen. Den Käse in Streifen schneiden und auf das Gemüse legen. Nun den Auflauf im Ofen 15 bis 18 Minuten überbacken.

TIPP
Sie können den Auflauf auch mit Feta (Schafskäse)oder Mozzarella überbacken. Diese Käsesorten sind nicht so fett, dafür aber neutral, und passen zu Kohlenhydratgerichten.

Gefüllte Ofenkartoffeln K

Zubereitungszeit: ca. 1 Stunde

ca. 580 kcal je Portion

1 Kartoffeln waschen. Mit Wasser knapp bedeckt etwa 12 Minuten kochen. Danach abgießen und vollständig auskühlen lassen.

2 In der Zwischenzeit die Zwiebel schälen und in Ringe schneiden. Die Champignons putzen, kurz waschen und in Scheiben schneiden. Die Paprikaschoten putzen, waschen und in kleine Würfel schneiden.

3 Die Zwiebelringe, Champignons und Paprikawürfel in der Butter anbraten. Mit der Brühe und dem Oregano würzen. Danach den Backofen auf 200 °C vorheizen.

4 Die Kartoffeln der Länge nach halbieren und mit einem Ausstecher oder einem Teelöffel aushöhlen. Die Hälften in eine gefettete feuerfeste Form setzen und einen Teil des Gemüses in die Aushöhlungen hineinfüllen.

5 Den Käse würfeln und auf die Füllung streuen. Die Kartoffeln im Backofen etwa 15 Minuten überbacken. Das restliche Gemüse mit der sauren Sahne verrühren und zusammen mit den Kartoffeln servieren. Die Majoranblättchen darüber streuen.

Für 2 Personen

4 Kartoffeln à 150 g
1 große Zwiebel
200 g Champignons
2 rote Paprikaschoten
1 grüne Paprikaschote
1 EL Butter
1 EL Gemüsebrühe
(Instantpulver)
1 TL gerebelter
Oregano
1 TL Butter für die Form
125 g Mozzarella
40 g saure Sahne
1 EL Majoranblättchen

Kartoffeln vom Blech mit Kräuterquark K

Zubereitungszeit: ca. 35 Minuten

ca. 260 kcal je Portion

1 Den Backofen auf 200 °C vorheizen. Die Kartoffeln waschen und mit einer Bürste kräftig abreiben. Sie anschließend der Länge nach halbieren.

2 Ein Backblech mit der Hälfte des Öles bestreichen, etwas Kümmel darauf verteilen und die Kartoffeln mit der Schnittfläche auf das Blech setzen. Das Ganze auf der mittleren Schiene in den vorgeheizten Ofen schieben und etwa 10 Minuten backen.

3 Den Quark leicht salzen und die Kräuter darunter mischen.

4 Die Kartoffeln auf zwei Teller legen, den Kräuterquark daneben geben und servieren.

Für 2 Personen

400 kleine festkochende Kartoffeln
3 EL Olivenöl
1 TL Kümmelsamen
200 g Quark
(20 % Fett i. Tr.)
etwas Meersalz
3 EL fein gehackte Kräuter

K Ofenkartoffeln mit Butterbohnen

Für 2 Personen

8 kleine Kartoffeln
(ca. 400 g)
4 EL kaltgepresstes
Sonnenblumenöl
1 TL getrockneter
Thymian
1 1/2 TL Kräutersalz
1 TL edelsüßes
Paprikapulver
1–2 Knoblauchzehen
50 g süße Sahne
100 g Butterkäse
(mind. 50% Fett i.Tr.)
800 g grüne Bohnen
1 EL Butter
1 Zweig Bohnenkraut
1 EL Gemüsebrühe
(Instantpulver)

Zubereitungszeit: ca. 1 Stunde

ca. 800 kcal je Portion

1 Die Kartoffeln schälen, waschen und mit Küchenkrepp trockentupfen. Die Kartoffeln mehrmals wie einen Fächer senkrecht einschneiden, aber nicht durchschneiden. Den Backofen auf 180 °C Grad vorheizen.

2 Öl, Thymian, Kräutersalz und Paprikapulver zu einer Marinade verrühren. Diese in die Einschnitte der Kartoffeln träufeln.

3 Die Knoblauchzehen schälen, in sehr dünne Scheiben schneiden und in die Einschnitte stecken.

4 Die Sahne mit 200 ml Wasser mischen und in eine Auflaufform gießen. Die Kartoffeln hineinsetzen.

5 Die Form mit Alufolie zudecken und die Kartoffeln im Ofen auf der mittleren Schiene etwa 25 Minuten garen.

6 Dann den Käse fein würfeln. Die Folie von der Form abnehmen und den Käse auf die Kartoffeln streuen. Alles weitere 15 Minuten offen weiter backen.

7 Während die Kartoffeln im Ofen sind, die Bohnen waschen, putzen, wenn nötig abfädeln, und in etwa 3 cm große Stücke schneiden.

8 Die Butter in einem Topf schmelzen lassen und die Bohnen darin andünsten. 150 ml Wasser dazugießen und alles mit dem Bohnenkraut und der Brühe würzen. Die Bohnen zugedeckt bei geringer Hitze etwa 15 Minuten garen.

9 Die Ofenkartoffeln zusammen mit den Butterbohnen sofort servieren.

TIPP
Statt Bohnen können Sie auch anderes Gemüse verwenden. Sehr lecker schmeckt das Ganze mit Brokkoli, Blumenkohl, Rosenkohl, Kohlrabi oder Fenchel. Auch Lauch paßt gut zu den Ofenkartoffeln.

Kartoffelbrei mit Sauerkraut und gerösteten Zwiebeln

Zubereitungszeit: ca. 30 Minuten

ca. 430 kcal je Portion

1 Die Kartoffeln waschen, schälen, vierteln und in etwas Wasser mit der Gemüsebrühe gar kochen.

2 Die Kartoffeln anschließend im Kochwasser stampfen, die Sahne darunter rühren und den Brei mit Muskatnuss abschmecken. Bis zum Servieren alles sehr gut warm halten.

3 Für das Sauerkraut die Zwiebel schälen, fein würfeln und in dem Öl glasig dünsten.

4 Das Sauerkraut hinzufügen und unter Rühren leicht anbraten. Danach den vegetarischen Aufstrich hineinrühren und alles mit 1/8 Liter Wasser auffüllen. Das Kraut zugedeckt etwa 15 Minuten leicht köcheln lassen.

5 In der Zwischenzeit die Gemüsezwiebel schälen und in feine Ringe schneiden. Das Öl in einer Pfanne nicht zu stark erhitzen und die Zwiebelringe darin unter ständigem Rühren goldbraun anbraten.

6 Den Kartoffelbrei zusammen mit dem Sauerkraut auf zwei Tellern anrichten und die gerösteten Zwiebelringe darauf verteilen.

Für 2 Personen

400 g Kartoffeln
1 TL Gemüsebrühe (Instantpulver)
50 g süße Sahne
1 Msp. geriebene Muskatnuss
1 kleine Zwiebel
1 EL Sonnenblumenöl
600 g Sauerkraut
1 EL vegetarischer Aufstrich (Reformhaus)
1 Gemüsezwiebel
2 EL kaltgepresstes Sonnenblumenöl

Pellkartoffeln mit Brokkolidip K

Zubereitungszeit: ca. 30 Minuten

ca. 320 kcal je Portion

1 Die Kartoffeln gründlich waschen und zusammen mit dem Kümmel als Pellkartoffeln knapp 20 Minuten garen.

2 In der Zwischenzeit die Dickmilch cremig rühren. Die Brokkol putzen, waschen, klein schneiden und zusammen mit dem Salz zur Dickmilch geben.

3 Alles mit einem Schneidstab fein pürieren und nach Belieben mit dem Knoblauch abschmecken.

4 Die Pellkartoffeln zusammen mit dem Brokkolidip servieren und das Ganze mit dem Schnittlauch bestreuen.

Für 2 Personen

400 g kleine Kartoffeln
1 TL Kümmelsamen
250 g Sahnedickmilch
100 g Brokkoliröschen
etwas Kräutersalz
1–2 durchgepresste Knoblauchzehen
4 EL Schnittlauchröllchen

K Thüringer Klöße in Pilz-Sahne-Sauce

Für 2 Personen

*1,5 kg mehligkochende
Kartoffeln
etwas Meersalz
120 g Buttermilch
1/2 Vollkornbrötchen
1 EL Butter
300 g braune
Champignons
1 Zwiebel
1 EL Butter
2 EL feines Grünkern-
vollkornmehl
1 EL Gemüsebrühe
(Instantpulver)
1 TL gerebelter
Majoran
1 Msp. Cayennepfeffer
80 g süße Sahne
3 Stängel glatte
Petersilie*

**Zubereitungszeit:
ca. 1 Stunde 30 Minuten**

ca. 200 kcal je Portion

1 Die Kartoffeln schälen. Ein Drittel der Kartoffeln in kleine Würfel schneiden und in etwas Wasser gar kochen. Sie im Kochwasser mit dem Schneidstab pürieren.

2 In der Zwischenzeit die restlichen rohen Kartoffeln reiben und in einem sauberen Tuch gut ausdrücken. Das Kartoffelwasser dabei auffangen und stehen lassen, bis sich die Stärke abgesetzt hat.

3 Den ausgedrückten rohen Kartoffelteig in einen Topf geben, leicht erwärmen und salzen. Das heiße Kartoffelpüree und die Buttermilch zu dem Teig geben und alles gut miteinander mischen. Der Teig sollte nicht zu weich sein. Die Hälfte der abgesetzten Kartoffelstärke unter den Teig kneten.

4 Das Brötchen in kleine Würfel schneiden und in der Butter knusprig braten. Aus dem Teig mit feuchten Händen 6 runde Klöße formen und die Brötchenwürfel in die Mitte drücken.

5 In einem großen Topf reichlich Wasser zum Sieden bringen und die restliche Kartoffelstärke hineinrühren. Die Klöße vorsichtig hineingeben und bei schwacher Hitze im offenen Topf 20 Minuten gar ziehen lassen, bis sie an die Oberfläche steigen. Gegarte Klöße aus dem Wasser heben und abtropfen lassen.

6 In der Zwischenzeit die Champignons putzen, kurz waschen oder vorsichtig abreiben und in Scheiben schneiden. Die Zwiebel schälen und fein hacken.

7 Die Butter in einem Topf erhitzen und die Zwiebel darin glasig dünsten. Dann die Champignons dazugeben und unter Rühren so lange braten, bis alle Flüssigkeit verdampft ist.

8 Das Grünkernmehl auf die Pilze streuen und es unter Rühren leicht anschwitzen. Dann etwa 180 ml Wasser angießen und die Sauce einige Minuten kochen lassen. Sie mit der Brühe, dem Majoran sowie Cayennepfeffer würzen und mit Sahne verfeinern.

9 Die Pilz-Sahne-Sauce zu den Klößen servieren und mit der gewaschenen Petersilie garnieren.

Süßer Kartoffelkuchen

Zubereitungszeit: ca. 1 Stunde 30 Minuten

ca. 190 kcal je Stück

1 Die Kartoffeln waschen und mit der Schale in wenig Wasser garen, anschließend abpellen und zu einem glatten Brei zerstampfen.

2 Das Weinsteinbackpulver mit dem Kartoffelmehl mischen und zu den gestampften Kartoffeln geben.

3 Die Eigelbe mit dem Ahornsirup (Honig) schaumig schlagen. Danach den Quark, die abgeriebene Zitronenschale, die Rosinen, die Haselnüsse, den Zimt und den Rum hinzufügen und gut vermischen.

4 Die Kartoffelmasse hinzufügen und alles miteinander verrühren. Den Teig in eine gefettete Springform von 26 cm Ø verteilen und bei 150 °C etwa 45 Minuten backen.

5 Die Kokosraspeln in einer Pfanne ohne Fett leicht rösten. Den noch warmen Kuchen mit dem Ahornsirup oder Honig bestreichen und die gerösteten Kokosraspeln darauf verteilen. Den Kartoffelkuchen auskühlen lassen und in 12 Stücke geteilt servieren.

Für 1 Kuchen (12 Stücke)

400 g Kartoffeln
18 g Weinsteinbackpulver · 70 g Kartoffelmehl
3 Eigelb
200 g Ahornsirup oder Honig (etwa 1 EL zurückbehalten für den Belag) · 1 EL Quark
1 TL abgeriebene Zitronenschale
50 g Rosinen
100 g gemahlene Haselnüsse
15 g Zimt · 1 EL Rum
1 TL Pflanzenfett
1 EL Kokosraspeln

Rohgeröstete Kartoffeln mit Lachs K

Zubereitungszeit: ca. 20 Minuten

ca. 210 kcal je Portion

1 Die Kartoffeln waschen und schälen. Danach grob reiben und in einer Schüssel mit den Eigelben vermengen. Das Ganze mit Meersalz und Muskat abschmecken.

2 Das Öl in einer großen Pfanne erhitzen und mit einem Löffel kleine Taler aus der Kartoffelmasse in die Pfanne geben. Bei mittlerer Hitze von beiden Seiten goldgelb braten.

3 Die Kartoffelplätzchen zusammen mit den Lachsscheiben auf zwei Tellern anrichten. Von der sauren Sahne mit einem Löffel Nocken abstechen und diese neben den Fisch geben. Zum Schluss die Tomaten waschen, aufschneiden und sorgfältig auf den Tellern verteilen.

Für 2 Personen

350 g große festkochende Kartoffeln
2 Eigelb
etwas Meersalz
1 Msp. geriebene Muskatnuss
4 EL Olivenöl
200 g geräucherte Lachsscheiben
150 g saure Sahne
6 Cocktailtomaten

K Majorankartoffeln mit Rosenkohl und Kräuterbutter

Für 2 Personen

450 g Kartoffeln
3 EL kaltgepresstes
Sonnenblumenöl
150 ml Gemüsebrühe
(Instantpulver)
1 TL getrockneter
Majoran
50 g süße Sahne
800 g Rosenkohl
1 EL Gemüsebrühe
(Instantpulver)
1 Msp. geriebene
Muskatnuss
1 Frühlingszwiebel
2 EL Mandelblättchen
60 g Kräuterbutter

Zubereitungszeit: ca. 45 Minuten

ca. 670 kcal je Portion

1 Die Kartoffeln schälen und waschen. In große Würfel schneiden und gut trockentupfen.

2 Das Öl in einer Pfanne erhitzen und die Kartoffeln darin goldgelb anbraten. Dann Brühe, Majoran und Sahne dazugeben. Das Ganze zugedeckt etwa 20 Minuten bei geringer Hitze garen.

3 In der Zwischenzeit den Rosenkohl putzen, waschen und größere Röschen halbieren. Den Rosenkohl mit wenig Wasser aufsetzen und mit der Brühe sowie mit Muskat schmackhaft würzen. Dann zugedeckt alles etwa 15 Minuten köcheln lassen.

4 Die Frühlingszwiebel putzen, waschen und in feine Ringe schneiden. Zusammen mit den Mandelblättchen auf die Kartoffeln streuen.

5 Rosenkohl mit einer Schaumkelle aus der Brühe nehmen und mit der Kräuterbutter garnieren. Zusammen mit den Kartoffeln servieren.

K Pellkartoffeln mit Lachscreme

Für 1 Person

200 g kleine, festkochende Kartoffeln
50 g Räucherlachs
85 g Sahnedickmilch
50 g saure Sahne
1/2 Salatgurke
etwas edelsüßes
Paprikapulver
2 kleine Dillzweige

Zubereitungszeit: ca. 30 Minuten

ca. 490 kcal je Portion

1 Die Kartoffeln gründlich waschen und mit der Schale in reichlich Wasser 18 bis 20 Minuten garen, dann abgießen und warm halten.

2 Während die Kartoffeln kochen, den Lachs in sehr feine Würfel schneiden oder mit einem Schneidstab pürieren.

3 Die Dickmilch zusammen mit der Sahne cremig rühren und den Lachs darunter ziehen.

4 Die Salatgurke schälen und in etwa 1 cm dicke Scheiben schneiden. Die Gurkenscheiben zusammen mit den Kartoffeln und der Lachscreme auf einem Teller anrichten.

5 Die Creme nach Belieben mit Paprikapulver bestäuben und mit dem gewaschenen Dill hübsch garnieren.

Süße Nudeln mit Obst K

Zubereitungszeit: ca. 30 Minuten
Quellzeit: ca. 6 Stunden

ca. 990 kcal je Portion

1 Das getrocknete Obst in eine Schüssel geben und mit 300 ml Wasser begießen. Darin zugedeckt etwa 6 Stunden quellen lassen.

2 In einem großen Topf reichlich leicht gesalzenes Wasser zum Kochen bringen. Das Öl dazugeben und die Nudeln darin nach Packungsanweisung garen. In der Zwischenzeit das gequollene Obst in ein Sieb gießen und die Flüssig-keit dabei auffangen. Die Früchte etwa 1 cm groß würfeln.

4 Den Frischkäse in einem Topf mit 100 ml der Quellflüssigkeit des Obstes unter Rühren erhitzen. Falls nicht genug Flüssigkeit übrig ist, mit etwas Wasser auffüllen.

5 Die Sauce auf die gewünschte Konsistenz einkochen. Den Mohn und den Ahornsirup darunter rühren.

6 Die gegarten Nudeln auf einem Sieb abtropfen lassen. Sie mit den Obststücken vermischen und mit der Sauce servieren.

Für 2 Personen

150 g gemischtes unge-schwefeltes Backobst (Äpfel, Pflaumen, Aprikosen)
etwas Meersalz
1 TL kaltgepresstes Olivenöl
250 g Vollkornnudeln (Rohgewicht)
150 g Doppelrahm-frischkäse (60–70% Fett i.Tr.)
2 EL Mohnsamen
1–2 EL Ahornsirup

Apfelnudeln mit Backpflaumen K

Zubereitungszeit: ca. 20 Minuten

ca. 530 kcal je Portion

1 Die Nudeln in reichlich Wasser bissfest kochen.

2 Inzwischen die Äpfel schälen, vierteln, das Kerngehäuse her-ausschneiden und die Viertel quer in dünne Scheiben schneiden. Die Butter in einem Topf erhitzen. Die Apfelscheiben darin etwa 10 Mi-nuten dünsten, bis sie weich sind.

3 Die Pflaumen klein schneiden, zu den Äpfeln geben und erwärmen. Dann die Sahne, die Frutilose, die Zitronenschale und den Zimt hinzufügen.

4 Die Nudeln abgießen, etwas abtropfen lassen und auf 2 Tel-ler verteilen. Das Apfelkompott darüber geben und mit gehackten Haselnüssen bestreuen.

Für 2 Personen

100 g kleine Vollkorn-nudeln (Rohgewicht)
2 süße Äpfel
1 EL Butter
5 Backpflaumen
60 g süße Sahne
2 EL Frutilose
1/2 TL abgeriebene Schale einer unbehan-delten Zitrone
1/2 TL Zimtpulver
2 EL Haselnusskerne

Desserts

Vanille-Buttermilch-Gelee mit Aprikosen

Für 2 Personen

*100 g ungeschwefelte,
getrocknete Aprikosen
1/2 Vanilleschote
3 EL flüssiger Honig
200 g Buttermilch
3 Blatt helle Gelatine
1 EL Birnendicksaft*

**Zubereitungszeit: ca. 40 Minuten
Quellzeit: ca. 6 Stunden
Kühlzeit: ca. 3 Stunden**

ca. 310 kcal je Portion

1 Die Aprikosen sehr klein würfeln und in eine Schüssel geben. Mit 150 ml Wasser übergießen und etwa 6 Stunden quellen lassen.

2 Vanilleschote der Länge nach aufschneiden und das schwarze Mark mit einem spitzen Messer gründlich herausschaben. Zusammen mit dem Honig in die Buttermilch geben und verrühren.

3 Die Gelatine in wenig kaltem Wasser einweichen und etwa 10 Minuten quellen lassen. Das Wasser abgießen und die Gelatine in einem Topf vorsichtig erhitzen, bis sie sich aufgelöst hat.

4 Die Gelatine anschließend unter die Buttermilch mischen. Das Ganze durch ein feines Sieb in zwei Glasschälchen gießen. Das Buttermilchgelee für mindestens 3 Stunden kühl stellen.

5 Die Aprikosen vor dem Servieren zusammen mit der Quellflüssigkeit und dem Birnendicksaft in einem kleinen Topf unter Rühren leicht erwärmen.

6 Die beiden Glasschälchen mit dem Gelee kurz in heißes Wasser tauchen. Sie danach auf Dessertteller stürzen, sodass das Gelee in der Mitte des Tellers ist. Die Aprikosensauce um das Buttermilchgelee gießen.

TIPP
Statt Trockenaprikosen können Sie auch Bananen nehmen. Sie brauchen 100 g geschälte Bananen. Diese werden püriert und zusammen mit 3 Esslöffeln Sahne und etwas Birnendicksaft verrührt. Das Püree reichen Sie zum Buttermilchgelee.

Orangen-Quark-Creme E

Zubereitungszeit: ca. 15 Minuten
Kühlzeit: mind. 30 Minuten

ca. 360 kcal je Portion

1 Von der unbehandelten Orange 1/2 Teelöffel Schale abreiben. Die Orange auspressen. Die andere Orange schälen und in Würfel schneiden.

2 Das Agar-Agar-Pulver in einem kleinen Topf zusammen mit der Hälfte des Orangensaftes verrühren.

3 Den restlichen Orangensaft zusammen mit Quark, saurer Sahne, Zitronensaft, Frutilose und Orangenschale verrühren.

4 Den Saft mit dem Agar-Agar bis kurz vor dem Kochen erhitzen und dann mit einem Schneebesen unter kräftigem Rühren zu dem Orangenquark geben.

5 Die Orangenwürfel darunter rühren und den Quark für mindestens 30 Minuten kalt stellen. Zum Schluss mit den Pistazien bestreuen.

TIPP
Agar-Agar ist ein Meeres-algenextrakt, der als Ersatz für Gelatine verwendet wird. Sie bekommen es in Reformhäusern und Natur-kostläden.

Für 1 Person

2 Orangen
(davon mindestens
1 unbehandelte)
1 gestrichener TL
Agar-Agar-Pulver
(Reformhaus)
100 g Speisequark
(20% Fett i.Tr.)
40 g saure Sahne
1 EL Zitronensaft
1 EL Frutilose
(Reformhaus)
1 TL gehackte, ungesal-
zene Pistazienkerne

Sahniger Reis mit Heidelbeersauce K

Zubereitungszeit: ca. 30 Minuten
Zeit zum Abkühlen: ca. 10 Minuten

ca. 490 kcal je Portion

1 Den Reis mit 150 ml Wasser und der Sahne aufkochen. Alles bei geringer Hitzezufuhr im geschlossenen Topf etwa 25 Minuten garen. Alles in eine kleine Schüssel geben und erkalten lassen.

2 In der Zwischenzeit von den Heidelbeeren einige Früchte für die Dekoration beiseite legen. Dann die restlichen Heidelbeeren mit dem Schneidstab pürieren und mit dem Ahornsirup süßen.

3 Die Heidelbeersauce auf dem Reis anrichten und mit den restlichen Beeren garnieren.

Für 1 Person

50 g Vollkorn-Rund-
kornreis (Rohgewicht)
50 g süße Sahne
125 g frische oder tief-
gekühlte Heidelbeeren
2 EL Ahornsirup

Himbeer-mousse

Für 2 Personen

250 g frische
Himbeeren
4 Blatt helle Gelatine
80 g süße Sahne
2 frische Eigelb
6 EL Frutilose
(Obstdicksaft aus dem
Reformhaus)
80 g steif geschlagene
süße Sahne
6 Minzeblättchen

Zubereitungszeit: ca. 15 Minuten
Kühlzeit: ca. 1 Stunde 30 Minuten

ca. 310 kcal je Portion

1 Die Himbeeren verlesen, waschen, einige schöne Beeren beiseite legen, den Rest pürieren und durch ein Sieb streichen. Die Gelatine für etwa 5 Minuten in kaltem Wasser einweichen.

2 Die flüssige Sahne zusammen mit etwa 120 ml Wasser in einer Metallschüssel (z. B. einem Schlagkessel) mit einem Schneebesen verrühren. Die Eigelbe und die Frutilose mit einem Schneebesen in die Sahne-Wasser-Mischung einrühren.

3 Das Ganze in einem Wasserbad bei mäßiger Hitze mit dem Schneebesen so lange aufschlagen, bis eine leicht dickliche Masse entstanden ist. Die Creme abkühlen lassen und langsam unter das Himbeerpüree ziehen.

4 Die Gelatine gut ausdrücken, bei geringer Hitze in einem kleinen Topf im Wasserbad schmelzen lassen und nach und nach unter das Himbeermousse rühren. Danach die geschlagene Sahne darunter ziehen.

5 Das Mousse in 2 Dessertgläser füllen, etwa 1 Stunde 30 Minuten kalt stellen und dann mit den restlichen Himbeeren sowie den Minzeblättchen garnieren.

Süßer Buttermilch-Joghurt-Teller

Für 2 Personen

150 g Buttermilch
175 g Joghurt
(3,5% Fett)
2 EL Frutilose
(Obstdicksaft aus dem
Reformhaus)
1 vollreife Banane
1 EL gehackte, ungesalzene Pistazienkerne
8 Minzeblättchen

Zubereitungszeit: ca. 10 Min.

ca. 220 kcal je Portion

1 Die Buttermilch zusammen mit dem Joghurt und der Frutilose gut verquirlen.

2 Die Banane schälen, mit einer Gabel sehr fein zerdrücken, mit einem Schneebesen aufschlagen und unter den Buttermilch-Joghurt ziehen.

3 Das Ganze in zwei tiefe Dessertschälchen verteilen und mit den Pistazien sowie der Minze hübsch garnieren.

Joghurt-Beeren-Creme ▲E

Zubereitungszeit: ca. 30 Minuten
Kühlzeit: mind. 2 Stunden

ca. 320 kcal je Portion

1 Die Beeren verlesen, von den Stielen befreien, waschen, einige schöne Beeren beiseite legen, den Rest pürieren und durch ein feines Sieb streichen.

2 Die Sahne zusammen mit etwa 60 ml Wasser in einer Metallschüssel vermischen. Das Eigelb und die Frutilose mit einem Schneebesen unter die Sahne-Wasser-Mischung rühren.

3 Das Ganze in einem Wasserbad bei mäßiger Hitze mit dem Schneebesen so lange schlagen, bis eine leicht dickliche Masse entstanden ist. Die Creme langsam unter das Beerenpüree ziehen.

4 Die Gelatine für 5 Minuten in kaltem Wasser einweichen. Inzwischen den Joghurt glattrühren und unter die Beerencreme heben.

5 Die Gelatine gut ausdrücken, bei geringer Hitze in einem kleinen Topf schmelzen lassen, dann nach und nach unter die Joghurt-Beeren-Creme rühren.

6 Alles in zwei Dessertgläser füllen und für mindestens 2 Stunden kalt stellen. Das Dessert mit den restlichen Beeren garnieren.

TIPP

Statt Frutilose, die im Reformhaus erhältlich ist, können Sie auch Honig nehmen. Wählen Sie einen flüssigen hellen Honig (z. B. Akazien- oder Lindenblütenhonig). Sehr dekorativ sieht das Dessert aus, wenn Sie es stürzen. Hierfür benötigen Sie 1 Blatt Gelatine mehr, um genug Standfestigkeit zu bekommen. Kalorien können Sie sparen, wenn Sie statt Sahnejoghurt Milchjoghurt verwenden.

Für 2 Personen

150 g frische reife Beeren (z. B. Johannisbeeren, Himbeeren, Brombeeren)
40 g süße Sahne
1 frisches Eigelb
2 1/2 EL Frutilose (Obstdicksaft aus dem Reformhaus)
2 Blatt helle Gelatine
150 g Sahnejoghurt

Marmorierte Brombeercreme

Für 2 Personen

250 g frische, vollreife Brombeeren

2 Blatt helle Gelatine

4 EL Frutilose (Obstdicksaft aus dem Reformhaus)

100 g süße Sahne

Zubereitungszeit: ca. 30 Minuten
Zeit zum Gelieren:
ca. 1 Stunde 30 Minuten

ca. 530 kcal je Portion

1 Die Brombeeren verlesen, waschen, ein paar schöne Beeren beiseite legen, den Rest in einen Topf geben und zusammen mit etwa 5 Esslöffeln Wasser kurz aufkochen lassen.

2 Die Gelatine für etwa 5 Minuten in kaltem Wasser einweichen. Inzwischen das Brombeermus durch ein Sieb streichen und mit der Frutilose süßen.

3 Die Gelatine gut ausdrücken, bei geringer Hitze in einem kleinen Topf schmelzen lassen, dann nach und nach in das Brombeermus einrühren. Das Ganze zum Gelieren etwa 1 Stunde 30 Minuten kalt stellen.

4 Danach die Sahne steif schlagen und unregelmäßig unter die Creme ziehen. Dabei etwa 2 Esslöffel Sahne zurückbehalten.

5 Das Ganze in zwei Dessertgläser geben und dann mit je einem Klecks Sahne und den Brombeeren verzieren.

TIPP
Statt frischer Brombeeren kann auch TK-Ware genommen werden.

Pfirsichkuppel mit Heidelbeerpüree

Für 1 Person

100 g tiefgekühlte Heidelbeeren

1 EL Apfeldicksaft

1/2 großer reifer Pfirsich

Zubereitungszeit: ca. 10 Minuten

ca. 110 kcal je Portion

1 Die tiefgefrorenen Heidelbeeren leicht antauen lassen, im Mixer pürieren und mit dem Apfeldicksaft süßen.

2 Das halbgefrorene Heidelbeerpüree in einen flachen Dessertteller geben und glatt streichen.

3 Den halben Pfirsich schälen, mit der Rundung nach oben in die Mitte des Heidelbeerpürees setzen und dann das Dessert sofort servieren.

Kiwi-Sahne-Sorbet **E**

Zubereitungszeit: ca. 15 Minuten
Gefrierzeit: ca. 2 Stunden

ca. 130 kcal je Portion

1 Die Kiwis schälen, 2 schöne Scheiben davon abschneiden und zur Seite legen. Die restlichen Kiwis grob hacken und durch ein Sieb streichen.

2 Die Sahne steif schlagen, unter das Püree heben und mit dem Akazienhonig süßen.

3 In ein Dessertglas füllen und im Gefrierfach etwa 2 Stunden anfrosten lassen. Zwischendurch umrühren, damit sich keine Kristalle bilden können.

4 Vor dem Servieren die 2 Kiwischeiben fächerförmig auf das Sorbet legen und mit den Minzblättchen dekorieren.

TIPP
Das Kiwisorbet schnell servieren. Frische Kiwis enthalten ein Enzym, das Eiweiß spaltet. Die Speise kann dadurch in kurzer Zeit bitter schmecken. Besser ist es, die Kiwischeiben kurz in kochendes Weasser zu tauchen. Dann sind die Enzyme nicht mehr aktiv.

Für 1 Person

2 Kiwis
40 g süße Sahne
1 TL Akazienhonig
einige frische Minzeblättchen

Mangocreme mit Schuss **E**

Zubereitungszeit. ca. 15 Minuten

ca. 220 kcal je Portion

1 Das Eigelb mit der Zitronenschale und dem Kardamom verrühren. Tropfenweise den Doppelkorn unterrühren, mit dem Akazienhonig süßen.

2 Die geschälte Mango im Mixer pürieren, die gewürzte Eigelbsauce hinzugeben und alles miteinander vermischen.

3 Die Mangocreme in eine Dessertschale füllen und mit einem Sahnetupfer garnieren.

TIPP
Statt Mango können Sie auch Pfirsich, Papaya, Nektarinen oder Aprikosen verwenden.

Für 1 Person

1 Eigelb
1/2 TL abgeriebene Schale einer unbehandelten Zitrone
1 Msp. Kardamom
1 EL Doppelkorn
1 TL Akazienhonig
100 g frische Mango
1 Tupfer geschlagene Sahne

Heidelbeer- quark

Für 1 Person

50 g Heidelbeeren
100 g Quark
(20% Fett i.Tr.)
1 TL Honig

Zubereitungszeit: ca. 10 Minuten

ca. 180 kcal je Portion

1 Die Heidelbeeren säubern, mit einer Gabel zerdrücken.

2 Den Quark locker untermischen und mit dem Honig süßen.

Aprikosen- joghurt

Für 1 Person

4 halbe getrocknete, ungeschwefelte Aprikosen
1 EL Vollkorn- haferflocken
100 g Naturjoghurt (3,5% Fett)
1 TL Honig
1 Msp. Carobe

Zubereitungszeit: ca. 10 Minuten
Quellzeit: ca. 2 Stunden

ca. 210 kcal je Portion

1 Die Aprikosen in kleine Stücke schneiden, in ein Dessertglas füllen und mit 50 ml lauwarmem Wasser bedecken. Anschließend mindestens 2 Stunden zum Quellen stehen lassen.

2 Danach die Haferflocken und den Joghurt unterrühren. Nach Belieben mit dem Honig süßen.

3 Mit dem Carobe den Aprikosenjoghurt zart überstäuben.

TIPP
Statt der Aprikosen können Sie auch Pfirsiche nehmen.

K Bananen- creme

Für 2 Personen

1 Banane
75 g Quark (20% Fett i.Tr.)
2 EL Sanddornsaft
1 TL Apfeldicksaft

Zubereitungszeit: ca. 10 Minuten

ca. 130 kcal je Portion

Banane mit einer Gabel zerdrücken und mit Quark und Sanddorn verrühren. Mit Apfeldicksaft süßen.

Die Bananencreme in zwei Schälchen füllen und kühl servieren.

TIPP
Nehmen Sie mal Schichtkäse anstelle von Quark.

Banane mit Sahne

Zubereitungszeit: ca. 15 Minuten

ca. 200 kcal je Portion

1 Banane schälen, der Länge nach halbieren. Butter in einer Pfanne schmelzen lassen, die Banane hineingeben und kurz braten.

2 Mandelblättchen dazwischen geben und im Anschluss kurz mitrösten.

3 Die Banane auf einem Dessertteller anrichten, mit der geschlagenen Sahne garnieren und mit den Mandelblättcher bestreut servieren.

Für 1 Person

1 vollreife Banane
1 TL Butter
1 TL Mandelblättchen
40 g süße Sahne

Bananensuppe

Zubereitungszeit: ca. 30 Minuten

ca. 170 kcal je Portion

1 Die Zwiebel in sehr feine Würfel schneiden. Die Butter in einer Kasserolle schmelzen lassen und die Zwiebel mit dem gepressten Knoblauch darin glasig dünsten. Mit dem Currypulver überstäuben.

2 Die Banane schälen, in 1 cm dicke Scheiben schneiden und kurz in der Kasserolle erhitzen. Mit 200 ml Wasser auffüllen, mit der Brühe würzen und durchkochen lassen.

3 Die Suppe im Mixer pürieren, mit der Sahne abrunden und mit dem Nestargel andicken. Mit den Pistazien bestreut servieren.

Für 1 Person

1/2 kleine Zwiebel
1 TL Butter 1/2 Knoblauchzehe 1/2 TL Curry
1 kleine Banane
1 TL Gemüsebrühe
1 EL süße Sahne
1-2 Dosierlöffel Nestargel (Reformhaus)
einige Pistazien

Joghurt mit Sanddorn

Zubereitungszeit: ca. 5 Minuten

ca. 120 kcal je Portion

Den Honig gleichmäßig mit dem Sanddorn verrühren und anschließend mit dem Joghurt vermischen. In ein Dessertglas füllen und kühl servieren.

Für 1 Person

1 TL Honig
1 EL Sanddornsaft
100 g Naturjoghurt

Vanille-creme

Für 3 Personen

*50 g fein gemahlenes
Weizenvollkornmehl*
1 Vanilleschote
1 Eigelb
2 EL Honig
100 g süße Sahne
3 TL Heidelbeeren

Zubereitungszeit: ca. 30 Minuten

ca. 230 kcal je Portion

1 1/4 Liter Wasser in einen Topf füllen, mit dem fein gemahlenen Vollkornmehl verrühren. Kurz aufkochen und abkühlen lassen.

2 Die Vanilleschote längs aufschneiden und das Mark herausschaben. Zusammen mit dem Eigelb und dem Honig zu der abgekühlten Creme geben.

3 Die Sahne steif schlagen und vorsichtig darunter heben. Die Creme in drei Dessertgläser füllen und zum Schluss mit den Heidelbeeren verzieren.

TIPP
Sie können nach diesem Rezept auch leicht eine Schokoladencreme zubereiten, indem Sie statt der Vanilleschote einen gehäuften Teelöffel Carobe zugeben.

Vanillepudding mit Heidelbeermus

Für 4 Personen

150 g süße Sahne
1 Päckchen (ungefärbtes) Vanillepuddingpulver für Kochpudding
*4 EL Frutilose
(Obstdicksaft aus dem
Reformhaus)*
1 Msp. Safranpulver
1 Vanilleschote
300 g frische oder tiefgekühlte Heidelbeeren
12 Minzeblättchen

Zubereitungszeit: ca. 15 Minuten

ca. 240 kcal je Portion

1 Die Sahne mit 350 ml Wasser verrühren. Das Puddingpulver mit 10 Esslöffeln der Sahnemischung sowie der Frutilose und dem Safran glatt rühren.

2 Die restliche Sahnemischung erhitzen. Das Vanillemark aus der aufgeschnittenen Schote herausschaben und dazugeben.

3 Das angerührte Puddingpulver mit dem Schneebesen in die Sahnemischung hineinschlagen. Alles unter Rühren aufkochen lassen, bis der Pudding dick zu werden beginnt.

4 Die Heidelbeeren waschen (Tiefkühlkost etwas antauen lassen) und zwei Drittel der Früchte mit dem Schneidstab pürieren.

5 Das Heidelbeermus in vier kleine Dessertschälchen füllen und den Pudding gleichmäßig darauf verteilen. Die restlichen Heidelbeeren darüber streuen und mit den Minzeblättchen garnieren.

Heidelbeer-Vanille-Dickmilch

Zubereitungszeit: ca. 5 Minuten

ca. 200 kcal je Portion

1 Die Heidelbeeren waschen und verlesen. Tiefgekühlte Früchte antauen lassen. Die Vanilleschote der Länge nach aufschneiden und das Mark herauskratzen. Die Dickmilch mit der sauren Sahne, dem Vanillemark und der Frutilose verrühren.

2 Die Hälfte der Dickmilch in ein Glasschälchen geben. Die Heidelbeeren darauf verteilen und die restliche Dickmilch darauf gießen. Die Süßspeise mit der Zitronenmelisse garnieren.

Für 1 Person

*50 g Heidelbeeren
(frisch oder TK-Beeren)
1/2 Vanilleschote
125 g Dickmilch
40 g saure Sahne
1 EL Frutilose
(Reformhaus)
2 Zitronenmelisse-
blättchen*

Himbeersorbet E

**Zubereitungszeit: ca. 20 Minuten
Gefrierzeit: 2–3 Stunden**

ca. 150 kcal je Portion

1 Die frischen Himbeeren verlesen und kurz waschen. Gefrorene Früchte etwas antauen lassen. Einige Beeren für die Garnitur beiseite legen.

2 Die Früchte nun mit dem Schneidstab pürieren. Das Himbeermus nach Belieben durch ein Sieb streichen, um so die Kernchen zu entfernen.

3 Die Sahnedickmilch mit der Frutilose und dem Zitronensaft verrühren und alles mit dem Himbeerpüree mischen.

4 Die Masse in eine Schüssel füllen und sie für 2 bis 3 Stunden ins Gefrierfach stellen. Das Sorbet zwischendurch immer wieder umrühren

5 Es nach der Gefrierzeit in zwei Dessertgläser geben, mit den restlichen Himbeeren garnieren

TIPP
Wenn Sie dieses Sorbet alleine essen, entnehmen Sie nur die Hälfte, und bewahren Sie den Rest im Gefrierfach auf.

Für 2 Personen

*200 g frische oder tiefgekühlte Himbeeren
175 g Sahnedickmilch
3 EL Frutilose
(Reformhaus)
1 EL Zitronensaft*

 Ananas-
dessert

Für 1 Person

2 EL Kokosraspel
40 g geschlagene
süße Sahne
2 Scheiben frische
Ananas ohne Schale

Zubereitungszeit: ca. 10 Minuten

ca. 220 kcal je Portion

1 Die Kokosraspel in einer beschichteten Pfanne ohne Fettzugabe leicht rösten. Die Sahne in einen hohen Rührbecher geben und mit dem elektrischen Handrührgerät steif schlagen.

2 Ananasscheiben in den Kokos- raspeln wenden und auf einen Teller legen. Die geschlagene Sahne zu dem Ananasdessert reichen.

TIPP
Statt Ananas können Sie auch Mangospalten oder Orangen- scheiben nehmen.

 Trauben-Limetten-
Kompott

Für 1 Person

200 g blaue Wein-
trauben
Saft von 1 Limette
1/2 TL Zimtpulver
1 1/2 EL Frutilose
(Obstdicksaft aus dem
Reformhaus)
1 EL gehackte
Walnusskerne

Zubereitungszeit: ca. 15 Minuten

ca. 310 kcal je Portion

1 Die Trauben waschen, halbieren und mit einem Messer entker- nen. Den Limettensaft mit Wasser auf 50 ml auffüllen.

2 Den Saft zusammen mit den Trauben und dem Zimt aufko- chen und etwa 2 Minuten bei klei- ner Hitze köcheln lassen. Zum Schluss die Frutilose und die gehackten Walnusskerne darunter rühren.

3 Das Kompott im Kühlschrank erkalten lassen und anschlie- ßend in ein Schälchen geben.

TIPPS
■ Wenn Sie keine Limette zur Hand haben, können Sie statt dessen auch den Saft von 1/2 Zitrone nehmen.

■ Statt Frutilose eignen sich auch anderer Obstdicksaft oder Honig, die Sie eben- falls im Reformhaus kaufen können.

■ Statt Walnusskernen können Sie auch Mandel- splitter verwenden.

Apfelkompott mit Zimt **K**

Zubereitungszeit: ca. 30 Minuten

ca 340 kcal je Portion

1 Die Äpfel vierteln, schälen und die Kerngehäuse entfernen. Die Apfelstücke zusammen mit 150 ml Wasser in einen Topf geben. Den Zimt hinzufügen und alles etwa 10 Minuten köcheln lassen.

2 Die Apfelstücke aus dem Topf nehmen, etwas abkühlen lassen und mit der Frutilose leicht süßen.

Für 1 Person

4–5 mürbe Äpfel
(500 g, küchenfertig)
1/2 TL gemahlener Zimt
2 EL Frutilose
(Reformhaus)

Geeiste Kokosnusscreme **K**

Zubereitungszeit: ca. 15 Minuten
Gefrierzeit: ca. 1 1/2–2 Stunden

ca. 220 kcal je Portion

1 Das Kokosfleisch klein schneiden und mit 250 g Buttermilch, Honig, Meersalz und Minzeblättchen sehr fein pürieren.

2 Das Eigelb mit dem Ahornsirup cremig rühren und zur Kokosmischung geben.

3 Die Masse in einen Topf umfüllen. Unter ständigem Rühren bei mittlerer Hitze bis kurz vor den Siedepunkt erhitzen, bis die Flüssigkeit cremig zu werden beginnt. Die Creme darf auf keinen Fall kochen, sonst gerinnt das Eigelb.

4 Anschließend die Creme unter gelegentlichem Rühren abkühlen lassen. Im Gefrierschrank etwa 2 Stunden gefrieren lassen.

5 Danach die restliche Buttermilch über die gefrorene Kokoscreme gießen und alles mit einer Gabel fein zerdrücken.

6 Die Kokoscreme in 4 Dessertschälchen füllen. Die Banane schälen, in dünne Scheiben schneiden und die geeiste Creme damit garnieren.

Für 4 Personen

75 g frisches Kokosnussfleisch (geschält)
500 g Buttermilch
80 g flüssiger Honig
etwas Meersalz
6 Minzeblättchen
1 Eigelb
2 EL Ahornsirup
1 kleine Banane

TIPP
Da es zur Weihnachtszeit keine frischen Minzeblättchen gibt, sollten Sie diese rechtzeitig im Herbst einfrieren.

Beschwipstes Rosinenparfait

Für 1 Person

2 EL ungeschwefelte
Rosinen
2 EL Doppelkorn
100 ml Milch
etwas Vanillemark
1 Eigelb
1 TL Apfeldicksaft
40 g süße Sahne

Zubereitungszeit:
ca. 1 Stunde 30 Minuten
Quellzeit: ca. 2 Stunden
Gefrierzeit: ca. 2 Stunden

ca. 160 kcal je Portion

1 Die gewaschenen Rosinen mit dem Doppelkorn begießen und etwa 2 Stunden ziehen lassen.

2 Die Milch mit dem Vanillemark zum Kochen bringen. Die beschwipsten Rosinen hinzufügen und 10 Minuten ziehen lassen. In der Zwischenzeit das Eigelb mit dem Apfeldicksaft cremig schlagen und unter die Milchmischung geben.

3 Bei sehr niedriger Temperatur so lange rühren, bis die Masse cremig wird. Anschließend unter Rühren erkalten lassen.

4 Die Sahne steif schlagen und unter die Creme ziehen. Im Gefrierfach 1 bis 2 Stunden anfrosten lassen.

TIPP
Unter das Parfait können Sie noch Mandeln oder Walnussstückchen mischen. Servieren Sie dazu eine Mangosauce.

Früchtemahlzeit mit Kiwi und Mango

Für 1 Person

1 Kiwi
100 g frische Mango
100 g Joghurt
(3,5% Fett)
1 TL Ahornsirup
1 TL Mandelsplitter

Zubereitungszeit: ca. 10 Minuten

ca. 160 kcal je Portion

1 Die Kiwi und Mango schälen und in mundgerechte Stücke schneiden.

2 Anschließend mit dem Joghurt mischen, mit dem Ahornsirup süßen und mit den Mandelsplittern bestreuen.

TIPP
Dieses Gericht bitte sofort verzehren, da die Kiwis aufgrund ihres Gehalts an eiweißspaltendem Enzym das Milcheiweiß spalten. Dadurch entwickelt sich mit der Zeit ein bitterer Geschmack.

Gefüllte Grapefruit **E**

Zubereitungszeit: ca. 15 Minuten

ca 100 kcal je Portion

1 Das Fruchtfleisch der Grapefruit mit einem scharfen Messer herauslösen und kleinschneiden.

2 Die Erdbeeren waschen, putzen und zerkleinern und mit den Grapefruitstücken vermischen.

3 Die Rosinen hinzufügen, mit dem Kardamom würzen und mit dem Apfeldicksaft süßen.

4 Zum Schluss die Milch unterrühren und alles zurück in die Grapefruithälfte füllen.

5 Mit den Minzeblättchen dekorieren und kühl servieren.

Für 1 Person

1/2 Grapefruit
50 g Erdbeeren
1 EL ungeschwefelte Rosinen
1 Msp. Kardamom
1 TL Apfeldicksaft
2 EL Milch
1–2 Minzeblättchen

Melonenkugeln mit Zitronensauce **E**

Zubereitungszeit: ca. 20 Minuten
Kühlzeit: ca. 2 Stunden

ca. 80 kcal je Portion

1 Aus der halben Melone Kugeln ausstechen, restliches Fruchtfleisch herausschaben, pürieren.

2 Das Püree mit der Sahnedickmilch und dem Zitronensaft verrühren und mit den Gewürzen abschmecken.

3 Die Kugeln anrichten, mit Sauce begießen und kühlen.

Für 1 Person

1/2 reife Netz- oder Honigmelone
40 g Sahnedickmilch
1 EL Zitronensaft
1 Msp. gemahlener Ingwer
1 Msp. Zimt

Frischkäse mit Obst **E**

Zubereitungszeit: ca. 10 Minuten

ca. 180 kcal je Portion

Die Früchte säubern, in mundgerechte Stücke schneiden und mit dem Hüttenkäse zusammen in einem Schälchen servieren.

Für 1 Person

150 g Früchte der Saison
100 g Frischkäse

E Sauerkirschsuppe mit Buttermilch

Für 1 Person

100 g Sauerkirschen
2 EL Birnendicksaft
1–2 Dosierlöffel
Nestargel (aus dem
Reformhaus)
40 g Buttermilch

Zubereitungszeit: ca. 30 Minuten
Kühlzeit: ca. 1 Stunde

ca. 130 kcal je Portion

1 Die Kirschen waschen, entsteinen und in einen Topf geben. Mit 150 ml Wasser auffüllen und mit dem Dicksaft süßen.

2 Zugedeckt bei kleiner Hitze etwa 10 bis 15 Minuten köcheln lassen.

3 Die Suppe leicht verschlagen, mit dem Nestargel binden und kalt stellen.

4 Kurz vor dem Servieren die Buttermilch locker unterheben.

K Pfannkuchen mit Bananen-Dattel-Mus

Für 2 Personen

100 g feines Grünkern-
oder Weizenvoll-
kornmehl
1/2 TL Weinstein-
backpulver
2 frische Eigelb
1 Prise Meersalz
2 EL kaltgepresstes
Sonnenblumenöl
1 weiche Banane
5 frische (ersatzweise
getrocknete) Datteln
1/2 TL abgeriebene
Schale einer unbehan-
delten Zitrone
einige Blättchen
Zitronenmelisse

Zubereitungszeit: ca. 15 Minuten

ca. 450 kcal je Portion

1 Für die Pfannkuchen das Mehl mit dem Backpulver mischen und zusammen mit 200 ml Wasser, den Eigelben und dem Salz schaumig rühren.

2 Das Öl in einer Pfanne erhitzen. Aus dem Teig darin nacheinander zwei goldbraune Pfannkuchen ausbacken.

3 Inzwischen die Banane schälen und mit einer Gabel zerdrücken. Die Datteln entsteinen und in feine Streifen schneiden. Die Banane mit der Zitronenschale und den Datteln mischen.

4 Die Pfannkuchen mit dem Mus bestreichen, zusammenklappen, mit Zitronenmelisse garnieren und sofort servieren.

TIPP
- Für die Pfannkuchen können Sie auch eine Mischung aus Buchweizen- und Weizenmehl verwenden.

- Statt dem Bananen-Dattel-Mus eignet sich auch Apfelmus aus mürben, süßen Äpfeln.

Rosa Quarkspeise ◀ E

Zubereitungszeit: ca. 20 Minuten

ca. 890 kcal je Portion

1 Die Kirschen waschen und entkernen. Einige schöne Früchte beiseite legen. Die restlichen mit dem Schneidestab grob pürieren.

2 Den Quark mit der Buttermilch und dem Zitronensaft cremig rühren. Mit dem Ahornsirup süßen und das Kirschpüree darunterrühren. In eine gut verschließbare Schüssel geben.

3 Die restlichen Kirschen halbieren und die Quarkspeise damit garnieren.

TIPP
Statt der Kirschen können Sie auch andere Früchte der Saison verwenden, z. B. Pfirsiche, Nektarinen oder Beeren.

Für 4 Person

300 g frische Süßkirschen
400 g Quark (20 % Fett i. Tr.
100 g Buttermilch
2 EL Zitronensaft
4 EL Ahornsirup

Vollkorn-Apfelpfannkuchen ◼ K

Zubereitungszeit: ca. 10 Minuten
Quellzeit: ca. 15 Minuten

ca. 560 kcal je Portion

1 Das Mehl mit dem Backpulver mischen. Nach und nach 120 ml Wasser, die Sahne und das Eigelb hinzufügen und alles zu einem dünnflüssigen Teig verrühren.

2 Eine Prise Salz zum Teig geben und ihn etwa 15 Minuten quellen lassen.

3 In der Zwischenzeit den Apfel vierteln, schälen und das Kerngehäuse entfernen. Das Fruchtfleisch in Spalten schneiden. Sie unter den Teig rühren.

4 Die Butter in einer Pfanne schmelzen lassen, die Hälfte des Pfannkuchenteigs mit einer Schöpfkelle hineingeben. Bei mittelstarker Hitzezufuhr 1 bis 2 Minuten backen. Den Pfannkuchen wenden und nochmals 1 bis 2 Minuten backen. So auch den zweiten Pfannkuchen zubereiten und heiß essen.

Für 1 Person

50 g feines Grünkern- oder Weizenvollkornmehl
1 TL Weinsteinbackpulver
60 g süße Sahne
1 frisches Eigelb
1 Prise Meersalz
1 mürber Apfel
40 g Butter

K Bratapfel mit Nüssen und Zimtquark

Für 2 Personen

2 süße mürbe Äpfel
1 Vollkornzwieback
1 EL ungeschwefelte Rosinen
1 EL gehackte Mandeln
1 EL gehackte Haselnüsse
1 EL flüssiger Honig
200 g Quark (20 % Fett i. Tr.)
4 EL Buttermilch
3 EL Frutilose (Obstdicksaft aus dem Reformhaus)
1 gestr. TL Zimtpulver

Zubereitungszeit: ca. 1 Stunde

ca. 450 kcal je Portion

1 Die Äpfel waschen und trockenreiben. Die Kerngehäuse mit einem Apfelausstecher entfernen. Den Ofen auf 200 °C vorheizen.

2 Den Zwieback in eine Schüssel reiben und mit Rosinen, Mandeln und Nüssen mischen. Das Ganze in die beiden Äpfel füllen und leicht andrücken.

3 2 quadratische Stücke Alufolie zurechtschneiden und die Äpfel darauf setzen. In die obere Öffnung jedes Apfels je 1/2 Esslöffel Honig geben.

4 Die Alufolie vorsichtig schließen und die Päckchen in einer feuerfesten Form auf der mittleren Schiene in den Backofen schieben.

5 Die Äpfel etwa 30 Minuten im Ofen backen. In der Zwischenzeit den Quark in einer Schüssel mit der Buttermilch verrühren. Die Creme mit Frutilose und Zimt abschmecken und zusammen mit den fertig gegarten Äpfeln auf zwei Tellern anrichten.

TIPP
Dieses Dessert eignet sich gut als Abschluss eines festlichen Menüs. Bereiten Sie größere Mengen in der Fettpfanne (Bratreine) des Backofens zu. Übriggebliebene Bratäpfel schmecken auch kalt zusammen mit warmem Vanillepudding oder heißer Vanillesauce. Zu den heißen Bratäpfeln passt eine kalte Sauce oder geschlagene Sahne.

Quarkreis mit Birnen und Datteln K

Zubereitungszeit: ca. 45 Minuten
Quellzeit: ca. 6 Stunden

ca. 510 kcal je Portion

1 Die getrockneten Birnen und Datteln in dünne Streifen schneiden und in einer Schüssel mit 400 ml Wasser übergießen. Das Ganze zugedeckt etwa 6 Stunden quellen lassen.

2 Die gequollenen Früchte in ein Sieb gießen und die Flüssigkeit dabei auffangen. Diese in einen Messbecher geben und mit Wasser auf 300 ml auffüllen.

3 Die Flüssigkeit mit einer Prise Salz in einem Topf aufkochen, den Reis dazugeben und wieder zum Kochen bringen. Das Ganze danach noch etwa 30 Minuten zugedeckt bei schwacher Hitze garen.

4 Sobald der Reis gar ist, das restliche Kochwasser bei geöffnetem Deckel verdampfen lassen.

5 Den Reis vom Herd nehmen, in eine breite Schüssel geben und auskühlen lassen.

6 In der Zwischenzeit Quark, Birnendicksaft und Nelkenpulver zu einer glatten Masse verrühren. Diese Mischung zusammen mit den Birnen- und den Dattelstreifen unter den abgekühlten Reis heben. Das Ganze in zwei Schälchen geben und servieren.

TIPP
Sie können statt der getrockneten Birnen auch frische, mürbe, süße Äpfel verwenden. Bereiten Sie aus etwa 200 Gramm Äpfeln ein Kompott, und geben Sie es über den Quarkreis.

Für 2 Personen

75 g ungeschwefelte Trockenbirnen
4 getrocknete, entsteinte Datteln
125 g Vollkorn-Rundkornreis
1 Msp. Meersalz
250 g Quark (20% Fett i.Tr.)
1 El Birnendicksaft
1 Msp. Nelkenpulver

⚠️ Pflaumengrütze mit Sahnetupfern

Für 2 Personen

250 g frische Pflaumen
2 EL Frutilose
(Obstdicksaft aus dem
Reformhaus)
1 TL weißer Rum
1 Zimtstange
1 Nelke
2–3 Dosierlöffel
Nestargel
(aus dem Reformhaus)
80 g geschlagene
süße Sahne

Zubereitungszeit: ca. 30 Minuten
Zeit zum Ziehen: ca. 30 Minuten

ca. 230 kcal je Portion

1 Die Pflaumen waschen, entsteinen, in kleine Stücke schneiden, in einen Topf geben und zusammen mit Frutilose, Rum, Zimt und Nelke vermischen. Das Ganze für 30 Minuten Saft ziehen lassen.

2 Die Pflaumen anschließend mit etwa 1/2 Liter Wasser auffüllen und alles unter Rühren aufkochen.

3 Grütze nach Belieben binden. Dafür den Topf vom Herd nehmen, Bindemittel hineinrühren und nochmals kurz aufkochen lassen.

4 Die Pflaumengrütze in 2 Dessertschüsselchen füllen, dabei Zimt und Nelke entfernen, das Ganze abkühlen lassen und kalt stellen.

5 Grütze kurz vor dem Servieren mit Sahnetupfern garnieren.

TIPP
Statt der Pflaumen können Sie auch gleiche Mengen reifer Pfirsiche, Nektarinen, Birnen oder 2 mittelgroße süße Orangen verwenden.

⚠️ Himbeer-flammerie

Für 1 Person

70 ml Milch
1 Msp. Vanillemark
1 EL Apfeldicksaft
1 Dosierlöffel Nestargel
(aus dem Reformhaus)
50 g Himbeeren
40 g Quark
(20% Fett i.Tr.)

Zubereitungszeit: ca. 20 Minuten
Kühlzeit: ca. 2 Stunden

ca. 220 kcal je Portion

1 Die Milch mit dem Vanillemark zum Kochen bringen.

2 Den Apfeldicksaft unterrühren und mit dem Nestargel binden. Danach etwas abkühlen lassen.

3 Die Himbeeren waschen, mit dem Quark vermischen, einige zur Dekoration beiseite legen, die restlichen unter die Milch rühren.

4 In ein Dessertglas füllen, mit den restlichen Himbeeren dekorieren und für 1 bis 2 Stunden kalt stellen.

Vanillereis mit Ingwerpflaumen K

Zubereitungszeit: ca. 40 Minuten
Quellzeit: ca. 6 Stunden

ca. 480 kcal je Portion

1 Die Pflaumen grob zerkleinern, in eine kleine Schüssel geben und mit 100 ml Wasser begießen. Sie zugedeckt im Kühlschrank etwa 6 Stunden quellen lassen.

2 Danach den Reis zusammen mit 350 ml Wasser in einen Topf geben. Die Vanilleschote der Länge nach halbieren und das Mark mit einem spitzen Messer aus der Mitte herausschaben. Dieses zu dem Reis hinzufügen.

3 Sternanis und Honig ebenfalls in den Topf geben. Alles einmal aufkochen, danach bei schwacher Hitze 40 Minuten köcheln lassen. Dabei einige Male umrühren.

4 Die Pflaumen in ein Sieb geben und abtropfen lassen. Die Quellflüssigkeit dabei auffangen. 3 Esslöffel davon mit den Früchten in eine hohe Schüssel geben und mit dem Schneidstab pürieren.

5 Die Pfefferminze waschen, trockentupfen und die Blätter abzupfen. Den Quark unter den fertig gegarten Reis rühren.

6 Das Ganze in zwei tiefen Tellern anrichten, mit der Pflaumensauce und der Minze garnieren.

TIPP
Man kann die Pflaumensauce noch mit Weinbrand oder Armagnac verfeinern.

Für 2 Personen

10 ungeschwefelte, entsteinte Trockenpflaumen
120 g Vollkorn-Rundkornreis
1/2 Vanilleschote
2 Kapseln Sternanis
2 EL Honig
1 Msp. Ingwerpulver
2 Zweige Pfefferminze
50 g Sahnequark

Buchweizengrütze mit Möhren K

Zubereitungszeit: ca. 30 Minuten

ca. 230 kcal je Portion

1 Die Grütze mit 100 ml Wasser aufkochen, von der Kochstelle nehmen und etwa 20 Minuten ausquellen lassen.

2 Die Möhren schälen, fein raspeln und unter die Grütze rühren. Mit dem Honig süßen und mit der Sahne verfeinern.

Für 1 Person

2 EL Buchweizengrütze
100 g Möhren
1 TL Honig
1 EL süße Sahne

Orangen-Sahne-Eis

Für 2 Personen

Saft von 3 Blutorangen
(ca. 150 ml)
ca. 1 EL Frischkäse
6 EL Frutilose
(Obstdicksaft aus dem
Reformhaus)
150 g Sahnejoghurt
75 g steif geschlagene
süße Sahne
1 Blutorange
6 Minzeblättchen

Zubereitungszeit: ca. 30 Minuten
Gefrierzeit: 1 1/2 Stunden

ca. 480 kcal je Portion

1 Den Orangensaft durch ein Sieb geben, zusammen mit dem Käse und mit der Frutilose cremig rühren, dann den Joghurt und die steif geschlagene Sahne darunterziehen.

2 Die Orangencreme in eine Metallschüssel geben und für 1 1/2 bis 2 Stunden in das Tiefkühlfach stellen. Etwa alle 20 Minuten die Eiskristalle mit einem Schneebesen von der Oberfläche sowie vom Schüsselrand unter die Eismasse schlagen.

3 Von der Orange oben und unten einen Deckel abschneiden. Die Schale von oben nach unten so abschneiden, dass auch die weiße Haut entfernt wird. Dann die Orangenfilets aus den Trennhäuten herausschneiden.

4 Das Eis auf zwei Dessertschalen anrichten (z.B. Kugeln formen oder mit einem Spritzbeutel mit Sterntülle spritzen), mit den Orangenfilets sowie den Minzeblättchen garnieren.

TIPP
Statt der Blutorangen können Sie auch normale Orangen (Blondorangen) verwenden. Auch Mandarinen und Grapefruits eignen sich.

Cremiges Bananeneis

Für 1 Person

1 vollreife Banane
1 TL Apfeldicksaft
40 g Sahnedickmilch
1 Tupfer süße Sahne

Zubereitungszeit: ca. 10 Minuten
Gefrierzeit: ca. 2 Stunden

ca. 160 kcal je Portion

1 Die Banane schälen und etwa 2 Stunden im Gefrierfach frosten.

2 Anschließend mit dem Apfeldicksaft und der Sahnedickmilch im Mixer pürieren.

3 Die cremige Masse in ein Dessertglas geben, mit einem Sahnetupfer dekorieren und sofort servieren.

Vanilleeis mit heißen Himbeeren ▲E

Zubereitungszeit: ca. 30 Minuten
Gefrierzeit: 2–3 Stunden

ca. 270 kcal je Portion

1 40 Gramm Sahne zusammen mit 80 ml Wasser verrühren.

2 Das Eigelb mit dem Vanillemark und dem Apfeldicksaft in das Sahne-Wasser-Gemisch einrühren. Im Wasserbad bei mäßiger Hitze mit dem Schneebesen so lange schlagen, bis eine dickliche Masse entstanden ist. Die Sahnecreme auskühlen lassen.

3 Die restliche Sahne steif schlagen und unter die abgekühlte Masse geben. In eine Gefrierschale füllen und 2 bis 3 Sturden im Gefrierfach gefrieren lassen.

4 Die Himbeeren zusammen mit dem Himbeergeist in einem kleinen Pfännchen erhitzen und über das Vanilleeis geben.

TIPP
Statt der Himbeeren können Sie auch andere Beeren der Saison nehmen, so z.B. Erdbeeren oder Brombeeren. Auch Kirschen eignen sich sehr gut.

Für 1 Person

100 g süße Sahne
1 Eigelb
1 Msp. Vanillemark
1 TL Apfeldicksaft
100 g Himbeeren
1 EL Himbeergeist

Aprikoseneis mit Minze ▲E

Zubereitungszeit: ca. 20 Minuten
Gefrierzeit: ca. 2–3 Stunden

ca. 330 kcal je Portion

1 Dickmilch mit dem Zitronensaft sowie der Zitronenschale und der Frutilose cremig rühren. Die Aprikosen kreuzweise einritzen, mit kochendem Wasser überbrühen, die Schale abziehen, die Früchte halbieren und entkernen.

2 Die Aprikosen mit einem Schneidstab pürieren und die Dickmilch darunter ziehen.

3 Die Aprikosencreme in eine Metallschüssel geben und das Ganze für 2 bis 3 Stunden ins Gefrierfach stellen. Die Eismasse zwischendurch immer wieder mit einem Löffel umrühren. In Dessertgläser geben, mit Minze garnieren.

Für 2 Personen

175 g Sahnedickmilch
2 EL Zitronensaft
abgeriebene Schale von
1/2 unbehandelten
Zitrone
5 EL Frutilose
(Reformhaus)
6 reife Aprikosen
8 Minzeblättchen

Himbeer-halbgefrorenes

Für 2 Personen

2 EL Frutilose
(Obstdicksaft aus dem
Reformhaus)
400 g tiefgekühlte
Himbeeren
100 g süße Sahne
4 Minzeblättchen

Zubereitungszeit: ca. 40 Minuten

ca. 270 kcal je Portion

1 Etwa 100 ml Wasser zusammen mit der Frutilose zum Kochen bringen und die gefrorenen Früchte hineingeben.

2 Die Himbeeren einige Zeit antauen lassen. Einige Beeren für die Garnitur beiseite stellen. Die restlichen Früchte im Mixer pürieren. Die Früchte dürfen nicht mehr zu hart und noch nicht zu weich sein.

3 Die Sahne steif schlagen und unter das Himbeermus heben. Das Halbgefrorene in zwei Dessertschalen füllen und zum Schluss mit den Früchten und den Minzeblättchen garnieren.

Mango-gelato

Für 2 Personen

80 g süße Sahne
2 Eigelb
6 EL Ahornsirup
1 Mango
175 g Sahnedickmilch
einige Blättchen
Zitronenmelisse

Zubereitungszeit: ca. 20 Minuten
Gefrierzeit: ca. 2 Stunden

ca. 510 kcal je Portion

1 Die Sahne in einem Topf mit 120 ml Wasser mischen. Eigelbe und den Ahornsirup einrühren.

2 Das Ganze im Wasserbad bei mäßiger Hitze mit einem Schneebesen so lange aufschlagen, bis eine leicht dickliche Masse entstanden ist. Diese dann abkühlen lassen.

3 Inzwischen die Mango schälen, das Fruchtfleisch vom Stein abschneiden und dann sehr fein würfeln.

4 Nun die Dickmilch mit einem Schneebesen cremig rühren. Sie dann zusammen mit den Mangowürfeln in die Sahnecreme rühren.

5 Das Dessert etwa 2 Stunden gefrieren lassen. Das Eis zwischendurch immer wieder umrühren.

6 Mit einem Eisportionierer Kugeln abstechen und das Dessert schließlich mit einigen Melisseblättchen garnieren.

TIPP
Statt Mango können Sie auch Pfirsiche, Nektarinen oder Aprikosen verwenden.

Halbgefrorenes Erdbeereis **E**

Zubereitungszeit: ca. 10 Minuten

ca. 190 kcal je Portion

Die Erdbeeren leicht antauen lassen und im Mixer zusammen mit der Sahnedickmilch pürieren. Mit dem Ahornsirup süßen und alles sofort servieren.

Für 1 Person

200 g TK-Erdbeeren
50 g Sahnedickmilch
1 EL Ahornsirup

Sahnecreme auf Heidelbeermark **K**

Zubereitungszeit: ca. 20 Minuten
Kühlzeit: ca. 3 Stunden

ca. 530 kcal je Portion

1 Die Gelatine in kaltem Wasser etwa 10 Minuten einweichen.

2 Die Vanilleschote aufschneiden und das Mark mit einem spitzen Messer herausschaben. Die Sahne mit dem Vanillemark und der Schote aufkochen. Dann die Schote herausnehmen und entfernen. Sahne mit dem Honig süßen. Die Gelatine gut ausdrücken und in der heißen Sahne auflösen.

3 Dann vier kleine Förmchen oder Schalen mit kaltem Wasser ausspülen. Die Sahnecreme hineinfüllen und im Kühlschrank in etwa 3 Stunden erstarren lassen.

4 Die Heidelbeeren waschen, pürieren, durch ein Sieb streichen und mit dem Ahornsirup süßen.

5 Das Heidelbeermark mit dem Obstbrand verrühren und als Spiegel auf vier Teller geben. Die Förmchen kurz in heißes Wasser tauchen und die Creme mit einem spitzen Messer vorsichtig vom Rand lösen.

6 Die Creme auf die Fruchtspiegel stürzen. Mit den gewaschenen Zitronenmelisseblättchen und den geschälten, in Scheiben geschnittenen Feigen garnieren.

TIPP
Sie können statt der Sahne auch Sahnedickmilch verwenden. Rühren Sie dann Vanillezucker und Honig darunter. Das Ganze wird nicht erhitzt. Die Gelatine wie beschrieben untermischen.

Für 4 Personen

6 Blatt helle Gelatine
1 Vanilleschote
500 g süße Sahne
2 EL flüssiger Honig
300 g Heidelbeeren
3 EL Ahornsirup
2 EL Obstbrand
einige Blättchen
Zitronenmelisse
2 frische Feigen

Kuchen, Torten und Gebäck

Müslihaufen

Für ca. 40 Stücke

2 frische Eigelb
2 EL Sonnenblumenöl
200 g Honig
100 g Haferflocken
50 g ungeschälte
Sesamsamen
100 g Kokosflocken

Zubereitungszeit: ca. 30 Minuten

ca. 60 kcal je Stück

1 Die Eigelbe mit einem Schneebesen cremig aufschlagen, dann Öl und Honig darunterziehen. Den Backofen auf 180 °C vorheizen.

2 Haferflocken, Sesam und Kokosflocken dazugeben. Alles zu einer zähen Masse verkneten. Ein Backblech mit Backpapier belegen und mit feuchten Händen aus dem Teig etwa 40 Häufchen formen. Diese auf das Blech setzen und auf der mittleren Schiene 10 bis 12 Minuten goldbraun backen.

Mandelecken

Für 40 bis 48 Stücke

200 g Haferflocken
200 g Vollkornmehl
1 Päckchen Weinstein-
backpulver
125 g kalte Butter
80 g flüssiger Honig
1 frisches Eigelb
50 g süße Sahne
100 g Butter
200 g Mandeln
100 g süße Sahne
150 g Honig
Butter für das Blech

Zubereitungszeit: ca. 50 Minuten

ca. 140 kcal je Stück

1 Die Haferflocken mit dem Mehl und dem Backpulver mischen. Den Ofen auf 180 °C vorheizen.

2 Butterstückchen, Honig, Eigelb, Sahne sowie etwa 5 Esslöffel Wasser hinzufügen und alles rasch zu einem geschmeidigen Teig verkneten. Auf ein gefettetes Backblech geben und glattstreichen.

3 Für den Belag die Butter schmelzen lassen. Die Mandeln hacken und zusammen mit Sahne und Honig hinzufügen. Alles unter Rühren kurz aufkochen lassen und die Masse sofort auf dem Teig verteilen.

4 Das Ganze auf der mittleren Schiene 15 Minuten backen, herausnehmen, abkühlen lassen und je nach Backblechgröße in 40 bis 48 kleine Dreiecke schneiden.

Trockenobst-Nuss-Schnitten

Zubereitungszeit: ca. 45 Minuten

ca. 80 kcal je Stück

1 Trockenfrüchte sehr klein würfeln oder durch einen Fleischwolf drehen und zusammen mit Mandeln oder Haselnüssen, Sesam und Haferflocken mischen. Den Backofen auf 175 °C vorheizen.

2 Die Butter in einem großen Topf schmelzen lassen, Honig und Sahne hinzufügen, alles kurz aufkochen lassen. Die Früchtemischung dazugeben und alles unter Rühren etwas einkochen lassen.

3 Ein Backblech (30 x 40 cm) mit Backpapier belegen und die Oblaten auf das Blech geben. Die Masse darauf verteilen.

4 Die Fruchtschnitten auf der mittleren Schiene im Ofen in etwa 15 Minuten backen, herausnehmen, auskühlen lassen und zum Schluss in etwa 4 cm große Quadrate schneiden.

Für ca. 70 Stücke

200 g Aprikosen
100 g Trockenpflaumen
200 g gehackte Mandeln oder Haselnüsse
100 g ungeschälte Sesamsamen
200 g kernige Haferflocken
100 g Butter
200 g flüssiger Honig
200 g süße Sahne
5 große, eckige Oblaten

Sesamtatzen

Zubereitungszeit: ca. 35 Minuten

ca. 100 kcal je Stück

1 Die Rosinen abspülen, gut abtropfen lassen, mit dem Korn oder Wasser begießen und für kurze Zeit darin ziehen lassen

2 Die Sesamkörner in einer trockenen, heißen Pfanne leicht rösten. Mit den Nüssen mischen. Ofen auf 180 °C vorheizen.

3 Die Butter zusammen mit dem Honig und dem Eigelb cremig rühren. Die Rosinen mit der Einweichflüssigkeit sowie der Nussmischung hinzufügen und unter Rühren das Mehl und den Ingwer daruntermischen.

4 Alles rasch zu einem geschmeidigen Teig verkneten und daraus walnussgroße Kugeln formen. Diese auf ein gefettetes Backblech setzen und mit einer großen Gabel zu flachen Tatzen drücken.

5 Das Gebäck auf der mittleren Schiene etwa 30 Minuten goldgelb backen.

Für ca. 40 Stücke

100 g Rosinen
6 EL Doppelkorn
125 g ungeschälte Sesamsamen
80 g gemahlene Haselnüsse
100 g weiche Butter
150 g flüssiger Honig
1 frisches Eigelb
180 g feines Weizenvollkornmehl
2 EL geriebener Ingwer
Butter für das Blech

Philadelphiatorte

250 g Vollkornzwieback
125 g weiche Butter
1 EL Honig
6 Blatt weiße Gelatine
150 g Doppelrahm-
frischkäse
150 g Quark
(10% Fett i. Tr.)
60 g Honig
2 TL abgeriebene Scha-
le einer unbehandelten
Zitrone
200 g Sahne

Zubereitungszeit: ca. 1 Stunde

ca. 280 kcal je Stück

1 Den Zwieback fein zerkrümeln oder reiben. Die Butter sehr weich werden lassen und zusammen mit dem Honig gut verrühren.

2 Zwiebackkrümel hinzufügen, zu einem Teig verkneten. Die Hälfte davon in einer Springform mit 26 cm Ø verteilen und fest andrücken. Die Gelatine in Wasser 10 Minuten quellen lassen.

3 In der Zwischenzeit den Frischkäse zusammen mit dem Quark, dem Honig und der Zitronenschale verrühren.

4 Die Sahne schlagen und unter die Masse heben.

5 Die Gelatine gut abtropfen lassen und bei geringer Hitze schmelzen und unter die Quark-Sahne-Creme rühren.

6 Die Creme auf dem Boden verteilen. Den restlichen Teig darüberstreuen. Die Torte kalt stellen.

Apfel-Nuss-Kuchen

3 Eigelb
1/8 l Sonnenblumenöl
250 g flüssiger Honig
1 TL gemahlene Vanille
1/2 TL Meersalz
1 TL Zimtpulver
125 g feines Dinkel-
vollkornmehl
1/2 TL Kaisernatron
3 mürbe Äpfel
100 g gehackte
Mandeln
1 TL Butter für die Form
2 EL Kokosraspel

Zubereitungszeit: ca. 1 Stunde

ca. 290 kcal je Stück

1 Die Eigelbe mit dem Öl und dem Honig cremig rühren. Dann Vanille, Salz und Zimt darunterrühren.

2 Das Mehl zusammen mit dem Natron mischen und unter die Eicreme ziehen. Den Backofen auf 160 °C vorheizen.

3 Die Äpfel waschen und auf einer Rohkostreibe fein raspeln.

Apfelraspel und gehackte Mandeln unter den Teig heben.

4 Eine Springform (26 cm Ø) mit der Butter ausfetten, den Teig hineingeben und glattstreichen.

5 Auf der mittleren Schiene 35 bis 40 Minuten backen. Den Kuchen dann herausnehmen, auskühlen lassen und aus der Form lösen. Mit den Kokosraspeln bestreuen.

Tortenbiskuit mit Erdbeersahne ▲E

Zubereitungszeit:
ca. 1 Stunde 15 Minuten

ca. 120 kcal je Stück

1 Den Quark zusammen mit dem Apfeldicksaft und den Eigelben schaumig verrühren und das Sojamehl hinzufügen. Dann die Eiweiße steif schlagen und vorsichtig unter die Quarkmasse heben.

2 Den Teig in eine gut eingefettete Springform mit 26 cm Ø geben und etwa 30 Minuten bei 140 bis 150 °C backen. Nach dem Auskühlen den Teig vom Blech lösen, aber in der Form lassen.

3 Für den Belag die Erdbeeren waschen, putzen und ein paar schöne Früchte zur Dekoration beiseite legen. Die restlichen Beeren mit einer Gabel zerdrücken und mit dem Apfeldicksaft süßen.

4 Anschließend den Quark zusammen mit den Erdbeeren verrühren. Die süße Sahne steif schlagen und unterheben.

5 Zum Schluss das Nestragel einrühren. Die Erdbeersahne auf dem Biskuitteig verteilen und mit den restlichen Erdbeeren verzieren. Für etwa 2 Stunden kalt stellen. Die Torte in etwa 12 Stücke geteilt servieren.

Für 12 Stücke

40 g Quark
(10 % Fett i.Tr.)
2 EL Apfeldicksaft
2 Eigelb
1 EL Sojamehl
3 Eiweiß
300 g Erdbeeren
3 EL Apfeldicksaft
250 g Quark
(10 % Fett i.Tr.)
250 g süße Sahne
8 – 10 Dosierlöffel
Nestragel (aus dem
Reformhaus)

Käsekuchen ohne Boden K

Zubereitungszeit:
ca. 1 Stunde 15 Minuten

ca. 260 kcal je Stück

1 Alle Zutaten zu einem glatten Teig miteinander vermischen und in eine mit Backpapier ausgelegte Springform von 26 cm Ø füllen.

2 Den Käsekuchen bei 150 °C im Ofen 50 bis 60 Minuten backen

und abkühlen lassen. In 12 Stücke zerteilt servieren.

TIPP
Zum Backen dieses Kuchens eignen sich besonders Backformen aus durchsichtigem Jenaer Glas, die man nicht einzufetten braucht.

Für 12 Stücke

1500 g Quark
(20 % Fett)
6 Päckchen Saucenpulver mit Vanillearoma
1 Msp. Safran
70 g Rosinen · 2 Eigelb
1 TL abgeriebene Zitronenschale
1 Päckchen Weinsteinbackpulver
70 g Margarine
150 g Apfeldicksaft

K Marlenes Rosettenkuchen

Für 12–16 Stücke

500 g feines Dinkel- oder Weizen-vollkornmehl
1 Päckchen Weinstein-backpulver
125 g kalte Butter in Stückchen
1 Prise Meersalz
1 frisches Eigelb
1 EL abgeriebene Schale einer unbehan-delten Zitrone
250 g Quark (20% Fett i. Tr.)
125 g flüssiger Honig
125 g ungeschwefelte Rosinen
3 mürbe süße Äpfel
100 g gehackte Mandeln
2 TL Zimtpulver
50 g Honig
je 50 g Butter, Honig und süße Sahne
3 EL Kokosraspeln
etwas weiche Butter für die Form

Zubereitungszeit: ca. 1 Stunde 30 Minuten

ca. 420 kcal je Stück

1 Das Mehl durchsieben und die Kleie beiseite stellen. Mehl und Backpulver mischen und alles auf eine Arbeitsfläche geben. In die Mitte eine Vertiefung drücken und die Butterflöckchen hineingehen.

2 Salz, Eigelb sowie Zitronenscha-le hinzufügen und alles mit etwa einem Drittel des Mehls zu einem geschmeidigen Vorteig ver-arbeiten. Den Backofen auf 175 °C vorheizen.

3 Nun den Quark und den Honig hinzufügen und alles gut mit-einander verkneten. Die Kleie auf die Arbeitsfläche streuen und den Teig darauf zu einem Rechteck (etwa 35 x 45 cm) ausrollen.

4 Die Rosinen heiß abspülen und gut abtropfen lassen. Die Äpfel schälen, vierteln, entkernen und in schmale Spalten schneiden. Rosi-nen, Mandeln, Zimt und Honig mit den Spalten mischen.

5 Die Apfelfüllung auf dem Teig verteilen. Den Teig von der län-geren Seite her fest zusammenrol-len und die Rolle in neun gleich große Scheiben schneiden. Diese nebeneinander in eine gefettete Springform (26 cm Ø) setzen.

6 Für den Guss die Butter erwär-men, Honig und Sahne hinzufü-gen und alles mit einem Schneebe-sen zu einer schaumigen Creme aufschlagen.

7 Den Guss gleichmäßig auf dem Kuchen verteilen und diesen auf der mittleren Schiene 15 Mi-nuten backen. Ihn anschließend abkühlen lassen, aus der Form nehmen und zum Schluss mit den Kokosraspeln bestreuen.

TIPP
Legen Sie die Springform mit Backpapier aus. Das „spart Kalorien", da Sie auf das Aus-fetten der Form verzichten können. Außerdem tropft kei-ne Flüssigkeit heraus. Ihr Ofen bleibt also sauber.

Heidelbeertorte mit Guss K

Zubereitungszeit:
ca. 1 Stunde 30 Minuten

ca. 190 kcal je Stück

1 Alle Zutaten für den Mürbeteig rasch miteinander verkneten.

2 Eine Springform von 26 cm Ø einfetten, den Boden mit dem Teig gleichmäßig auslegen und für etwa 30 Minuten kalt stellen.

3 Anschließend bei 180 °C etwa 10 Minuten backen. Noch dem Auskühlen den Teig vom Blech lösen, aber in der Form lassen.

4 Die Gelatine etwa 10 Minuten in reichlich kaltem Wasser quellen lassen. Herausnehmen, gut abtropfen und in einem Kochtopf bei milder Hitze unter Rühren flüssig werden lassen.

5 In der Zwischenzeit die süße Sahne steif schlagen und zusammen mit dem Quark den Heidelbeeren und dem Apfeldicksaft verrühren.

6 Langsam die flüssige Gelatine hinzufügen und die Quark-Sahne-Creme auf dem ausgekühlten Teig verteilen.

7 Die gewaschenen Heidelbeeren in 1/4 Liter Wasser schwenken, in ein Sieb geben und den Saft auffangen. Etwa 50 ml von diesem lila gefärbten Wasser in eine Tasse geben und das Agar-Agar (Tortenguss) hineinrühren.

8 Restlichen Saft erhitzen, nicht kochen, und mit dem Apfeldicksaft süßen. Die Flüssigkeit von der Kochstelle nehmen und das Agar-Agar unterrühren, nochmals kurz erhitzen und abkühlen lassen.

9 Die Heidelbeeren auf der Sahne-Quark-Masse verteilen und den Guss lauwarm darübergießen. Für 2 Stunden kalt stellen. Die Torte in 16 Stücke zerteilt servieren.

TIPPS

■ Heidelbeeren passen als neutrales Obst zum Kohlenhydratteig. Außer Heidelbeeren können Sie auch Kohlenhydratfrüchte verwenden. Ideal eignen sich Bananen. Belegen Sie die Sahne-Quark-Masse mit Bananenscheiben und geben Sie einen Guss aus Wasser, Honig und Agar-Agar (oder Tortenguß) darüber.

■ Sehr lecker schmeckt auch ein Guss aus Puddingpulver, Sahne und Wasser. Er wird mit etwas Frutilose gesüßt.

Für 16 Tortenstücke

750 g fein geschrotetes Weizenmehl
1 Eigelb
75 g Butter
1 TL Honig
2 EL Wasser
6 Blatt weiße Gelatine
250 g süße Sahne
500 g Quark (20 % Fett i. Tr.)
100 g frische Heidelbeeren
3 EL Apfeldicksaft
250 g Heidelbeeren
1/2 TL Agar-Agar (4 g) oder ein Päckchen Tortenguss (ohne Farbstoff und Zucker)
1 EL Apfeldicksaft

Englische Brötchen

Für 4 Brötchen

150 g Vollkornmehl
1/2 Päckchen Weinstein-
backpulver
1 frisches Eigelb
2 Msp. Meersalz
60 g süße Sahne
3 EL Rosinen
Butter für die Form
1 frisches Eigelb zum
Bestreichen

Zubereitungszeit: ca. 30 Minuten

ca. 100 kcal je Brötchen

1 Das Mehl zusammen mit dem Backpulver in einer Schüssel vermischen. In die Mitte eine Vertiefung machen, das Eigelb, Salz, 6 Esslöffel Wasser, Sahne und Rosinen hineingeben, alles zu einem geschmeidigen Teig verrühren.

2 Backofen auf 180 °C vorheizen. In der Zwischenzeit aus dem Teig vier kleine Brötchen formen.

3 Backblech einfetten, Brötchen darauf setzen und mit dem verrührten Eigelb bestreichen. Brötchen auf der obersten Schiene 12 bis 15 Minuten backen. Zwei Brötchen noch warm essen, die restlichen in Frischhaltefolie einwickeln und am nächsten Tag verzehren.

Rosinenbrot

Für 1 Brot

100 g süße Sahne
60 g Hefe
2 TL Honig
700 g Dinkelvoll-
kornmehl
100 g Butter
1 Msp. Salz
2 EL gemahlene
Haselnüsse
200 g Rosinen
etwas Butter für die
Form

Zubereitungszeit:
ca. 1 Stunde 30 Minuten
Ruhezeit: ca. 40 Minuten

ca. 130 kcal je Schnitte

1 Die Sahne mit 300 ml lauwarmem Wasser verquirlen. Hefe darin auflösen, mit Honig süßen.

2 Teil des Dinkelmehls hinzufügen und alles zu einem geschmeidigen Vorteig verrühren. Diesen etwa 20 Minuten zugedeckt an einem warmen Ort gehen lassen. Anschließend restliches Mehl, Butter sowie Salz, Haselnüsse und Rosinen hinzufügen, alles verkneten.

3 Eine Kastenform gut ausfetten und den Teig hineingeben. Ihn nochmals etwa 20 Minuten zugedeckt an einem warmen Ort gehen lassen, bis er sich verdoppelt hat.

4 Währenddessen den Backofen auf 225 °C vorheizen. Danach den Teig mit etwas warmem Wasser bestreichen und mehrmals mit der Gabel einstechen.

5 Ein feuerfestes Gefäß mit heißem Wasser während der Backzeit in den Ofen stellen. Das Rosinenbrot mit diesem Dampf bei 225 °C etwa 20 Minuten backen, danach etwa 15 Minuten ohne Dampf bei 200 °C.

Partybrötchen

Zubereitungszeit: ca. 45 Minuten
Zeit zum Gehen: ca. 45 Minuten

ca. 130 kcal je Brötchen

1 Die Hefe in 300 ml handwarmem Wasser auflösen. Das Vollkornmehl hinzufügen und gründlich zu einem geschmeidigen Teig verarbeiten.

2 Danach zugedeckt an einem warmen Ort etwa 30 Minuten gehen lassen.

3 Anschließend den Teig kurz zusammenkneten und mit dem Meersalz den Sonnenblumenkernen und dem Kümmel würzen.

4 Den Teig in 19 gleich große Portionen aufteilen und zu runden Brötchen formen. Auf einem mit Backpapier ausgelegten Blech in Form einer Rosette kreisförmig nebeneinander setzen, dabei kleine Zwischenräume einhalten.

5 Das Eigelb mit 2 Esslöffeln Wasser verquirlen, die Brötchen damit bestreichen und die Gewürzkörner abwechselnd darüberstreuen und nochmals 15 Minuten gehen lassen.

6 Danach im vorgeheizten Backofen bei 200 °C etwa 20 Minuten backen.

Für 19 Brötchen

30 g Hefe
600 g Weizenvollkornmehl
2 TL Meersalz
30 g Sonnenblumenkerne
2 TL Kümmel
1 Eigelb
je 2 TL Kümmel, Sesam, Mohn

Pikante Käsetaler K

Zubereitungszeit: ca. 30 Minuten

ca. 40 kcal je Taler

1 Das Mehl mit dem Käse, der Butter und der Sahne zu einem geschmeidigen Teig kneten.

2 Teig auf einer bemehlten Fläche zu einer Rolle von 3 cm Ø formen und etwa 1 Stunde im Kühlschrank ruhen lassen.

3 Anschließend die Rolle in 35 Scheiben schneiden und diese auf ein gefettetes Backblech legen.

4 Das Eigelb mit 1 Esslöffel Wasser verquirlen und die Taler damit bestreichen. Nach Belieben mit dem Kümmel, Sesam oder Mohn bestreuen.

5 Im vorgeheizten Ofen die Käseteller bei 180 °C etwa 18 Minuten backen.

Für 35 Taler

120 g feines Weizenvollkornmehl
70 g milder Blauschimmelkäse
50 g Butter
50 g süße Sahne
1 Eigelb
Kümmel, Sesam oder Mohn

Pikantes Käsegebäck

Für ca. 35 Stück:

120 g feines Dinkel-vollkornmehl

70 g geriebener Käse (mind. 60% Fett i. Tr.)

50 g Butter

50 g süße Sahne

Mehl für die Arbeitsfläche

1 Eigelb

Kümmel, Sesam oder Mohn

Zubereitungszeit: ca. 45 Minuten
Kühlzeit: ca. 1 Stunde
Backzeit: ca. 18 Minuten

ca. 40 kcal je Stück

1 Das Dinkelmehl zusammen mit dem Käse, der Butter und der Sahne zu einem geschmeidigen Teig verkneten.

2 Teig auf einer bemehlten Arbeitsfläche zu einer Rolle (etwa 3 cm Ø) formen. Teig dann gut abgedeckt im Kühlschrank 1 Stunde lang ruhen lassen. Den Backofen auf 180 °C vorheizen.

3 Die Rolle danach in etwa 35 gleich dicke Scheiben schneiden und diese auf ein gefettetes Backblech legen.

4 Das Eigelb mit 1 Esslöffel Wasser verquirlen und die Taler damit bestreichen. Sie nach Belieben mit Kümmel, Sesam oder Mohn bestreuen und in 18 Minuten im Ofen backen.

Französische Kümmelplätzchen

Für ca. 40 Stück:

200 g feines Dinkel-vollkornmehl

50 g kalte Butter

125 g Quark (20 % Fett i.Tr.)

2 Msp. Meersalz

1 TL Kräuter der Provence

1 TL Fett für das Blech

1 Eigelb

3 TL Kümmel

Zubereitungszeit. ca. 35 Minuten
Kühlzeit: ca 30 Minuten

ca. 30 kcal je Plätzchen

1 Das Dinkelmehl mit Butter, Quark, Salz und den Kräutern zu einem geschmeidigen Teig verkneten.

2 Den Teig auf einer bemehlten Arbeitsfläche zu einer Rolle (ca. 3 cm Ø) formen und diese abgedeckt im Kühlschrank etwa 30 Minuten ruhen lassen.

3 Den Backofen auf 180 °C vorheizen. Die Teigrolle in etwa 40 gleich dicke Scheiben schneiden und auf ein gefettetes Backblech legen.

4 Das Eigelb mit 1 Esslöffel Wasser verquirlen, die Plätzchen damit bestreichen und mit dem Kümmel bestreuen. Im Backofen 15 bis 18 Minuten backen.

Kümmelstangen

**Zubereitungszeit: ca. 30 Minuten
Kühlzeit: ca. 1 Stunde**

ca. 50 kcal je Stange

1 Das Mehl mit Backpulver und Salz mischen.

2 Mit dem Sonnenblumenöl und dem Joghurt zu einem glatten Teig verkneten.

3 Den Teig in 15 gleich große Stücke teilen und diese in etwa 10 cm lange Stangen rollen. In dem Kümmel wälzen.

4 Zugedeckt im Kühlschrank etwa 1 Stunde ruhen lassen. Die Stangen auf ein gefettetes Blech legen und im vorgeheizten Backofen bei 180 °C etwa 18 Minuten backen. Nach dem Backen die Stange auf einen Rost legen.

Für 15 Stangen

*120 g feines Weizen-
vollkornmehl*
*1 TL Weinstein-
backpulver*
1 TL Kräutersalz
2 EL Sonnenblumenöl
*100 g Joghurt
(3,5 % Fett)*
2 EL Kümmel

Sesamschnitten

Zubereitungszeit: ca. 45 Minuten

ca. 120 kcal je Schnitte

1 Die flüssige Butter zusammen mit Honig und Buttermilch zu einer glatten Creme verrühren. Zitronenschale, Eigelb, Mandeln, Rosinen und Meersalz hinzufügen und alles schön glattrühren.

2 Das Backpulver zusammen mit dem Vollkornmehl mischen und nach und nach unter den Buttermilchteig rühren. Dann den Backofen auf 160 oC vorheizen.

3 Ein Backblech einfetten. Den Teig darauf streichen und etwa 15 Minuten ruhen lassen. Anschließend die Sesamkörner gleichmäßig auf den Teig streuen.

4 Das Blech auf der mittleren Schiene in den Ofen schieben und den Sesamkuchen etwa 25 Minuten backen. Dann noch heiß in etwa 40 schmale Riegel schneiden und diese auskühlen lassen.

TIPP
Statt Sesam können Sie auch Mohn oder eine Mohn-Sesam-Mischung verwenden. Auch Kürbiskerne und Sonnenblumenkerne eignen sich zum Bestreuen.

Für ca. 40 Stück

125 g flüssige Butter
150 g flüssiger Honig
250 g Buttermilch
*2 EL abgeriebene
Schale einer unbehandelten Zitrone*
1 Eigelb
*100 g gehackte
Mandeln*
100 g Rosinen
2 Msp. Meersalz
*1 Päckchen Weinstein-
backpulver*
350 gVollkornmehl
*1 EL Butter für
das Blech*
100 g Sesamkörner

K Buttermilch-Dinkel-Brot

Für 1 Brot

700 g feines Dinkelvoll-
kornmehl
1 Würfel Hefe (42 g)
1 TL Honig
2 TL Vollmeersalz
40 g flüssige Butter
ca. 180 g lauwarme
Buttermilch
70 g Sonnenblumen-
kerne
etwas Butter für die
Form

**Zubereitungszeit: ca. 1 Stunde
Zeit zum Gehen: ca. 50 Minuten**

ca. 3180 kcal für das ganze Brot

1 Das Dinkelmehl aussieben und die Kleie beiseite stellen.

2 Die Hefe in 250 ml lauwarmem Wasser auflösen und mit einem Drittel des Mehls sowie dem Honig zu einem Vorteig verrühren. Diesen mit einem Tuch abdecken und mindestens 20 Minuten an einem warmen Ort gehen lassen. Anschließend das restliche Mehl sowie die übrigen Zutaten zu dem Vorteig geben und alles zu einem geschmeidigen Teig verkneten.

3 Eine Kastenform (ca. 30 cm lang) mit der Butter einfetten. Den Backofen auf 200 °C vorheizen. Den Teig zu einem Laib formen, ihn in der beiseite gestellten Kleie wälzen und dann in die Form legen. Das Brot noch einmal zugedeckt 20 bis 30 Minuten an einem warmen Ort gehen lassen, bis der Teig sich fast verdoppelt hat.

4 Danach den Brotteig der Länge nach in der Mitte etwas einschneiden und das Brot etwa 40 bis 45 Minuten im Ofen auf der mittleren Einschubleiste backen. Nach der Backzeit kurz abkühlen lassen, dann aus der Form nehmen und zum Schluss vollständig auskühlen lassen.

K Käsestangen

Für ca. 20 Stangen

200 g feines Dinkelvoll-
kornmehl
80 g Butter
100 g weicher Camem-
bert (60 % Fett i. Tr.)
1 TL Vollmeersalz
1 TL Rosenpaprika
2–3 TL Kümmel
1 frisches Eigelb
2 EL Wasser

**Zubereitungszeit: ca. 35 Minuten
Ruhezeit: ca.15 Minuten**

ca. 90 kcal je Stange

1 Mehl mit Butter, Käse, Salz und Paprika zu einem glatten Teig verkneten.

2 Nun den Teig zwischen einer Klarsichtfolie etwa 1 cm dick ausrollen, in 10 cm lange Stangen schneiden und in dem Kümmel wälzen. Danach 15 Minuten kühl ruhen lassen.

3 Inzwischen den Backofen auf 200 °C vorheizen. Das Eigelb mit 2 Esslöffel Wasser verrühren und die Käsestangen damit bestreichen.

4 Anschließend das Gebäck in 10 bis 12 Minuten goldgelb backen.

Einfache Dinkelbrötchen K

Zubereitungszeit: ca. 20 Minuten
Zeit zum Gehen: ca. 20 Minuten

ca.180 kcal je Brötchen

1 Hefe in 150 ml lauwarmen Wasser auflösen und mit einem Drittel des Mehls zu einem glatten Vorteig verrühren. Mit einem Tuch abdecken und etwa 20 Minuten an einem warmen Ort gehen lassen.

2 Anschließend das restliche Mehl sowie die übrigen Zutaten zu dem Vorteig geben und alles zu einem glatten Teig verkneten.

3 Den Backofen auf 200 °C vorheizen. Ein Backblech mit dem Öl einfetten. Den Teig in 3 gleich große Portionen teilen und diese zu runden Brötchen formen. Die Brötchen auf das Blech setzen und sie noch einmal etwa 20 Minuten zugedeckt an einem warmen Ort gehen lassen.

4 Das Eigelb mit 2 Esslöffeln Wasser verquirlen, die Brötchen damit bestreichen und sie nach Belieben mit Kümmel, Mohn oder Sesam bestreuen. Die Brötchen im Ofen etwa 20 Minuten auf der mittleren Einschubleiste backen.

Für 8 Stück

1 Würfel Hefe (42 g)
150 ml lauwarmes Wasser
300 g feines Dinkelvollkornmehl
1 TL Meersalz
1 EL kalt gepreßtes Sonnenblumenöl
2 EL Sonnenblumenkerne
etwas Öl für das Blech
1 Eigelb
je 1 TL Kümmel-, Mohn- und Sesamsamen

Pikante Käsetörtchen K

Zubereitungszeit: ca. 30 Minuten
Backzeit: ca. 12 Minuten

ca. 650 kcal je Törtchen

1 Das Eigelb zusammen mit dem Quark cremig rühren. Nach und nach das Mehl das Salz und die Hirse hinzufügen und alles rasch zu einem geschmeidigen Teig verkneten.

3 Den Backofen auf 180 °C vorheizen. Dann 9 kleine Pastetenförmchen einfetten und mit dem Teig auslegen. Die Förmchen auf ein Backblech setzen und die Törtchen im Backofen 10 bis 12 Minuten backen.

4 Für die Füllung den Frischkäse mit dem Quark cremig verrühren und das Ganze mit Salz sowie mit etwas Paprikapulver nach Belieben würzen.

5 Die Törtchen nach der Backzeit aus den Förmchen nehmen und abkühlen lassen. Sie dann mit der Käsecreme füllen und mit etwas Paprikapulver bestreuen.

Für 9 Törtchen

1 Eigelb
125 g Quark
(20% Fett i. Tr.)
90 g Vollkornmehl
2 Msp. Meersalz
50 g fein gemahlene Hirse
Butter für die Förmchen
100 g Frischkäse
250 g Quark
(20% Fett i. Tr.)
1 1/2 TL Meersalz
3 – 4 TL edelsüßes Paprikapulver

Drinks und Cocktails

 Griechischer Joghurtmix

Für 1 Person

150 g Sahnejoghurt
4–5 Sauerampferblätter
2–3 Bl. Zitronenmelisse
1 Msp. Meersalz
1 EL frisch gehackte
Sauerampferblätter

Zubereitungszeit: ca. 5 Minuten

ca. 100 kcal je Portion

1 Den Joghurt mir den frischen Blättern, dem Meersalz und 80 ml Eiswasser im Mixer oder mit dem Schneidstab kräftig pürieren.

2 Anschließend in ein hohes Glas füllen und zum Schluss mit den gehackten Sauerampferblättchen bestreuen.

 Kräutershake

Für 2 Personen

1 Bund Kräuter
500 g Kefir
etwas Kräutersalz
1/2 Knoblauchzehe
einige Kerbelzweige

Zubereitungszeit: ca. 10 Minuten

ca. 180 kcal je Portion

1 Kräuter verlesen, waschen und trockenschütteln. Mit dem Kefir und dem Kräutersalz im Mixer pürieren. Durchgepressten Knoblauch hinzufügen.

2 Den Drink in zwei große Gläser füllen und mit den Kerbelzweigen garnieren.

 Milchshake

Für 1 Person

50 g Erdbeeren
200 ml frische Vollmilch
1 TL Honig

Zubereitungszeit: ca. 10 Minuten

ca. 170 kcal je Portion

Die Erdbeeren waschen und von den Stielansätzen befreien. Mit der Milch und dem Honig im Mixer pürieren.

Kokostraum

1 In die Kokosnuss zwei Löcher bohren und die Milch in ein Glas laufen lassen. Die Frucht zerschlagen. Ein Stück schälen und fein raspeln, so daß 2 Esslöffel Kokosraspel entstehen.

2 Die Banane schälen und in grobe Stücke schneiden.

3 Die Bananenstücke dem Honig, der Buttermilch und der Kokosmilch im Mixer kräftig pürieren.

4 Den Drink in 2 Gläser füllen und mit den Kokosraspeln bestreuen.

TIPP
Das restliche Kokosfruchtfleisch können Sie gut für einen Kuchen oder zum Knabbern zwischendurch verwenden.

Für 2 Personen

1 frische Kokosnuss
1 reife Banane
2 TL flüssiger Honig
300 g Buttermilch

Kokos-Nuss-Drink

1 Die Kokosraspel mit 350 ml kochendem Wasser übergießen und 30 Minuten quellen lassen.

2 Danach die Kokosraspel in einem Sieb abtropfen lassen und die Milch dabei auffangen.

3 Die Ananas in grobe Stücke schneiden und mit Kokosmilch, gestoßenem Eis, Frutilose, Minzblättchen, Sahne und Rum im Mixer fein pürieren.

4 Den gut gekühlten Kokos-Nuss-Drink in einem Longdrinkglas servieren. Das Ananasstück an den Glasrand stecken.

Für 1 Person

100 g Kokosraspel
1 Scheibe frische
geschälte Ananas
3 EL gestoßenes Eis
2 EL Frutilose (aus dem
Reformhaus)
2–3 Minzblättchen
40 g süße Sahne
2 EL weißer Rum
1 kleines Stück Ananas
mit Schale

▲E Gemüsedrink

Für 2 Personen

400 g reife Tomaten
1 Möhre
50 g Sellerieknolle
1 TL Kräutersalz
1 TL getrockneter
Liebstöckel
1 Msp. Cayennepfeffer
2 kleine Zweige
Selleriegrün

Zubereitungszeit: ca. 20 Minuten
Kühlzeit: ca. 1 Stunde

ca. 40 kcal je Portion

1 Die Tomaten waschen, halbieren, von den Stielansätzen befreien und in 100 ml Wasser etwa 5 Minuten kochen. Anschließend abkühlen lassen.

2 Die gekochten Tomaten durch ein Sieb streichen und den Saft auffangen.

3 Die Karotte und den Sellerie schälen und klein schneiden. Beides dann mit Kräutersalz, Liebstöckel und Tomatensaft im Mixer kräftig pürieren. Den Drink in zwei große Gläser füllen und mit dem Selleriegrün garnieren.

▲E Himbeer-Joghurt-Shake

Für 1 Person

100 g Himbeeren
150 g Joghurt
1 EL Zitronensaft
1 EL Ahornsirup

Zubereitungszeit: ca. 5 Minuten

ca. 210 kcal je Portion

Himbeeren waschen, mit dem Joghurt, dem Zitronensaft und dem Ahornsirup im Mixer einige Minuten schaumig quirlen. Den Shake in ein großes Glas füllen und gekühlt servieren.

■K Erfrischungsgetränk

Für 1 Person

125 g Sahnedickmilch
1/8 l Bier
1 EL Pflaumenmus
1 TL Honig

Zubereitungszeit: ca. 10 Minuten

ca. 280 kcal je Portion

1 Im Mixer oder mit dem Schneebesen die Sahnedickmilch, das Bier und das Pflaumenmus zu einer schaumige Masse verschlagen.

Dann alles mit dem Honig gut süßen und kalt stellen.

TIPP
Schmeckt sehr erfrischend an heissen Tagen.

Blaubeermilch

Zubereitungszeit: ca. 5 Minuten

ca. 200 kcal je Portion

1 Die Heidelbeeren waschen und verlesen. Einige Beeren zum Garnieren beiseite legen.

2 Die Beeren mit dem Ahornsirup und der Buttermilch mit dem Schneidstab fein pürieren.

3 Blaubeermilch in zwei Gläser füllen, je einen Sahnetupfer darauf setzen, mit den beiseite gelegten Heidelbeeren garnieren.

Für 2 Personen

100 g Heidelbeeren
2 EL Ahornsirup
400 g Buttermilch
40 g geschlagene süße Sahne

Erdbeershake

Zubereitungszeit: ca. 10 Minuten

ca. 150 kcal je Portion

1 Die Erdbeeren putzen, waschen, trockentupfen, zusammen mit der Buttermilch sowie der Frutilose in einen Mixbecher geben und dann alles im Mixer pürieren.

2 Den Erdbeershake in zwei hohe Gläser füllen und mit den Minzblättchen garnieren.

Für 2 Personen

150 g Erdbeeren
350 g Buttermilch
2 EL Frutilose (aus dem Reformhaus)
einige Minzeblättchen

Möhrenbuttermilch

Zubereitungszeit: ca. 10 Minuten

ca. 160 kcal je Portion

1 Die Möhre putzen, schaben, waschen und in grobe Stücke schneiden.

2 Dann die Möhrenstücke zusammen mit dem Honig und der Buttermilch im Mixer pürieren. Zum Schluss die Möhrenbuttermilch in ein Glas füllen und kalt servieren.

Für 1 Person

1 Möhre
2 TL Honig
200 g Buttermilch

Limetten-Joghurt-Frappé

Für 2 Personen

2 Zweige Zitronen-
melisse
1/2 Limette
250 g Joghurt
1 EL flüssiger Honig
8 Eiswürfel

Zubereitungszeit: ca. 5 Minuten

ca. 120 kcal je Portion

1 Die Zitronenmelisse waschen, trockentupfen und die kleinen Blätter als Garnitur zur Seite legen. Die restlichen Blätter von den Stielen abzupfen und grob hacken.

2 Die Limette auspressen. Den Saft zusammen mit Joghurt, Honig und den Eiswürfeln in einen Mixer geben. Die gehackten Melissenblätter hinzufügen.

3 Alle Zutaten auf höchster Stufe zu einer schaumigen Masse verarbeiten. Das Getränk in zwei hohe Gläser gießen und mit der Melisse garnieren. Sofort servieren.

TIPP
Statt Zitronenmelisse können Sie auch Minzeblätter verwenden. Erfrischend schmeckt es, wenn Sie geraspelte Limettenschalen untermischen.

Eistee

Für 1 Person

3–4 Blättchen
Zitronenmelisse
2 EL Limettensaft
2 EL Frutilose
(Obstdicksaft aus
dem Reformhaus)
2–3 EL zerstoßenes Eis
1/2 Limettenscheibe

Zubereitungszeit: ca. 10 Minuten
Kühlzeit: ca. 30 Minuten

ca. 140 kcal je Portion

1 Die Melisseblättchen mit 1/4 Liter kochendem Wasser übergießen und alles etwa 10 Minuten ziehen lassen.

2 Anschließend die Blättchen entfernen und den Tee gut auskühlen lassen.

3 Den Limettensaft zusammen mit der Frutilose verrühren und das zerstoßene Eis hinzufügen. Alles zum Tee geben und umrühren.

4 Den Eistee in ein hohes Glas gießen und mit der Limettenscheibe am Glasrand garnieren.

TIPP
Statt Zitronenmelisse eignet sich auch Früchtetee, z.B. Hagebutte mit Hibiskus. Der Tee ist in Teebeutelform und als lose Mischung erhältlich.

Alkoholfreie Erdbeerbowle ▲E

Zubereitungszeit: ca. 10 Minuten

ca. 130 kcal je Portion

1 Früchtetee mit den Erdbeeren mischen und mit der Frutilose leicht süßen. Die Erdbeerbowle dann erstmal etwa 12 Stunden ziehen lassen.

2 Die Bowle in Gläser geben und mit 1 Schuss prickelndem Mineralwasser auffüllen.

Für 4 Personen

2 l Erdbeerfrüchtetee
500 g Erdbeeren
5 EL Frutilose
1/4 l–1/2 l Mineral-
wasser

Leichte Himbeerbowle ▲E

Zubereitungszeit: ca. 10 Minuten

ca. 220 kcal je Portion

1 Die Himbeeren waschen, putzen und in ein Bowlegefäß geben. Die Früchte grob zerstoßen, mit der Frutilose leicht süßen und etwa 30 Minuten ziehen lassen.

2 Dann den Apfelwein angießen und das Ganze nochmals etwa 1 Stunde kühl stellen. Mit dem Mineralwasser auffüllen.

Für 4 Personen

250 g Himbeeren
2 EL Frutilose
(Obstdicksaft aus
dem Reformhaus)
1 l Apfelwein
3/4 l Mineralwasser

Florida-Cocktail ▲E

Zubereitungszeit: ca. 5 Minuten

ca. 190 kcal je Portion

1 Die Ananas in sehr kleine Stücke schneiden oder mit dem Schneidstab pürieren. Mit dem Rum übergießen und 15 Minuten ziehen lassen.

2 Anschließend beides im Shaker zusammen mit den zerstoßenen Eiswürfeln gut schütteln.

3 Die Ananas durch ein Sieb in ein Longdrinkglas geben. Den gekühlten Drink mit der Frutilose leicht süßen und mit dem Orangensaft auffüllen. Mit 1 Orangenscheibe garnieren.

Für 1 Person

1/2 Scheibe Ananas
2 EL weißer Rum
2–3 zerstoßene
Eiswürfel
1 EL Frutilose
150 ml Orangensaft
1 Orangenscheibe

Fruchtiges Rheingold

Für 1 Person

3 große Erdbeeren
150 ml trockener Weißwein
50 ml Mineralwasser

Zubereitungszeit: ca. 5 Minuten
Gefrierzeit: ca. 30 Minuten

ca. 130 kcal je Portion

1 Die Erdbeeren waschen, putzen, in sehr kleine Stücke schneiden und im Gefriergerät leicht anfrosten lassen.

2 Anschließend die Beeren in ein Longdrinkglas geben, mit dem Wein auffüllen und leicht umrühren. Den Drink mit dem Mineralwasser aufgießen.

American Longdrink

Für 1 Person

4 EL zerstoßenes Eis
2 EL weißer Rum
40 g süße Sahne
120 ml Orangensaft
80 ml Grapefruitsaft
1 1/2 EL Frutilose
2–3 Minzblättchen

Zubereitungszeit: ca. 5 Minuten

ca. 320 kcal je Portion

1 Das zerstoßene Eis mit Rum, Sahne, Säften, Frutilose und Minzblättchen im Mixer pürieren.

2 Anschließend den Drink in ein großes Longdrinkglas gießen. Mit einem Trinkhalm servieren.

Exotischer Sommerdrink

Für 1 Person

1/2 Scheibe Ananas
1/3 Mango
1 TL Frutilose
etwa 100 ml gekühltes, kohlensäurehaltiges Mineralwasser

Zubereitungszeit: ca. 5 Minuten

ca. 70 kcal je Portion

1 Die Ananasscheibe schälen und den mittleren Strunk herausschneiden. Die Mangospalte schälen und das Fruchtfleisch vom Stein abschneiden. Das Obst in kleine Stücke schneiden und zusammen mit der Frutilose im Mixer oder mit dem Schneidstab pürieren.

2 Den Sommerdrink erst kurz vor dem Verzehr mit dem Mineralwasser aufschäumen.

Mangoshake E

Zubereitungszeit: ca. 10 Minuten

ca. 60 kcal je Portion

1 Die Mango schälen, das Fruchtfleisch vom Stein abschneiden und in grobe Stücke schneiden.

2 Das Mangofruchtfleisch zusammen mit dem Orangensaft und

200 ml Eiswasser im Mixer kräftig pürieren.

3 Das Getränk in zwei Longdrinkgläser geben und mit den Orangenscheiben garnieren. Mit Strohhalmen servieren.

Für 2 Personen

1 kleine, reife Mango
200 ml frisch gepreßter Orangensaft
2 Orangenscheiben

Grapefruit Cocktail E

Zubereitungszeit: ca. 5 Minuten

ca. 70 kcal je Portion

1 Den Grapefruitsaft mit dem zerstoßenen Eis und dem Wodka im Shaker gut mischen.

2 In ein Cocktailglas seihen und zum Schluss mit der Limettenscheibe garnieren.

Für 1 Person

Saft von 1 Grapefruit
3 zerstoßene Eiswürfel
1 EL Wodka
1 Limettenscheibe

Bierpunsch

Zubereitungszeit: ca. 5 Minuten
Einweichzeit: 3–4 Stunden

ca. 240 kcal je Portion

1 Die Trockenfrüchte in kleine Würfel schneiden, mit etwas

Wasser bedecken und im Anschluss etwa 3 bis 4 Stunden quellen lassen.

2 Anschließend alles in einen großen Bierkrug geben und mit dem Bier auffüllen. Gut gekühlt servieren.

Für 1 Person

50 g Trockenfrüchte (Pflaumen, Aprikosen, Rosinen)
300 ml Altbier

Internationale Gerichte

Karibische Garnelensuppe

Für 2 Personen

100 g frische Kokosnuss (ohne Schale)
2 Lauchzwiebeln
1 nussgroßes Stück frischer Ingwer
1 Knoblauchzehe
50 g Zuckerschoten
1 rote Paprikaschote
1 1/2 EL kaltgepresstes Sonnenblumenöl
etwas Meersalz
1 TL gerebelter Thymian
1 TL gerebelter Oregano
reichlich edelsüßes Paprikapulver
1 Msp. Cayennepfeffer
125 g geschälte Garnelen
2 EL gehackte glatte Petersilie

Zubereitungszeit: ca. 45 Minuten

ca. 370 kcal je Portion

1 Die Kokosnuss fein raspeln, mit 1/2 l siedendem Wasser übergießen und etwa 20 Minuten ziehen lassen. Dann die Mischung durch ein Sieb geben und die Flüssigkeit auffangen.

2 In der Zwischenzeit die Lauchzwiebeln waschen, putzen und in feine Ringe schneiden. Ingwer und Knoblauch schälen und fein würfeln.

3 Die Zuckerschoten waschen. Die Paprikaschote halbieren, putzen, entkernen, waschen und sehr klein würfeln.

4 Das Öl in einem Topf erhitzen und Zwiebel-, Ingwer- und Knoblauchwürfel sowie die Zuckerschoten darin bei mittlerer Hitze etwa 5 Minuten zugedeckt dünsten. Dann die Paprikawürfel hinzufügen und unter ständigem Rühren andünsten.

5 Das Gemüse mit der Kokosflüssigkeit übergießen und alles etwa 15 Minuten bei schwacher Hitze zugedeckt köcheln lassen. Die Suppe mit etwas Salz und den übrigen Gewürzen pikant abschmecken.

6 Die Garnelen in die Suppe geben und kurze Zeit darin ziehen lassen. Die Suppe in 2 tiefe Teller geben und mit der gehackten Petersilie bestreuen.

TIPPS

- Diese Suppe ist eine ausgefallene Vorspeise für ein festliches Eiweißgericht.

- Statt Garnelen können Sie auch Hummerfleisch oder Muschelfleisch verwenden. Sie können statt mit Cayennepfeffer (sehr scharf) auch mit weißem Pfeffer und Curry würzen.

Spanische Geflügelsuppe E

Zubereitungszeit: ca. 45 Minuten

ca. 220 kcal je Portion

1 Das Suppengrün putzen, waschen und klein würfeln. Die Zwiebel und den Knoblauch schälen und fein hacken. Suppengrün, Zwiebel und Knoblauch in dem Olivenöl andünsten.

2 Das Hähnchenfleisch waschen und in kleine Stücke schneiden. Dann zum Gemüse geben. Mit 3/4 l Wasser auffüllen.

3 Die Paprikaschote und den Zucchini putzen, waschen und in Würfel schneiden.

4 Die Tomaten über Kreuz einritzen, überbrühen, enthäuten und grob zerkleinern. Paprika-, Zucchini-, Tomatenwürfel in die Suppe geben und sie mit Brühe, Oregano und Rosmarin würzen.

5 Die Suppe 20 bis 25 Minuten köcheln lassen. Mit den Basilikumblättchen bestreuen.

Für 3 Personen

1 Bund Suppengrün
1 Zwiebel
1–2 Knoblauchzehen
1 EL Olivenöl
350 g Hähnchenfleisch
1 rote Paprikaschote
1 Zucchini · 3 Tomaten
2–3 TL Gemüsebrühe
1 TL gerebelter Oregano
1 TL gemahlener Rosmarin
2 EL gehackte Basilikumblättchen

Türkischer Salat mit Minze N

Zubereitungszeit: ca. 30 Minuten

ca. 330 kcal je Portion

1 Die Frühlingszwiebeln putzen , waschen und fein hacken. Die Petersilien- und die Minzezweige waschen und trockenschütteln. Die Blättchen abzupfen und sehr fein hacken.

2 Den Schafskäse mit einer Gabel fein zerdrücken und mit der Buttermilch verrühren. Die Kräutermischung, die Zwiebeln und den Knoblauch darunterrühren.

3 Die Tomaten waschen. vierteln, von den Stielansätzen befreien, entkernen und fein würfeln. Die Gurke schälen, der Länge nach vierteln und die Kernchen mit einem Löffel herausschaben. Die Gurke in mittelgroße Würfel schneiden.

4 Tomaten- und Gurkenwürfel auf einer Platte anrichten. Mit dem Olivenöl beträufeln und leicht salzen.

5 Den gewürzten Schafskäse in die Mitte geben. Alles mit den schwarzen Oliven garnieren.

Für 2 Personen

3 kleine Frühlingszwiebeln
1 Bund Petersilie
1/2 kleines Bund Pfefferminze
150 g Schafskäse (Feta)
100 g Buttermilch
1 fein gehackte Knoblauchzehe
3 Tomaten
1 kleine Salatgurke
1 1/2 EL kaltgepresstes Olivenöl
etwas Meersalz
10 schwarze Oliven

Italienischer Salat

Für 1 Person

1/2 kleiner Kopf Eisbergsalat
2 Tomaten
1/2 Zwiebel
1/2 Salatgurke
1 EL Molkosan (Reformhaus)
1 TL Kräutersalz
1 EL kaltgepresstes Olivenöl
5 in Öl mit Knoblauch eingelegte Oliven
2 EL gehackte Kräuter (z. B. Dill, Basilikum, Petersilie)

Zubereitungszeit: ca. 30 Minuten

ca. 150 kcal je Portion

1 Vom Eisbergsalat die Blätter verlesen, putzen, waschen, trockentupfen und in Stücke zupfen.

2 Die Tomaten waschen, halbieren, von den Kernen und den Stielansätzen befreien. Das Fruchtfleisch in kleine Würfel schneiden.

3 Zwiebel schälen, in dünne Ringe schneiden. Diese kurz mit kochendem Wasser überbrühen.

4 Die Gurke schälen, längs vierteln, entkernen und in etwa 1 cm dicke Stücke schneiden. Alle vorbereiteten Zutaten in einer Schüssel vermengen.

5 Für die Sauce das Molkekonzentrat mit 100 ml Wasser verdünnen. Dann zuerst das Kräutersalz und anschließend das Olivenöl hineinrühren.

6 Die Oliven zu den Salatzutaten geben, die Sauce darunter heben und den Salat mit den Kräutern bestreuen.

TIPP
Sie können diesen neutralen Salat durch Krabben oder Käse (bis 50% Fett i.Tr.) zum Eiweißgericht ergänzen.

Türkischer Gurkensalat

Für 2 Personen:

1 große Salatgurke
etwas Meersalz
2–3 Knoblauchzehen
1 Bund Dill
2 Becher Sahnejoghurt à 150 g
1 EL kaltgepresstes Olivenöl
1 TL edelsüßes Paprikapulver

Zubereitungszeit: 15 Minuten

ca. 250 kcal je Portion

1 Gurke schälen, halbieren und entkernen. Das Fruchtfleisch hobeln, salzen und beiseite stellen.

2 Den Knoblauch schälen und durchpressen. Etwas Dill beiseite legen. Den Rest fein hacken.

3 Den Joghurt zusammen mit dem Öl aufschlagen. Die Gurken in ein Sieb geben und das überschüssige Wasser ausdrücken. Sie dann zusammen mit dem Knoblauch und dem Dill zum Joghurt geben. Den Salat mit dem Paprikapulver bestreuen und mit dem restlichen Dill hübsch garnieren. Den Salat etwas nachsalzen.

Griechischer Auberginensalat ⓝ

Zubereitungszeit: ca. 30 Minuten

ca. 220 kcal je Portion

1 Die Aubergine und den Zucchini waschen, putzen und die Stielansätze herausschneiden. Das Gemüse in schmale Streifen schneiden.

2 Die Paprikaschote waschen, halbieren, entkernen und den Stielansatz herausschneiden. Die Paprikahälften ebenfalls in schmale Streifen schneiden.

3 Nun etwa 1 1/2 Liter Wasser mit dem Molkosan und dem Salz in einem großen Topf zum Kochen bringen und das Gemüse darin portionsweise jeweils 4 bis 5 Minuten blanchieren. Es anschließend abtropfen und abkühlen lassen.

4 Die Tomaten waschen, halbieren, entkernen und die Stielansätze herausschneiden. Das Fruchtfleisch in kleine Würfel schneiden. Die Zwiebel schälen, halbieren und in dünne Scheiben schneiden.

5 Für die Sauce das Öl mit 100 ml Wasser, dem Molkosan, der Frutilose und dem Salz kräftig verrühren. Den Knoblauch schälen und durch die Presse dazudrücken. Die Oliven halbieren, entsteinen und zusammen mit den gehackten Kräutern zur Sauce geben.

6 Die Salatzutaten miteinander mischen und auf zwei Tellern anrichten. Die Sauce auf den Salat geben und den Schafskäse darüber zerbröckeln. Den Salat mit Minze garnieren.

TIPPS

■ Statt Zucchini können Sie auch Gemüsezwiebeln oder Okraschoten verwenden.

■ Auberginen harmonieren auch gut mit Tomaten. Sie müssen nicht blanchiert werden.

Für 2 Personen

1 kleine Aubergine (ca. 250 g)
1 Zucchini
1 rote Paprikaschote
4 EL Molkosan
etwas Meersalz
3 Tomaten
1 Zwiebel
2 EL kaltgepreßtes Olivenöl
1 EL Molkosan (Reformhaus)
1 TL Frutilose (Obstdicksaft aus dem Reformhaus)
1 TL Kräutersalz
1–2 Knoblauchzehen
10 schwarze Oliven
2 EL gehacktes Basilikum
2 EL frische Minze
60 g Schafskäse
einige Minzeblättchen

Italienischer Sommersalat

Für 2 Personen

1 kleiner Kopf römischer Salat (Romana)
1 Bund Rucola (Rauke)
1 mittelgroße Gemüsezwiebel
4 Tomaten
1 kleiner Zucchini
2 EL Balsamessig (Aceto balsamico)
50 g süße Sahne
4 EL gehackte Kräuter (Petersilie, Schnittlauch und Basilikum)
etwas Kräutersalz
50 g hauchdünn gehobelter Parmesan

Zubereitungszeit: ca. 25 Minuten

ca. 280 kcal je Portion

1 Den römischen Salat verlesen und die Blätter abzupfen. Diese zusammen mit der verlesenen Rucola waschen und trockenschleudern. Die Blätter in schmale Streifen schneiden.

2 Die Zwiebel schälen, fein würfeln und kurz in kochendem Wasser blanchieren.

3 Die Tomaten waschen, die Stielansätze herausschneiden und die Tomaten in Scheiben schneiden. Den Zucchini waschen, putzen und ebenfalls in Scheiben schneiden. Alle Salatzutaten in einer großen Schüssel vorsichtig mischen.

4 Für die Sauce den Essig mit 1/8 l Wasser und der Sahne verrühren. Die gehackten Kräuter darunter mischen und die Sauce mit dem Kräutersalz leicht würzen.

5 Die Sauce vorsichtig unter den Salat heben. Den Parmesan darauf streuen. Sofort servieren.

Griechischer Schafskäse mit Tomaten

Für 1 Person

60 g Schafskäse (Feta)
1 EL kaltgepresstes Olivenöl
1/2 TL gehackter Thymian
1/2 TL gehackter Rosmarin
2 große Tomaten
5 entsteinte grüne Oliven

Zubereitungszeit: ca. 10 Minuten
Zeit zum Durchziehen: mind. 8 Stunden

ca. 300 kcal je Portion

1 Am Vorabend den Käse abtropfen lassen und in kleine Würfel schneiden. Sie mit dem Öl beträufeln und mit Thymian und Rosmarin vorsichtig vermengen. Die Käsewürfel in einem verschließbaren Gefäß im Kühlschrank über Nacht durchziehen lassen.

2 Am Tag der Zubereitung die Tomaten waschen und quer zu den Stielansätzen in Scheiben schneiden. Die Stielansätze herausschneiden. Die Oliven ebenfalls in dünne Scheiben schneiden.

3 Kurz vor dem Verzehr die Tomatenscheiben mit den Oliven und den Schafskäsewürfeln anrichten.

Salat „Peking" mit Sprossen K

Zubereitungszeit: ca. 35 Minuten

ca. 330 kcal je Portion

1 Den Reis in dem Wasser etwa 25 Minuten bei geringer Hitze garen. Ihn dann in ein Sieb geben und mit kaltem Wasser abspülen.

2 Den Spinat waschen, putzen, die harten Stiele abschneiden, und die Blätter in mundgerechte Stücke zupfen. Die Frühlingszwiebeln waschen, putzen und in sehr feine Ringe schneiden. Die Champignons putzen, kurz waschen und in feine Scheiben schneiden. Die Tomaten waschen und halbieren.

3 Die vorbereiteten Salatzutaten mit dem Reis mischen.

4 Für die Sauce Öl, Kräutersalz, Molkekonzentrat und 80 ml Wasser zu einer Marinade verrühren. Diese unter den Salat heben und die gewaschenen Sprossen darauf geben.

TIPP
Statt Spinatblättern können Sie auch feine Möhrenstifte, Erbsen oder Paprikawürfel nehmen.

Für 2 Personen

100 g Naturreis
200 g junge Spinat-
blätter
4 Frühlingszwiebeln
150 g Champignons
8 Kirschtomaten
1 1/2 EL kaltgepresstes
Sonnenblumenöl
1 TL Kräutersalz
2 TL Molkosan
(Reformhaus)
150 g frische Sprossen
(Mungo- oder
Sojabohnensprossen)

Würziges Bohnengemüse N

Zubereitungszeit: ca. 35 Minuten

ca. 120 kcal je Portion

1 Die Bohnen waschen, putzen, wenn nötig abfädeln und in etwa 3 cm lange Stücke schneiden.

2 Die Butter in einem Topf schmelzen lassen und die Bohnen unter Rühren darin kurz andünsten.

3 Dann die Brühe angießen und alles mit dem gehackten Bohnenkraut würzen. Im geschlossenen Topf ungefähr 18 Minuten dünsten.

4 Die fertig gegarten Bohnen mit der gehackten Petersilie bestreuen und würzen.

Für 2 Personen

600 g grüne Bohnen
1 EL Butter
125 ml Gemüsebrühe
(aus Instantpulver)
2 EL gehacktes
Bohnenkraut
2 EL gehackte Petersilie
etwas schwarzer Pfeffer
etwas Meersalz

K Elsässer Bohnengratin

Für 2 Personen

120 g Vollkornreis (Rohgewicht)
700 g grüne Bohnen
1 große Zwiebel
250 g Champignons
1 1/2 EL kaltgepresstes Sonnenblumenöl
250 ml Gemüsebrühe (aus Instantpulver)
100 g Rahmgouda oder Wörishofener Käse (60% Fett i.Tr.)

Zubereitungszeit: ca. 45 Minuten
Quellzeit: über Nacht

ca. 600 kcal je Portion

1 Den Reis in einen Topf geben, mit 250 ml Wasser bedecken und im geschlossenen Topf etwa 25 Minuten bei milder Hitze garen.

2 In der Zwischenzeit die Bohnen waschen, putzen, wenn nötig abfädeln und in 3 cm lange Stücke schneiden. Die Zwiebel schälen und grob hacken. Die Pilze putzen und in Scheiben schneiden. Das Öl in einer Pfanne erhitzen und die Zwiebeln sowie die Pilze darin anbraten. Die Bohnen hinzufügen, die Brühe angießen und alles etwa 10 Minuten zugedeckt dünsten. Den Backofen auf 160 °C vorheizen.

3 Den gegarten Reis unter das Gemüse mischen und in eine Auflaufform füllen. Den Käse raspeln und gleichmäßig darauf verteilen. Das Bohnengratin im Ofen in 12 bis 15 Minuten goldgelb überbacken.

K Provenzalisches Kartoffelgemüse

Für 2 Personen

1 große Zwiebel
250 g Champignons
300 g Zucchini
400 g Kartoffeln
2 EL kaltgepresstes Olivenöl
1 1/2 TL Kräutersalz
2–3 TL Kräuter der Provence
10 Kirschtomaten (ca. 150 g)
einige Basilikumblättchen

Zubereitungszeit: ca. 45 Minuten

ca. 300 kcal je Portion

1 Die Zwiebel schälen und in Würfel schneiden. Die Pilze putzen, kurz waschen oder vorsichtig abreiben und ebenfalls würfeln.

2 Die Zucchini waschen und putzen. Die Kartoffeln schälen. Beides in 1 bis 2 cm große Würfel schneiden.

3 Das Öl in einer großen Pfanne erhitzen und die Gemüse- sowie die Pilzwürfel darin unter Rühren anbraten. Alles mit dem Kräutersalz und den Kräutern der Provence würzen. Dann das Gemüse zugedeckt bei schwacher Hitze 18 bis 20 Minuten schmoren lassen. Zum Schluss noch einmal umrühren.

4 Die Kirschtomaten waschen und halbieren. Sie mit dem Basilikum auf dem Gemüse anrichten.

Italienisches Pfannengemüse ▲E

Zubereitungszeit: ca. 30 Minuten

ca. 340 kcal je Portion

1 Die Tomaten waschen, vierteln, die Stielansätze entfernen und die Tomaten mit dem Schneidstab fein pürieren.

2 Staudensellerie putzen, waschen und die etwas festeren Fäden abziehen. Die Stangen in etwa 2 cm lange Stücke schneiden. Den Zucchini und die Pilze waschen, putzen und in dünne Scheiben schneiden.

3 Das Öl in einer Pfanne erhitzen und die Selleriestücke, Zucchinischeiben und Pilzscheiben etwa 5 Minuten darin unter Rühren kräftig anbraten. Nach Belieben die Knoblauchzehe durch eine Presse dazudrücken.

4 Das Tomatenpüree hinzufügen und mit Brühe, Oregano, Rosmarin und Thymian würzen. Das Gemüse weitere 8 bis 10 Minuten dünsten lassen.

5 Zum Schluss alles mit der Sahne verfeinern und mit den halbierten Kirschtomaten garnieren.

Für 1 Person

3–4 reife Tomaten
2 Stangen Staudensellerie
1 kleiner Zucchini
50 g Champignons
1 EL kaltgepresstes Olivenöl
1 Knoblauchzehe
1 TL Gemüsebrühe (Instantpulver)
1 TL Oregano
1 TL Rosmarinpulver
1 TL Thymian
60 g süße Sahne
3 Kirschtomaten

Provenzalische Grilltomaten ▲E

Zubereitungszeit: ca. 25 Minuten

ca. 90 kcal je Portion

1 Eine kleine Auflaufform mit etwas Öl auspinseln. Die Tomaten waschen, gut abtrocknen und mit den Stielansätzen nach unten in die Form setzen. Den Backofen auf 180 °C vorheizen.

2 Die Oberseiten der Tomaten großzügig über Kreuz einritzen und mit einem Löffel das Fruchtfleisch etwas nach innen drücken.

3 Den Knoblauch schälen und durch die Presse drücken. Die Petersilie waschen, trockentupfen und fein hacken.

4 Den Knoblauch und die Petersilie mit Rosmarin, Oregano, Öl und Salz vermengen. Diese würzige Mischung mit Hilfe eines Löffels portionsweise in die Öffnungen der Tomaten geben und leicht andrücken.

5 Die Tomaten im Ofen etwa 15 Minuten grillen, bis die Tomatenhaut braun zu werden beginnt.

Für 2 Personen

etwas Öl für die Form
4 Tomaten
1–2 Knoblauchzehen
1/2 Bund Petersilie
1 TL gerebelter Rosmarin
2 TL gerebelter Oregano
1 EL kaltgepresstes Olivenöl
etwas Kräutersalz

Indisches Lammragout mit Zwiebelgemüse

Für 2 Personen

1 Zwiebel
2 Knoblauchzehen
1 walnussgroßes Stück frischer Ingwer
1 kleines Stück frische Chilischote
6 EL kaltgepresstes Olivenöl
2 EL Zitronensaft
2 EL Sojasauce
300 g Lammfleisch aus der Keule
2 TL Currypulver
etwas Meersalz
300 ml Gemüsebrühe (Instantpulver)
300 g kleine Zwiebeln
2 mittelgroße Lauchstangen
1 1/2 EL kaltgepresstes Olivenöl
1 TL Meersalz
1/2 TL Knoblauchpulver
3 Nelken
5 Wacholderbeeren
80 g süße Sahne
75 g Frischkäse
10 grob gehackte Cashewnüsse

**Zubereitungszeit:
ca. 1 Stunde 30 Minuten
Zeit zum Durchziehen: 1 Stunde**

ca. 910 kcal je Portion

1 Für das Ragout die Zwiebel, den Knoblauch und den Ingwer schälen und grob hacken. Dann alles mit der Chilischote, dem Öl, dem Zitronensaft und der Sojasauce mit dem Schneidstab pürieren.

2 Das Fleisch waschen, trockentupfen und in mundgerechte Würfel schneiden. In die vorbereitete Marinade legen und etwa 1 Stunde durchziehen lassen.

3 Anschließend eine beschichtete Pfanne erhitzen und das Fleisch mitsamt der Marinade darin rundherum anbraten.

4 Das Fleisch mit dem Curry und dem Meersalz würzen. Die Brühe angießen und alles zugedeckt 50 bis 60 Minuten schmoren lassen.

5 Inzwischen für das Gemüse die Zwiebeln schälen und halbieren. Den Lauch putzen, der Länge nach aufschneiden, gründlich waschen und in dünne Scheiben schneiden.

6 Das Öl in einem Topf erhitzen und die Zwiebeln darin rundherum anbraten. Den Lauch darunter mischen und mit Meersalz, Knoblauchpulver, Nelken und den zerdrückten Wacholderbeeren würzen.

7 Die Zwiebeln mit 125 ml Wasser ablöschen und zugedeckt etwa 10 Minuten köcheln lassen. Zum Schluss die Nelken entfernen und die Sahne in das Gemüse einrühren. Den Frischkäse in das Lammragout einrühren und die Cashewnüsse darauf streuen.

8 Das Lammragout zusammen mit dem Zwiebelgemüse auf zwei Tellern anrichten.

TIPPS

- Dazu passen sehr gut gegrillte Tomaten und grüne Bohnen mit gerösteten Sesam.

- Das Gericht eignet sich sehr gut für festliche Anlässe. Servieren Sie für Ihre Gäste dazu Fladenbrot oder Ofenkartoffeln.

Spinat „Nancy"

Zubereitungszeit: ca. 35 Minuten
Zeit zum Durchziehen: ca. 1 Stunde

ca. 310 kcal je Portion

1 Den Spinat verlesen, putzen, gut waschen, kurz in kochendem Wasser blanchieren, abtropfen lassen und grob mit dem Wiegemesser zerkleinern. Die Zwiebel und den Knoblauch schälen und fein würfeln. Die Champignons putzen, waschen, trockentupfen und fein hacken.

2 Das Öl in einer Pfanne nicht zu stark erhitzen und Zwiebel- sowie Pilzwürfel einige Minuten darin schmoren lassen. Knoblauch und Spinat darunter rühren.

3 Schafskäse mit einer Gabel fein zerdrücken und zusammen mit dem Joghurt cremig rühren. Das Ganze unter den Spinat mischen, alles in eine Schüssel geben und etwa 1 Stunde durchziehen lassen.

> **TIPPS**
> ■ Dazu passt getoastetes Vollkornbrot.
>
> ■ Der Spinat eignet sich als Vorspeise oder als Gemüsebeilage.

Für 2 Personen

400 g frischer junger Blattspinat
1 Zwiebel
1–2 Knoblauchzehen
60 g frische Champignons
1 EL kaltgepresstes Olivenöl
120 g Schafskäse (Feta)
150 g Joghurt (3,5% Fett)

Holländischer Matjes auf Eis mit neuen Kartoffeln K

Zubereitungszeit: ca. 30 Minuten

ca. 690 kcal je Portion

1 Die Kartoffeln sehr gut abbürsten und in wenig Wasser etwa 20 Minuten garen. Das Wasser abgießen und die Kartoffeln leicht ausdampfen lassen.

2 Inzwischen für die Matjes die Eiswürfel zwischen ein gefaltetes sauberes Küchentuch aus Stoff legen und mit einem Hammer grob zerschlagen.

3 Das Eis auf eine Platte geben und die Matjesfilets darauf anrichten.

4 Die Zwiebel schälen und in Ringe schneiden. Kurz in kochendem Wasser blanchieren, abschrecken und auf den Matjes verteilen. Mit den Petersilienzweigen garnieren. Die Matjes zusammen mit den Kartoffeln servieren.

Für 2 Personen

400 g kleine neue Kartoffeln
20 Eiswürfel
4 junge Matjesfilets
1 große Zwiebel
4–6 kleine Petersilienzweige

Andalusisches Huhn mit Tomatenragout

Für 2 Personen

1 kg reife Tomaten
5 Schalotten
2 Knoblauchzehen
4 Hähnchenkeulen
2 EL kaltgepresstes
Olivenöl
2 Lorbeerblätter
2 Rosmarinzweige
1 1/2 TL Kräutersalz
1 Msp. Chilipulver
6 Basilikumblättchen

Zubereitungszeit: ca. 1 Stunde

ca. 840 kcal je Portion

1 Die Tomaten über Kreuz einritzen, kurz mit kochendem Wasser überbrühen, enthäuten, von den Stielansätzen befreien und grob würfeln.

2 Die Schalotten und den Knoblauch schälen und der Länge nach halbieren. Den Backofen auf 180 °C vorheizen.

3 Die Hähnchenkeulen waschen und gut trockentupfen. Das Öl in einem Schmortopf erhitzen und das Fleisch mit den Schalotten und dem Knoblauch darin kräftig von allen Seiten anbraten.

4 Tomatenstücke, Lorbeerblätter und Rosmarin dazugeben und mit Salz und Chili würzen.

5 Das Geflügel zugedeckt im Backofen etwa 30 Minuten garen. Danach den Deckel entfernen und alles weitere 15 Minuten offen schmoren lassen. Die Hähnchenkeulen zusammen mit dem Schmorgemüse auf 2 Tellern anrichten und mit den Basilikumblättchen garnieren.

Indische Zwiebelsauce

Für 1 Person

1 mittelgroße Zwiebel
1 TL ungehärtetes
Pflanzenfett
400 g kleine Schalotten
1 EL ungeschwefelte
Rosinen
40 g Sahnedickmilch
1/2 TL Curry
1/2 TL Kräutersalz

Zubereitungszeit: ca. 30 Minuten

ca. 290 kcal je Portion

1 Die Zwiebel in kleine Würfel schneiden und in dem heißen Fett glasig dünsten. Mit 1/4 l Wasser auffüllen, die geschälten ganzen Schalotten und die Rosinen hinzufügen.

2 Alles zusammen etwa 20 Minuten gar dünsten lassen. Mit der Sahnedickmilch leicht binden und mit dem Curry und dem Kräutersalz pikant abschmecken. Die Sauce leicht einkochen lassen.

TIPP
Dazu passt als Eiweißmahlzeit ein Putenschnitzel von etwa 150 g (174 kcal) oder als Kohlenhydratmahlzeit 200 g gekochter Naturreis.

Indische Currypfanne

Zubereitungszeit: ca. 45 Minuten

ca. 870 kcal je Portion

1 Die Cashewkerne halbieren und mit den Kokosraspeln in einer beschichteten Pfanne ohne Fettzugabe kurz anrösten.

2 Das Fleisch waschen und in schmale Streifen schneiden. Die Mango schälen, das Fruchtfleisch in Spalten vom Stein schneiden und würfeln.

3 Das Grün von der Fenchelknolle abschneiden und beiseite stellen. Die Stielansätze abschneiden und die Knolle waschen. Dann halbieren, den Strunk herausschnei-

den und das Gemüse in feine Scheiben schneiden. Die Zwiebel schälen und in Ringe schneiden.

4 Das Öl in einer größeren Pfanne erhitzen und das Fleisch darin unter Wenden etwa 5 Minuten anbraten. Die Zwiebelringe hinzufügen, kurz mit braten und dann das Fenchelgemüse unterrühren. Mit Curry, Salz und Cayennepfeffer würzen und die Brühe angießen, 5 bis 8 Minuten köcheln lassen.

5 Danach Mangostücke, Cashewkerne sowie Kokosraspeln unterheben und alles 3 Minuten dünsten.

6 Mit der Sahne verfeinern, mit dem Fenchelgrün garnieren.

Für 1 Person

8 Cashewkerne
2 EL Kokosraspel
150 g Hähnchen-
brustfilet
1 kleine reife Mango
1 große Fenchelknolle
1 Zwiebel
1 EL kaltgepresstes
Sonnenblumenöl
1 TL Curry
etwas Kräutersalz
1 Msp. Cayennepfeffer
125 ml Gemüsebrühe
(aus Instantpulver)
60 g süße Sahne

Südländische Knoblauchsauce N

Zubereitungszeit: ca. 5 Minuten

ca. 370 kcal je Portion

1 Den Knoblauch schälen und durch die Presse drücken. Die Petersilie waschen, trockentupfen und fein hacken.

2 Das Öl in eine kleine Schüssel geben und zusammen mit dem

Knoblauch, der Petersilie und dem Meersalz zu einer Sauce verrühren.

TIPP
Die Sauce können Sie zu allen pikanten Fleisch- und Fischgerichten servieren.

Für 6 Personen

2–3 Knoblauchzehen
1 Bund glatte Petersilie
250 ml kaltgepresstes
Olivenöl
1 TL Meersalz

Kalbfleischröllchen auf italienische Art

Für 2 Personen

*3 mittelgroße Zucchini
(ca. 600 g)*
Saft von 1 Zitrone
1 rote Paprikaschote
*einige Basilikum-
blättchen*
*4 dünn geschnittene
Kalbsschnitzel
(ca. 300 g)*
*einige frische Salbei-
blättchen*
*2 EL kaltgepresstes
Olivenöl*
etwas Kräutersalz
60 g süße Sahne
etwas Meersalz

Zubereitungszeit: ca. 40 Minuten

ca. 350 kcal je Portion

1 Die Zucchini waschen, putzen und in Scheiben von etwa 1 cm Dicke schneiden. Diese mit dem Zitronensaft beträufeln und etwa 20 Minuten durchziehen lassen.

2 Die Paprikaschote waschen, vierteln, entkernen und quer in feine Streifen schneiden. Die Basilikumblättchen waschen, gut trockentupfen und in dünne Streifen schneiden. Kalbsschnitzel halbieren. Jeweils 1 bis 2 Salbeiblättchen auf die Fleischstücke legen, das Fleisch aufrollen und mit kurzen Holzspießchen zusammenstecken,

3 In einer Pfanne einen Esslöffel Öl erhitzen. Die Zucchinischeiben darin auf jeder Seite etwa 2 Minuten goldbraun braten. Anschließend auf Küchenkrepp abtropfen lassen. Zucchinischeiben mit den Paprikastreifen mischen und alles mit Kräutersalz würzen.

4 Restliches Öl in derselben Pfanne erhitzen. Kalbsröllchen darin rundherum 3 Minuten bei starker Hitze bräunen, dann noch 2 bis 4 Minuten zugedeckt bei reduzierter Hitze garen. Im Ofen warm stellen.

5 Bratfond mit 3 Esslöffeln Wasser und der Sahne ablöschen, leicht salzen und über die Kalbsröllchen geben. Das Fleisch zusammen mit dem Gemüse servieren.

K Berner Rösti (Beilage)

Für 2 Personen

400 g Pellkartoffeln
1 TL Meersalz
*3–4 EL kaltgepresstes
Sonnenblumenöl*
1 EL Sahne

Zubereitungszeit: ca. 45 Minuten

ca. 580 kcal je Portion

1 Die Kartoffeln waschen und in leicht gesalzenem Wasser 18 bis 20 Minuten garen. Gut abkühlen lassen und danach pellen. Danach in feine Streifen raspeln und leicht salzen.

2 Das Öl erhitzen. Die Kartoffelraspeln als 2 Häufchen hineingeben und mit der Bratschaufel behutsam zu 2 flachen Fladen drücken.

3 2 Esslöffel Wasser mit der Sahne vermischen und die Rösti damit beträufeln. Zugedeckt bei schwacher Hitze etwa 15 Minuten schmoren lassen.

Böhmische Käseplätzchen K

Zubereitungszeit: ca. 20 Minuten

ca. 680 kcal je Portion

1 Spätzle in reichlich Salzwasser bissfest garen. Dann abgießen und kurz abschrecken. Den Backofen auf 175 °C vorheizen.

2 Dann die Spätzle in eine feuerfeste Form geben und mit dem Kräutersalz bestreuen. Den in kleine Stücke geschnittenen Käse darunter mischen. Die Form für einige Minuten in den vorgeheizten, Backofen stellen, damit der Käse zerfließen kann.

3 Die Zwiebel schälen, in dünne Ringe schneiden. Kurz in Mehl wenden und im heißen Öl knusprig anbraten. Die Käsespätzle aus dem Ofen nehmen und zum Schluss die gebräunten Zwiebelringe darüber geben.

Für 2 Personen

160 g Vollkornspätzle (Rohgewicht)
1 TL Meersalz
1 TL Kräutersalz
100 g Butterkäse oder Rahmgouda (60% Fett i.Tr.)
1 große Gemüsezwiebel
2 EL Vollkornmehl
2 EL Sonnenblumenöl

Palatschinken mit Quark-Mandel-Füllung K

Zubereitungszeit: ca. 35 Minuten

ca. 1170 kcal je Portion

1 Die Rosinen im Slibowitz einweichen. Mit einem feinen Sieb die Kleie aus dem Mehl aussieben und beiseite stellen. Dann das Mehl, Sahne, 100 ml Wasser, Buttermilch, Eigelbe und Salz zu einem glatten Teig verrühren. Etwa 15 Minuten quellen lassen.

2 IDie ausgesiebte Kleie mit den gehackten Mandeln in einer Pfanne ohne Fett anrösten.

3 Der Quark in eine Schüssel geben und mit der Kleie-Nuss-Mischung sowie den Rosinen im Slibowitz, dem Ahornsirup und der Zitronenschale verrühren.

4 Ein Viertel der Butter in einer Pfanne schmelzen lassen, ein Viertel des Teiges hineingeben und bei mittlerer Hitze 1 bis 2 Minuten backen. Sobald sich der Rand goldgelb verfärbt, den Palatschinken wenden und die andere Seite nochmals 1 bis 2 Minuten backen. Auf einen Teller legen und mit Alufolie bedeckt warm halten. Die 3 restlichen Palatschinken genauso zubereiten.

5 Die Quarkfüllung auf die Pfannkuchen streichen, diese zusammenrollen und sofort servieren.

Für 2 Personen

4 EL Rosinen
2 EL Slibowitz (Pflaumenschnaps)
150 g feines Dinkelvollkornmehl
50 g süße Sahne
200 g Buttermilch
2 Eigelb
etwas Meersalz
50 g grob gehackte Mandeln
200 g Quark (20% Fett i.Tr.)
4 EL Ahornsirup
1 TL abgeriebene Zitronenschale
50 g Butter

Köstliches für besondere Anlässe

Partyrezepte

 ## Gemischtes Rohkostgemüse

---

Für 6 Personen

1 Kolben Chicorée
1/2 Staudensellerie
1 kleiner Zucchini
4 kleine Möhren
1/2 Kopf Blumenkohl

Zubereitungszeit: ca. 15 Minuten

ca. 50 kcal je Portion

1 Den Chicorée putzen, waschen, längs halbieren und den bitteren Strunk keilförmig herausschneiden. Anschließend die Blätter längs halbieren.

2 Sellerie putzen, waschen und in die einzelnen Stangen zerteilen. Diese dann auf die Länge der Chicoréeblätter zurechtschneiden.

3 Den Zucchini putzen, waschen und in lange, etwa 1 cm breite Streifen schneiden.

4 Die Möhren putzen, waschen und längs vierteln.

5 Den Blumenkohl putzen, waschen, in kleine Röschen teilen und kurz in Salzwasser blanchieren.

6 Das Gemüse auf einem großen Teller anrichten und zusammen mit Dips nach Wahl servieren.

 ## Fenchelrohkost mit Olivenöl

---

Für 4 Personen

2 kleine Fenchelknollen
6 EL kaltgepresstes Olivenöl
1 TL Meersalz

Zubereitungszeit: ca. 15 Minuten

ca. 180 kcal je Portion

1 Fenchelknollen waschen, putzen, halbieren, quer in hauchdünne Streifen schneiden. Etwas Fenchelgrün beiseite legen. Das Öl mit dem Meersalz verrühren und über den Fenchel träufeln.

2 Die Rohkost mit dem Fenchelgrün garnieren.

Italienische Gemüsesuppe **N**

Zubereitungszeit: ca. 25 Minuten

ca. 120 kcal je Portion

1 Den Lauch gründlich putzen und waschen. Die Stange der Länge nach halbieren und quer in schmale Streifen schneiden.

2 Die Möhren waschen, schälen und in dünne Stifte schneiden.

3 Den Zucchini putzen und klein würfeln. Den Knoblauch grob hacken.

4 Das Öl in einem Topf erhitzen und den Knoblauch und die Chilischote kurz darin anbraten. Anschließend das Gemüse hinzufügen und unter Rühren gut anschmoren. Dann die Gemüsebrühe dazugießen und das Ganze zugedeckt bei schwacher Hitze 10 Minuten köcheln lassen. Die Chilischote entfernen, die Suppe in vier Teller geben und mit den gehackten Kräutern garnieren.

Für 4 Personen

1 große Stange Lauch
3 mittelgroße Möhren
1 Zucchini (ca. 300 g)
1–2 Knoblauchzehen
2 EL kaltgepresstes Olivenöl
1 kleine rote Chilischote
800 ml Gemüsebrühe (aus Instantpulver)
3 EL fein gehackte Kräuter (Thymian, Rosmarin, Basilikum)

King-Salomon-Cream **N**

Zubereitungszeit: ca. 15 Minuten

ca. 140 kcal je Portion

1 Den Quark in einer kleinen Schüssel zusammen mit der Buttermilch cremig rühren und leicht salzen.

2 Die Zwiebel schälen und fein würfeln. Den Lachs in feine Streifen schneiden.

3 Beides unter den Quark heben und die Creme mit den Dillzweigen garnieren.

TIPP
Statt Wildwasserlachs können Sie auch geräuchertes Forellenfilet verwenden.

Für 6 Personen

250 g Quark (40% Fett i.Tr.)
250 g Buttermilch
etwas Meersalz
1 Zwiebel
250 g gebeizter Wildwasserlachs
einige Dillzweige

Sommerlicher Partysalat

Für 6 Personen

1 großer Kopf römischer Salat (Romana)
1 Bund Rucola (Rauke)
1 große Zwiebel
15 Kirschtomaten
1 Salatgurke
6 EL Olivenöl
6 EL Balsamessig
2 TL Meersalz
4 EL gemischte gehackte Kräuter (Dill, Kerbel, Petersilie, Sauerampfer, Schnittlauch)
100 g schwarze Oliven (eingelegt in Öl und Knoblauch)

Zubereitungszeit: ca. 20 Minuten

ca. 200 kcal je Portion

1 Den Salat und den Rucola putzen, waschen und in mundgerechte Stücke zerpflücken.

2 Die Zwiebel schälen und in feine Ringe schneiden. Die Tomaten waschen und halbieren.

3 Die Gurke schälen, längs vierteln, entkernen und in kleine Stücke schneiden. Alle Salatzutaten in einer großen Schüssel mischen.

4 Für die Sauce das Olivenöl mit dem Essig, 1/4 l Wasser, dem Meersalz und den gehackten Kräutern verrühren.

5 Die Sauce über den Salat gießen und alles gut mischen. Auf 6 Teller geben und mit den abgetropften Oliven garnieren.

Kleiner Partysalat

Für 4 Personen

4 Tomaten
2 Zucchini
3 EL kaltgepresstes Olivenöl
200 g blanchierte Maiskörner (TK-Ware)
1 EL Zitronensaft
1 TL Meersalz
2–3 EL Oreganoblättchen

Zubereitungszeit: ca. 15 Minuten

ca. 630 kcal je Portion

1 Die Tomaten über Kreuz einritzen, kurz mit kochendem Wasser überbrühen und enthäuten. Dann von den Stielansätzen befreien und würfeln.

2 Die Zucchini waschen, putzen, der Länge nach vierteln und in etwa 1 cm große Stücke schneiden. Im heißen Öl unter Wenden etwa 5 Minuten braten. Anschließend auskühlen lassen.

3 Die Tomaten mit den Zucchiniwürfeln mischen. Den Mais hinzufügen und alles mit dem Zitronensaft beträufeln. Den Salat mit dem Meersalz würzen und mit den gehackten Oreganoblättchen bestreuen.

Spargelhappen
mit Räucherlachs

Zubereitungszeit: ca. 15 Minuten

ca. 180 kcal je Stück

1 Das Brot diagonal durchschneiden. Die Dreiecke mit der Butter bestreichen, dann mit den Gurkenscheiben belegen.

2 Die Spargelstangen abtropfen lassen, jeweils in 2 bis 3 gleich große Stücke schneiden und etwa 3 Spargelstücke auf je 1 Lachsscheibe legen. Das Ganze locker zusammenrollen und auf die Gurkenscheiben setzen.

3 Die Petersilie waschen, trockentupfen und die Brote damit hübsch garnieren.

TIPP
Statt Lachs kann auch luftgetrockneter Putenschinken oder Bündener Fleisch genommen werden.

Für 10 Canapés

5 Scheiben eckiges Vollkornbrot
80 g Kräuterbutter
30 dünne Scheiben Salatgurke
10 gedünstete Spargelstangen
10 kleine Scheiben Räucherlachs
10 kleine Zweige glatte Petersilie

Lachshappen
auf Toast K

Zubereitungszeit: ca. 15 Minuten

ca. 70 kcal je Stück

1 Den Salat putzen, waschen, trockentupfen und in Stücke zupfen. Die Zwiebel schälen und in hauchdünne Ringe schneiden.

2 Das Brot leicht toasten, die Scheiben in je 4 gleich große Stücke schneiden und dünn mit der Butter bestreichen.

3 Den Salat auf die Toastscheibchen verteilen, den Lachs dekorativ darauf legen und alles mit Zwiebelringen sowie mit Dillzweigen garnieren.

TIPP
Statt Lachs können Sie etwa die gleiche Menge anderen Räucherfisch, wie z. B. Schillerlocke, Aal, Forelle oder Makrele, verwenden.

Für 12 Canapés

einige kleine Kopfsalatblätter
1 kleine Zwiebel
3 Scheiben Vollkorntoastbrot
40 g Butter
120 g Räucherlachs in Scheiben
12 kleine Dillzweige

Camembertschnittchen

Für 12 Canapés

einige kleine
Kopfsalatblätter
3 Scheiben eckiges
Vollkornbrot
60 g Butter
120 g Camembert
(60% Fett i.Tr.)
6 EL Schnittlauch
röllchen

Zubereitungszeit: ca. 15 Minuten

ca. 100 kcal je Stück

1 Den Salat putzen, waschen, trockentupfen und in mundgerechte Stücke zerpflücken. Die Brotscheiben genau übereinander legen und anschließend in 4 Quadrate schneiden.

2 Die Schnittchen mit der Butter bestreichen und mit den Kopfsalatblättern belegen.

3 Den Camembert in Scheiben schneiden, auf dem Salat verteilen und alles mit dem Schnittlauch bestreuen.

TIPP
Schmücken Sie die Canapés mit Partyfähnchen oder bunten Cocktailspießchen. Dann halten sie auch besser zusammen, sind leichter zu greifen und dadurch auch leichter zu verzehren.

Pikante Camembertcreme

Für 6 Personen

250 g sehr reifer,
würziger Camembert
(60% Fett i.Tr.)
350 g Sahnedickmilch
12 Radieschen
1 kleines Bund
Schnittlauch
1 TL gemahlener
Kümmel
1 TL edelsüßes
Paprikapulver

Zubereitungszeit: ca. 15 Minuten

ca. 230 kcal je Portion

1 Camembert in große Stücke schneiden, auf einen Teller geben, mit einer Gabel zerdrücken. Die Sahnedickmilch glatt rühren, mit dem Käse mischen. Es soll eine glatte Creme entstehen.

2 Radieschen waschen, putzen, in Stifte schneiden. Den Schnittlauch waschen, trockenschütteln und in kleine Röllchen schneiden. Beides in die Käsecreme rühren. Mit dem Kümmel abschmecken.

3 Die Creme in eine Schüssel geben und erst ganz zum Schluss das Paprikapulver hineinrühren.

TIPP
Statt der Sahnedickmilch können Sie auch 200 g saure Sahne nehmen und diese mit mildem Joghurt (150 g) mischen. Sollten Sie die Camembertcreme schon am Vortag zubereiten, ist es besser, die Radieschen und den Schnittlauch erst kurz vor dem Servieren unterzumischen.

Sellerieschiffchen mit Quarkfüllung **N**

Zubereitungszeit: ca. 25 Minuten

ca. 20 kcal je Stück

1 Die Stangen von der Staude abschneiden, putzen, von den Fäden befreien, waschen, trockentupfen und jeweils zwei- bis dreimal quer durchschneiden. Das frische Grün dabei nicht entfernen. Zwiebel schälen und fein hacken.

2 Den Quark zusammen mit dem Mineralwasser cremig rühren und die Zwiebelwürfel sowie den Knoblauch darunter mischen. Das Ganze mit dem Salz abschmecken.

3 Die Quarkmischung in einen Spritzbeutel mit großer Sterntülle geben und die Selleriestangen damit füllen. Zum Schluss mit Paprikapulver und Schnittlauchröllchen bestreuen.

Für 20–30 Häppchen

10 Stangen
Staudensellerie
1 Zwiebel
250 g Quark
(20% Fett i.Tr.)
6 EL Mineralwasser
1–2 Knoblauchzehen
etwas Meersalz
2–3 TL Paprikapulver
1 Bund Schnittlauch

Gefüllte Tomaten **E**

Zubereitungszeit: ca. 30 Minuten

ca. 60 kcal je Stück

1 Die Tomaten waschen, trockenreiben, die Stielansätze vorsichtig herausschneiden, die Früchte längs halbieren und mit einem Teelöffel aushöhlen.

2 Die Avocado durchschneiden, den Kern herauslösen, das Fruchtfleisch mit einem Löffel herauskratzen und sofort mit dem Zitronensaft beträufeln.

3 Das Avocadofleisch zusammen mit dem Frischkäse pürieren. Das Ganze mit Knoblauch und Salz abschmecken.

4 Die Avocado-Käse-Masse in einen Spritzbeutel mit Sterntülle füllen und in die Tomatenhälften spritzen. Die Kresse abschneiden, abspülen, trockentupfen und die Tomaten damit garnieren.

TIPP
Besonders nett wirkt es, wenn Sie Cocktailtomaten zum Füllen nehmen. Bereiten Sie etwa 20 Tomaten vor, indem Sie jeweils den Deckel abschneiden und die Früchte vorsichtig aushöhlen.

Für 16 Häppchen

8 kleine Tomaten
1 reife Avocado
2 EL Zitronensaft
160 g Doppelrahm-
frischkäse
1 Knoblauchzehe
etwas Kräutersalz
1 Kästchen Kresse

Warme Pflaumentarte mit Walnüssen und Ahornsirup

Für 12 Stücke

10 ungeschwefelte
entsteinte
Trockenpflaumen
300 g feines Dinkel-
vollkornmehl
175 g weiche Butter
1 Eigelb
3 EL Honig
1/4 TL Meersalz
etwas Butter für die
Form
150 g Quark
(20 % Fett i. Tr.)
100 g saure Sahne
(10 % Fett)
2 Eigelb
3 EL Ahornsirup
3 EL grob gehackte
Walnüsse

**Zubereitungszeit:
ca. 1 Stunde 15 Minuten
Quellzeit: ca. 6 Stunden**

ca. 300 kcal je Stück

1 Die Pflaumen in kleine Würfel schneiden, in eine kleine Schüssel geben und mit etwa 150 ml Wasser übergießen. Sie zugedeckt etwa 6 Stunden quellen lassen.

2 In der Zwischenzeit aus Mehl, Butter, Eigelb, Honig und Salz einen Mürbteig kneten.

3 Den Mürbteig kreisförmig ausrollen und eine eingefettete Springform (24 cm Ø) damit auskleiden. Ihn auch an den Innenwänden der Form hochziehen. Den Teigboden mit einer Gabel mehrmals einstechen und für 1 Stunde kühl stellen.

4 Dann die Pflaumen aus der Quellflüssigkeit nehmen. Den Ofen auf 200 °C vorheizen.

5 Die Früchte auf dem Teig verteilen. In einer Schüssel Quark, saure Sahne, Eigelbe und Ahornsirup glatt rühren. Die Masse gleichmäßig auf den Pflaumen verteilen. Die Walnüsse zuletzt auf die Quark-Sahne-Creme streuen.

6 Das Ganze auf der mittleren Schiene in den Ofen schieben und etwa 45 Minuten backen.

7 Die Pflaumen-Walnuss-Tarte etwas abkühlen lassen und danach vorsichtig aus der Form lösen. Sie mit einem sehr scharfen Messer in 12 Stücke aschneiden und noch warm servieren. (Kalt schmeckt die Tarte aber auch ausgezeichnet.)

TIPP
Wenn Sie gerne Zimt oder Ingwer essen, verfeinern Sie die Tarte mit einem dieser Gewürze. Fügen Sie entweder 1/2 Teelöffel Zimtpulver oder 1 Messerspitze Ingwerpulver zu dem Quark und der Sahne hinzu. Die Zubereitung ändert sich ansonsten nicht.

Früchtecocktail mit Orangensauce E

Zubereitungszeit: ca. 30 Minuten

ca. 190 kcal je Portion

1 Die Rosinen kurz waschen, danach mit dem Himbeergeist beträufeln und etwa 15 Minuten ziehen lassen.

2 Inzwischen die Weintrauben waschen, halbieren und entkernen. Die Orange schälen, in Filets schneiden und diese halbieren.

3 Die Melone halbieren und die Kerne entfernen. Mit einem Kugelausstecher kleine Kugeln aus der Frucht herauslösen.

4 Die Karambola waschen, abtrocknen und in dünne Scheiben schneiden. Den Apfel waschen, vierteln, entkernen und in kleine Würfel schneiden. Sofort mit dem Zitronensaft beträufeln.

5 Den frisch gepressten Orangensaft mit dem Kardamom und dem Zimt verrühren sowie mit der Frutilose leicht süßen. Die eingelegten Rosinen hinzufügen und die Sauce mit den vorbereiteten Früchten mischen.

6 Den Früchtecocktail in eine Schüssel füllen und mit den Himbeeren und den Minzeblättchen hübsch garnieren.

TIPP
Sie können die Rosinen statt im Himbeergeist auch in Wasser einweichen. Die Karambola ist eine gelbfarbene Frucht, die leicht säuerlich schmeckt und beim Schneiden sternförmige Scheiben ergibt.

Für 4 Personen

4 EL ungeschwefelte Rosinen
4 EL Himbeergeist
200 g Weintrauben
1 Orange
1 kleine reife Netzmelone
1 Karambola (Sternfrucht)
1 säuerlicher Apfel
1 EL Zitronensaft
100 ml frisch gepresster Orangensaft
1 Msp. Kardamom
1 TL Zimtpulver
2 EL Frutilose (Obstdicksaft aus dem Reformhaus)
50 g frische oder TK-Himbeeren
1 Zweig Minze

Weihnachtsmenü

 ## Heringssalat

Für 6 Personen

6 Salzheringe
1 große Gemüsezwiebel
2 große mürbe Äpfel
200 g süße Sahne
2 EL Molkosan (aus dem Reformhaus)
2 Lorbeerblätter
5 Wacholderbeeren
250 g saure Sahne
2 EL gehackter Dill

Zubereitungszeit: ca. 1 Stunde
Zeit zum Wässern: ca. 12 Stunden
Zeit zum Durchziehen:
24-36 Stunden

ca. 610 kcal je Portion

1 Heringe in kaltem Wasser etwa 12 Stunden wassern. Anschließend filetieren, entgräten, nochmals abwaschen und klein schneiden. Zwiebel schälen und anschließend in feine Ringe schneiden.

2 Die Äpfel schälen, vierteln, das Kerngehäuse entfernen und das Fruchtfleisch in schmale Spalten schneiden.

3 Sahne mit 300 ml Wasser und Molkosan verrühren. Heringsfilets, Zwiebelringe und Apfelspalten hineingeben. Lorbeerblätter und Wacholderbeeren hinzufügen, alles zugedeckt an einem kühlen Ort ca. 24 Stunden durchziehen lassen. Danach die Lorbeerblätter entfernen und die saure Sahne darunter rühren. Mit dem gehackten Dill garnieren.

 ## Lauchcremesüppchen

Für 4 Personen

1 Stange Lauch
1 EL Butter
50 ml Gemüsebrühe (aus Instantpulver)
50 g süße Sahne
1 Msp. geriebene Muskatnuss
1 Msp. Cayennepfeffer
1 Bund Kräuter
8 TL Mandelblättchen

Zubereitungszeit: ca. 30 Minuten

ca. 160 kcal je Portion

1 Den Lauch putzen, der Länge nach aufschneiden, waschen und in Ringe schneiden. In der Butter glasig dünsten. Den Lauch mit der Brühe ab-löschen und bei mäßiger Hitze 12 bis 15 Minuten köcheln lassen. Dann die Suppe mit dem Schneidstab pürieren. Die Sahne unterrühren und die Suppe mit Muskat sowie Cayennepfeffer ab-schmecken.

2 Die Kräuter waschen, trockentupfen, sehr fein hacken und unter die Suppe ziehen.

3 Mandelblättchen in einer beschichteten Pfanne kurz goldbraun rösten. Suppe in 4 Teller geben und mit den Mandelblättchen bestreuen.

Flambierte Pilzsahne **K**

Zubereitungszeit: ca. 45 Minuten

ca. 340 kcal je Portion

1 Die Champignons putzen, kurz waschen und in feine Scheiben schneiden.

2 Die Zwiebel schälen und fein würfeln. Die Butter in einer großen Pfanne zerlassen und die Zwiebeln darin glasig dünsten.

3 Die Champignons hinzufügen und gut mit dünsten. 400 ml Wasser und die Sahne angießen. Anschließend das Ganze mit Brühe, Meersalz, Petersilie, Piment, Majoran und Cayennepfeffer gut würzen und zugedeckt etwa 10 Minuten köcheln lassen.

4 Die Kartoffelstärke mit 80 ml kaltem Wasser glatt rühren. Die Sauce damit binden.

5 Den Obstbrand in eine kleine Pfanne geben, leicht erwärmen und mit einem Streichholz anzünden. Die brennende Flüssigkeit über die Pilzsahne geben und ausbrennen lassen. Sauce zusammen mit Vollkorn-Semmelknödeln (siehe Rezept unten) servieren.

Für 4 Personen

1 kg Champignons
1 große Zwiebel
60 g Butter
200 g süße Sahne
2–3 EL Gemüsebrühe
1–2 TL Meersalz
3 EL fein gehackte Petersilie
1 1/2 TL Pimentpulver
2 TL Majoran
1 Msp. Cayennepfeffer
1 gehäufter TL Kartoffelstärke
10 cl Obstbrand (mindestens 40 Vol-%)

Semmelknödel (Beilage) **K**

Zubereitungszeit: ca. 1 Stunde

ca. 420 kcal je Portion

1 Die Brötchen klein würfeln, mit 400 ml heißem Wasser und der Sahne übergießen und etwa 15 Minuten einweichen.

2 Inzwischen die Zwiebel schälen, fein würfeln und in der zerlassenen Butter glasig dünsten.

3 Eingeweichte Brötchen grob zerpflücken. Zwiebel, Kräutersalz, Eigelb und gehackte Kräuter unterkneten.

4 Aus dem Teig 8 gleich große Klöße formen, in siedendem, leicht gesalzenem Wasser offen 15 Minuten gar ziehen lassen. Mit der flambierten Pilzsahne (Rezept oben) servieren. Der Semmelknödel passt aber auch zu anderen Speisen wie Braten mit Sauce.

Für 4 Personen

7 Vollkornbrötchen à 75 g (vom Vortag)
100 g süße Sahne
1 Zwiebel · 30 g Butter
1 TL Kräutersalz
1 Eigelb
5 EL fein gehackte Petersilie
3 TL Majoran
etwas Meersalz

Weihnachtsstollen

Für ca. 20 Stück

250 g ungeschwefelte Rosinen

7 cl Rum

750 g feines Dinkel-vollkornmehl

2 Päckchen Weinstein-backpulver

180 g kalte Butter

2 Eigelb

1 TL Meersalz

1 EL abgeriebene Schale einer unbe-handelten Zitrone

1 TL Vanillepulver

1 1,2 TL gemahlener Kardamom

1 TL Muskatblüte (Macis)

250 g Quark

100 g Sahnedickmilch

225 g flüssiger Honig

180 g grob gehackte Mandeln

etwas zerlassene Butter zum Bestreichen

etwas Butter für das Blech

2 EL fein gemahlene Mandeln

**Zubereitungszeit: ca. 45 Minuten
Backzeit: ca. 1 Stunde**

ca. 380 kcal je Stück

1 Die Rosinen kurz waschen, mit dem Rum übergießen und kurze Zeit quellen lassen.

2 Etwa ein Drittel des Mehls auf eine Arbeitsfläche geben und mit dem Backpulver mischen. In die Mitte des Mehls eine Vertiefung drücken und die in Stückchen geschnittene kalte Butter hineingeben.

3 Eigelbe, Meersalz, abgeriebene Zitronenschale, Vanillepulver, Kardamom und Muskatblüte hinzufügen und mit dem Mehl zu einem geschmeidigen Vorteig verkneten.

4 Den Backofen auf 160 °C vorheizen. Nun den Quark und die Sahnedickmilch mit dem Honig, den Mandeln und den gequollenen Rosinen zum Teig geben und alles miteinander verkneten. Dabei nach

und nach das restliche Mehl dazugeben, so dass ein fester Teig entsteht.

5 Den Teig zu einem Stollen formen und mit etwas zerlassener Butter bestreichen. Ihn dann auf ein gefettetes Blech geben und im Ofen in etwa 1 Stunde backen.

6 Danach den Stollen leicht auskühlen lassen und mit den gemahlenen Mandeln bestreuen.

Rezeptverzeichnisse und Register

Alphabetisches Rezeptverzeichnis **299**

Rezeptverzeichnis der Kohlenhydratgerichte

Rezeptverzeichnis der Eiweißgerichte

Rezeptverzeichnis der neutralen Gerichte

Register